Die Lenkung der Strafjustiz durch das Reichsjustizministerium im Nationalsozialismus

Europäische Hochschulschriften Recht

European University Studies in Law

Publications Universitaires Européennes de Droit

Band/Volume **6211**

Christian H. Blödorn

Die Lenkung der Strafjustiz durch das Reichsjustizministerium im Nationalsozialismus

PETER LANG

Bibliografische Information der Deutschen Nationalbibliothek
Die Deutsche Nationalbibliothek verzeichnet diese Publikation in der Deutschen Nationalbibliografie; detaillierte bibliografische Daten sind im Internet über http://dnb.d-nb.de abrufbar.

Zugl.: Göttingen, Univ., Diss., 2020

D 7
ISSN 0531-7312
ISBN 978-3-631-83305-6 (Print)
E-ISBN 978-3-631-84100-6 (E-PDF)
E-ISBN 978-3-631-84101-3 (EPUB)
E-ISBN 978-3-631-84102-0 (MOBI)
DOI 10.3726/b17808

Diese Publikation wurde begutachtet.

www.peterlang.com

Meiner Familie und meiner Frau

Vorwort

Die vorliegende Arbeit wurde von der Juristischen Fakultät der Georg-August-Universität zu Göttingen im Sommersemester 2020 als Dissertationsschrift angenommen.

Herzlich bedanken möchte ich mich bei meiner Doktormutter, Frau Prof. Dr. Eva Schumann, für ihre Unterstützung und die stets hilfreichen Anregungen. Frau Prof. Dr. Kroppenberg danke ich nicht nur für die zügige Erstellung des Zweitgutachtens, sondern auch für die lehrreiche und schöne Zeit, die ich als Wissenschaftlicher Mitarbeiter an ihrem Lehrstuhl hatte.

Dank gebührt auch meinen Freunden, Frau Dr. iur. Céline Wenhold, Herrn Dr. iur. Oliver Kreutz und Herrn Dr. iur. Jens Gardewin, für den intensiven fachlichen Austausch und die gemeinsame Zeit, auch außerhalb der „juristischen Welt“. Bedanken möchte ich mich auch bei meinem Lehrstuhlkollegen, Herrn Dipl.-Jur. Andreas Ballast, für seine kritischen Anmerkungen im Zuge der Finalisierung der Arbeit.

Ferner möchte ich mich bei meiner Familie bedanken. Meine Eltern Christa und Herbert Blödorn, Ltd. Städt. Dir. a.D., haben die Arbeit nicht nur finanziell gefördert, sondern mir stets geholfen, jede noch so schwere Phase zu überstehen. Dies gilt auch für meinen Bruder Stephan Blödorn, M. Sc., dessen Ratschläge ich stets schätze. Schließlich bedanke ich mich bei meiner Frau Sina Westphal, M. Sc. Sie war und ist mir stets ein wichtiger Rückhalt und gibt mir immer das Gefühl, alles erreichen zu können.

Berlin, im September 2020
Christian H. Blödorn

Inhaltsverzeichnis

Abkürzungsverzeichnis

a. A.	andere Ansicht
Abs.	Absatz
a.F.	alte Fassung
Anm.	Anmerkung
Art.	Artikel
Az.	Aktenzeichen
BArch	Bundesarchiv
BGBl.	Bundesgesetzblatt
BGH	Bundesgerichtshof
Bl.	Blatt
bzw.	beziehungsweise
d.h.	das heißt
Diss.	Dissertation
DJ	Deutsche Justiz
DJZ	Deutsche Juristen Zeitung
DR	Deutsches Recht
DRiZ	Deutsche Richterzeitung
etc.	et cetera
f.	folgende [Seite]
Fb.	Findbuch
ff.	folgende [Seiten]
Fn.	Fußnote
fol.	Folie
GG	Grundgesetz
Hrsg.	Herausgeber
JA	Juristische Arbeitsblätter
KJ	Kritische Justiz
KM	Kriminalistische Monatshefte
LG	Landgericht
NJW	Neue Juristische Wochenschrift
NLA	Niedersächsisches Landesarchiv
OLG	Oberlandesgericht
OVG	Oberverwaltungsgericht
StGB	Strafgesetzbuch
RGBl.	Reichsgesetzblatt

RJ	Rechtshistorisches Journal
RMinBl.	Reichsministerialblatt
Rn.	Randnummer
RuP	Recht und Politik
Sp.	Spalte
StPO	Strafprozessordnung
Unterstr.	Unterstreichung
Verf.	Verfasser
VfZ	Vierteljahreshefte für Zeitgeschichte
vgl.	vergleiche
WO	Wolfenbüttel
WRV	Weimarer Reichsverfassung
z.B.	zum Beispiel
ZRP	Zeitschrift für Rechtspolitik
ZStW	Zeitschrift für die gesamte Strafrechtswissenschaft
z.T.	zum Teil

*„Niemand schafft größeres Unrecht als der,
der es in Form des Rechts begeht."*
(Platon)

A. Einleitung

I. Fragestellung und Schwerpunkte der Untersuchung

Nach der Ernennung Hitlers zum Reichskanzler am 30. Januar 1933 kam es binnen kürzester Zeit zu einem deutlichen Bruch mit den bis dahin in Deutschland vorherrschenden Rechtsvorstellungen: Das Führerprinzip ersetzte die Gewaltenteilung, Wahlen verkamen zu Akklamationen und Grundrechte verloren faktisch ihre Geltung. Auch die Strafjustiz fiel der nationalsozialistisch motivierten Neuausrichtung zum Opfer. Adolf Hitler hatte bereits in seiner Regierungserklärung formuliert, dass das Rechtswesen vorrangig der Erhaltung der Volkgemeinschaft dienen müsse.[1] Liberalismus und Individualismus mussten demnach weichen. Das vorherrschende Prinzip lautete nunmehr: „Gemeinnutz vor Eigennutz", eine ebenso in dem 25 Punkte umfassenden Parteiprogramm der NSDAP enthaltene nationalsozialistische Wertvorstellung. Was für das Volk nützlich war, wurde von Hitler, der Partei, aber auch von staatlichen Stellen und Einrichtungen bestimmt und bewertet. Dies führte zu einer Änderung der Funktion des Strafrechts. Auf dem Bestrafungswillen der nationalsozialistischen Führung basierend, wurde es zu einem „[…] Mittel eingriffsintensiver staatlicher Verbrechensbekämpfung."[2]

Eine wesentliche Funktion bei der Umsetzung nationalsozialistischer Rechtsvorstellungen und der Durchdringung des Strafrechts mit der NS-Ideologie nahm das Reichsjustizministerium ein. Im Zentrum der folgenden Untersuchung steht infolgedessen die Frage nach seinen Aufgaben und Funktionen bei der Steuerung der Strafjustiz im Zeitraum von 1933–1945. Konkret geht es darum, die Einflussnahmen des Reichsjustizministeriums auf die Strafjustiz zu untersuchen. Wie hat das Reichsjustizministerium die Strafjustiz für NS-Zwecke umgeformt, d.h., welche Lenkungsmethoden wurden tatsächlich benutzt? Wie wurden neue Lenkungsmethoden implementiert und welche Akteure waren dabei beteiligt? Welche Wirkung hatten die unterschiedlichen Lenkungsmethoden? Dabei interessiert insbesondere auch, inwieweit aus den einzelnen Oberlandesgerichtsbezirken heraus diesbezügliche Initiativen festgestellt werden können. Der Beantwortung der aufgeworfenen Fragen nähert sich die Untersuchung in mehreren Schritten.

---

1 Ein Auszug der Regierungserklärung ist abgedruckt bei *Gruchmann*, S. 131 f.

2 So *Werle*, S. 733 f.

Die Arbeit beginnt zunächst mit einem Überblick über die wichtigsten in der Anfangszeit der nationalsozialistischen Herrschaft vorgenommenen parteilichen und staatlichen Einwirkungen auf die richterliche Unabhängigkeit. Dadurch können die im weiteren Verlauf zu untersuchenden strafrechtlichen Lenkungsmethoden vor dem Hintergrund der damaligen Gegebenheiten entsprechend eingeordnet werden.

Hieran schließt sich eine Untersuchung der Aufgabenerweiterung des Reichsjustizministeriums an. Durch die von Hans Frank erfolgreich vorangetriebene Gleichschaltung wurden dem Reichsjustizministerium die Gerichte und Justizverwaltungen der Länder durch mehrere Überleitungsgesetze unterstellt. Die Justizbehörden der einzelnen Länder wurden zu Reichsbehörden und die Justizbeamten, einschließlich der Richter und Staatsanwälte, zu Reichsbeamten.[3] „Neben die Verwaltung der Reichspost, der Reichswehr, der Reichsfinanz und der Reichsbahn [trat] die Reichsjustiz als die neue fünfte Säule des deutschen Einheitsstaates."[4] Insoweit wird untersucht, welche Entwicklungen vor der endgültigen Gleichschaltung stattgefunden haben. Wie konnte der gesamte Justizsektor binnen zwei Jahren gänzlich neu ausgerichtet werden? Sodann gilt es die infolge der Gleichschaltung geschaffenen Möglichkeiten des Reichsjustizministeriums herauszustellen. Die Beantwortung dieser Fragen erfordert zunächst die detaillierte Untersuchung des Gleichschaltungsprozesses, damit anschließend die infolge der Gleichschaltung entstandenen Aufgaben und Funktionen des Reichsjustizministeriums untersucht werden können. Dabei soll deutlich werden, welche Einflussmöglichkeiten das Reichsjustizministerium bei der Rechtsetzung, seiner ureigenen Aufgabe, besaß und welche Veränderungen die Übertragung der Landesjustizverwaltungen nach sich zog.

Der Schwerpunkt der Arbeit liegt auf der Untersuchung der Möglichkeiten zur Beeinflussung und Lenkung der Strafjustiz durch das Reichsjustizministerium. Eingeleitet wird dieser Teil durch eine Analyse des Informationsapparates; denn „Steuerung ist nicht nur eine Sache, die ‚von oben' geschieht; effektive Steuerung setzt rasche und zuverlässige Meldungen ‚von unten' voraus."[5] Durch die Darstellung der zentralen Ausformungen des Informationssystems wird deutlich, welche Möglichkeiten das Reichsjustizministerium zur Überwachung

3 § 1 des Dritten Gesetzes zur Überleitung der Rechtspflege auf das Reich vom 24. Januar 1935, RGBl. I 1935, S. 68.

4 *Pätzold*, Wochenschau, DJ 1935, S. 494 (494).

5 *Rottleuthner*, S. 471 (471).

der lokalen Strafrechtsprechung hatte und inwieweit sie sich bei der Lenkung der Strafjustiz als vorteilhaft erwiesen.

Im Anschluss werden dann die einzelnen Lenkungsmethoden des Reichsjustizministeriums definiert und auf ihre tatsächliche Wirkung hin untersucht. Der Schwerpunkt wird hierbei auf die vom Reichsjustizministerium durchgeführten Zusammenkünfte der Oberlandesgerichtspräsidenten und Generalstaatsanwälte gelegt, die überwiegend im Reichsjustizministerium in Berlin stattfanden. Mit der Reichsburg Kochem kam 1943 zudem ein eigens zur Schulung der Juristen erworbener weiterer Standort hinzu.[6] Auch die NS-Schulungsstätte auf der Reichsburg ist Gegenstand der Untersuchung. Neben der Anzahl der durchgeführten Besprechungen, den Teilnehmern und den Tagungsorten, interessiert vor allem, welche inhaltlichen Schwerpunkte in den Besprechungen gesetzt wurden. Hier gilt es die folgende Frage näher zu beleuchten: Waren die Tagungen ein Mittel des Reichsjustizministeriums zur Lenkung der Strafjustiz und fügten sich nahtlos in das staatliche Unrechtssystem ein oder handelte es sich um rein sachliche Besprechungen, die jeglichen Lenkungscharakter vermissen ließen? Denkbar ist selbstverständlich auch eine Kombination aus beidem.

Neben der inhaltlichen Auswertung der Besprechungsthemen wird ebenfalls auf die Vor- und Nachbereitung der Besprechungen im Reichsjustizministerium eingegangen. Welche Entwicklungen haben im Vorfeld einer Arbeitstagung stattgefunden? Gab es Korrespondenzen mit anderen Behörden? Wie wurden die Tagungen im Reichsjustizministerium nachbereitet? Haben die Besprechungen zu einer Veränderung in der Praxis geführt?

Die einzelnen Untersuchungsgegenstände lassen am Ende ein umfassendes Bild der vom Reichsjustizministerium ausgerichteten Behördenleitertagungen entstehen.

Des Weiteren wird die Arbeit mit den Vor- und Nachschauen im Unterschied zu den auf Reichsebene durchgeführten Behördenleitertagungen eine Form dezentral durchgeführter Lenkungsbesprechungen untersuchen. Sie geht dabei der Frage nach den praktischen Auswirkungen der Vor- und Nachschauen ebenso nach, wie den Ursprüngen und Entwicklungen bis zu ihrer endgültigen Einführung. Dabei ist für die Untersuchung von besonderer Relevanz, wie der

6 Vgl. BArch R 2/23944.

Prozess bis zur praktischen Umsetzung ablief und welche Personen maßgeblich beteiligt waren. Zudem wird auf die regionale Umsetzung in einzelnen Oberlandesgerichtsbezirken eingegangen.

Hieran schließt sich ein Kapital an, das der Frage nachgeht, inwieweit es aus den Reihen der Praktiker und den einzelnen Oberlandesgerichtsbezirken Vorstöße und Initiativen im Bereich der Lenkung der Strafjustiz gab.

Das abschließende Kapitel widmet sich schließlich der justiziellen Aufarbeitung. Sie ist auch gegenwärtig noch nicht abgeschlossen, wie die jüngsten Verfahren gegen mittlerweile ins hohe Alter gekommene Angeklagte zeigen.[7] Auch deswegen wird die justizielle Aufarbeitung der NS-Verbrechen in der Öffentlichkeit im Wesentlichen als gescheitert angesehen.[8] Das Kapitel geht vor diesem Hintergrund der Frage nach, ob und wie die zuvor untersuchten strafrechtlichen Lenkungsmethoden justiziell aufgearbeitet wurden und zum Gegenstand von Nachkriegsprozessen geworden sind.

II. Forschungsstand

Mit der Justiz im „Dritten Reich“ haben sich schon mehrere Autoren beschäftigt. Eines der bedeutendsten Standardwerke ist nach wie vor die Arbeit von Lothar Gruchmann mit dem Titel „Justiz im Dritten Reich.“ Das in dritter Auflage im Jahr 2001 erschienene Werk ist allerdings auf die Zeit von 1933–1940 beschränkt. Später eingeführte Lenkungsinstrumente werden daher allenfalls am Rande thematisiert.[9] Auf die in der vorliegenden Arbeit schwerpunktmäßig untersuchten Arbeitstagungen der Behördenleiter geht Gruchmann zwar vereinzelt ein.[10] Nach 1940 durchgeführte Besprechungen werden aufgrund der zeitlichen Konzentration allerdings nicht miteinbezogen.

Sarah Schädler hat in ihrer 2009 veröffentlichten Dissertation „Justizkrise und Justizreform im Nationalsozialismus“ einige der Lenkungsmaßnahmen

7 Vgl. z.B. den vor dem Landgericht Lüneburg verhandelten Fall des ehemaligen SS-Angehörigen Oskar Gröning, *Zeit Online*, http://www.zeit.de/gesellschaft/zeitgeschehen/2015-07/auschwitz-prozess-groening-zu-vier-jahren-haft-verurteilt (abgerufen am 30.08.2020) oder den vor dem Landgericht Detmold verhandelten Fall Reinhold Hanning, *Friedrichsen*, http://www.spiegel.de/panorama/justiz/auschwitz-prozess-freiheitsstrafe-fuer-reinhold-hanning-gefordert-a-1093366.html (abgerufen am 30.08.2020).

8 So z.B. *Perels*, Der Mythos von der Vergangenheitsbewältigung, http://www.zeit.de/2006/05/NS_Rechtsstaat (abgerufen am 30.08.2020).

9 Vgl. zu den Vor- und Nachschauen *Gruchmann*, Justiz im Dritten Reich, S. 1142.

10 *Gruchmann*, Justiz im Dritten Reich, S. 313, 620.

untersucht. Allerdings beschäftigt sich Schädler überwiegend mit den Jahren von 1942–1945 und dem Wirken Otto Georg Thieracks, sodass in ihrer Arbeit die vorherigen Jahre nicht oder nur am Rande mit einbezogen werden.[11]

Mit der nationalsozialistischen Strafrechtspraxis setzt sich auch die 1989 veröffentlichte Habilitationsschrift „Justiz-Strafrecht und polizeiliche Verbrechensbekämpfung im Dritten Reich" von Gerhard Werle auseinander. Unter umfangreicher Einbeziehung der Rechtsprechung wird die gesamte strafrechtliche Regelsetzung der nationalsozialistischen Herrschaft dargestellt und interpretiert. Die vorliegende Arbeit greift an einigen Stellen auf die umfassende Darstellung der gesetzgeberischen Akte zurück. Genauere Informationen zur Lenkung der Strafjustiz durch das Reichsjustizministerium liefert das Werk allerdings nicht.[12]

Detaillierter mit den Lenkungsmaßnahmen befassen sich dagegen die auf einzelne Oberlandesgerichtsbezirke oder auf die Tätigkeit eines einzelnen Gerichts begrenzte Arbeiten.[13] Zwar verdeutlichen diese Arbeiten örtliche Besonderheiten bei der Lenkung der Strafjustiz. Sie verlieren dabei aber häufig die zentrale und übergeordnete Funktion und Rolle des Reichsjustizministeriums und den Gesamtzusammenhang aus den Augen.

Insgesamt fehlt somit eine eingehendere Untersuchung der vom Reichsjustizministerium ausgerichteten **Besprechungen der Oberlandesgerichtspräsidenten und Generalstaatsanwälte.** Dies vermag auch das während der Erstellung dieser Arbeit erschienene Werk von Werner Schubert mit dem Titel „Das Reichsjustizministerium und die höheren Justizbehörden in der NS-Zeit (1933–1945)" nicht zu ändern. Hierbei handelt es sich um eine reine Edition von Mit- und Niederschriften der Arbeitstagungen, in der eine kritische Auseinandersetzung mit den Beratungsthemen sowie eine Würdigung der Arbeitstagungen fehlen. Weder die Gründe für die Durchführung der Besprechungen noch ihre Auswirkungen sind bislang untersucht, sodass Schuberts Edition lediglich eine Grundlage für eine weitergehende Untersuchungen sein kann.[14]

---

11 *Schädler*, S. 176 ff.

12 *Werle*, Justiz-Strafrecht und polizeiliche Verbrechensbekämpfung im Dritten Reich.

13 Vgl. z.B. die Ausführungen zu den politischen Einflussnahmen im Oberlandesgerichtsbezirk Düsseldorf bei *Dreyer*, S. 68 ff; vgl. zum Landgerichtsbezirk Ulm *Scheib*, S. 29 ff.; mit der Situation im Oberlandesgerichtsbezirk Karlsruhe befasst sich die Arbeit von *Schiller*, Das Oberlandesgericht Karlsruhe im Dritten Reich.

14 Schubert schreibt in seiner Einleitung, dass eine detaillierte Erschließung der Beratungsgegenstände in seiner Edition nicht möglich sei, *Schubert*, Das Reichsjustizministerium und die höheren Justizbehörden in der NS-Zeit (1933–1945), S. XIV f.

Stephan Weichbrodt beschäftigt sich in seinem 2010 erschienenen Werk zur Geschichte des Berliner Kammergerichts mit dem Titel „Die Geschichte des Kammergerichts von 1919–1945“ zwar eingehender mit den Arbeitstagungen, beschränkt sich dabei jedoch auf eine kleine Auswahl.[15] Zudem ist für Weichbrodt vor allem die Rolle und Funktion der Berliner Behördenleiter von Bedeutung. Dies ist seinem Untersuchungsgegenstand geschuldet, ändert aber nichts an der Notwendigkeit, die Untersuchung in diesem Bereich noch auszuweiten.

Auch bekannte Tagungen wie z.B. die Zusammenkunft der Behördenleiter vom 23./24. April 1941 im Haus der Flieger in Berlin, auf der die Teilnehmer über das NS- Euthanasie Programm in Kenntnis gesetzt wurden[16], oder die Besprechung anlässlich der Handhabung des Blutschutzgesetzes[17] waren schon Gegenstand einiger Arbeiten. Die Tagungen wurden jedoch nicht schwerpunktmäßig untersucht, sondern lediglich kursorisch erwähnt.

Verlässliche Aussagen über die Bedeutung und Tragweite der Zusammenkünfte lassen sich nur nach einer umfassenden Auswertung der Bestände des Bundesarchivs treffen. Die Auswahl einiger eindrucksvoller Zusammenkünfte reicht dagegen nicht aus, um der Frage nachzugehen, welche Bedeutung die Indoktrination hinsichtlich der Strafjustiz tatsächlich einnahm. Anwesenheitslisten, Tagesordnungen und zeitliche Einordnungen sollen dabei helfen, dieses Desiderat der rechtshistorischen Forschung zu beseitigen. Auch die einschlägige Bedeutung der Reichsburg Kochem ist bislang wenig erforscht. Die Arbeit wird auch an dieser Stelle einen Beitrag zur Aufarbeitung leisten.

Des Weiteren bieten die **Vor- und Nachschauen** Potenzial für eine eingehendere Betrachtung. Zwar wird das Besprechungssystem in einigen Werken, die sich eingehender mit dem Justizalltag im Dritten Reich beschäftigen, erwähnt.[18] Entstehungsgeschichte und Ablauf werden dabei jedoch nur oberflächlich untersucht, weil die Autoren einen Gesamtüberblick vom damaligen Gerichtsalltag geben.

Einzig für den Oberlandesgerichtsbezirk Hamburg liegen bereits detailliertere Untersuchungen vor. So wertet Gunter Schmitz in seinem 1995 veröffentlichten Beitrag mit dem Titel „Die Vor- und Nachschaubesprechungen in Hamburg 1942–1945. Zur Justizlenkung im totalen Krieg“ die überlieferten Protokolle der im Oberlandesgerichtsbezirk Hamburg durchgeführten

15 *Weichbrodt*, S. 219 ff.

16 So bei *Wojak*, S. 380; oder auch bei *Merkel*, S. 290 f.

17 *Przyrembel*, S. 152 f.

18 So z.b. bei *Staff*, S. 98 ff.; *Johe*, S. 183; *Angermund*, Die geprellten Richterkönige, S. 329.

Vor- und Nachschauen systematisch aus und liefert durch seine Untersuchung wertvolle Erkenntnisse zum inhaltlichen Ablauf und Erfolg der Besprechungen in Hamburg.[19] Auch Sabine Schott geht in ihrer Dissertation aus dem Jahr 2001 mit dem Titel „Curt Rothenberger – eine politische Biographie" auf die Vor- und Nachschauen ein.[20] Ihre Erkenntnisse zur Entstehungsgeschichte der Besprechungen finden in der vorliegenden Arbeit verschiedentlich Berücksichtigung. Da es sich bei der Arbeit von Schott allerdings um eine Biografie von Curt Rothenberger handelt, die vorliegende Untersuchung jedoch die Funktion des Reichsjustizministeriums behandelt und zudem die lokale Umsetzung in anderen Oberlandesgerichtsbezirken mit einbezieht, steht ihre Arbeit einer weiteren Untersuchung nicht entgegen.

III. Quellenmaterial

Zuverlässige Aussagen zu den eingangs aufgeworfenen Fragen lassen sich nur bei Hinzuziehung der Primärquellen treffen. Der vorliegenden Arbeit liegen daher zahlreiche Quellen aus dem Reichsjustizministerium und anderer oberster Reichsbehörden zugrunde, die im Bundesarchiv in Berlin-Lichterfelde zugänglich sind.

Der Großteil der verwendeten Akten stammt aus dem Bestand des Reichsjustizministeriums.[21] Der insgesamt 146.057 Akteneinheiten umfassende Bestand untergliedert sich in die „Generalakten Teil I (1877–1934)" und die „Generalakten Teil II (1934–1943)". Bei den Generalakten Teil I handelt es sich um Akten des Reichsjustizministeriums für den Zeitraum von 1877 bis zum 22. Oktober 1934, dem Zeitpunkt der Vereinigung des Reichsjustizministeriums mit dem Preußischen Justizministerium. Alle Akten bis zu einer Ordnungsnummer von 20.000 sind Teil dieses Bestandes, der nach unterschiedlichen Rechtskategorien angelegt ist.[22] Nach dem Ende des Zweiten Weltkrieges und der Teilung Deutschlands ist der Bestand zunächst im Zentralen Staatsarchiv der DDR in Potsdam eingelagert worden und erst nach der Wiedervereinigung Deutschlands zwischen 1993–1994 in das Bundesarchiv in Berlin-Lichterfelde gelangt.

Die „Generalakten Teil II"[23] für den Zeitraum von 1934–1943 enthalten alle Akten des Reichsjustizministeriums nach der Verschmelzung mit dem

---

19 *Schmitz*, S. 447 ff.

20 *Schott*, S. 86 ff.

21 Bestand BArch R 3001 (alt 22).

22 BArch R 3001/20000 (und niedriger).

23 BArch R 3001/20001 (bis 49.999).

Preußischen Justizministerium. Diese Akten haben Ordnungsnummern von 20.001 bis 49.999. Der Bestand ist nach Aktenplänen gegliedert und nach dem Ende des Zweiten Weltkrieges zunächst im Bundesarchiv in Koblenz eingelagert worden, ehe auch dieser Bestand zwischen 1993–1994 in das Bundesarchiv in Berlin-Lichterfelde gelangt ist.

Das Auffinden der Tagungsprotokolle innerhalb der vorgenannten Bestände war mit erheblichen Schwierigkeiten verbunden, weil diese nicht systematisch eingepflegt wurden und die Bezeichnungen der Tagungen zudem variierten, was die Suche zusätzlich erschwerte. Die Akten mit den Protokollen der Tagungen der Oberlandesgerichtspräsidenten und Generalstaatsanwälte sind zudem unvollständig vorhanden, da die Generalakten[24] des Reichsjustizministeriums mit Tagungsniederschriften bis Mitte 1939 fehlen. Dies hat für Tagungen in diesem Zeitraum die Heranziehung von Sachakten[25] mit Einzelteilen der Protokolle erforderlich gemacht.[26] Ergänzend wurde zudem auf Tagungsmitschriften aus den Oberlandesgerichtsbezirken Hamburg, Jena und München sowie der Münchner Generalstaatsanwaltschaft zurückgegriffen, die allesamt bei Schubert abgedruckt sind.[27]

Mitunter waren hilfreiche Informationen zu den Tagungsinhalten auch in den weiteren Beständen des Bundesarchivs aufzufinden. So konnten in dem Bestand BArch R 3016 mit den Akten des Volksgerichtshofs die Referate der Sachbearbeiter einer Tagung ausfindig gemacht werden. Der Bestand umfasst insgesamt 918 Akteneinheiten und gliedert sich in zwei Teile. Während der erste Teil allgemeine Sachthemen beinhaltet, sind im zweiten Teil vornehmlich Urteile von insgesamt ca. 1.600 Verurteilten des Volksgerichtshofs enthalten.

Die verschiedentlich einbezogenen Personalakten finden sich ebenfalls im Bestand BArch R 3001 (alt 22). Sie haben die Ordnungsnummern von 50.000–80.000.[28] Die Personalakten sind nach dem Ende des Zweiten Weltkrieges zunächst im hessischen Fürstenhagen bei Kassel zusammengestellt und anschließend in den amerikanischen Sektor in Berlin gelangt[29], ehe sie über das

---

24 Generalakten sind allgemeine Akten, Hauptakten, Übersichtsakten oder Gesamtakten, vgl. *Schmerbach*, S. 14.

25 Sachakten sind Akten, in denen Schriftstücke zu einem Arbeitsgebiet oder Thema zusammengefasst sind, *ebenda*, S. 14.

26 Vgl. hierzu auch *Schubert,* Das Reichsjustizministerium und die höheren Justizbehörden in der NS-Zeit (1933–1945), S. XII.

27 *Schubert,* Das Reichsjustizministerium und die höheren Justizbehörden in der NS-Zeit (1933–1945).

28 BArch R 3001/50000 (bis 80.000).

29 *Raim*, S. 430 f.

Bundesministerium der Justiz und das Bundesarchiv Koblenz nach der Wiedervereinigung zwischen 1993–1994 schließlich das Bundesarchiv in Berlin-Lichterfelde erreicht haben.

Für Korrespondenzen mit der Reichskanzlei war zudem der Bestand R-43 aufschlussreich. Der Bestand teilt sich in die Bestände R-43 I („Alte Reichskanzlei"), der die Akten bis zum 30. Januar 1933 enthält, und den Bestand R-43 II („Neue Reichskanzlei"), der die Akten nach dem 30. Januar 1933 enthält. Der gesamte Bestand enthält ca. 11.000 Akteneinheiten. Die Mehrheit der Reichskanzleiakten aus den Jahren 1919–1945 hat sich nur bis in die letzte Kriegsphase in Berlin befunden. Als die Lage in und um Berlin mit dem Heranrücken der Roten Armee auswegloser wurde, wurden die Akten nach Süddeutschland ausgelagert und dort 1945 von amerikanischen Truppen beschlagnahmt. Über das Ministerial Collecting Center in Hessisch-Lichtenau und Fürstenhagen bei Kassel, die zentrale Sammelstelle für alles von den Amerikanern in ihrer Besatzungszone festgestellte Material, gelangten die Akten Anfang 1946 in die Berliner Documents Unit.

Während der Berliner Blockade vom Sommer 1948 wurden die in der Documents Unit vereinigten Aktenbestände nach Whaddon Hall bei Bletchley in der südenglischen Grafschaft Buckinghamshire überführt, wo sie bis 1958 lagerten und provisorisch geordnet wurden. In zwei Transporten im Dezember 1958 und im Januar 1959 gelangte ein Großteil in das Bundesarchiv in Berlin. Ein Rest folgte Ende April 1959.[30]

Ergänzend wurde auf die juristischen Zeitschriften der damaligen Zeit zurückgegriffen, die weitere Erkenntnisse lieferten.

Für die Hinweise zur lokalen Umsetzung einzelner Lenkungsmethoden im Oberlandesgerichtsbezirk Braunschweig wurde auf die im Niedersächsischen Staatsarchiv in Wolfenbüttel überlieferten Quellen zurückgegriffen. Hier waren vor allem der Bestand der „Staatsanwaltschaft bei den Kreisgerichten und beim Landgericht Braunschweig" mit einer Laufzeit von 1842–1963 mit insgesamt 36,9 lfd. M.[31], der Bestand „Staatsanwaltschaft beim Oberlandesgericht Braunschweig" mit einer Laufzeit von 1858–1992 und insgesamt 19,5 lfd. M.[32] sowie der Bestand „Oberlandesgericht Braunschweig mit insgesamt 49,6 lfd. M.[33] hilfreich. Vereinzelt einbezogen wurden zudem die

30 Vgl. zu den Bestandsgeschichten https://invenio.bundesarchiv.de/invenio/main.xhtml (abgerufen am 30.08.2020).

31 NLA WO 42 B Neu.

32 NLA WO 61 Nds.

33 NLA WO 57 Nds.

Entnazifizierungsakten.[34] Der Bestand umfasst insgesamt 384 lfd. M. mit insgesamt ca. 90.000 Vorgängen aus der Zeit von 1945–1952.

34 NLA WO 3 Nds. Die Entnazifizierung wurde von der sog. „Dreimächtekonferenz" ab Juli 1945 mit dem Ziel beschlossen, die deutsche und österreichische Gesellschaft von den Einflüssen des Nationalsozialismus zu befreien und war in Niedersachsen im Dezember 1951 vollständig abgeschlossen. Das Gesetz, welches den Abschluss der Entnazifizierung regelte, bestimmte auch, dass die Entnazifizierungsakten nach dem 31.05.1952 bei den Staatsarchiven verwahrt werden sollten. Sämtliche vom Staatsarchiv übernommenen Entnazifizierungsakten sind daher im Bestand 3 Nds vereinigt.

B. Einflussnahme auf die Justiz und Eingriffe in die richterliche Unabhängigkeit durch Staat und Partei

I. Eingriffe der Partei in die richterliche Unabhängigkeit

1. Übertritt der Berufsverbände in den Bund Nationalsozialistischer Deutscher Juristen (BNSDJ) 1933

a) *Die Gleichschaltung des Deutschen Richterbundes*[35]

Mit der Machtübernahme der Nationalsozialisten änderten sich die Position und Stellung des Deutschen Richterbundes[36], zu dessen wesentlichen Zielen von Beginn an die Erhaltung einer unabhängigen und unpolitischen Rechtspflege gehörten[37], grundlegend. Beleg hierfür ist die nachfolgende Erklärung des Vorstandes des Deutschen Richterbundes vom 23. Mai 1933:

> *„Der Deutsche Richterbund erklärt für sich und die ihm angeschlossenen Landesvereine seinen korporativen Eintritt in den Nationalsozialistischen Juristenbund und unterstellt sich der Führung des Herrn Reichskanzler Adolf Hitler. Hierdurch entsteht für den einzelnen Richter weder ein Recht auf Aufnahme noch eine Verpflichtung zum Eintritt in die NSDAP.“*[38]

Mit diesem Telegramm wurde der Beitritt zum Bund Nationalsozialistischer Deutscher Juristen besiegelt, dem das Präsidium des Deutschen Richterbundes

---

35 Die Gleichschaltung des Deutschen Richterbundes wird ausführlich untersucht bei *Wrobel*, DRiZ 1983, S. 157 (157 ff.).

36 Der Deutsche Richterbund wurde 1909 gegründet. Die durch den Richterbund primär ausgerufenen Ziele bestanden vor allem darin, frei von dem Einfluss der Politik zu bleiben und die sozial privilegierte Stellung gegenüber den Rechtsanwälten zu wahren. Im Jahr 1932 zählte der Bund bereits 13000 Mitglieder und erfasste damit sämtliche berufstätigen Richter, *Wrobel*, DRiZ 1983, S. 157 (157). Die Stellung des Deutschen Richterbundes hat sich in der Weimarer Republik weiter verfestigt. In Art. 159 der Weimarer Reichsverfassung wurde den Beamten das Recht eingeräumt, sich in Verbänden zu organisieren und zu betätigen, sodass die Möglichkeit sich zu organisieren sogar Verfassungsrang hatte, vgl. Art. 159 WRV in der Fassung vom 11. August 1919.

37 *von Frisching*, S. 71 ff.; *Wrobel*, DRiZ 1983, S. 157 (158).

38 *Linz*, Zeitspiegel, DRiZ 1933, S. 186 (187).

offiziell am 25. Mai 1933 zustimmte.[39] Ein halbes Jahr zuvor hatte der damalige Vorsitzende des Deutschen Richterbundes Karl Linz dagegen noch die Befürchtung geäußert, ein Beitritt würde zu einer Beeinträchtigung der richterlichen Unabhängigkeit und einer Herrschaft der Politik über die Justiz führen.[40] Diese ersten Zweifel wurden von Hitler allerdings schnell beseitigt, indem er die Unabsetzbarkeit der Richter in einer Sitzung des Reichstages vom 23. März 1933 garantierte. Unabsetzbarkeit wurde vom Deutschen Richterbund allerdings im Sinne von Unabhängigkeit verstanden, sodass eine Gefährdung der in § 2 der Satzung von 1909 definierten Ziele nicht bevor zu stehen schien.[41] Vielmehr bedankte sich der Deutsche Richterbund bei Reichskanzler Hitler für die Zusicherung.[42] Dabei wurden die vorherigen Ereignisse anscheinend verdrängt; denn die richterliche Stellung wurde nur knapp einen Monat zuvor erheblich beeinträchtigt. So sah die infolge des Reichstagsbrandes vom 27. Februar 1933 einen Tag später erlassene Notverordnung „zum Schutz von Volk und Staat" u.a. die Verhängung von „Schutzhaft" vor, d.h. die Verhaftung ohne richterliche Anordnung[43], die in eindeutigem Widerspruch zu den in der Satzung des Deutschen Richterbundes niedergelegten Zielen stand. Dem Deutschen Richterbund blieben zwei Möglichkeiten, um hierauf zu reagieren. Entschiedener Widerstand aufgrund unterschiedlicher Vorstellungen einer unabhängigen und frei von politischem Einfluss arbeitenden Justiz oder Solidarisierung mit der eingeleiteten Politik, gegebenenfalls aus Furcht vor etwaigen, weiteren, einschneidenden Maßnahmen. Der Deutsche Richterbund entschied sich zunächst für letzteres und teilte seine Entscheidung in einer Erklärung vom 19. März 1933 wie folgt mit:

> *„Der deutsche Richter war von jeher national und verantwortungsbewußt. Stets war er vom sozialen Empfinden erfüllt, er hat nur nach Gesetz und Gewissen Recht gesprochen. Der Deutsche Richterbund bringt der neuen Regierung volles Vertrauen entgegen."*[44]

Eindeutiger hätte die Position des Bundes nicht formuliert werden können. Für die weitere Entwicklung auf dem Weg zur Gleichschaltung ist schließlich der Aufruf des Preußischen Richtervereins vom 21. April 1933 mit dem er seinen

---

39 *Linz*, Zeitspiegel, DRiZ 1933, S. 186 (187).

40 So *Müller*, Furchtbare Juristen, S. 44 ff.

41 § 2 der Satzung des Deutschen Richterbundes, abgedruckt in DriZ 1909, S. 10 ff.; *Klaas*, S. 34.

42 *Linz*, Zeitspiegel, DRiZ 1933, S. 121 (121).

43 *Wehler*, S. 604.

44 *Linz*, Zeitspiegel, DRiZ 1933, S. 121 (122); *Wrobel*, DRiZ 1983, S. 157 (160).

Beitritt zum Bund Nationalsozialistischer Deutscher Juristen publik machte von entscheidender Bedeutung. In dem Aufruf verkündete der Richterverein, dass für eine effektive Mitwirkung am Umbau des neuen Reiches der Beitritt zum Bund Nationalsozialistischer Deutscher Juristen erforderlich sei und es keinen Widerstand innerhalb des Richterstandes diesbezüglich gäbe.[45] Angesichts der Tatsache, dass dem Preußischen Richterverein eine rechte Gesinnung und ein besonders ausgeprägter Nationalismus nachgesagt wurden, ist dies auch wenig überraschend.[46] Durch die eindeutige Positionierung und den Beitritt beschritt der Preußische Richterverein einen neuen Weg. Gerade vor dem Hintergrund, dass sich der Preußische Richterverein, der bereits im Oktober 1919 7760 Mitglieder zählte, als mitgliederstärkster Richterbund unter dem Dachverband des Deutschen Richterbundes darstellte, kommt diesem Beitritt eine besonders wichtige Bedeutung zu.[47] Bereits zwei Tage nachdem er sich dem Bund Nationalsozialistischer Deutscher Juristen unterstellte, gab das Präsidium des Deutschen Richterbundes eine Stellungnahme ab. Inhaltlich distanzierte man sich deutlich von der Auffassung des Preußischen Richterbundes, indem die Sicherstellung der richterlichen Unabhängigkeit betont und der drohende politische Einfluss kritisiert wurden. Betont wurde jedoch auch, dass der Deutsche Richterbund die neue Politik unterstütze. Dem Preußischen Richterbund wurde zudem die Möglichkeit eröffnet, im Deutschen Richterbund zu bleiben.

Ein Umdenken löste diese Offerte beim Preußischen Richterbund nicht mehr aus. Vielmehr folgten ihm kurze Zeit später mit dem Beitritt des Oldenburger, Württembergischen und Lübecker Richtervereins weitere Berufsverbände.[48] Die Geschlossenheit innerhalb der verschiedenen Richtervereine war somit (de facto) aufgehoben und der Appell des Deutschen Richterbundes nicht von Erfolg gekrönt, wenngleich er nochmal eindeutig dessen Position deutlich gemacht hatte: Solidarisierung mit der neuen Politik ohne Eingliederung in das neue Machtgefüge.

Es schien zu diesem Zeitpunkt allerdings nur eine Frage der Zeit zu sein, bis sich auch der Deutsche Richterbund den Zielen der nationalsozialistischen Machthaber nicht mehr zu widersetzen vermochte. Nachdem der Deutsche Anwaltverein am 18. Mai 1933 seinen korporativen Beitritt erklärte[49], hat der

---

45 *Linz*, Zeitspiegel, DRiZ 1933, S. 155 (156).

46 Vgl. *Dreyer*, S. 40.

47 *Kuhn*, Vertrauenskrise, S. 35 f.

48 *Linz*, Zeitspiegel, DRiZ 1933, S. 155 (156).

49 *Löffelsender*, Kölner Rechtsanwälte im Nationalsozialismus, S. 12.

Sächsische Richterverein nur drei Tage später seinen Vorstand gewechselt und ebenfalls den korporativen Beitritt zum Bund Nationalsozialistischer Deutscher Juristen erklärt.[50] Diese Beitritte haben das weitere Verhalten des Deutschen Richterbundes maßgeblich beeinflusst. Am 23. Mai 1933 beschloss der Vorstand des Deutschen Richterbundes in einem Telegramm an den Reichsjustizkommissar schließlich seinen korporativen Beitritt sowie den der angeschlossenen Landesvereine. Schon zwei Tage später erfolgte die satzungsmäßige Beschlussfassung durch das Präsidium.[51] Der Deutsche Richterbund kam durch die „freiwillige" Selbstgleichschaltung einer höchstwahrscheinlich bevorstehenden zwangsweisen Eingliederung zuvor. Durch den korporativen Beitritt wurde versucht, wenigstens die Institution des Deutschen Richterbundes zu bewahren, wenn auch unter der Führung des Bundes Nationalsozialistischer Deutscher Juristen. Nicht zuletzt wegen des, wenn auch nur korporativen Beitritts, des Deutschen Richterbundes, wurde Hans Frank, der am 25. April 1933 zum „Reichskommissar für die Gleichschaltung der Justiz und für die Erneuerung der Rechtsordnung" ernannt wurde[52], bereits am 30. Mai 1933 von Hitler persönlich für seine Erfolge bei der Gleichschaltung der Berufsverbände beglückwünscht.[53]

Der zunächst nur korporative Beitritt der bedeutendsten Vereinigungen wurde am 1. Juni 1933 standesgemäß im Hanseatischen Oberlandesgericht in Hamburg als Gründungstag der „Deutschen Rechtsfront" gefeiert, die als berufsständische Organisation sämtlicher Juristen von Hans Frank proklamiert wurde. Den politischen und weltanschaulichen Kern bildete dabei der Bund Nationalsozialistischer Deutscher Juristen.[54] Hierin wurde die Grundlage für den Aufbau eines gesamten, einheitlichen deutschen Juristentums gesehen.[55] Hinsichtlich der endgültigen Auflösung des Deutschen Richterbundes wurde schließlich das Ende des Jahres 1933 ausgewählt.[56] Konsequenterweise

---

50 *Wrobel*, DRiZ 1983, S. 157 (165).

51 *Linz*, Zeitspiegel, DRiZ 1933, S. 186 (187).

52 *Gruchmann*, Justiz im Dritten Reich, S. 89 f.

53 Schreiben des Reichskanzlers Hitler an den Reichsjustizkommissar Frank vom 30. Mai 1933, BArch NS 22/684, fol. 8.

54 Die „Deutsche Rechtsfront" wurde am 1. Juni 1933 als berufsständische Organisation sämtlicher Juristen von Hans Frank proklamiert. Den politischen und weltanschaulichen Kern bildete der Bund Nationalsozialistischer Deutscher Juristen, *Wieland*, S. 131.

55 *Frank*, Mitteilungen, DR 1933, S. 60 (60).

56 *Linz*, Zeitspiegel, DRiZ 1933, S. 315 (315).

wechselte die Herausgeberschaft der Deutschen Richterzeitung mit dem Schluss des Jahres 1933 ebenso. Sie wurde fortan vom Bund Nationalsozialistischer Deutscher Juristen bzw. der Fachgruppe Richter und Staatsanwälte herausgegeben.[57] Mit Verstreichen des 13. Dezember 1933 endete die Existenz des Deutschen Richterbundes rechtlich. Das Restvermögen wurde der Fachgruppe Richter und Staatsanwälte im Bund Nationalsozialistischer Deutscher Juristen übertragen.[58]

b) Die Gleichschaltung des Republikanischen Richterbundes

Der Republikanische Richterbund wurde im Januar 1922 als Reaktion auf die allgemeine Ablehnung der demokratischen Republik seitens des Richterstandes von republikanisch gesinnten Juristen, Wissenschaftlern und Politikern gegründet.[59] Seine Ziele unterschieden sich deutlich von denen des Deutschen Richterbundes. Er verstand sich nicht als Berufsvereinigung. Berufsständischen Bedürfnissen sollten die Mitglieder anderweitig nachgehen. Vielmehr verkündete der Republikanische Richterbund in seinem Gründungsaufruf das Vertrauensverhältnis zwischen Volk und Rechtspflege, basierend auf der demokratischen Republik in Weimar, stärken zu wollen.[60] Diese Leitidee des Republikanischen Richterbundes war in § 1 seiner Satzung niedergelegt: „Der Republikanische Richterbund bezweckt den vollen Einklang des Rechts mit der republikanischen Staatsordnung. Parteipolitik ist ausgeschlossen."[61] Auch der langjährige Vorsitzende des Republikanischen Richterbundes Wilhelm Kroner wusste die Werte des Republikanischen Richterbundes eindrucksvoll zu beschreiben: „Der Jurist müsse in Liebe, ja Leidenschaft für das große Verfassungswerk von Weimar eintreten, dessen Entwicklungsmöglichkeiten in die nähere deutsche Zukunft weisen."[62] Die Mitglieder des Republikanischen Richterbundes setzten sich insgesamt somit vorbehaltlos für die demokratische Republik ein, wobei die Rechtspflege unparteiisch bleiben sollte. Im Vergleich zum Deutschen Richterbund mit ca. 12.000 Mitgliedern war die Mitgliederzahl

---

57 *Linz*, Dem Deutschen Richterbunde, DRiZ 1933, S. 322 (322).

58 *von Frisching*, S. 131.

59 *Radbruch*, Reichstagsreden, S. 191.

60 Gründungsaufrauf des Republikanischen Richterbundes vom 30. Dezember 1921, abgedruckt bei *Schulz*, S. 18 f.

61 § 1 der Satzung des Republikanischen Richterbundes vom 05. März 1922, abgedruckt bei *von Frisching*, S. 133.

62 *Kempner*, RuP 1967, S. 129 (131).

des Republikanischen Richterbundes mit ca. 300–500 allerdings deutlich geringer.[63] Der Einfluss des Republikanischen Richterbundes war aufgrund des häufig offen kommunizierten Widerstandes dennoch deutlich größer, als es die Mitgliederzahl vermuten lässt.[64]

Erste Maßnahmen der Nationalsozialistischen Deutschen Arbeiterpartei zur Gleichschaltung des Republikanischen Richterbundes wurden bereits vor der Ermächtigung Hitlers am 30. Januar 1933 ergriffen. Beispielhaft seien hier die Aktivitäten des Rechtsanwalts Bohne[65] zu nennen. Bohne gab den Parteistellen gegenüber mehrfach Auskunft über das systemwidrige Verhalten von Richtern und Staatsanwälten, die der nationalsozialistischen Idee gegenüber negativ eingestellt waren. Auch Republikaner unter den Beamten sollten ausfindig gemacht werden.[66] Diese Beamten wurden in „Schwarze Listen" eingetragen und schriftlich erfasst.[67] Diese Maßnahmen wurden bereits in Erwartung der Etablierung des nationalsozialistischen Systems ergriffen.[68] Mithin gab es bereits im Vorfeld der Machtübernahme und der noch näher darzustellenden Gleichschaltung Handlungen zur Vorbereitung dieses Prozesses.

Mit der Machtübernahme am 30. Januar 1933 änderte sich die Rolle des Republikanischen Richterbundes schlagartig. Genau wie die Nationalsozialisten erstrebte der Republikanische Richterbund die Verreichlichung der Justiz mit dem Ziel der Übernahme des gesamten Justizapparates auf das Reich.[69] Da

---

63 *Radbruch*, Politische Schriften, S. 5.

64 *Kempner*, RuP 1967, S. 129 (133).

65 Gerhard Bohne wurde 1902 in Braunschweig geboren. Nach dem Jurastudium in Köln wurde er 1930 zum Gerichtsassessor ernannt und als Anwalt bei den Berliner Land- und Amtsgerichten zugelassen. Am 1. August 1930 wurde er in die NSDAP aufgenommen. Bohne vertrat in seiner Zeit als Rechtsanwalt wiederholt SA-Mitglieder vor Gericht. Ab 1939 war er bei den Vorbereitungen der T4 Aktion beteiligt. 1949 setzte sich Bohne nach Argentinien ab. 1955 kehrte er nach Deutschland zurück und war als Rechtsanwalt tätig. Im Januar 1962 wurde das Hauptverfahren gegen Bohne eröffnet. Ihm wurde vorgeworfen an der Tötung von 15.000 geistig Beeinträchtigten im Rahmen der T4 Aktion beteiligt gewesen zu sein. Bohne erhielt zunächst Haftverschonung, die er nutzte, um sich erneut nach Argentinien abzusetzen. Dort wurde er im Februar 1964 aufgegriffen und nach Deutschland überführt. Das Verfahren gegen ihn endete mit einer Einstellung wegen Haftunfähigkeit. *Douma*, S. XIii, *Hinz-Wessels*, S. 148

66 *Schulz*, S. 167 ff.

67 *Kempner*, RuP 1967, S. 129 (137).

68 *Schulz*, S. 167.

69 *von Frisching*, S. 90.

allerdings die Nationalsozialisten ebenfalls stark an der Verreichlichung interessiert waren, bestand aus ihrer Sicht für die Existenz des Republikanischen Richterbundes keine Notwendigkeit mehr, da sich die Partei nach der Machtergreifung allein dazu berufen fühlte die Gleichschaltung voranzutreiben.[70] Die Verreichlichung des – mittlerweile als überflüssig angesehenen – Republikanischen Richterbundes war daher die logische und naheliegende Konsequenz.

Der Ablauf des Prozesses der Gleichschaltung des Republikanischen Richterbundes wird schließlich unterschiedlich beurteilt. Teilweise wird vertreten, dass der Republikanische Richterbund sich nicht selbst aufgelöst habe, sondern zwangsweise aufgelöst wurde. Da er den staatspolitischen Zielen der NSDAP zuwider gelaufen wäre, hätte Hitler ihn verboten. Als Argument wird insbesondere ein Zeitungsartikel aus der Frankfurter Zeitung vom 16. März 1933 angeführt, der von einer Zwangsauflösung spricht.[71] Es gibt allerdings begründete Zweifel hinsichtlich der Auflösung durch die NSDAP. Zum einen sprechen hierfür die Angaben eines führenden Mitglieds des Republikanischen Richterbundes. Dieser habe im Rahmen von auf Grund des Gesetzes zur Wiederherstellung des Berufsbeamtentums (BBG)[72] vorgenommenen Ermittlungen die Angabe gemacht, der Republikanische Richterbund habe sich selbst aufgelöst. Da die Richtigkeit der Angabe von den ermittelnden Behörden leicht hätte festgestellt werden können und die Unrichtigkeit der Angaben unbequeme Folgen gehabt hätte, sprechen gewichtige Argumente für die Richtigkeit der Angaben. Zum anderen könnte der Zeitungsartikel aus der Frankfurter Zeitung auch manipuliert gewesen sein.[73] Vorzugswürdig erscheint daher die Annahme der Selbstauflösung des Republikanischen Richterbundes, der jedenfalls als eigenständige Berufsorganisation unbestritten nicht weiter fortbestanden hat.

2. Folgen der Gleichschaltung

Nach dem Beitritt der Berufsverbände zum Bund Nationalsozialistischer Deutscher Juristen wurde umgehend damit begonnen, die inneren Strukturen nach nationalsozialistischen Grundsätzen auszurichten. Erste Maßnahmen ergingen knapp einen Monat nach den Feierlichkeiten im Hanseatischen Oberlandesgericht, aber noch vor der endgültigen Auflösung des Deutschen Richterbundes im Dezember 1933, zu einem Zeitpunkt also, als der Deutsche Richterbund

70 *von Frisching*, S. 110.
71 So *Kempner*, RuP 1967, S. 129 (129).
72 Siehe hierzu im Einzelnen B. II. 1.
73 So *Schulz*, S. 173.

in dem ihm übergeordnetem Bund Nationalsozialistischer Deutscher Juristen nach wie vor als eigenständiger Berufsverband existierte. Mit ihrer letzten Amtshandlung haben die Vertreter des Deutschen Richterbundes zunächst die Satzung geändert und das Führerprinzip sowie einen Arierparagraphen aufgenommen. Es folgte die Verkündung der von Frank bestimmten Vorstands- und Präsidiumsmitglieder des Deutschen Richterbundes sowie die Unterstellung des Vorstandes unter den Reichsfachgruppenleiter Kyser. Damit hatte Frank die entscheidende Weiche für die Auflösung des Deutschen Richterbundes gestellt.[74] Nachdem auch der zuletzt lediglich formal weiterbestehende Deutsche Richterbund im Dezember 1933 aufgelöst wurde, bestanden neben dem Bund Nationalsozialistischer Deutscher Juristen keine weiteren juristischen Berufsvereinigungen mehr. Damit waren die Voraussetzungen für die avisierte Ausrichtung sämtlicher Juristen nach nationalsozialistischen Gesichtspunkten durch den Bund Nationalsozialistischer Deutscher Juristen geschaffen, die der Bund durch die Nichtaufnahme von Juristen jüdischer Abstammung unterstrich.[75] Ursprünglich im Jahr 1928 zur Gewährung von Rechtsschutz für die nationalsozialistische Bewegung in straf- und zivilrechtlichen Prozessen gegründet, wurde der Bund Nationalsozialistischer Deutscher Juristen zur Standesorganisation der Juristen.[76]

Von der Neuausrichtung betroffen waren auch die von den Berufsverbänden herausgegebenen juristischen Fachzeitschriften. Mit der Gleichschaltung der Verbände ging ihre Vereinigung im Bund Nationalsozialistischer Deutscher Juristen einher.[77] Die Entscheidung zur Aufnahme in den Bund Nationalsozialistischer Deutscher Juristen war im Ergebnis somit gleichbedeutend mit der Übertragung der Herausgeberschaft.[78] Hierdurch boten sich dem Bund, der zuvor lediglich über eine nahezu bedeutungslose Mitgliederzeitschrift verfügte, bessere Möglichkeiten zur Ideologisierung und Ausrichtung der Rechtswahrer[79], weil mit der Gleichschaltung die Zahl der Zeitschriftenabonnenten deutlich anstieg.[80] Frank kam damit seinem Ziel alle Juristen der

74 *Wrobel*, DRiZ 1983, S. 157 (166 f.).

75 *Rücker*, S. 197.

76 *Humphrey*, S. 287; *Manthe*, S. 92.

77 Vgl. hierzu auch *Rüthers/Schmitt*, JZ 1988, S. 369 (369 ff.); zu den nationalsozialistischen Maßnahmen gegen Zeitschriften und Verlage und deren jüdische Autoren und Herausgeber siehe *Göppinger*, Juristen jüdischer Abstammung im „Dritten Reich". Entrechtung und Verfolgung.

78 *Becker*, „Schritte auf einer abschüssigen Bahn.", S. 28.

79 Rechtswahrer war das damalige Ersatzwort für Juristen, *Schmitz-Berning*, S. 530.

80 Becker, „Schritte auf einer abschüssigen Bahn.", S. 28 f.

Deutschen Rechtsfront mit einer einheitlichen juristischen Fachpresse auszustatten deutlich näher.[81] Seine Zielsetzung ging auf die geänderte Funktion der Presse zurück, die nicht mehr durch Kritik und Stellungnahmen an der öffentlichen Meinungsbildung mitwirken sollte[82], sondern vielmehr als „Träger öffentlicher Aufgaben“[83] angesehen wurde. Aus organisatorischer Sicht bedeutete die Vereinigung der größten Fachzeitschriften allerdings einen erheblichen Mehraufwand. Zur besseren Überwachung gründete Frank daher am 11. November 1933 eigens ein Zeitschriftenrechtsamt beim Bund Nationalsozialistischer Deutscher Juristen, dem die Schriftleitungen der von den Mitgliedern des Bundes Nationalsozialistischer Deutscher Juristen herausgegebenen Zeitschriften[84] unterstanden.[85] Dem Amt oblag die Befugnis mit den Leitern der einzelnen Fachgruppen[86] und den Verlegern der Zeitschriften über inhaltliche und personelle Interventionen zu verhandeln.[87] Ferner mussten dem Amt alle durch die Fachgruppen des Bundes Nationalsozialistischer Deutscher Juristen und diesem angeschlossene Verbände seit dem 1. Januar 1933 laufend erscheinenden Zeitschriften zur Kontrolle vorgelegt werden.[88]

Durch diese Maßnahmen gelang es Frank binnen kürzester Zeit, die wichtigsten juristischen Fachzeitschriften unter seine Kontrolle zu bringen.[89] Zum einen fiel die Auswahl der zu veröffentlichenden Beiträge fortan in den Kompetenzbereich des Bundes Nationalsozialistischer Deutscher Juristen, wodurch eine gezielte Steuerung der Leser möglich war. Zum anderen konnten kritische Beiträge von vornherein von der Veröffentlichung ausgeschlossen werden.[90] Auch die übrigen Zeitschriften, die nicht von Mitgliedern des Bundes

---

81 So *Gsänger*, S. 138.

82 Vgl. zur öffentlichen Aufgabe der Presse z.B. § 3 Niedersächsisches Pressegesetz vom 22. März 1965: „Die Presse erfüllt eine öffentliche Aufgabe, wenn sie in Angelegenheiten von öffentlichem Interesse Nachrichten beschafft und verbreitet, Stellung nimmt, Kritik übt oder auf andere Weise an der Meinungsbildung mitwirkt.“

83 *Frank*, Nationalsozialistisches Handbuch, S. 552.

84 Eine gute Übersicht sämtlicher Zeitschriften der „Deutschen Rechtsfront“ findet sich bei *Schumann*, S. 71 (82).

85 *Frank*, Mitteilungen, DR 1933, S. 232 (235).

86 Im BNSDJ gab es zunächst sieben spezifische Fachgruppen, ehe sich die Anzahl durch die Hinzufügung der Fachgruppe „Hochschullehrer“ Ende November 1933 auf acht erhöhte, *Wieland*, S. 129 (131).

87 *Sunnus*, S. 71.

88 So *Heine*, S. 278.

89 *Schumann*, S. 71 (81).

90 So *Gsänger*, S. 141 f.

Nationalsozialistischer Deutscher Juristen herausgegeben wurden, blieben nicht unangetastet. Sie wurden mittelbar von Frank beeinflusst, indem er einzelne Autoren dazu anwies, ihre Beiträge in Zeitschriften zu veröffentlichen, die dem Bund Nationalsozialistischer Deutscher Juristen unterstanden.[91] Ende März 1934 wurde der Bund Nationalsozialistischer Deutscher Juristen schließlich in die Rechtsabteilung der Reichsleitung der NSDAP[92] (später: Reichsrechtsamt der NSDAP) eingegliedert[93] und die enge Verbindung mit der Partei äußerlich sichtbar. Die Gleichschaltung der juristischen Zeitschriften[94] war schließlich 1936 vollständig abgeschlossen. Die Zeitschriften wurden den einzelnen Fachgruppen des Bundes oder einer seiner Verbände unterstellt.[95]

II. Staatliche Eingriffe in die richterliche Unabhängigkeit

1. Die wichtigsten Gesetze

Neben der Zusammenführung der Richter in dem Bund Nationalsozialistischer Deutscher Juristen wurden parallel massive gesetzgeberische Eingriffe in die richterliche Unabhängigkeit verübt, so z.B. durch das Gesetz zur Wiederherstellung des Berufsbeamtentums (BBG) vom 7. April 1933[96], dessen dritte Durchführungsverordnung vom 6. Mai 1933 ausdrücklich die Anwendung auf Richter und Referendare regelte.[97] Ziel war die Umgestaltung des gesamten Beamtentums in Form einer Stärkung der Loyalität gegenüber dem Regime.[98] Zur Herstellung eines „nationalen Berufsbeamtentums" ermöglichte das Gesetz die jederzeitige Entlassung von Beamten, auch wenn die übernommenen

---

91 Siehe hierzu *Becker*, „Schritte auf einer abschüssigen Bahn.", S. 31.

92 Die Rechtsabteilung der Reichsleitung wurde auf Wunsch Hitlers von Frank 1930 bei der Reichsleitung der NSDAP errichtet. Sie sollte die Beratung der einzelnen Dienststellen übernehmen, die Partei betreffende Rechtsfragen bearbeiten und Parteimitglieder bei Rechtsstreitigkeiten vertreten, *Kawamura,* S. 210. Ferner war sie höchste Kontrollinstanz der NS-Organisationen im Bereich der Justiz, so *Rücker*, S. 198.

93 *N.N.*, Aus der Deutschen Rechtsfront, DR 1934, S. 162 (162).

94 Vgl. zu dem Schicksal und der Gleichschaltung einzelner Zeitschriften *Rüthers/Schmitt*, JZ 1988, S. 369 (369 ff.).

95 So *Sunnus*, S. 72.

96 Gesetz zur Wiederherstellung des Berufsbeamtentums vom 7. April 1933, RGBl. I 1933, S. 175.

97 Dritte Durchführungsverordnung vom 6. Mai 1933 zum Gesetz zur Wiederherstellung des Berufsbeamtentums, RGBl. I 1933, S. 245.

98 *Friedländer*, S. 31.

beamtenrechtlichen Regelungen einen derartigen Eingriff nicht vorsahen.[99] So konnten nach § 4 BBG politisch nicht mehr tragbare Beamten entlassen werden, die nicht die Gewähr dafür bieten konnten, für den nationalen Staat einzustehen.[100] Dabei eröffnete die Norm wegen ihrer Unbestimmtheit einen großen Beurteilungsspielraum, der sie infolgedessen zur Grundlage für die Entlassung zahlreicher Beamten werden ließ, denen die politische Zuverlässigkeit abgesprochen wurde. Allein in Preußen wurden bis November 1933 insgesamt 1360 Juristen entlassen, 112 von ihnen aufgrund der Regelungen des § 4 BBG.[101] Für die Entlassung aus dem Amt, die Versetzung in ein anderes Amt oder die Versetzung in den Ruhestand war gem. § 7 Abs. 1 BBG die oberste Reichs- oder Landesbehörde unter Ausschluss des Rechtsweges zuständig.[102] Dem Reichsjustizministerium oblag die Durchführung des Gesetzes somit nur für das Reichsgericht, die Reichsanwaltschaft und das Reichspatentamt. Im Übrigen waren die Landesbehörden zuständig.[103] Erst nach dem vollständigen Abschluss der Verreichlichung Anfang 1936 durch das Dritte Gesetz zur Überleitung der Rechtspflege auf das Reich war das Reichsjustizministerium schließlich allein zuständig.[104]

Beamte, die nicht arischer Abstammung waren, wurden gem. § 3 Abs. 1 BBG in den Ruhestand versetzt.[105] Wegen der in § 3 Abs. 2 BBG[106] vorgesehenen Ausnahmeregelung konnten sich noch ca. 50 Prozent der jüdischen Richter und Staatsanwälte im Amt halten.[107] Der Bestand der Ausnahmeregelung währte

99 § 1 Abs. 1 des Gesetzes zur Wiederherstellung des Berufsbeamtentums vom 7. April 1933, RGBl. I 1933, S. 175.

100 § 4 des Gesetzes zur Wiederherstellung des Berufsbeamtentums vom 7. April 1933, RGBl. I 1933, S. 175.

101 Siehe zu den Zahlen *Gruchmann*, Justiz im Dritten Reich, S. 166 f.

102 § 7 Abs. 1 des Gesetzes zur Wiederherstellung des Berufsbeamtentums vom 7. April 1933, RGBl. I 1933, S. 176.

103 *Gruchmann*, Justiz im Dritten Reich, S. 138.

104 Drittes Gesetz zur Überleitung der Rechtspflege auf das Reich vom 24. Januar 1935, RGBl. I 1935, S. 68.

105 § 3 Abs. 1 des Gesetztes zur Wiederherstellung des Berufsbeamtentums vom 7. April 1933, RGBl. I 1933, S. 175.

106 Gem. § 3 Abs. 2 des Gesetzes zur Wiederherstellung des Berufsbeamtentums konnten nicht arische Beamte einer Versetzung in den Ruhestand nach § 3 Abs. 1 entgehen, wenn sie bereits seit dem 1. August 1918 Beamte waren, im Weltkrieg an der Front gekämpft oder bei dem Kriegseinsatz ihre Väter oder Söhne verloren hatten, RGBl. I 1933, S. 175.

107 Siehe zu den Zahlen *Blau*, S. 7.

jedoch nur bis zum Erlass des Reichsbürgergesetzes am 15. November 1935.[108] Dessen erste Verordnung bestimmte in § 4 Abs. 2, dass sämtlichen jüdischen Beamten der Dienst zum 31. Dezember 1935 quittiert würde, wobei den „alten Kämpfern", d.h. denjenigen, die zuvor noch unter die Ausnahmeregelung fielen, ein Ruhegehalt zugebilligt wurde.[109] Grund für die Entlassungen zum Jahresende war die Tatsache, dass § 4 Abs. 1 der ersten Verordnung bestimmte, dass Juden fortan keine Reichsbürger mehr waren und demzufolge auch kein öffentliches Amt mehr inne haben durften.[110] Das Reichsbürgergesetz sorgte für eine „zweite Säuberungswelle" und führte Ende des Jahres 1935 zur Entlassung der jüdischen Richter, die zuvor noch unter den Schutz der genannten Ausnahmeregelung fielen.[111]

Das Deutsche Beamtengesetz (DBG) vom 26. Januar 1937, das gem. § 171 DBG ebenfalls auf Richter anzuwenden war, führte den zuvor beschrittenen Weg fort. Das Gesetz räumte Hitler in § 71 Abs. 1 die Möglichkeit ein, Beamte dauerhaft oder für eine gewisse Zeit in den Ruhestand zu versetzen, wenn diese nicht mehr die Garantie dafür geben konnten, jederzeit für den nationalsozialistischen Staat einzustehen.[112] Durch diese Regelung wurden die Richter stärker als je zuvor zum parteipolitisch abhängigen Beamten. In der Zeit vom 26. Januar 1937 bis zum 29. Januar 1941, dem Todestag Gürtners, wurden auf Grundlage von § 71 DBG insgesamt sechs Untersuchungsverfahren gegen Richter eingeleitet.[113] In keinem der Fälle war ein unerwünschtes Urteil Anlass für die Ermittlungen. Dies verbot § 171 Abs. 1 S. 3 DBG[114] ausdrücklich. Anknüpfungspunkt war vielmehr eine nicht den nationalsozialistischen

---

108 Reichsbürgergesetz vom 15. September 1935, RGBl. I 1935, S. 1146.

109 § 4 Abs. 2 erste Verordnung zum Reichsbürgergesetz vom 14. November 1935, RGBl. I 1935, S. 1333.

110 § 4 Abs. 1 erste Verordnung zum Reichsbürgergesetz vom 14. November 1935, RGBl. I 1935, S. 1333.

111 Vgl. *Lorenzen*, DJ 1939, S. 956 (965).

112 § 71 Abs. 1 des Deutschen Beamtengesetzes vom 26. Januar 1937 lautete: „Der Führer und Reichskanzler kann einen Beamten auf Lebenszeit oder auf Zeit auf einen von der obersten Dienstbehörde im Einvernehmen mit dem Reichsminister des Innern gestellten Antrag in den Ruhestand versetzen, wenn der Beamte nicht mehr die Gewähr dafür bietet, daß er jederzeit für den nationalsozialistischen Staat eintreten wird." RGBl. I 1937, S. 52.

113 *Gruchmann*, Justiz im Dritten Reich, S. 202.

114 Nach § 171 Abs. 1 S. 3 konnte der sachliche Inhalt einer richterlichen Entscheidung keine Maßnahmen gem. § 71 Abs. 1 nach sich ziehen, RGBl. I 1937, S. 68.

Vorgaben entsprechende Gesinnung sowie eine offen zum Ausdruck kommende, ablehnende Haltung gegenüber dem NS-Staat.[115]

2. Staatliche und parteiliche Einwirkungen auf die juristischen Zeitschriften

So wie sich Staat und Partei in Person von Hans Frank binnen kürzester Zeit den Einfluss auf eine Vielzahl der juristischen Fachzeitschriften verschaffte, so wussten auch die nationalsozialistische Führung und das Reichsjustizministerium um das Potenzial der medialen Einflussnahme. Erste Maßnahmen ergingen noch im Jahr der Machtergreifung. Zunächst wurde auf Verlangen von „Propagandaminister" Goebbels durch das Reichsregierungsgesetz vom 22. September 1933 die Reichskulturkammer in Form einer Körperschaft des öffentlichen Rechts gegründet[116], zu deren insgesamt sieben Einzelabteilungen die Reichsschrifttums- und die Reichspressekammer zählte.[117] Journalistisches Tätigwerden war ohne die Mitgliedschaft in der dem Reichspropagandaministerium unterstellten Reichspressekammer fortan nicht mehr möglich. Ab 1936 war die Mitgliedschaft zudem auf Personen arischer Abstammung begrenzt.[118] Die Reichskulturkammer war damit eine berufsständische Zwangsvereinigung. Ausschluss oder Nichtaufnahme konnten schnell existenzielle Folgen nach sich ziehen.[119]

Auch das von der Reichsregierung am 4. Oktober 1933 beschlossene Schriftleitergesetz, das mit Beginn des Jahres 1934 in Kraft trat, war ein weiterer sichtbarer Ausdruck des totalen Machtanspruchs und zugleich ein weiteres wichtiges Kontrollinstrument, welches das Berufsbild des freien Journalisten nachhaltig beeinträchtigte.[120] Hinter dem Gesetz stand die Vorstellung, dass die journalistische Tätigkeit eine öffentliche Aufgabe sei. Alle Redakteure (ab sofort als Schriftleiter bezeichnet) der Zeitungen und politischen Zeitschriften mussten daher dem in die Reichspressekammer eingegliederten Reichsverband der deutschen Presse angehören.[121] Das Gesetz galt jedoch nur für politische

115 Reifner nimmt sogar an, dass von ca. 16000 Richtern keiner wegen eines zu beanstandenden Urteils aus dem Dienst entlassen wurde, *Reifner*, ZRP 1983, S. 13 (17).

116 § 1 des Reichskulturkammergesetzes vom 22. September 1933, RGBl. I 1933, S. 661.

117 *Dussel*, S. 162.

118 *Altendorfer*, S. 280.

119 *Schmidt*, Nationalsozialistische Kulturpolitik, S. 34 f.

120 Vgl. *Bracher/Sauer/Schulz*, S. 292.

121 *Sunnus*, S. 71.

Zeitschriften. Wissenschaftliche Zeitschriften waren vom Anwendungsbereich ausgenommen.[122] Wegen der weiten Auslegung des Merkmals „politische Zeitschrift“ und der Kompetenz des Propagandaministers Goebbels darüber zu entscheiden, ob eine Zeitschrift als politisch einzustufen war oder nicht, wurde jedoch ein Großteil der juristischen Zeitschriften als politisch eingestuft, was dazu führte, dass letztlich alle jüdischen Schriftleiter entlassen wurden.[123]

Weitaus weniger aufwendig war dagegen die Neuausrichtung der staatlich herausgegebenen Fachzeitschrift „Deutsche Justiz“. Sie ging aus dem vom Preußischen Justizministerium herausgegebenem Justizministerialblatt für die Preußische Gesetzgebung und Rechtspflege hervor und wurde nach 1933 zum vom Reichsjustizministerium herausgegebenen „Amtsblatt der Deutschen Rechtspflege“. Zu Schriftleitern wurden die beiden Staatssekretäre im Reichsjustizministerium Roland Freisler und Franz Schlegelberger ernannt, sodass die Auswahl der zu veröffentlichenden Beiträge dem Ministerium oblag.[124] Urteile und Aufsätze konnten vorab auf die Vereinbarkeit mit der NS-Ideologie überprüft, selektiert und von vornherein als ungeeignet zur Veröffentlichung qualifiziert werden. Ferner bestand die Möglichkeit, mit dem Nationalsozialismus unvereinbare Urteile zu veröffentlichen und sie mit einer kritischen Urteilsbesprechung zu versehen. Wenngleich die öffentliche Kritik über die Richter in der „Deutschen Justiz“ deutlich milder war als die Richterschelte im „Schwarzen Korps“[125], dem Kampfblatt der SS, so war die Veröffentlichung von Beiträgen der Ministeriumsmitglieder, die sich kritisch mit der Strafrechtsprechung auseinandersetzten und dadurch auf Missstände in der Justiz aufmerksam machen sollten, dennoch ein bewährtes und ebenso beliebtes Mittel des Ministeriums, wie das nachfolgende Beispiel verdeutlicht. So erschien in der Rubrik „Rechtspflege und Rechtspolitik“ mit dem Titel „Wochenschau“, die eigens für Sachbearbeiter aus den Ministerien eingerichtet wurde, 1936 z.B. eine Urteilskritik von Dr. Karl Doerner, seinerzeit Oberregierungsrat im Reichsjustizministerium.[126] Kritisch gewürdigt wurde ein Urteil des Landgerichts Bielefeld, das einen Bauern freigesprochen hatte, der sich am Volkstrauertag abfällig über die Tötung von 400 NSDAP-Anhängern geäußert habe. Der Angeklagte wurde freigesprochen, weil er die Toten und nicht die Partei selbst beleidigt hätte. Das

---

122 §§ 1, 3 des Schriftleitergesetzes i.V.m. § 10 der Durchführungsverordnung vom 19.12.1933, RGBl. I, 1933 S. 713 ff., RGBl. I 1933, S. 1085 ff.

123 So *Heine*, S. 277.

124 *Schädler*, S. 117; *Henschel*, S. 365; *Rüthers/Schmitt*, JZ 1988, S. 369 (374).

125 So *Broszat*, Zur Perversion der Strafjustiz im Dritten Reich, VfZ 1958, S. 390 (394).

126 *Doerner*, Wochenschau, DJ 1936, S. 321 (321).

Urteil wurde in diversen Zeitschriften kritisiert. Dieser Kritik schloss sich auch Doerner an, indem er hervorhob, dass das Urteil dem gesunden Volksempfinden zuwider laufen würde, weil die NSDAP beleidigt worden sei. Auch die Vorinstanz, die den Angeklagten ebenso freigesprochen hatte, habe die Äußerung in den Urteilsgründen zutreffend als schädlich bezeichnet und damit selbst eingeräumt, dass ein Freispruch dem gesunden Volksempfinden zuwiderlaufe.[127]

Durch derartige öffentliche Kritik an Urteilen, bei denen aus Sicht des Ministeriums häufig eine nationalsozialistische Gesinnung fehlte, wurde den Richtern nicht linientreues Verhalten vorgeworfen und öffentlich gemacht. Zudem waren häufig Beamte des Reichsjustizministeriums Urheber der Kritik. Sobald und sofern die Richter die Kritik als den Willen der hohen Staatsführung auffassten, konnte erheblicher psychologischer Druck aufgebaut werden, weil ihnen die Entlassung aufgrund des Gesetzes zur Wiederherstellung des Berufsbeamtentums drohen konnte.[128] Hinzu kam, dass die Kritik häufig in der eigens geschaffenen Rubrik für Mitglieder des Ministeriums erschien, was die psychologische Wirkung zusätzlich verstärken konnte. Für den Fall der Kenntnisnahme durch den entsprechenden Richter ist somit eine Beeinflussung hin zu einer den Vorstellungen des Nationalsozialismus genügenden Rechtsprechung auf Grund der erzeugten Zwangslage nicht auszuschließen. Im Übrigen muss betont werden, dass die Kritik häufig nicht juristischer Natur war, sondern vielmehr dass Nichtbefolgen einer Weltanschauung zum Anlass für eine kritische Würdigung genommen wurde. Eine sachliche Auseinandersetzung fand in solchen Fällen daher nicht statt.[129] Die „Deutsche Justiz" wird daher auch als „Sprachrohr des Reichsjustizministeriums" bezeichnet.[130]

Neben den juristischen Fachzeitschriften hatte das Reichsjustizministerium zudem Einfluss auf zahlreiche Gesetzeskommentare, in denen sowohl die hergebrachten als auch die nach 1933 und schon nationalsozialistisch motivierten Gesetze kommentiert wurden. So waren zahlreiche Kommentatoren, wie z.B. Wilhelm Stuckart und Hans Globke, die, genau wie Bernhard Lösener und Friedrich August Knost, die Nürnberger Gesetze kommentierten, im Reichsjustiz- oder Reichsinnenministerium tätig. Dadurch war sichergestellt, dass die

---

127 *Doerner*, Wochenschau, DJ 1936, S. 321 (321 f.).

128 *Gruchmann*, Justiz im Dritten Reich, S. 1142.

129 Auch Thierack hat die Veröffentlichung richtungsweisender Aufsätze von Referenten des Ministeriums als Mittel der Lenkung qualifiziert, BArch R 3001/24165, fol. 83.

130 So z.B. von *Broszat*, Zur Perversion der Strafjustiz im Dritten Reich, VfZ 1958, S. 390 (394).

völkische Ideologie auch in den Gesetzeskommentaren ausreichend zur Geltung kam.[131]

III. Die Aufgabenerweiterung des Reichsjustizministeriums

1. Die „Verreichlichung" der Justiz

Zum Zeitpunkt der Machtübernahme Hitlers fiel die Justizhoheit in den Kompetenzbereich der Länder. Konkrete Vorstöße zur „Verreichlichung", d.h. zur Ergreifung von Maßnahmen zur Vereinheitlichung regionaler Besonderheiten in Verwaltung und Justiz auf Reichsebene und zur Übertragung der Länderkompetenzen auf das Reich[132], gab es bereits in der Weimarer Republik. So hatte die damalige Nationalversammlung über einen Antrag zur „Gleichschaltung" der Justiz zu entscheiden. Dieser wurde unter Hinweis auf die Weimarer Reichsverfassung, die den Ländern Selbstständigkeit gewährte[133], allerdings abgelehnt. Auch auf dem Juristentag vom 11.–15. September 1928 in Salzburg wurde die „Verreichlichung" des Justizwesens diskutiert.[134] Die damaligen Diskussionen hatten sogar Auswirkungen auf die Praxis. Der Vorsitzende der Kommission, die dazu eingesetzt war, einen Entwurf für ein Reichsnotariatsgesetz zu bearbeiten, hat sich infolge der Erörterungen auf dem Salzburger Juristentag nicht mehr an den eigentlich zuständigen Landesgesetzgeber gewandt, sondern eine Ausgestaltung auf Reichsebene beabsichtigt, obwohl die Justiz zu diesem Zeitpunkt noch in die Kompetenz der Länder fiel.[135] Über dieses Stadium wurde jedoch nicht hinausgegangen. Dies lag vor allem am Widerstand einiger Länder, die einen mit der „Verreichlichung" einhergehenden Machtverlust befürchteten.[136] Die finanziell schwachen Länder waren wegen ihrer finanziellen Probleme zwar an einer Übertragung der Justiz auf das Reich interessiert. Die nur vereinzelte Übernahme von Landesjustizverwaltungen war aus Sicht des Reiches allerdings unorganisch und politisch nutzlos und damit nicht weiter zu verfolgen.[137]

Nach der nationalsozialistischen Machtergreifung wurde die Verreichlichung schrittweise vorangetrieben. Mit dem vorläufigen Gesetz zur Gleichschaltung

---

131 *Kästle-Lamparter*, S. 79 f.

132 Vgl. hierzu *Grau*, S. 308.

133 Vgl. Art. 5 WRV.

134 *Sauer*, S. 10.

135 *Schubert*, Materialien zur Vereinheitlichung des Notarrechts (1872–1937), S. 268.

136 *Volkert*, S. 110; *Kuhn*, Deutsche Justizminister 1877–1977, S. 20.

137 *Sauer*, S. 10.

der Länder mit dem Reich vom 31. März 1933[138] wurde zunächst die Gesetzgebungsbefugnis von den Landtagen auf die Landesregierungen übertragen und die Gewaltenteilung aufgehoben.[139] Nachdem Hans Frank auf Vorschlag von Reichsjustizminister Gürtner[140] zum Reichskommissar für die Gleichschaltung der Justiz in den Ländern bestellt worden war, war klar, dass das Gesetz vom 31. März 1933 erst den Anfang des Gleichschaltungsprozesses darstellte.[141] Das Jahr 1934 brachte schließlich die entscheidenden und erwünschten Fortschritte. Zunächst wurden mit dem Gesetz über den Neuaufbau des Reiches vom 30. Januar 1934 die Länder aufgelöst und die Hoheitsrechte auf das Reich übertragen.[142] Auch die Justizhoheit ging auf das Reich über.[143] Zudem verloren die Länder durch das Gesetz ihre Eigenstaatlichkeit. Dieser Kompetenzverlust ließ die Justizjuristen jedoch größtenteils unbeeindruckt. Vielmehr wurde das Gesetz positiv aufgenommen, da „für „souveräne“ Staatsgewalten mit eigener Willensbildung, einer bundesstaatlichen Bürokratie und demokratischen Länderparlamenten in deutschen Landen fortan kein Raum mehr sein dürfe.“[144]

Nachdem Gürtner den Landesjustizministern am 12. Februar 1934 in Dresden seinen Verreichlichungsplan vorgestellt hatte[145], wurde nur vier Tage später, am 16. Februar 1934, das erste Gesetz zur Überleitung der Rechtspflege auf das Reich erlassen.[146] Das Gesetz ermächtigte den Reichsjustizminister u.a. dazu, alle Bestimmungen zu treffen, die durch den Übergang der Justizhoheit auf das Reich erforderlich werden.[147] Die Ermächtigung wurde als „erste[r] sichtbare[r] Ausdruck der neuen Justizeinheit“ aufgefasst.[148] Um die „Verreichlichung“ weiter voranzutreiben, beauftragte Hitler auf Vorschlag des Preußischen Ministerpräsidenten Göring Reichsjustizminister Gürtner am 16. Juni 1934 damit, die

138 Vorläufiges Gesetz zur Gleichschaltung der Länder mit dem Reich vom 31. März 1933, RGBl. I 1933, S. 153.

139 Vgl. hierzu *Poetzsch-Heffter*, DJZ 1933, S. 535 (535 f.).

140 *Hetzel*, S. 85.

141 *Kyser*, DRiZ 1934, S. 129 (129).

142 Gesetz über den Neuaufbau des Reiches vom 30. Januar 1934, RGBl. I 1934, S. 75.

143 *Schorn*, S. 61.

144 *Stüdemann*, S. 163.

145 *Sauer*, S. 12.

146 Erstes Gesetz zur Überleitung der Rechtspflege auf das Reich vom 16. Februar 1934, RGBl. I 1934, S. 91.

147 Art. 5 des ersten Gesetzes zur Überleitung der Rechtspflege auf das Reich vom 16. Februar 1934, RGBl. I 1934, S. 91.

148 *Gürtner*, Abschied von den Landesjustizverwaltungen, DJ 1934, S. 1523 (1523).

Geschäfte des Preußischen Justizministeriums zu übernehmen.[149] Ein Erlass vom 16. Oktober 1934 besiegelte die Verschmelzung der beiden Ministerien mit Wirkung zum 22. Oktober 1934 zu einer Behörde.[150] Das zweite[151] und dritte[152] Gesetz zur Überleitung der Rechtspflege auf das Reich führten schließlich zum Abschluss der „Verreichlichung" der Justiz, was nicht zuletzt die Präambel des dritten Überleitungsgesetzes verdeutlicht[153]:

> *„Nachdem die Leitung der Justizverwaltung der Länder in der Hand des Reichsministers der Justiz vereinigt worden ist, übernimmt das Reich als Träger der Justizhoheit die gesamte Justiz mit allen Zuständigkeiten, Rechten und Pflichten, mit allen Justizbehörden und Justizbediensteten."*

Dem Reich wurde mit Wirkung zum 1. April 1935 neben den Gerichten die gesamte Justizverwaltung unterstellt, sodass fortan ein direkter Einfluss auf das Justizpersonal möglich war. Dies ließ das Reichsjustizministerium, erstmalig in seiner Geschichte, zu einem „echten Verwaltungsministerium" werden.[154] Damit war die Gleichschaltung der Justiz am 1. April 1935 endgültig abgeschlossen und die Reichsjustiz künftig „die neue fünfte Säule des deutschen Einheitsstaats."[155] Sämtliche Landesjustizbehörden gingen im Reichsjustizministerium auf. Für die Staatsanwaltschaft wurde im Reichsjustizministerium eine Zentralstaatsanwaltschaft[156] errichtet.[157] Fortan waren dem Reichsjustizministerium durch die Zentralisierung ca. 2.500 Gerichte mit mehr als 14.000 Richtern unterstellt.[158]

---

149 *Sauer*, S. 13.

150 Erlaß über die Vereinigung des Reichsjustizministeriums und des Preußischen Justizministeriums vom 16. Oktober 1934, DJ 1934, S. 1295.

151 Zweites Gesetz zur Überleitung der Rechtspflege auf das Reich vom 5. Dezember 1934, RGBl. I 1934, S. 1214.

152 Drittes Gesetz zur Überleitung der Rechtspflege auf das Reich vom 24. Januar 1935, RGBl. I 1935, S. 68.

153 So auch *Schorn*, S. 62; vgl. Präambel des Dritten Gesetzes zur Überleitung der Rechtspflege auf das Reich vom 24. Januar 1935, RGBl. I 1935, S. 68.

154 So *Wittreck*, S. 60; so auch *Götte*, S. 66.

155 *Pätzold*, Wochenschau, DJ 1935, S. 494 (494).

156 Die Zentralstaatsanwaltschaft wurde von Gürtner jedoch am 6. Oktober 1937 mit Wirkung vom 1. Oktober 1937 aufgehoben. Ein Teil der Aufgaben wurde der Strafrechtspflegeabteilung III im Reichsjustizministerium und den örtlich zuständigen Oberstaatsanwälten übertragen, BArch R 3001/21143, fol. 235 f.; vgl. hierzu *von Haacke*, Drei Jahre Zentralstaatsanwaltschaft, DJ 1936, S. 1257 (1257 f.).

157 *Wagner*, Die Umgestaltung der Gerichtsverfassung S. 223.

158 Ebenda, S. 224.

2. Organisation und Zuständigkeiten

Zum Zeitpunkt der nationalsozialistischen Machtergreifung war das Reichsjustizministerium in drei Abteilungen gegliedert. Der ersten Abteilung waren die Bereiche Bürgerliches Recht und Bürgerliche Rechtspflege unterstellt. Die zweite Abteilung umfasste das Strafrecht, die Strafrechtspflege und den Strafvollzug. Der dritten Abteilung waren das Handelsrecht, das Wirtschafts- und Verkehrsrecht sowie das Öffentliche Recht zugeordnet.[159] Darüber hinaus unterstanden dem Staatssekretär[160] die Reichsjustizverwaltungssachen. Darunter wurden vor allem Personal- und Haushaltsangelegenheiten des Ministeriums sowie des Reichsgerichts und Reichspatentamts zusammengefasst.[161] Im Zuge der Verreichlichung und Errichtung des Reichs- und Preußischen Justizministeriums wurde die Anzahl der Abteilungen auf sechs erhöht.[162] Die einzelnen Abteilungen untergliederten sich in Bezirks- und Sonderreferate. Während die Bezirksreferenten für die Handhabung politischer und unpolitischer Verfahren in den Oberlandesgerichtsbezirken zuständig waren, hatten die Sonderreferenten spezielle sachliche Kompetenzen. So gab es z.B. eigens eingerichtete Sonderreferate für Hochverratssachen, kirchenpolitische Strafsachen oder Kriegsstrafsachen der Sondergerichte.[163]

Unter dem Gesichtspunkt der Lenkung der Strafjustiz war vor allem die **Strafrechtspflegeabteilung III** von Bedeutung. Sie nahm zum einen die seitens der Richter und Staatsanwälte zu erstattenden Berichte (mit Ausnahme der

---

159 *Gruchmann*, Justiz im Dritten Reich, S. 86.

160 Zum Zeitpunkt der Machtergreifung gab es im Reichsjustizministerium in Person von Schlegelberger lediglich einen Staatssekretär. Nach der Verschmelzung mit dem preußischen Justizministerium kam 1934 mit Roland Freisler, der am 1. Juni 1933 zum Staatssekretär im preußischen Justizministerium ernannt worden war, ein Weiterer hinzu. Unter Thierack wurde die zweite Staatssekretärsstelle ersatzlos gestrichen, vgl. hierzu *Schädler*, S. 99; *Heimann*, S. 373.

161 *Sauer*, S. 7.

162 Die erste Abteilung beinhaltete fortan die Gerichtsorganisation und Personalien. Die zweite Abteilung war für die Strafgesetzgebung zuständig. Strafrechtliche Einzelsachen und Strafvollzug gehörten zur dritten Abteilung. Die vierte Abteilung war zuständig für Bürgerliches Recht und die Bürgerliche Rechtspflege. Der fünften Abteilung waren Handels- , Wirtschafts-, Öffentliches- und Völkerrecht zugewiesen. Schließlich waren der sechsten Abteilung Haushalts- und sonstige Verwaltungssachen unterstellt, *Sauer*, S. 14.

163 *Gruchmann*, Justiz im Dritten Reich, S. 1095.

Lageberichte) entgegen.[164] Zum anderen fiel die Lenkung der Strafrechtspflege durch Weisungen an die Oberreichsanwälte und Generalstaatsanwälte in den Kompetenzbereich der Abteilung III, die nach der strukturellen Neuordnung durch Thierack im Oktober 1942 zur Abteilung IV wurde.[165] Die Einflussnahme über die Staatsanwaltschaften machte einen großen Teil der Arbeit der Strafrechtspflegeabteilung III aus.[166] Neben allgemeinen Verfügungen und Erlassen sowie der Erteilung von Weisungen und der Einflussnahme auf Ermittlungen, Anklage und Strafantrag im Einzelfall gehörten vor allem die Zusammenarbeit mit anderen Behörden und Parteistellen, Reisen in die Bezirke und die regelmäßigen Besprechungen der Behördenleiter zu den wichtigsten Erkenntnis- und Steuerungsmitteln.[167] Geleitet wurde die Strafrechtspflegeabteilung von 1935 bis zum 31. Oktober 1942 von Wilhelm Crohne[168], ehe dieser an den Volksgerichthof wechselte.[169] Crohne wurde von Leopold Schäfer übergangsweise abgelöst. Am 1. Januar 1943 übernahm Günther Vollmer die Leitung.[170] Unter Schlegelberger, der das Reichsjustizministerium nach dem Tod Gürtners am 29. Januar 1941 kommissarisch leitete[171], wurden die Abteilungen neu strukturiert und ihre Anzahl auf sieben erhöht. Thierack erhöhte die Anzahl der Abteilungen im Folgenden sogar auf acht. Mit den Abteilungen Strafgesetzgebung und Jugendrecht (Abteilung III), Strafrechtspflege (Abteilung IV) und Strafvollzug (Abteilung V) war fast die Hälfte der Abteilungen strafrechtlicher Ausrichtung.[172]

---

164 *Sauer*, S. 54 ff.; *Gruchmann*, Justiz im Dritten Reich, S. 1095. Siehe zu den Berichtspflichten und der Informationsbeschaffung C. I.

165 *Schädler*, S. 126.

166 Vgl. *Sauer*, S. 25.

167 *Vollmer*, DJ 1943, S. 78 (78).

168 Wilhelm Crohne wurde 1880 in Berlin geboren. Er studierte Rechtswissenschaften und nahm im Anschluss eine Stelle in der Verwaltung in Deutsch-Südwest-Afrika an. Ab 1924 war er als Landgerichtsdirektor in Berlin tätig. 1931 trat Crohne in die DVP und im September 1932 in die NSDAP ein. Im April 1933 wurde er ins preußische Justizministerium berufen. Dort übernahm er nach kurzer Zeit als Ministerialdirektor die Leitung der Strafrechtsabteilung. Seit November 1942 war er Vizepräsident des Volksgerichtshofes. Crohne ist am 26. April 1945 in Berlin gestorben, *Dörner*, S. 27.

169 *Przyrembel*, S. 175.

170 *Schädler*, S. 132.

171 *Förster*, Rechtsschutz für Behinderte im Dritten Reich?, S. 59 (67).

172 *Schädler*, S. 125 f.

3. Gesetzgebungs- und Verwaltungskompetenzen des Reichsjustizministeriums

a) Gesetzgebung

aa) Reichstags- und Reichsregierungsgesetzgebung

Über welche Befugnisse das Reichsjustizministerium im Bereich der Gesetzgebung und der Verwaltung verfügte, um Einfluss auf die Strafjustiz zu nehmen, wird nachfolgend untersucht.

Primär war das Reichsjustizministerium für die Gesetzgebungsarbeit und die Pflege von internationalen Beziehungen in den verschiedenen Rechtsgebieten zuständig.[173] Vornehmlich ging es darum, auf bürgerlichem und strafrechtlichem Gebiet die Gesetzgebung zu verbessern und bei Jurisdiktionsvorschlägen von anderen Ministerien mitzuwirken.[174] Besondere Prüfrechte besaß das Reichsjustizministerium bei der Ausarbeitung von Gesetzentwürfen dagegen nicht.[175]

Da es allerdings verschiedene Möglichkeiten gab, gesetzgeberisch tätig zu werden, muss insoweit differenziert werden. Nach der nationalsozialistischen Machtergreifung blieben der Reichstag und dessen Gesetzgebungsbefugnis zwar formal erhalten[176], aber allein die Anzahl der in der Folge erlassenen

---

173 *Gruchmann*, Justiz im Dritten Reich, S. 86.

174 *Volkert*, S. 110.

175 Auch in der Weimarer Republik besaß das Reichsjustizministerium keine besonderen Prüfrechte. Die Prüfung der Verfassungsmäßigkeit fiel vor 1933 in den Zuständigkeitsbereich des Reichsinnenministeriums, vgl. § 27 Abs. 2 Besonderer Teil der Gemeinsamen Geschäftsordnung der Reichsministerien, in der Fassung vom 22. Oktober 1928: „Das Reichsministerium des Innern ist in allen Fällen zu hören, in denen die Auslegung der Reichsverfassung in Frage steht." Nach dem Ende des Zweiten Weltkrieges wurde die Stellung des Justizministeriums durch die Einführung der rechtssystematischen und rechtsförmlichen Prüfung aufgewertet. *Veit*, S. 272; vgl. hierzu auch *Bundesministerium der Justiz (Hrsg.)*, Handbuch der Rechtsförmlichkeit, Teil A Rechtsprüfung, Vorbemerkungen Rn. 1. In § 46 Abs. 1 der Gemeinsamen Geschäftsordnung der Bundesministerien vom 26. Juli 2000 ist folgendes geregelt: „Bevor ein Gesetzentwurf der Bundesregierung zum Beschluss vorgelegt wird, ist er dem Bundesministerium der Justiz zur Prüfung in rechtssystematischer und rechtsförmlicher Hinsicht (Rechtsprüfung) zuzuleiten."

176 Gem. Art. 1 des Ermächtigungsgesetzes blieben die Art. 68 ff. der Weimarer Reichsverfassung, die die Gesetzgebung regelten, unberührt, Art. 1 des Gesetzes zur Behebung der Not von Volk und Reich vom 24. März 1933, RGBl. I 1933, S. 141.

Reichstagsgesetze zeigt jedoch dessen untergeordnete Rolle im Rahmen der Gesetzgebungstätigkeit. So erging vom 30. Januar 1933 bis zum Erlass des Ermächtigungsgesetzes am 24. März 1933[177] lediglich ein Reichstagsgesetz. Nach der Verabschiedung des Ermächtigungsgesetzes wurden insgesamt noch sieben Gesetze vom Reichstag verabschiedet.[178] Die Möglichkeiten des Reichsjustizministeriums, im Rahmen des Reichstagsgesetzgebungsprozesses Einfluss auszuüben, waren begrenzt. Dies lag vor allem daran, dass der Reichstag nur auf Anordnung Hitlers zusammentrat. Auch die Einbringung von Gesetzentwürfen in das Plenum des Reichstages folgte dem Führerprinzip. Formal hatte neben dem Reichstag[179] zwar auch das Reichjustizministerium als Teil der Reichsregierung die Möglichkeit, Gesetzentwürfe einzubringen[180], die Einbringung war jedoch ohne oder gar gegen den Führerwillen oder den Willen eines seiner Beauftragten nicht denkbar.[181] Das formell nach wie vor geltende Kollegialprinzip wurde praktisch nicht mehr angewandt.[182] Im Ergebnis lag das Gesetzesinitiativrecht somit beim Führer.[183] Reichstagsbeschlüsse waren mithin keine parlamentarischen Eigenbeschlüsse mehr. Vielmehr drückten die Beschlüsse nur die Übereinstimmung mit dem Willen des Führers aus, dem faktisch autonomen Gesetzgeber des deutschen Volkes.[184] Insgesamt wurden die Möglichkeiten zur Einflussnahme vom Führerprinzip überlagert und dadurch zur Bedeutungslosigkeit degradiert.

Seit dem Erlass des Ermächtigungsgesetzes und der Übertragung der Gesetzgebungsbefugnis auf die Regierung[185] bestand außerdem die Möglichkeit

---

177 Gesetz zur Behebung der Not von Volk und Reich vom 24. März 1933, RGBl. I 1933, S. 141.

178 *Schneider*, VfZ 1953, S. 197 (213).

179 Das Gesetzesinitiativrecht des Reichstages bestand lediglich formell. Durch verschiedene Eingriffe in die Parteienvielfalt und die Rechte der Abgeordneten gelang es Hitler, den Reichstag vollständig unter seine Führung zu bringen, vgl. hierzu nur das vorläufige Gesetz zur Gleichschaltung der Länder mit dem Reich vom 31. März 1933, welches einigen Parteien die Zuteilung von Sitzen versagte, RGBl. I 1933, S. 153; das Gesetz gegen die Neubildung von Parteien vom 14. Juli 1933, RGBl. I 1933, S. 47, erstickte zudem jede politische Vielfalt im Keim.

180 Art. 56, 57 und 68 WRV.

181 *Frasch*, S. 42, 47; *Mallmann*, S. 234.

182 *Hoche*, Reich und Länder 1936, S. 65 (67); *Frasch*, S. 23 ff.

183 So auch *Huber*, S. 237.

184 So *Huber*, S. 207 f.; *Frasch*, S. 47.

185 Die Gesetzgebung durch die Regierung gab es auch schon vereinzelt in der Weimarer Republik, wobei betont werden muss, dass diese stets zeitlich oder auf ein bestimmtes Rechtsgebiet beschränkt war, vgl. z.B. die Regelungen in dem Ermächtigungsgesetz

Reichsregierungsgesetze zu erlassen.[186] Eingeleitet wurde das Gesetzgebungsverfahren durch den Führer oder die Ministerien. Hitler konnte die zuständigen Ministerien damit beauftragen, Entwürfe auszuarbeiten. Den einzelnen Reichsministern wurde ebenso das Gesetzesinitiativrecht zugebilligt, wobei Hitler etwaige Vorarbeiten jederzeit abbrechen konnte und sich somit ein jederzeitiges Eingriffsrecht vorbehielt. Zudem musste bei wichtigeren Angelegenheiten zuvor seine Einwilligung eingeholt werden.[187] Der Gesetzentwurf wurde im zuständigen Ministerium bearbeitet. Fiel die Angelegenheit in den Bereich mehrerer Ministerien, so waren diese von Beginn an zu beteiligen.[188] Zudem musste jede Kabinettsvorlage vor dem Einbringen zunächst dem Stellvertreter des Führers vorgelegt werden.[189] Für die Beschlussfassung der Reichsregierung, ob ein Entwurf als Gesetz verabschiedet werden sollte, galt grundsätzlich Art. 58 der Weimarer Reichsverfassung fort.[190] Danach fasste die Reichsregierung ihre Beschlüsse mit Stimmenmehrheit. Das Reichsjustizministerium hatte somit, wie jedes andere Ministerium auch, ein Stimmrecht bei der Fassung von Regierungsbeschlüssen.[191] Das formell geltende Kollegialprinzip wurde jedoch auch hier nicht beibehalten.[192] Vielmehr traf Hitler bei Uneinigkeit im Kollegium und sogar bei Ablehnung des Gesetzentwurfs durch die Minister die Letztentscheidung.[193] Gleiches galt für die Initiative und etwaige Vorarbeiten zur Gesetzgebung. Diese Befugnisse lagen nur formell nach wie vor in den Händen der einzelnen Ministerien. Hitler konnte auch hier jederzeit eingreifen, um die Angelegenheit selbst zu entscheiden oder seine Zustimmung zu

---

vom 13. Oktober 1923, RGBl. I 1923, S. 943 und dem Ermächtigungsgesetz vom 8. Dezember 1923, RGBl. I 1923, S. 1179.

186 Der Gang des Gesetzgebungsverfahrens bei Reichsregierungsgesetzen wurde in einem besonderen Abschnitt geregelt, um den der Besondere Teil der Gemeinsamen Geschäftsordnung der Reichsministerien durch Beschluss der Reichsregierung vom 20. Juli 1933 erweitert wurde, Erste Änderung der Gemeinsamen Geschäftsordnung der Reichsministerien vom 20. Juli 1933, RMinBl. 1933, S. 386 ff.

187 *Werle*, S. 61.

188 § 27 I Besonderer Teil der Gemeinsamen Geschäftsordnung der Reichsministerien in der Fassung vom 22. Oktober 1928 und § 9 Geschäftsordnung der Reichsregierung in der Fassung vom 14. April 1926.

189 *Schulte*, JA 1985, S. 331 (333).

190 Die Reichsregierung fasste ihre Beschlüsse demnach mit Stimmenmehrheit, Art. 58 WRV.

191 Vgl. zu den weiteren Eigenschaften eines Kabinettsbeschlusses *Werle*, S. 62.

192 *Hoche*, Reich und Länder 1936, S. 65 (67); *Frasch*, S. 23 ff.

193 *Frasch*, S. 21 ff.

verweigern.[194] Bei dem Erlass von Reichsregierungsgesetzvorlagen waren die Beteiligungen des Reichsjustizministeriums somit ebenfalls auf ein Minimum reduziert und vom Führerprinzip überlagert.

bb) Rechtsetzung durch Verordnungen

Durch die Aufhebung der Gewaltenteilung kam mit der Rechtsetzung durch Verordnungen eine weitere Möglichkeit hinzu, unmittelbar rechtsetzend tätig zu werden.

Diesbezüglich muss allerdings differenziert werden. Eine Befugnis zur Rechtssetzung besaß Hitler einzig auf Grund des Notverordnungsrechts aus Art. 48 der Weimarer Reichsverfassung, die er nach dem Tod von Reichspräsident von Hindenburg erhielt.[195] Ansonsten bestand für ihn lediglich die Möglichkeit, ausschließlich verwaltungsinterne Dinge organisatorischer Art mittels Verordnung zu regeln.[196] Seit 1936 wurde jedoch verstärkt dazu übergegangen, einzelne Personen aus der Führung zum Erlass von Verordnungen mit Gesetzeskraft zu ermächtigen.[197] Möglich machte diese Form des legislativen Tätigwerdens ein geändertes Verständnis des Gesetzesvorbehalts. Als erforderlich und ausreichend wurde eine von Hitler oder eines von ihm eingesetzten gesetzgebenden Gremiums erteilte Ermächtigung angesehen.[198] Zudem wurde die Wirkung dieser Art von Verordnungen verstärkt. Dienten sie zuvor lediglich der Konkretisierung und Durchführung eines bereits die wesentlichen Entscheidungen regelnden, ermächtigenden Gesetzes, so hat der nationalsozialistische Gesetzgeber in seinen Gesetzen fortan lediglich einen weit gefassten Rahmen vorgegeben und es den ermächtigten Ministerien überlassen, diesen zu füllen.[199] Demnach sollten die „[...] Reichgesetze grundsätzlich

---

194 Vgl. *Hoche*, Reich und Länder 1936, S. 65 (67).

195 Art. 48 WRV; Gesetz über das Staatsoberhaupt des Deutschen Reiches vom 1. August 1934, RGBl. I 1934, S. 747; hiervon machte er jedoch keinen Gebrauch, *Mertens*, S. 16.

196 Diese Rechtsetzungsbefugnis fiel schon in der Weimarer Republik der Exekutive zu, *Pohl*, S. 482 (494).

197 *Vormbaum*, Die Strafrechtsangleichungsverordnung vom 29. Mai 1943, S. 8.

198 *Mertens*, S. 28; vgl. zur Wandlung des Gesetzesvorbehaltes auch *Boßung*, S. 77; *Köttgen*, S. 1 (148 ff.).

199 *Mertens*, S. 28 f.; vgl. z.B. das Rundschreiben Fricks vom 21. April 1939, wonach die Einzelheiten in den Durchführungsverordnungen und nicht in den Reichsgesetzen zu regeln wären, Schreiben des Reichsministers des Innern an die obersten Reichsbehörden vom 21. April 1939, BArch R 3001/20012, fol. 145 a.

nur Rahmengesetze sein […].“[200] Derartige „Blankettermächtigungen“ wurden auch dem Reichsjustizministerium bzw. dem Reichsjustizminister verliehen.[201] Die Einflussmöglichkeiten des Reichsjustizministeriums haben sich durch die Kompetenz zum Erlass gesetzesgleichkommender Verordnungen allerdings nicht verstärkt[202]; denn berücksichtigt werden muss, was im Rahmen des Gesetzesinitiativrechtes bereits angedeutet wurde: Die Autonomie der Ministerien reichte nur so weit, wie es das Interesse Hitlers zuließ. Fand ein politisches Leitmotiv oder eine Detailregelung sein Interesse, führte dies zum Ende der Selbständigkeit.[203] In der Praxis wurde jedoch der Großteil der inhaltlichen Entscheidungen nicht von Hitler selbst getroffen, sondern von den Ministerien, die allerdings darum bemüht waren, dem Willen des Führers gerecht zu werden.[204] Rechtsetzung durch Ministerialverordnungen hing ebenso von der Zustimmung Hitlers ab.[205] In Bezug auf die Wirkung ließ sich ein Unterschied zwischen Verordnungen und Gesetzen seit dem Gesetz zur Behebung der Not von Volk und Reich vom 24. März 1933 nicht mehr ausmachen. Durch die der Reichsregierung verliehene Befugnis zum Erlass von formellen Gesetzen wurde der traditionelle Gesetzesbegriff verabschiedet und die Unterscheidung zwischen Gesetzen und Verordnungen verlor ihre Bedeutung.[206]

---

200 Schreiben des Reichsministers des Innern an die obersten Reichsbehörden vom 21. April 1939, BArch R 3001/20012, fol. 145 a.

201 So wurde Reichsjustizminister Thierack durch den Erlass des Führers über besondere Vollmachten des Reichsministers der Justiz vom 20. August 1942 zum Aufbau einer nationalsozialistischen Rechtspflege die Befugnis verliehen, alle dafür erforderlichen Maßnahmen zu ergreifen, RGBl. I 1942, S. 535.

202 *Rebentisch*, S. 42.

203 Vgl. hierzu das Einschreiten Hitlers bei dem Versuch der Reformierung des Rechts unehelicher Kinder durch das Reichsjustizministerium, *Schubert,* Das Familien- und Erbrecht unter dem Nationalsozialismus, S. 712 f.

204 So *Mertens*, S. 145 ff.

205 Neben den aufgeführten Normgebern wurden z.B. auch dem unmittelbar vor Kriegsbeginn errichtetem Ministerrat für die Reichsverteidigung, dem Beauftragten für den Vierjahresplan und dem Dreierkollegium Gesetzgebungsbefugnisse verliehen. Aber auch deren Kompetenzen wurden vom Führerprinzip überlagert. Durch die Errichtung dieser weiteren Normgeber wurden allerdings die vorhandenen Beteiligungen des Reichsjustizministeriums bei der Reichstags- und Regierungsgesetzgebung umgangen und dessen Einfluss zusätzlich geschwächt, vgl. hierzu *Schulte*, JA 1985, S. 331 (332 f.).

206 So *Axer*, S. 168.

b) *Justizverwaltung*

Die Justizverwaltung war – neben der Gesetzgebung[207]– die zweite große Säule. Sie unterstand dem jeweiligen Reichjustizminister, dem die Leitung der Justizverwaltung nach der Gleichschaltung für das gesamte Reich oblag, und blieb als bürokratische Einrichtung erhalten.[208] Auch die Oberlandesgerichtspräsidenten blieben Gerichtsverwaltungsorgane.[209] Als oberste Verwaltungsbehörde hatte das Reichsjustizministerium bei der Umsetzung von gesetzlichen Vorschriften in die Verwaltungspraxis, was überwiegend auf dem Verordnungsweg geschah, einen großen Gestaltungsspielraum solange andere Ressorts nicht beteiligt werden mussten.[210] Zur Erledigung von Verwaltungsgeschäften der eigenen Behörde besaß jede Justizbehörde eine eigene Verwaltungsstelle. Zu den Aufgaben des Behördenvorstandes (dem Oberlandesgerichtspräsidenten) gehörte neben einer etwaigen Rechtsprechungstätigkeit ebenso die Leitung der Verwaltungsstelle, was zu einer engen Verbindung zwischen Rechtspflege und Verwaltung führte. Die bis dato in Rechtsangelegenheiten bestehende Unterordnung der Gerichte und Staatsanwaltschaften unter eine gleichartige Behörde höherer Ordnung galt auch im Bereich der Justizverwaltung. Die Verwaltungsstelle der niederen Behörde war somit der der höheren Behörde aufsichts- und weisungsmäßig unterstellt. In den Amtsgerichtsbezirken wurde die Justizverwaltung von den aufsichtführenden Amtsrichtern, in den Landgerichtsbezirken von den Landgerichtspräsidenten und den Oberstaatsanwälten und in den Oberlandesgerichtsbezirken von den Oberlandesgerichtspräsidenten und den Generalstaatsanwälten vertreten.[211] Einzige Neuerung und sichtbarer Ausdruck des Führerprinzips bei der organisatorischen Ausgestaltung der Justizverwaltung war die Wahrnehmung der Verwaltungsgeschäfte, allen voran der Geschäftsverteilung[212], durch die Behördenleiter. Sie stellte sich nicht mehr als Ausübung der richterlichen Weisungsfreiheit dar.[213] Zum Aufgabenspektrum der Justizverwaltung gehörte die Organisation der Verwaltungsbehörden.

---

207 Siehe dazu B. III. 3. a).

208 *Nadler*, DJ 1935, S. 85 (85).

209 So *Wittreck*, S. 61.

210 Dieser Machtzuwachs wurde durch die Schwache Position Gürtners im Kabinett begrenzt und führte in der Folge zu einer Anpassung der Justiz, *Götte*, S. 66 f.

211 *Wittland*, fol. 23 ff.

212 Gesetz über die Geschäftsverteilung bei den Gerichten vom 24. November 1937, RGBl. I 1937, S. 1286.

213 *Wittreck*, S. 61 f.

Die übergeordnete Behörde war allgemein für die Wahrnehmung der ihrer Bedeutung nach herausgehobenen Verwaltungsgeschäfte gegenüber der untergeordneten Behörde, für den Erlass einheitlicher Regelungen innerhalb des zugewiesenen Bezirks und für die Bearbeitung von Dienstaufsichtsbeschwerden gegenüber den untergeordneten Behörden zuständig.[214]

Abgesehen von diesen organisatorischen Aufgaben wurden die Zuständigkeiten mit der Lenkung der Rechtsprechung um einen gänzlich neuen Aufgabenbereich erweitert, wodurch sich die Justizverwaltung von allen anderen Verwaltungen im nationalsozialistischen Staat unterschied.[215] Hierunter fällt zum einen das umfassende Berichtssystem[216], das dazu diente, dem Ministerium einen Überblick der Rechtsprechung in den einzelnen Oberlandesgerichtsbezirken zu verschaffen. Zum anderen standen dem Reichsjustizministerium diverse Lenkungsmaßnahmen zur Verfügung.[217] Neben der massiven Lenkung durch die hierarchisch aufgebaute und weisungsabhängige Staatsanwaltschaft verdienen vor allem die Vor- und Nachschauen, ein vom früheren Hamburger Oberlandesgerichtspräsidenten und späteren Staatssekretär im Reichsjustizministerium Rothenberger entwickeltes Besprechungssystem, Erwähnung. Die mit Rundverfügung vom 13. Oktober 1942 verbindlich angeordneten Lenkungsbesprechungen der Oberlandesgerichtspräsidenten und Generalstaatsanwälte dienten dazu, noch vor der Hauptverhandlung eine Übereinkunft zwischen Staatsanwalt und Richter hinsichtlich des zu fällenden Urteils zu erzielen.[218] Auch die seit 1934 regelmäßig durchgeführten Tagungen der Oberlandesgerichtspräsidenten und Generalstaatsanwälte waren Teil dieses Lenkungssystems.[219]

Die Einwirkung im Voraus, d.h., auf das Strafverfahren und das gerichtliche Urteil, war allerdings nur der erste Schritt zur Einflussnahme; denn die Lenkung der Justizpresse[220] fiel ebenfalls in den Kompetenzbereich der Reichsjustizverwaltung.[221] Sie diente dazu, einzelne Strafverfahren medienwirksam zu präsentieren und ein gewolltes und zielgerichtetes Bild in die Öffentlichkeit

214 *Wittland*, fol. 23 ff.

215 So *Herbers*, S. 34.

216 Siehe dazu C. I

217 Siehe dazu C.

218 Vgl. Rundverfügung des Reichsministers der Justiz vom 13. Oktober 1942, BArch R 3001/22732, fol. 230 ff.

219 Siehe dazu C. III.

220 Siehe B. II. 2.

221 So *Wittreck*, S. 66.

zu transportieren. Auch die bereits aufgezeigte nationalsozialistisch motivierte Ausnutzung der Personalhoheit, die sich in Form von massiven Eingriffen in die sachliche und persönliche Unabhängigkeit der Richter und die staatsanwaltliche Tätigkeit manifestierte, war Teil der Justizverwaltung.[222] Zudem wurde durch Verordnung der Reichsregierung in jedem Oberlandesgericht ein Sondergericht errichtet[223], dessen Zuständigkeit zunächst auf die Aburteilung von Verstößen gegen die am 28. Februar 1933 erlassene Reichstagsbrandverordnung und die am 2. März 1933 erlassene Heimtückeverordnung begrenzt war.[224] In der Folgezeit wurde die Zuständigkeit der Sondergerichte stetig schließlich kontinuierlich erweitert.[225] Zudem wurden mit den SS- und Polizeigerichten zusätzliche Stellen errichtet und mit Kompetenzen ausgestattet, die in Konkurrenz mit den bestehenden Gerichten traten und für eine schnellere und radikalere Verurteilung von Regimegegnern sorgten. Trotz ihrer Konkurrenz zum Reichjustizministerium waren diese Gerichte letzten Endes eigene Verwaltungsstellen und ebenso Teil der NS-Justizverwaltung.[226]

4. Zwischenergebnis

Zusammenfassend lässt sich festhalten, dass die nationalsozialistische Machtergreifung binnen kürzester Zeit zu zahlreichen Veränderungen im Justizbereich führte. Von Seiten der Partei genoss dabei die Schaffung einer berufsständischen Organisation sämtlicher Juristen eine hohe Priorität, die mit der Zusammenfassung aller Juristenverbände im Bund Nationalsozialistischer Deutscher Juristen im Dezember 1933 ihren Abschluss fand. Parallel dazu wurden von staatlicher Seite massive Eingriffe in die richterliche Unabhängigkeit vorgenommen. Diese Entwicklung prägten namentlich das Gesetz zur Widerherstellung des Berufsbeamtengesetzes sowie das Deutsche Beamtengesetz.

Für das Reichsjustizministerium bedeutete die Verreichlichung vor allem eine Erweiterung der Kompetenzen. Die drei Überleitungsgesetze übertrugen die Justizhoheit der Länder auf das Reich, sodass sämtliche Justizbehörden

---

222 Siehe dazu B. II. 1.

223 Verordnung der Reichsregierung über die Bildung von Sondergerichten vom 21. März 1933, RGBl. I 1933, S. 136.

224 Vgl. RGBl. I 1933, S. 83 und S. 135.

225 *Sowada*, S. 487.

226 Die Errichtung dieser zusätzlichen Verwaltungsstellen wird von Wittreck als „[...] das eigentliche Charakteristikum der NS-Justizverwaltung [...]" bezeichnet. Neben den Sonder- und Polizeigerichten nennt er zudem die Parteigerichte sowie die Erbgesundheitsgerichte, *Wittreck*, S. 66 f.

und Justizbedienstete fortan dem Reichsjustizministerium unterstanden und gleichgeschaltet waren, was dazu führte, dass sich das Reichsjustizministerium vom klassischen Gesetzgebungsministerium zum Verwaltungsministerium entwickelte.[227] Zudem wurde die Justizverwaltung mit der Steuerung der Rechtspflege um einen zusätzlichen Aufgabenbereich erweitert. Die in den Zuständigkeitsbereich der Strafrechtspflegeabteilung III fallende Steuerung der Rechtsprechung geht genau genommen allerdings über die justizielle Verwaltung hinaus und ist als Teil der Rechtspflege anzusehen. An dieser Stelle manifestierte sich die fehlende Gewaltenteilung[228], was im Ergebnis dazu führte, dass die Grenze zwischen weisungsfreier Rechtspflege und weisungsgebundener Verwaltung häufig fließend und nicht immer eindeutig auszumachen war.[229] Während das Reichsjustizministerium insoweit an Einfluss gewonnen hat, wurden dessen Kompetenzen im Rechtssetzungsverfahren deutlich begrenzt. Vor allem die Abkehr des bis zur Machtergreifung geltenden Kollegialprinzips zu Gunsten des Führerprinzips führte dazu, dass die Letztentscheidung bei Hitler lag und die Ministerien daher stets darum bemüht waren, seinem Willen gerecht zu werden.

227 *Claussen*, S. 1044 (1050).
228 *Herbers*, S. 176.
229 So *Wittreck*, S. 176.

C. Die Lenkung der Strafjustiz

I. Informationsbeschaffung

„Steuerung ist nicht nur eine Sache, die ‚von oben' geschieht; effektive Steuerung setzt rasche und zuverlässige Meldungen ‚von unten' voraus."[230]

1. Die Berichtspflichten

Schon vor der nationalsozialistischen Machtergreifung meldeten einige der Oberlandesgerichtspräsidenten und Generalstaatsanwälte dem Preußischen- und dem Reichsjustizministerium freiwillig wichtige Ereignisse aus ihren Bezirken. Auch Beförderungsberichte gingen in regelmäßigen Abständen bei den Ministerien ein, ohne, dass hierzu eine Verpflichtung bestand.[231] Zur Pflicht wurde die Berichterstattung im Jahr 1933. So wurden zunächst von einigen Landesjustizverwaltungen Berichtspflichten für bedeutsame Strafsachen politischer Natur, für Strafsachen von Tätern, die Mitglied in einer NS-Gliederung waren, und für Verfahren gegen Geistliche eingeführt.[232] Durch die Verfügung vom 18. Dezember 1934, die der Staatsanwaltschaft ab Januar 1935 die Pflicht auferlegte, bei Hoch- oder Landesverratssachen und Sondergerichtssachen dem Reichsjustizministerium Anklageschrift und Urteil zukommen zu lassen und dem Reichsjustizministerium Beleidigungen gegenüber führenden Politikern mitzuteilen, bestanden erstmals für alle Oberlandesgerichtsbezirke geltende Berichtspflichten.[233] Die Voraussetzungen hierfür wurden Anfang Dezember 1934 mit der Begründung der Zuständigkeit des Reichs- und Preußischen Justizministeriums für alle Landesjustizverwaltungen des Reiches geschaffen[234], worin auch die Grundlage für eine stetige Ausdehnung des Berichtssystems zu sehen ist; denn der Katalog der Berichtspflichten wurde in der Folge kontinuierlich erweitert. So führte zum Beispiel der Erlass des sog. „Heimtückegesetzes"[235] 1934 zu einer Ausdehnung der Berichtspflicht.

230 *Rottleuthner*, S. 471 (471).

231 *Weichbrodt*, S. 245.

232 *Wassermann*, FS OLG Braunschweig, S. 11 (71); *Gruchmann*, Justiz im Dritten Reich, S. 1091.

233 *Gruchmann*, Justiz im Dritten Reich, S. 1091.

234 Ebenda, S. 1091.

235 Gesetz gegen heimtückische Angriffe auf Staat und Partei und zum Schutz der Parteiuniformen vom 20. Dezember 1934, RGBl. I 1934, S. 1269.

Nunmehr mussten alle aufgrund des Gesetzes eingeleiteten Verfahren dem Reichsjustizministerium mitgeteilt werden.[236] Am 21. Mai 1935 erschien mit den „Mitteilungen in Strafsachen"[237] schließlich eine Bündelung der bisherigen Mitteilungspflichten. Die Mitteilungen legten umfassend fest, in welchen Fällen an das Reichsjustizministerium zu berichten war. Ferner sollten sie „[...] die staats- und rechtspolitischen Anschauungen des neuen Staates den Justizbehörden nahebringen, [...] die Praxis mit diesem neuen Geist erfüllen und damit Wegbereiter für das kommende Recht sein."[238] Aber auch nach den 53 Seiten umfassenden Mitteilungen in Strafsachen kamen neue Berichtspflichten hinzu.[239] Im Zuge der kriegsbedingten Vereinfachungsmaßnahmen im Bereich der Strafrechtspflege wurden die Berichtspflichten zwar eingeschränkt, aber nicht gänzlich aufgehoben.[240] Vielmehr gab es teilweise sogar weitere Verschärfungen. So verfügte Freisler am 13. Januar 1941 in Vertretung Gürtners, dass täglich bis neun Uhr Meldungen über die wichtigsten Ereignisse mit Bezug zur Strafrechtspflege eingereicht werden mussten, die die Ereignisse des vorherigen Tages bis 18 Uhr beinhalten sollten. Adressaten der Anordnung waren die Generalstaatsanwälte bei den Oberlandesgerichten und die Oberreichsanwälte beim Reichsgericht und beim Volksgerichtshof.[241] Die Verschärfung der Berichtspflichten war vor dem Hintergrund der kriegsbedingten Einschränkungen allerdings schwierig und stellte einige Oberlandesgerichtsbezirke vor organisatorische Probleme. So machte der Generalstaatsanwalt aus Graz durch einen Verweis auf die mangelnde Flugpostverbindung zwischen Graz und Berlin deutlich, dass es ihm nicht möglich sei, die neun-Uhr-Frist einzuhalten.[242] Daher wurde die verschärfte Berichtspflicht am 20. Mai 1942 wieder aufgehoben. Fortan mussten den Referenten aus der Strafrechtspflegeabteilung des

---

236 *Gruchmann*, Justiz im Dritten Reich, S. 1092.

237 Die Mitteilungen in Strafsachen vom 21. Mai 1935 sind abgedruckt bei *Krug/Schäfer/Stolzenburg*, S. 549 ff.

238 So *Stolzenburg*, DJ 1935, S. 738 (739).

239 Einen erstklassigen Überblick zur Erweiterung der Berichtspflichten gibt *Gruchmann*, Justiz im Dritten Reich, S. 1093 ff.

240 *Rüping*, Staatsanwaltschaft und Provinzialjustizverwaltung, S. 71.

241 Schreiben des Reichsministers der Justiz vom 13. Januar 1941 an die Generalstaatsanwälte bei den Oberlandesgerichten, BArch R 3001/21144, fol. 84. *Weichbrodt* geht irrtümlicherweise davon aus, dass diese Verschärfung die Lageberichte betraf, *Weichbrodt*, S. 245; vgl. zu den die Lageberichte betreffenden Rundverfügungen *Michelberger*, S. 11 ff.

242 Schreiben des Generalstaatsanwalts aus Graz an den Reichsjustizminister vom 20. Januar 1944, BArch R 3001/21144, fol. 90 f.

Reichsjustizministeriums die aufgrund der ursprünglichen Rundverfügung mitzuteilenden strafrechtlichen Ereignisse in einem täglichen Anruf mitgeteilt werden. Diese Praxis wurde für organisatorisch besser gehalten.[243] Auch diese Regelung wurde jedoch nicht lange beibehalten und die Anrufe auf drei pro Woche reduziert, wobei sich die Referenten montags und freitags bei den Generalstaatsanwälten und mittwochs bei den Oberlandesgerichtspräsidenten nach den neuesten Ereignissen erkundigten.[244] Es folgte schließlich die Reduzierung auf zwei Anrufe. Ferner mussten nur noch die Generalstaatsanwälte berichten. Dies bedeutete jedoch nicht, dass die Oberlandesgerichtspräsidenten gänzlich aus der Verantwortung genommen wurden. Vielmehr mussten sie bei wichtigen Fällen selbst beim Reichsjustizministerium Mitteilung machen oder den Generalstaatsanwalt in Kenntnis setzen.[245]

Nach der Rede Hitlers vom 26. April 1942 kam es zu einer Verschärfung der Berichtspflichten. Zunächst wurden die bereits bestehenden Berichtspflichten der Staatsanwaltschaften an das Ministerium im Juni 1942 verschärft, indem die Generalstaatsanwälte dreimal in der Woche Anrufe aus dem Ministerium entgegenzunehmen zu hatten, um diesem wichtige Meldungen aus dem Bezirk zu übermitteln.[246] Darüber hinaus wurde die Berichtspflicht zwischen den Gerichten zum Ministerium gänzlich neu eingeführt![247] Die Berichtspflichten konnten in den Oberlandesgerichtsbezirken unterschiedlich ausgestaltet sein, solange es sich um zusätzliche Verschärfungen handelte. So heißt es in den geheimen Lageberichten des Sicherheitsdienstes der SS[248], dass die an den Amtsgerichten tätigen Richter in einigen Oberlandesgerichtsbezirken bei jeder Fallgestaltung mit gewisser Bedeutung den Landgerichtspräsidenten in Kenntnis setzen mussten, der die Informationen sodann über den Generalstaatsanwalt

---

243 Schreiben des Reichsministers der Justiz vom 20. Mai 1942, BArch R 3001/21144, fol. 133.

244 Schreiben des Reichsministers der Justiz vom 10. Juni 1942, BArch R 3001/21144, fol. 137.

245 Schreiben des Reichsministers der Justiz vom 13. Oktober 1942, BArch R 3001/21144, fol. 144.

246 *Rüping*, Staatsanwaltschaft und Provinzialjustizverwaltung, S. 43. Die Verschärfung hielt jedoch nicht lange an. Im März 1943 wurde die Zahl der Anrufe aus Gründen der Vereinfachung wegen des Krieges auf einen pro Woche reduziert, Schreiben des Reichsministers der Justiz vom 11. März 1943, BArch R 3001/21144, fol. 145.

247 Meldungen aus dem Reich Nr. 314 vom 3. September 1942, abgedruckt bei *Boberach*, Band 11, S. 4167, vgl. hierzu auch *Schädler*, S. 194.

248 Siehe hierzu C. I. 2.

an das Reichsjustizministerium weitergeleitet hätte. Aus anderen Gerichtsbezirken heißt es sogar, dass die Amtsrichter mitunter auch vor einer Sitzung über den anstehenden Fall zu berichten hätten. Diese verschärften Berichtspflichten fanden innerhalb der Richterschaft allerdings wenig Zuspruch. Aus den Reihen der Richter kam daher Kritik. Vielfach wurde geäußert „[...] die Berichtspflicht [habe] die Entschlußkraft und Verantwortungsfreude der Richter empfindlich gelähmt, da ihnen die Entscheidung in vielen Fällen von anderen Instanzen abgenommen worden sei und sie sich daher ihrer wesensmäßigen Aufgabe als Richter beraubt fühlen".[249] Das Reichsjustizministerium war dagegen auf die Einhaltung der Berichtspflichten bedacht. Verstöße wurden nicht toleriert und konnten Weisungen nach sich ziehen. Dies belegt ein Beispiel aus dem Oberlandesgerichtsbezirk Braunschweig, dessen Generalstaatsanwalt vom Reichsjustizministerium dazu angewiesen wurde, „seinen" Oberstaatsanwalt auf die bestehenden Berichtspflichten aufmerksam zu machen, weil dieser in der Vergangenheit dagegen verstoßen hätte.[250]

Hintergrund dieses strikten Vorgehens war die essentielle Bedeutung der Berichtspflichten für die Ausrichtung der Rechtsprechung nach nationalsozialistischen Grundsätzen durch den Erlass zahlreicher an die Staatsanwaltschaften gerichteter und das Legalitätsprinzip nicht beachtender Weisungen.[251] Nur durch die umfassenden Berichtspflichten war es dem Ministerium überhaupt erst möglich, die entsprechenden Weisungen zu erlassen. Folglich wurden sie von den Verantwortlichen der für die Lenkung und Steuerung zuständigen Strafrechtspflegeabteilung im Reichsjustizministerium als wichtiges „Erkenntnis- und Steuerungsmittel" bezeichnet.[252]

2. Die geheimen Lageberichte des Sicherheitsdienstes der SS

Der Informationsbeschaffung dienten ebenso die geheimen Lageberichte des Sicherheitsdienstes der SS[253], die auch als Meldungen aus dem Reich oder

---

249 Meldungen aus dem Reich Nr. 314 vom 3. September 1942, abgedruckt bei *Boberach*, Band 11, S. 4170.

250 Schreiben an den Generalstaatsanwalt in Braunschweig vom 18. September 1935, NLA WO, 61 Nds Zg. 12/1987 Nr. 4 Bl. 14.

251 *Scheib*, S. 31

252 So *Vollmer*, DJ 1943, S. 78 (78).

253 Der Sicherheitsdienst der SS wurde 1931 als Geheimdienst der NSDAP bzw. der ihr angehörigen SS gegründet, vgl. hierzu *Bath*, S. 13 ff.; die Aktivitäten des Sicherheitsdienstes der SS (kurz SD) begannen ab 1930, allerdings noch unter einem anderen Namen. Erst im September 1932 entstand die Bezeichnung Sicherheitsdienst der SS,

SD-Berichte bezeichnet wurden.[254] Die Bedeutung der erst im „Dritten Reich“ entstandenen Lageberichterstattung durch den SD kann nicht hoch genug eingeschätzt werden.[255] Kulka hat bereits festgestellt, dass die Berichte mitunter Grundlage für weitere Entscheidungen der nationalsozialistischen Führung waren, weil konkrete Maßnahmen des Regimes zur Diskriminierung der Juden auf sie gestützt wurden.[256]

Das Ministerium war auf die Berichte angewiesen, um die Stimmung innerhalb der Bevölkerung zu bestimmten Themenkomplexen einzuholen, weil wegen der gleichgeschalteten Presse und der Beschränkung der Meinungsfreiheit insgesamt keine unabhängige Berichterstattung mehr existierte. Für die nationalsozialistische Führung war es daher schwer, sich über die tatsächliche Situation der Bevölkerung zu informieren.[257] Dieser Mangel an „unverfälschten“ Informationsmöglichkeiten sollte durch die Einholung der SD-Berichte behoben werden.[258] Ferner erhoffte sich das Ministerium, schnellstmöglich von Veränderungen in der Bevölkerung oder aufkommendem Widerstand in

---

Boberach, Band 1, S. 11 f.; die Berichte des SD erschienen allerdings schon vor 1933. Über die allgemeine Lage wurde jedoch erst ab 1937, aufgrund eines Befehls vom 4. Januar 1937, berichtet, wobei die Berichte aus diesem Jahr nicht überliefert sind, *Boberach*, Band 1, S. 18 ff.; siehe hierzu auch den Bericht über den derzeitigen Stand der Lageberichterstattung des SD-RFSS, BArch R-58/990, fol. 25 ff. Am 27. September 1939 wurde der Sicherheitsdienst der SS zusammen mit der aus Gestapo und Kriminalpolizei bestehenden Sicherheitspolizei verwaltungsmäßig im Reichssicherheitshauptamt zusammengefasst, *Hildebrand*, S. 105.

254 Vgl. dazu *Boberach*, Meldungen aus dem Reich, Die geheimen Lageberichte des Sicherheitsdienstes der SS 1938–1945, 17 Bände.

255 *Kulka*, VfZ 1984, S. 582 (586, 593).

256 *Kulka*, VfZ 1984, S. 582 (600); auch im Zusammenhang mit dem sog. „Hamstern“, d.h. der Hortung von Gegenständen durch Arbeitskräfte über den Eigenbedarf hinaus, hat Thierack deutlich gemacht, dass im Reichsjustizministerium hinsichtlich der Bestrafung solcher Verhaltensweisen eine Verordnung in Vorbereitung wäre und der sich mit dem Hamstern beschäftigende SD-Bericht diesbezüglich von großem Wert gewesen wäre, Schreiben des Reichsjustizministers an den Reichsführer-SS und Chef der Deutschen Polizei Himmler vom 26. März 1943, BArch R 3001/25029, fol. 76.

257 *Triebel*, S. 197 (197 f.).

258 Thierack ließ sich später nur noch den Abschnitt VI „Verwaltung und Recht“ zukommen, wenngleich er betonte, dass ihm bis dahin auch die übrigen Rubriken ein wertvolles Mittel bei der Lenkung der Rechtspflege gewesen wären, Schreiben des Reichsjustizministers an den Reichsführer-SS und Chef der Deutschen Polizei Himmler vom 18. März 1943, BArch R 3001/25029, fol. 74.

Kenntnis gesetzt zu werden wohl auch, um umgehend hierauf reagieren zu können.[259] Anfangs war die Begeisterung[260] über die neue Art der Informationsbeschaffung groß. Thierack lobte ihren Inhalt. Die Berichte seien ein „[...] wertvolles Mittel zur Lenkung der Rechtspflege gewesen."[261]

Allerdings wusste nicht nur Thierack die Informationen der SD-Berichte zu nutzen. In der Amtszeit Gürtners hatten sie ebenfalls mittelbar Auswirkungen auf die Rechtspflege. So ist es mehrfach vorgekommen, dass das Reichsjustizministerium den Oberreichsanwalt beim Reichsgericht auf Grund der Berichte zur Einlegung der Nichtigkeitsbeschwerde, die vom Oberreichsanwalt gegen rechtskräftige Urteile des Amtsrichters sowie Urteile von Strafkammern und Sondergerichten eingelegt werden konnte,[262] veranlasst hat oder die Behördenleiter in bestimmten Strafsachen zu einer härteren Rechtsprechung angewiesen wurden.[263] Für das Reichsjustizministerium war vor allem die Rubrik Justiz von Interesse, in der im Wesentlichen die Rechtsprechung und ihre Auswirkungen auf die Stimmung der Bevölkerung sowie die Akzeptanz der eingeführten Lenkungsmethoden unter den Rechtswahrern erörtert wurde.[264] Vor allem in Bezug auf die Lenkung der Rechtsprechung fiel die Kritik mitunter sehr heftig aus.[265] Die in den SD-Berichten zum Ausdruck gekommenen „unangenehmen Wahrheiten" waren von einigen NS-Funktionären allerdings nicht

---

259 *Triebel*, S. 197 (198).

260 Unter den Juristen herrschte teilweise jedoch Skepsis. Sie befürchteten eine Bespitzelung durch den Sicherheitsdienst der SS, vgl. exemplarisch hierzu das Schreiben des Generalstaatsanwalts aus Jena vom 25. November 1943 an den Reichsminister der Justiz, BArch R 3001/25030, fol. 36 ff.

261 Schreiben des Reichsjustizministers an den Reichsführer-SS und Chef der Deutschen Polizei Heinrich Himmler vom 18. März 1943, BArch R 3001/25029, fol. 74.

262 Art. V der Verordnung über die Zuständigkeit der Strafgerichte, die Sondergerichte und sonstige strafverfahrensrechtliche Vorschriften vom 21. Februar 1940, RGBl. I 1940, S. 410, neben dem Oberreichsanwalt konnte auch der Generalstaatsanwalt die Einlegung der Nichtigkeitsbeschwerde anregen, *Herbers*, S. 187; siehe zur praktischen Anwendung auch *Fränkel*, DR 1941, S. 2305 (2305 ff.).

263 Dies ergibt sich aus einem Schreiben des SS-Sturmbannführers Gengenbach vom 3. November 1944, BArch R-58/990, fol. 50.

264 *Boberach*, Band 1, S. 29 ff.

265 So heißt es in einem Bericht vom 3. September 1942 einige Richter hätten „[...] die Steuerung der Strafrechtspflege ebenfalls für bedenklich gehalten.". Dies hätte in einigen Fällen „[...] sogar zu Meinungsäußerungen gegen den nationalsozialistischen Staat geführt [...].", SD-Bericht vom 3. September 1942, abgedruckt bei *Boberach*, Band 11, S. 4167.

erwünscht, obgleich die Darstellung der tatsächlichen Gegebenheiten doch gerade der Grund für die Einholung der Berichte war. Reichsleiter Bormann vermutete, dass die negative Stimmung in den Berichten wohl an den V-Leuten des SD liegen würde, die sich nur in negativen Kreisen aufhalten würden. Goebbels attestierte den Berichten gar, sie könnten für Mutlosigkeit in der Führungsebene sorgen.[266] Aufgrund dieser Reaktionen ranghoher Nazi-Funktionäre verwundert es nicht, dass im Zuge der Kritik einige Berichte in der Folge nicht mehr die ganze Wahrheit präsentierten und Ereignisse und Stimmungen milder dargestellt wurden, als sie tatsächlich waren.[267]

3. Die Lageberichte

Genau wie die SD-Berichte wurden auch die Lageberichte[268] erst nach 1933 eingeführt. Von ihnen versprach sich das Reichsjustizministerium Aufschluss über wichtige Fallgestaltungen, die politische Lage und die Stimmung in der Bevölkerung in den einzelnen Oberlandesgerichtsbezirken.[269] Der Entschluss zu ihrer Einführung fiel auf einer Besprechung mit dem Oberreichsanwalt und den Generalstaatsanwälten am 23. September 1935. Erstmalig zum 1. Dezember 1935 wurden der Oberreichsanwalt und die Generalstaatsanwälte dazu verpflichtet, alle zwei Monate einen „politischen Wetterbericht" einzureichen, in dem über eigene Wahrnehmungen und Beobachtungen berichtet werden sollte. Büromäßige Erhebungen bzw. Auskünfte zu den personellen Verhältnissen vor Ort waren dagegen nicht erwünscht.[270]

Da es keine inhaltlichen Vorgaben gab, deckten die Berichte ein breites Spektrum an Themenbereichen ab. So wurden oft schlichte Probleme des Alltags erörtert, wie z.B. die im Oberlandesgerichtsbezirk Braunschweig herrschende Wohnungsnot und die damit verbundene Mietzinssteigerung sowie der Fachkräftemangel im landwirtschaftlichen Bereich.[271] Justizielle Angelegenheiten

---

266 *Ohlendorf*, http://www.spiegel.de/spiegel/print/d-46275330.html, (abgerufen am 30.08.2020).

267 So *Steinert*, S. 41.

268 Vgl. zu den Lageberichten insbesondere *Michelberger*, Berichte aus der Justiz des Dritten Reiches.

269 *Majer*, S. 619.

270 Protokoll der Besprechung mit dem Oberreichsanwalt und den Generalstaatsanwälten vom 23. September 1935, BArch R 3001/24277, fol. 128; ebenso enthalten in BArch R 3001/20298, fol. 157.

271 Lagebericht des Oberlandesgerichtspräsidenten Braunschweigs vom 5. Januar 1938, BArch R 3001/23357, fol. 26.

waren ebenso Gegenstand der Berichte. So heißt es in dem Braunschweiger Lagebericht vom 5. Januar 1938 z.B., dass sich die Richter durch die steigende Zentralisierung, die schärferen Kontrollen und die anscheinend starke Kritik beeinträchtigt fühlten.[272] Durch Rundverfügung vom 9. Dezember 1935 wurde die Pflicht zur Einreichung der Lageberichte zum 5. Januar 1936 auf die Oberlandesgerichtspräsidenten ausgedehnt.[273] Folglich ging beim Reichsjustizministerium jeden Monat ein Bericht aus jedem Oberlandesgerichtsbezirk ein.[274] Gelesen, bearbeitet[275] und teilweise sogar beantwortet[276] wurden die Lageberichte nur vom Reichjustizminister, den Staatssekretären und teilweise von den beteiligten Abteilungsleitern.[277]

Vereinzelt wird in ihnen die Grundlage für die späteren Lenkungsmaßnahmen des Reichsjustizministeriums gesehen, weil sie durch die konsequente Auswertung der Rechtsprechung ein besonders guter Ausgangspunkt für weitere Anordnungen gewesen seien.[278] Dies überzeugt allerdings nicht, da die Berichte dazu dienten, eigene Wahrnehmungen mitzuteilen. Vorgaben für die Verfasser gab es nicht. Die Lageberichte spiegelten somit subjektive Eindrücke wider, sodass die Möglichkeit und teilweise die Tendenz bestand, die tatsächlichen Zustände zu schönen. Gerade vor diesem Hintergrund ließen sich verlässliche Aussagen über die Situation der Rechtsprechung in den einzelnen Oberlandesgerichtsbezirken allein auf Grund der in den Lageberichten enthaltenen Informationen nicht treffen. Überdies bestanden zahlreiche Einzelberichtspflichten[279] mit Hilfe derer eine umfangreichere und deutlich

---

272 Lagebericht des Oberlandesgerichtspräsidenten Braunschweigs vom 5. Januar 1938, BArch R 3001/23357, fol. 27.

273 Schreiben des Reichsministers der Justiz an die Oberlandesgerichtspräsidenten vom 9. Dezember 1935, BArch R 3001/21187, fol. 13.

274 Die Pflicht zur Berichterstattung galt zunächst nur für das „Altreich", wurde jedoch durch Rundverfügung vom 12. Mai 1939 auf Graz, Innsbruck, Linz und Wien ausgedehnt, BArch R 3001/21144, fol. 33. Unter Thierack wurde der Berichtszeitraum auf vier Monate erweitert, sodass die Berichte abwechselnd alle zwei Monate zu erstatten waren, vgl. Schreiben von Rothenberger in Vertretung des Reichsjustizministers vom 29. Oktober 1942, BArch R 3001/20243, fol. 25.

275 Vgl. hierzu den bearbeiteten Auszug eines Lageberichtes des Generalstaatsanwalts in Kattowitz vom 3. Januar 1942, BArch R 3001/20848, fol. 494.

276 Vgl. nur das Antwortschreiben des Ministerialdirigenten Schäfer an den Generalstaatsanwalt aus Kattowitz vom 13. Februar 1942, BArch R 3001/20848, fol. 495.

277 Dies ergibt sich aus einem Schreiben des Reichsjustizministers vom 5. Oktober 1944, BArch R 3001/20243, fol. 1.

278 *Michelberger*, S. 14; *von Brüneck*, KJ 1970, S. 21 (26).

279 Siehe hierzu C. I. 1.

detailliertere Informationsbeschaffung möglich war, sodass die Lageberichte nicht als alleinige Grundlage für die Lenkung der Strafjustiz angesehen werden können.[280] Unabhängig davon, waren sie dennoch Teil des umfassenden Informationsapparates des Reichsjustizministeriums.

4. Dienst-/ Gerichtsreisen

Während die zahlreichen Berichtspflichten zwischen den Behördenleitern und dem Ministerium lediglich schriftlichen Kontakt entstehen ließen, zielten die in regelmäßigen Abständen vom Reichsjustizministerium[281] durchgeführten Reisen in die Oberlandesgerichtsbezirke[282] verstärkt auf den persönlichen Austausch ab. Bereits in der Amtszeit Gürtners reisten die Staatssekretäre[283],

280 So auch *Michelberger*, S. 14. *Knauer* attestiert *Michelberger* zwar, dieser würde in den Lageberichten die Grundlage dafür sehen, unschwer die totale Lenkung vornehmen zu können. Das ist allerdings nicht korrekt. Vielmehr beziehen sich diese Aussagen *Michelbergers* eindeutig auf die von ihm zuvor angesprochenen Maßnahmen des Reichsjustizministeriums, wie z.B. den Erlass des Deutschen Beamtengesetzes und die Möglichkeit der Entlassung missliebiger Beamten nach § 71 DBG und nicht auf die Lageberichte, *Knauer*, FS-125 Jahre OLG Braunschweig, S. 110 (111 f.); *Michelberger*, S. 14 f.

281 Hiervon zu unterscheiden sind die Gerichtsreisen des Amtes für Neuordnung der Deutschen Gerichtsverfassung. Das Amt wurde im Zuge der Vorbereitungen zum Erlass eines neuen Richtergesetzes in der Abteilung VI des Reichsjustizministeriums errichtet und sollte bei der Neuordnung der Gerichtsverfassung mitwirken. In diesem Zusammenhang wurden einzelne Bezirke bereist. Zwar stand bei den Reisen die Sammlung von Informationen im Hinblick auf die Neuordnung der Gerichtsverfassung im Vordergrund. Sie boten aber auch die Gelegenheit, die Steuerung und Lenkung der Rechtspflege vor Ort zu kontrollieren. Nahezu jeder Bericht über die Reisen in die Bezirke enthält Aussagen über die örtliche Steuerung der Rechtspflege und die Umsetzung einzelner Lenkungsmethoden. Auch wenn diese Kontrollen nicht das primäre Ziel der Reisen waren, so dienten sie dem Reichsjustizministerium, wenn auch nur beiläufig, zur Informationsbeschaffung, vgl. *Schädler*, S. 237; zu nennen ist z.B. die Reise des Amtes für Neuordnung der Deutschen Gerichtsverfassung in den Oberlandesgerichtsbezirk Bamberg vom 14.–20. Oktober 1943, BArch R 3001/20218, fol. 2.

282 Ein guter Überblick zu den Reisen findet sich bei *Schädler*, S. 189 ff.

283 Die Reisen wurden zumeist von Schlegelberger unternommen, vgl. hierzu die Protokolle der Reisen von Schlegelberger in die Oberlandesgerichtsbezirke von 1935–1941, BArch R 3001/24492.

ausgewählte Referenten des Ministeriums[284] sowie teilweise der Reichsjustizminister höchstpersönlich zur „Kontaktpflege" in die Oberlandesgerichtsbezirke. Die Reisen fanden in der gesamten Zeit der nationalsozialistischen Herrschaft, sogar noch gegen Ende des Zweiten Weltkrieges und der damit einhergehenden kriegsbedingten Einschränkungen, statt.[285] Sie dienten u.a. dazu, von den örtlichen Rechtswahrern Persönlichkeitsprofile zu erstellen. So besuchten die Ministerialbeamten örtliche Gerichtsverhandlungen, um anhand des persönlichen Eindrucks die Prozessleitung durch den jeweiligen Richters zu protokollieren und zu beurteilen.[286] Ferner fanden Besprechungen mit den leitenden Beamten des jeweiligen Oberlandes- oder Landgerichts und der Staatsanwaltschaft statt.[287] Dass die Reisen für das Reichsjustizministerium mehr waren als bloße informelle Zusammenkünfte, verdeutlichen die ausführlichen Protokollierungen der Ergebnisse und Eindrücke. Neben dem Zustand der Justizgebäude und organisatorischen Angelegenheiten finden sich in den Protokollen detaillierte Angaben über die Eignung und politische Zuverlässigkeit der vor Ort angetroffenen Personen. So wurde z.B. über einen Landgerichtrat, der die Absicht hatte zum Landgerichtsdirektor oder Oberstaatsanwalt aufzusteigen, vermerkt: „Die Eignung muß aber (auch nach der Meinung von Ministerialdirektor Nitzsche) recht zweifelhaft erscheinen. In der kurzen, höchst einfachen Verhandlung der Kl. Strafkammer, der ich beiwohnte, war er als Vorsitzender sehr umständlich. In der persönlichen Besprechung war er außerordentlich gesprächig und redete viel von Dingen, die nicht mehr interessieren."[288] Auch die Effektivität der Rechtsprechung und die praktische Handhabung der strafrechtlichen Lenkungsmethoden wurden in den Protokollen festgehalten. In einem Protokoll der Reise

---

284 So z.B. Ministerialdirektor Schäfer, Unterstaatssekretär Hueber oder Ministerialdirektor Vollmer, vgl. hierzu die Protokolle der Dienstreisen in die verschiedenen Oberlandesgerichtsbezirke, Staatsanwaltschaften und Strafanstalten, BArch R 3001/25117.

285 So hat Thierack von November 1942 bis Februar 1943 persönlich, in Begleitung eines Staatssekretärs, neun Gauen bereist und über die durch den Krieg entstandenen Probleme für die Justiz referiert, vgl. hierzu die Ansprache Thieracks auf der Besprechung mit den Chefpräsidenten und Generalstaatsanwälten vom 10. Februar 1943 im Hause des NSRB, BArch R 3001/24200, fol. 71.

286 Protokoll der Dienstreise des Ministerialdirektors Schäfer durch Süddeutschland vom 6.–11. Oktober 1941, BArch R 3001/25117, fol. 5 ff.

287 Protokoll der Dienstreise des Unterstaatssekretärs Hueber in die Oberlandesgerichtsbezirke Graz und Linz vom 6.–15. Mai 1941, BArch R 3001/25117, fol. 60 ff.

288 Protokoll von der Reise Schlegelbergers in den Oberlandesgerichtsbezirk Jena vom 3.–7. Mai 1936, BArch R 3001/24492, fol. 301 f.

nach Leitmeritz, Böhmisch-Leipa und Prag vom 21.–26. Oktober 1943 heißt es z.B., dass die von Thierack eingeführten Richterbriefe, bei denen es sich um vom Reichsjustizministerium herausgegebene vertrauliche Mitteilungen handelt, in denen richterliche Entscheidungen besprochen, kritisiert oder gelobt wurden, um die Rechtsprechung im Sinne des Nationalsozialismus zu beeinflussen[289], von den Rechtswahrern vor Ort offenbar sehr positiv aufgenommen wurden. Gleiches gelte für die Vor- und Nachschauen. Sie hätten sich bewährt und wären auf Grund der augenblicklichen Verhältnisse gar nicht mehr wegzudenken, wobei auch betont wurde, dass diese keine Dauereinrichtung sein könnten.[290]

Gegen Kriegsende stand vornehmlich die Aufrechterhaltung des Geschäftsbetriebes im Fokus der Gerichtsreisen. Durch die territorialen Eroberungen der Alliierten war der Gerichtsbetrieb nicht mehr durchgängig sichergestellt, sodass teilweise Verlagerungen der Gerichte an andere Orte nötig waren. Trotz dieser Einschränkungen sollte die Strafrechtspflege in Kriegszeiten sichergestellt sein.[291] Noch im Januar 1945 reiste Thierack persönlich in die vom Luftkrieg besonders betroffenen Gebiete, um über die Aufrechterhaltung des Gerichtsbetriebes zu referieren.[292]

5. Zwischenergebnis

Das von der Aufgabenerweiterung und Zentralisierung in seiner Position bestärkte Reichsjustizministerium hat nach der Gleichschaltung den bereits zuvor begonnenen Aufbau des Informationsapparates stark intensiviert und wusste die infolge der Zentralisierung gebotenen Möglichkeiten schnell für sich zu nutzen. Dies belegen u.a. die kurz nach der endgültigen Gleichschaltung

---

289 *Schmitz-Berning*, S. 546. Ihre Einführung kündigte Thierack mit Rundschreiben vom 7. September 1942 an, BArch R 3016/80, fol. 12. Ein halbes Jahr später kündigte Thierack zusätzlich die Einführung von Rechtsanwaltsbriefen an, wozu er sich „Im Zuge der einheitlichen Führung und Lenkung der Rechtspflege [...]“ entschlossen habe, Rundschreiben Thieracks vom 11. März 1943, BArch R 3016/80, fol. 14 ff.

290 Protokoll der Reise nach Leitmeritz, Böhmisch-Leipa und Prag vom 21.–26. Oktober 1943, BArch R 3001/72948, fol. 156 ff.

291 Bericht über eine Bereisung des Oberlandesgerichtsbezirks Köln vom 20.–23. November 1944, BArch R 3001/25117, fol. 74 ff.

292 Protokoll Thieracks vom 29. Januar 1945 von seiner Reise in die vom Luftkrieg besonders betroffenen Oberlandesgerichtsbezirke im Westen des Reiches vom 15.–22. Januar 1945 in Begleitung von Ministerialrat Wittland, BArch R 3001/20028, fol. 26 ff.

der Justiz am 21. Mai 1935 erlassenen „Mitteilungen in Strafsachen", in denen die bis dahin bestehenden Mitteilungspflichten gebündelt und reichseinheitlich geregelt wurden. Die lokale Strafrechtsprechung in den Oberlandesgerichtsbezirken ließ sich infolgedessen zentral aus Berlin verfolgen, zumal die Berichtspflichten auch in der Folge stetig erweitert wurden, wenn etwa neue Gesetze erlassen wurden, deren praktische Handhabung es zu überwachen galt. Neben den Berichtspflichten standen dem Ministerium zudem mit den Lageberichten, den SD-Berichten sowie den Gerichtsreisen weitere Überwachungsmöglichkeiten zur Verfügung.

II. Allgemeine Betriebsappelle, Weisungen und Strafmaßanweisungen

Nachhaltigen Einfluss auf die Strafjustiz nahm das Reichsjustizministerium zunächst durch eine extensive Ausdehnung der Weisungspraxis.[293] Da die Staatsanwaltschaft ebenso wie heute hierarchisch aufgebaut war, unterstanden die Staatsanwälte den dienstlichen Anweisungen ihrer Vorgesetzten. Ausgeübt wurde das Weisungsrecht zum einen intern durch die Leiter der Staatsanwaltschaften für ihren jeweiligen Geschäftsbereich oder hinsichtlich aller betreffenden staatsanwaltschaftlichen Beamten eines Landes durch die jeweilige Landesjustizverwaltung.[294] Ursprünglich bestand das Weisungsrecht nur jeweils auf Reichs- oder Landesebene, sodass keine Weisungsabhängigkeit der Landesebene von der Reichsebene gegeben war. Die justizielle Gleichschaltung führte allerdings zu einer grundlegenden Änderung, weil die Justizbehörden der einzelnen Länder zu Reichsbehörden und die Staatsanwälte zu Reichsbeamten erklärt wurden.[295] Dies hatte zur Folge, dass die Staatsanwaltschaften dem Reichsjustizminister unterstanden, dem somit das „externe" Weisungsrecht zukam.[296] Hiervon wurde in der Folge verstärkt Gebrauch gemacht[297], was für sich genommen nicht schädlich ist, solange die rechtlichen Grenzen eingehalten wurden.

293 Vgl. hierzu *Rüping*, Staatsanwaltschaft und Provinzialjustizverwaltung, S. 39 f.

294 Vgl. § 148 GVG.

295 § 1 des Dritten Gesetzes zur Überleitung der Rechtspflege auf das Reich vom 24. Januar 1935, RGBl. I 1935, S. 68.

296 Vgl. *Carsten/Rautenberg*, S. 187 f. Die Existenz und Ausgestaltung des externen Weisungsrechts sorgt gegenwärtig für reichlich Diskussionen, vgl. nur *Frank*, ZRP 2010, Abschaffung des externen Weisungsrechts, S. 147 (147 ff.); *Rautenberg*, DRiZ 2014, S. 214 (214 ff.).

297 *Arenhövel*, FS Nehm, S. 231 (234); *Lücke*, DRiZ 1984, S. 147 (150).

Von §§ 146, 147 GVG gedeckt waren Weisungen, die auf die Einleitung eines Strafverfahrens sowie die Beantragung einer bestimmten Strafe gerichtet waren. Nach damaliger Rechtsauffassung konnte das Reichsjustizministerium die Staatsanwälte auch dazu anweisen, keine Anklage zu erheben, obwohl die Staatsanwaltschaften aufgrund des Legalitätsprinzips bei hinreichenden Anhaltspunkten dazu verpflichtet waren, die Strafverfolgung zu betreiben, sofern keine Ausnahme nach §§ 153 ff. StPO vorlag. In solchen Fällen ging die Verantwortung des jeweiligen Staatsanwalts auf die Justizverwaltung über. Da die Strafprozessordnung das Legalitätsprinzip nicht auf die Justizverwaltung ausgedehnt habe, wurde die Erteilung derartiger Weisungen für zulässig erachtet. Umstritten war dagegen die Bindungswirkung von Weisungen hinsichtlich des Strafantrags in dem Fall, dass sich in der Hauptverhandlung neue Gesichtspunkte ergaben. Während die gängige Kommentarliteratur derartige Weisungen anfangs noch für unzulässig hielt, wurde diese Rechtsauffassung später aufgegeben, sodass die Lenkung durch Anweisung der Staatsanwälte allgemein für zulässig erachtet wurde.[298]

Ausgehend von der Intensität ist zwischen allgemeinen Betriebsappellen und Weisungen/Strafmaßanweisungen zu differenzieren. Unter allgemeinen Betriebsappellen sind Maßnahmen zu verstehen, die den Staatsanwälten nicht in konkreten Fallgestaltungen Vorgaben machten, sondern ihnen die grundsätzliche Erwartungshaltung der juristischen Führung abstrakt nahelegten, z.B. beim Umgang mit bestimmten Gesetzen.[299] So wurde seitens des Reichsjustizministeriums z.B. kritisiert, dass in Fällen des §§ 2, 5 Abs. 2 des Blutschutzgesetzes[300] regelmäßig Gefängnisstrafen beantragt und ausgeurteilt würden. Obwohl das Gesetz sowohl die Gefängnis- als auch die Zuchthausstrafe vorsah, hielt das Ministerium zur Verwirklichung des nationalsozialistischen Rassegedankens die Zuchthausstrafe für einzig angemessen. Hinzu kam, dass einige Gerichte eine bereits länger bestehende geschlechtliche Beziehung als Strafmilderungsgrund anerkannt hätten, was vom Ministerium ebenfalls nicht toleriert

---

298 Dazu insgesamt *Gruchmann*, Justiz im Dritten Reich, S. 1107 f.

299 Der Begriff der allgemeinen Betriebsappelle wird von *Herbers* nur innerhalb des Oberlandesgerichtsbezirks Köln verwendet, er lässt sich jedoch auch unproblematisch auf überörtliche Vorgaben übertragen, vgl. *Herbers*, S. 177 f.

300 § 2 des Blutschutzgesetzes vom 15. September 1935 lautet: „Außerordentlicher Verkehr zwischen Juden Staatsangehörigen deutschen oder artverwandten Blutes ist verboten." § 5 Abs. 2 lautet: „Der Mann, der dem Verbot des § 2 zuwiderhandelt, wird mit Gefängnis oder mit Zuchthaus bestraft.", RGBl. I 1935, S. 1147.

wurde. In einem Schreiben an die Generalstaatsanwälte und Oberstaatsanwälte gerichteten Schreiben wurden die Staatsanwälte daher dazu aufgefordert, „[...] bei den Anträgen zum Strafmaß auch diese Gesichtspunkte mit Nachdruck zu vertreten.“[301] Ein Verstoß gegen formalrechtliche Bestimmungen lag hierin nicht.

Anfangs beließ es das Ministerium bei diesen Betriebsappellen. Nach und nach wurde allerdings dazu übergegangen, den Staatsanwälten für den konkreten Einzelfall bestimmte zu beantragende Strafen vorzuschreiben, wodurch der Ausgang des Verfahrens erheblich beeinflusst werden konnte und die Intensität der Weisungen insgesamt spürbar zugenommen hat. So heißt es z.B. in einem Vermerk zu einem ehrengerichtlichen Verfahren, dass auf Weisung des Reichsjustizministeriums die Verhängung einer Geldstrafe beantragt wurde.[302] Aber auch diese Form der Einflussnahme war nach dem Vorgenannten formalrechtlich nicht zu beanstanden. Sie wurde bei den Sondergerichten durch Rundverfügung vom 18. Oktober 1939 verbindlich angeordnet.[303] Demnach mussten die Anklagevertreter vor dem Prozess rechtzeitig mit den Mitarbeitern des am 16. Oktober 1939 im Reichsjustizministerium neu eingerichteten Sonderreferats, das alle in die Zuständigkeit der Sondergerichte fallenden Strafsachen bearbeitete, Kontakt aufnehmen, um die Anweisung hinsichtlich des zu stellenden Strafantrags entgegenzunehmen.[304]

1. Strafmaßanweisungen im Oberlandesgerichtsbezirk Braunschweig

Ein Indiz dafür, dass von den Strafmaßanweisungen in der Praxis Gebrauch gemacht wurde, sind die nachfolgenden Beispiele aus dem Oberlandesgerichtsbezirk Braunschweig.[305] Der damals im Oberlandesgerichtsbezirk Braunschweig tätige Rechtsanwalt Wilhelm Mädge berichtet in einer eidesstaatlichen Versicherung über die Durchführung von „Besprechungen“ zwischen

301 Schreiben Freislers in Vertretung des Reichsjustizministers an die Generalstaatsanwälte und Oberstaatsanwälte vom 2. April 1936, NLA WO, 61 Nds. Fb. 1 Nr. 25 Bl. 3.

302 Undatierter Vermerk, BArch R 3001/24692, fol. 129.

303 *Müllner*, S. 76 f.

304 Vgl. die hierzu ergangene Rundverfügung an die Generalstaatsanwälte und Oberlandesgerichtspräsidenten, BArch R 3001/24158, fol. 50 ff.

305 Für den Nachweis der Strafmaßanweisungen gilt, dass Verf. auf Zufallsfunde angewiesen war. Die Beteiligten waren verständlicherweise zurückhaltend, was die Protokollierung derartiger Einflussnahmen betrifft. Zudem gilt auch hier, dass oft fernmündlicher Kontakt stattfand. Dennoch ließen sich einige Beispiele finden, die die Existenz und den Gebrauch konkreter Strafmaßanweisungen belegen.

ihm und dem damaligen Ersten Staatsanwalt Dr. Hans Lüders.[306] In den Besprechungen sei es des Öfteren vorgekommen, dass Lüders erklärte, dass eine weitere Erörterung der Sache keinen Sinn mache, weil bindende Anweisungen vorlägen. Auf den weiteren Gang der Sache habe er deswegen keinen Einfluss mehr. Die Anweisungen gingen laut Lüders Mädge gegenüber sogar soweit, dass diesem die Stellung eines bestimmten Strafantrags vorgeschrieben worden sei, ohne den späteren Gang der Hauptverhandlung mit einzubeziehen. Für den Fall des Abweichens von der Anweisung sei Lüders in der Vergangenheit bereits gerügt worden.[307] Staatsanwalt Lüders gab ebenfalls zu Protokoll, dass ihm vom Reichsjustizministerium Weisungen erteilt worden seien, von denen er abgewichen sei. Daraufhin habe er die Abweichungen rechtfertigen müssen und sei durch den Sachbearbeiter im Reichsjustizministerium, Landgerichtsrat Dr. Weber, fernmündlich ausdrücklich und ernsthaft gerügt worden.[308] Von der Weisungsbefugnis sei mitunter auch während einer laufenden Hauptverhandlung Gebrauch gemacht worden. So hätten teilweise Kreisleiter an den Verhandlungen teilgenommen und dem Vertreter der Anklagebehörde während der Hauptverhandlung Weisungen und allgemeine Anregungen erteilt.[309] Ferner belegt die eidesstaatliche Versicherung des ersten Staatsanwalts Hirte, dass der Gebrauch konkreter Strafmaßanweisungen üblich war. Vor Erhebung der Anklage und vor dem Abschluss der Ermittlungen habe der damalige Gauleiter Lauterbacher auf einer öffentlichen Parteiveranstaltung in dem Fall „Eugen Hubing“ die Todesstrafe für diesen gefordert. Auch die sonstigen Parteidienststellen hätten diesen Wunsch gehabt. Hirte versichert ebenfalls die Anwesenheit von Kreisleiter Beyer und anderen hohen Gestapo Beamten während der Hauptverhandlung. Zudem habe er von Beyer auch während der Verhandlungen Weisungen erhalten.[310]

---

306 Lüders war vom 1. April 1938 bis Ende März 1943 bei der Staatsanwaltschaft in Braunschweig tätig, vgl. „Besonderer Fragebogen für Richter, Gerichtsbeamte, Staats- und Amtsanwälte“ zur Entnazifizierung von Dr. Hans Lüders, NLA WO, 3 Nds. 92/1 Nr. 17332 Bl. 5.

307 Eidesstattliche Versicherung von Wilhelm Mädge vom 11. Oktober 1948, NLA WO, 3 Nds. 92/1 Nr. 17332 Bl. 23 f.

308 Schreiben von Lüders an den Generalstaatsanwalt in Braunschweig vom 12. März 1946, NLA WO, 3 Nds. 92/1 Nr. 17332 Bl. 26 f.

309 Vgl. nur den Ablauf des Verfahrens gegen Eugen Hubing vor dem Sondergericht Braunschweig, Schreiben des Anwalts von Hubing an den Generalstaatsanwalt in Braunschweig, NLA WO, 42 B Neu Nr. 1554 Bl. 2 (2. Akte). Das Verfahren wird ausführlich dargestellt bei *Ludewig/Kuessner*, S. 163 ff.

310 Schreiben des ersten Staatsanwalts Hirte vom 19. Mai 1945, NLA WO, 42 B Neu Nr. 1554 Bl. 13 (3. Akte).

Im Bezirk Braunschweig haben somit verschiedene Akteure versucht, durch Strafmaßanweisungen und andere Maßnahmen Druck auf die Anklagevertreter auszuüben. Betont werden muss jedoch, dass das Ministerium nicht nur zu Lasten der Beschuldigten, sondern ebenso zu deren Gunsten einschritt, so z.B. in der Sache gegen Adolf Steinau. In dem Verfahren ging es um die Beleidigung des Führers durch den Beschuldigten im alkoholisierten Zustand. Während Oberstaatsanwalt Ranker aufgrund der Alkoholisierung von der Stellung eines Strafantrages absehen wollte, drängte Generalstaatsanwalt Müller auf die Einleitung eines Strafverfahrens. In der Sache meldete sich das aufgrund der Berichtspflichten informierte Reichsjustizministerium und ordnete die Unterlassung der Strafverfolgung an. Eine eindringliche Verwarnung würde in diesem Fall ausreichen.[311] In Braunschweig wurden von den Staatsanwälten bei den zuständigen Beamten des Ministeriums zudem auch Anfragen zur gewünschten Höhe des Strafantrages gestellt. So hat z.B. Hirte, Vertreter des Oberstaatsanwalts beim Landgericht, direkt beim Reichsjustizminister unter dem Gesichtspunkt der Lenkung der Strafrechtspflege um eine Stellungnahme gebeten. Solche Anfragen konnten allerdings zu zeitlichen Verzögerungen beim Verfahrensablauf führen, da dem Ministerium zunächst die Anklageabschrift zugeschickt werden musste. Zudem nahm die Bearbeitung durch den zuständigen Sachbearbeiter im Ministerium gewisse Zeit in Anspruch, bevor der unter „nationalsozialistischen Gesichtspunkten" bearbeitete Entwurf zurückgeschickt wurde. Die dadurch entstandenen Verzögerungen waren mitunter so stark, dass die Hauptverhandlung teilweise schon begonnen hatte, ohne dass die Anklagebehörde eine Rückmeldung aus Berlin erhielt.[312]

2. Die Auswirkungen der an die Staatsanwälte gerichteten Weisungen auf die richterliche Tätigkeit

Die an die Staatsanwälte gerichteten Weisungen hatten auch erhebliche Auswirkungen auf die richterliche Tätigkeit. Dies lag daran, dass die den Prozess

---

311 Vgl. Handakte der Staatsanwaltschaft Braunschweig in der Strafsache gegen Adolf Steinau, NLA WO, 42 B Neu Fb. 7 Nr. 473 Bl. 1 ff.

312 Schreiben von Hirte in seiner Funktion als Vertreter des Oberstaatsanwalts beim Landgericht an den Generalstaatsanwalt beim Oberlandesgericht Braunschweig, NLA WO, 57 Nds, Zg. 56/1989, Nr. 2 Bl. 101.

leitenden Richter häufig von den Weisungen und der darin zum Ausdruck kommenden Erwartungshaltung des Ministeriums in Kenntnis gesetzt wurden. Auch wenn die Weisungen die Richter formal nicht gebunden haben[313], handelte es sich dennoch um einen massiven Eingriff in die richterliche Unabhängigkeit, weil eine freie Entscheidungsfindung angesichts der im Falle der Nichtbeachtung drohenden Nachteile nicht mehr gegeben war, da sie stets befürchten mussten, ihres Amtes enthoben zu werden.[314] Außerdem war ihnen bewusst, dass ihre Urteile durch den 1939 eingeführten außerordentlichen Einspruch[315] des Oberreichsanwalts dem Reichsgericht zur erneuten Verhandlung vorgelegt werden konnten, wenn dieser schwerwiegende Bedenken gegen die Richtigkeit des Urteils hatte. Tatsächlich eingelegt wurde der außerordentliche Einspruch jedoch insgesamt nur 20 Mal.[316] Zudem bestand durch die 1940 eingeführte Nichtigkeitsbeschwerde[317] die Möglichkeit Urteile jederzeit aufzuheben.[318]

Und auch die möglichen Folgen der Nichtbeachtung von Weisungen verdeutlichen, dass die Lenkung der Staatsanwaltschaft ebenso die richterliche Tätigkeit beeinträchtigen konnte, weil das Reichsjustizministerium nicht selten

---

313 So *Gruchmann*, Justiz im Dritten Reich, S. 1108.

314 So drohte insbesondere nach der Reichstagsrede vom 26. April 1942 eine Entlassung durch Hitler, der angekündigt hatte „[…] Richter, die ersichtlich das Gebot der Stunde nicht erkennen, ihres Amtes [zu] entheben.", die Rede ist abgedruckt bei *Staff*, S. 95 ff. Aber auch schon vorher war das Reichsjustizministerium nach dem vollständigen Abschluss der Verreichlichung für die Entlassung missliebiger Richter gem. § 4 des Berufsbeamtengesetzes zuständig, siehe dazu C. I. 2.

315 Art. 2 § 3 des Gesetzes zur Änderung von Vorschriften des allgemeinen Strafverfahrens, des Wehrmachtsstrafverfahrens und des Strafgesetzbuchs vom 16. September 1939, RGBl. I 1939, S. 1842; vgl. zu diesem Rechtsinstitut insbesondere *Broichmann*, Der außerordentliche Einspruch im Dritten Reich.

316 So *Broichmann*, S. 353.

317 Siehe dazu Fn. 244.

318 Vgl. *Johe*, S. 120; so auch *Steinlechner*, S. 68. Da die Akten nicht komplett überliefert sind, lassen sich über den tatsächlichen Gebrauch keine exakten statistischen Angaben machen. Auf Grund der für den 3. Strafsenat beim Reichsgericht überlieferten Akten, aus denen sich 437 Verfahren ergeben, geht Pauli davon aus, dass es insgesamt mindestens 2000 Verfahren gegeben haben muss. In den Jahren 1940 und 1941 gingen die Verfahren zumeist zu Gunsten der Angeklagten aus. Ab 1942 gingen sie zumeist zu deren Lasten aus, so *Pauli*, Die Rechtsprechung des Reichsgerichts in Strafsachen, S. 19.

auf § 14 Abs. 1 der Verordnung zur einheitlichen Regelung der Gerichtsverfassung[319], der dem Reichsjustizminister die Dienstaufsicht über sämtliche Gerichte garantierte, gestützte Rügen ausgesprochen hat.[320] Durch die Verordnung waren ferner auch das bis dahin dienstaufsichtsfreie Reichsgericht und das Reichsarbeitsgericht einer Dienstaufsicht unterworfen. Einzig die Richter des Preußischen Oberverwaltungsgerichtes konnten ihren Status bis zur Errichtung des Reichsverwaltungsgerichtes wahren. Sie wurden erst durch § 7 Abs. 1 der Ersten Durchführungsverordnung vom 29. April 1941 zum Führererlass über die Errichtung des Reichsverwaltungsgerichts der Dienstaufsicht unterstellt.[321] Im Oberlandesgerichtsbezirk Braunschweig wurden vor allem die als zu milde empfundenen Urteile des Sondergerichts gegen durchgeführte Schwarzschlachtungen vom Reichsjustizministerium gerügt.[322]

Die mit der Intention nach härteren Urteilen ausgesprochenen Rügen ließen die richterliche Letztentscheidung zwar formal unangetastet[323], jedoch konnte die Nichtbeachtung personelle Konsequenzen nach sich ziehen, sodass unter diesem Gesichtspunkt die freie Entscheidungsfindung massiv beeinträchtigt war, was das bereits genannte Beispiel des Sondergerichts Braunschweig belegt, dessen Richter wegen angeblich zu milder Urteile bei Schwarzschlachtungsprozessen vom Reichsjustizministerium gerügt wurden. Der Begriff der Rüge ist in diesem Zusammenhang allerdings missverständlich. Unter einer Rüge wird gemeinhin die Missbilligung oder mit gewissem Nachdruck geäußerte Kritik eines Verhaltens verstanden.[324] Das Ministerium kritisierte jedoch nicht nur die zu milde empfundenen Urteile, sondern verlangte außerdem ausdrücklich eine in Zukunft strengere Bestrafung. In der Rüge war also zugleich eine Weisung bezüglich des künftigen Umgangs mit derartigen Straftaten enthalten. Die Rechtsprechung des Braunschweiger Sondergerichts änderte sich trotz der Rügen in der Folge allerdings nicht. Dies führte dazu, dass der Vizepräsident

---

319 § 14 Verordnung zur einheitlichen Regelung der Gerichtsverfassung vom 20. März 1935, RGBl. I 1935, S. 405.

320 *Ludewig/Kuessner*, S. 158 ff.

321 Vgl. Erlass des Führers und Reichskanzlers über die Errichtung des Reichsverwaltungsgerichts vom 3. April 1941, RGBl. I 1941, S. 201 ff.; Erste Verordnung zur Durchführung und Ergänzung des Erlasses des Führers und Reichskanzlers über die Errichtung des Reichsverwaltungsgericht vom 29. April 1941, RGBl. I 1941, S. 225.

322 Vgl. *Ludewig/Kuessner*, S. 158 ff.

323 So *Gruchmann*, Justiz im Dritten Reich, S. 1108.

324 *Duden online*, Zum Begriff „rügen“, http://www.duden.de/rechtschreibung/ruegen, (abgerufen am 30.08.2020).

des Oberlandesgerichtes in Braunschweig Döring durch eine Umbesetzung des Sondergerichts auf die Nichtbeachtung der Rügen wegen angeblich zu milder Urteile reagierte. Die bisherigen Sonderrichter wurden insoweit abberufen, als sie fortan nur als stellvertretende Mitglieder des Sondergerichts fungieren durften. Durch die Umbesetzung erhoffte sich Döring Einfluss auf die Urteile des Sondergerichts nehmen zu können.[325] Für die betroffenen Richter führten die Rügen des Reichsjustizministeriums in diesem Fall zwar nicht zur Entlassung, allerdings zeigt das Beispiel, dass die Einflussnahme durch das Reichsjustizministerium allgegenwärtig war und auch zukünftige Interventionen, ggf. auch in Form von Entlassungen, nicht auszuschließen waren. Vor diesem Hintergrund war eine freie Urteilsfindung kaum mehr möglich.

III. Die Tagungen der Oberlandesgerichtspräsidenten und Generalstaatsanwälte

> *„Der Sinn dieser Tagung ist klar: Sie sollen die neuen Männer sehen, sprechen hören, kennenlernen, und für uns ist diese Tagung wie alle künftigen Tagungen ein Führungsinstrument. Wir werden diese Tagung fortsetzen, und zwar zum Zwecke der Führung der Justiz. Hier war bisher ein Mangel, der erkannt worden ist.“*[326]

Das vorangestellte Zitat von Thierack von 1942 leitet die Untersuchung der auf Reichsebene[327] durchgeführten Tagungen der Oberlandesgerichtpräsidenten und Generalstaatsanwälte ein.[328]

---

325 Schreiben des Oberlandesgerichtspräsidenten an den Reichsjustizminister vom 13. Mai 1942, NLA WO, 57 Nds, Zg. 56/1989, Nr. 2 Bl. 79; *Ludewig/Kuessner*, „Es sei also jeder gewarnt“, S. 158 f.

326 Reichsjustizminister Thierack auf einer Besprechung der Oberlandesgerichtspräsidenten und Generalstaatsanwälte vom 29. September 1942, BArch R 3001/24199, fol. 9.

327 Neben den auf Reichsebene durchgeführten Tagungen gab es auch regional begrenzte Besprechungen. Im Zuge der Osterweiterung veranstaltete das Reichsjustizministerium z.B. Tagungen mit den Behördenleitern aus den eingegliederten Ostgebieten, um mit ihnen schwerpunktmäßig Themen zu besprechen, die einen örtlichen Bezug zu der Region hatten. So wurden auf einer Besprechung der ostdeutschen Behördenleiter am 8. November 1940 Fragen der Strafgerichtsbarkeit gegen Polen und Juden in den eingegliederten Ostgebieten erörtert, BArch R 3001/20848, fol. 566. Die süddeutschen Chefpräsidenten veranstalteten ebenfalls regional begrenzte Tagungen. So kamen z.B. die süddeutschen Generalstaatsanwälte am 3. Juli 1937 in Stuttgart zusammen, BArch R 3001/21263, fol. 61.

328 Allgemein kann zwischen fachlich und weltanschaulich ausgerichteten Tagungen unterschieden werden. Die fachlichen Besprechungen fielen in den Kompetenzbereich

Für die Auswertung sind zunächst die äußeren Bedingungen von Interesse, d.h. die Anzahl der Tagungen, die Regelmäßigkeit, der jeweilige Veranstaltungsort sowie die Teilnehmer. Ebenso werden die besprochenen Themenkomplexe untersucht, um zu ermitteln, was auf den Besprechungen erörtert wurde und inwieweit die Zusammenkünfte zur Lenkung der Strafjustiz dienten. Die Untersuchung dieser institutionalisierten Zusammenkünfte bietet den Vorteil, dass sich im Gegensatz zu nicht geregelten Kontaktaufnahmen der Akteure repräsentative Aussagen treffen lassen.[329] Vorab muss jedoch auf die teilweise lückenhafte Überlieferung in diesem Bereich verwiesen werden. Teilnehmerlisten und Besprechungsprotokolle sind oft nur unvollständig überliefert. Das umfassend gesichtete Material reicht dennoch aus, um neue Gesichtspunkte und repräsentative Ergebnisse hervorzubringen.

1. Die Durchführung von Tagungen vor der nationalsozialistischen Machtergreifung

Die Tradition der Durchführung von Tagungen der höheren Beamten und Repräsentanten des Reiches reicht in die Zeit vor der nationalsozialistischen Machtergreifung zurück. Zu allen Zeiten hat die Reichsjustizverwaltung Zusammenkünfte durchgeführt, um ranghohen Beamten wichtige Vorhaben der Justizpolitik zu präsentieren.[330] Die Einladung sämtlicher Behördenleiter des Reiches nach Berlin[331] zur Präsentation von Richtlinien, die eine einheitliche Verbrechensbekämpfung sicherstellen sollten, war somit eine alte preußische

---

des Reichsjustizministeriums, *Schmerbach*, S. 169. Das Schulungsamt des Nationalsozialistischen Rechtswahrerbundes war dagegen für die weltanschauliche Indoktrination zuständig, *Rüping*, Staatsanwaltschaft und Provinzialjustizverwaltung, S. 53. Das Schulungsamt des Nationalsozialistischen Rechtswahrerbundes hat sogar noch gegen Ende des Zweiten Weltkrieges Schulungen durchgeführt. So fanden z.B. im November 1944 insgesamt 23 Schulungen in den Gauen des Reiches statt, vgl. Tätigkeitsbericht des Schulungsamtes des Nationalsozialistischen Rechtswahrerbundes für den Monat November 1944, BArch NS 16/32, fol. 1. Die Grenze zwischen fachlichen und weltanschaulichen Veranstaltungen war allerdings häufig fließend, so *Weichbrodt*, S. 219.

329 So auch *Manthe*, S. 184.

330 *Weichbrodt*, S. 219.

331 Neben den auf Reichsebene durchgeführten Tagungen wurden in einigen Oberlandesgerichtsbezirken auch sog. „Arbeitsgemeinschaften“ durchgeführt. Diese Zusammenkünfte wurden von der Hitler-Jugend initiiert und sollten deren Kontakt

Gepflogenheit. An diese Gepflogenheit knüpfte das Reichsjustizministerium an, um u.a. die Tätigkeit der an der Justiz beteiligten Organe zu vereinheitlichen. Daneben sollte der Kontakt zwischen dem Reichsjustizministerium und den Praktikern verbessert werden.[332]

2. Äußere Rahmenbedingungen

Vor der Untersuchung der Tagungsinhalte werden die wichtigsten äußeren Rahmenbedingungen der Besprechungen zusammengefasst, die häufig auch als Tagungen, Cheftagungen, Chefpräsidententagungen, Arbeitstagungen, Besprechungen, Chefbesprechungen oder schlicht als Zusammenkünfte tituliert wurden. Gründe für die unterschiedlichen Bezeichnungen sind nicht ersichtlich. Weder Veränderungen an der Spitze des Ministeriums, noch inhaltliche Aspekte deuten daraufhin hin, dass die unterschiedliche Bezeichnung bewusst geschah.[333] Die auf Reichsebene durchgeführten Tagungen der Oberlandesgerichtspräsidenten und Generalstaatsanwälte fanden überwiegend im Reichsjustizministerium in Berlin statt, das zunächst im Gebäude des Reichsjustizamtes in der Voßstraße 4–5 untergebracht war.[334] 1935 zog das Ministerium in die Wilhelmstraße 65 um.[335] Vereinzelt wurde auf andere Tagungsorte ausgewichen. Die Tagung vom 23./24. April 1941 zur Behandlung des nationalsozialistischen Euthanasieprogramms wurde z.B. im Haus

---

mit den Justizbehörden im Bereich der Jugendstrafrechtspolitik verbessern sowie den Teilnehmern eine am Nationalsozialismus orientierte Rechtsgestaltung im Wege der Rechtsprechung vermitteln. Erste Zusammenkünfte der von den örtlichen Landgerichtspräsidenten geleiteten Besprechungen fanden im Jahre 1935 in den Oberlandesgerichtsbezirken Köln, Frankfurt, Darmstadt, Kassel und München unter Anwesenheit der Behördenleiter von Staatsanwaltschaft und Oberlandesgericht statt. Ex post betrachtet dienten die Arbeitsgemeinschaften anfangs dazu, den Teilnehmern die nationalsozialistische Jugendstrafrechtspolitik nahezubringen, ehe es im Zweiten Weltkrieg einzig darum ging, vermehrt aufkommende Auflösungserscheinungen zu bekämpfen, vgl. *Wolff*, VfZ 1985, S. 640 (660 ff.).

332 *Krug*, Wochenschau, DJ 1935, S. 1757 (1757).

333 Neben der teilweise sehr lückenhaften Überlieferung hat die verschiedene Bezeichnung der Tagungen die Recherche zusätzlich erschwert.

334 *Gruchmann*, Justiz im Dritten Reich, S. 86.

335 Broschüre des Bundesministeriums für Ernährung, Landwirtschaft und Verbraucherschutz zur Geschichte der Wilhelmstraße 54, S. 23, https://www.bmel.de/SharedDocs/Downloads/DE/Broschueren/GeschichteWilhelmstra%C3%9Fe54.pdf?__blob=publicationFile&v=5 (abgerufen am 30.08.2020).

der Flieger[336] durchgeführt. Sie ist die wohl bekannteste Zusammenkunft der Behördenleiter in der Zeit der nationalsozialistischen Herrschaft. Grund für das Ausweichen in das Haus der Flieger in der Prinz-Albrecht-Strasse waren die begrenzten Kapazitäten im Reichsjustizministerium.[337] Die ca. 90–100 Teilnehmer ließen sich in den Räumen des Reichsjustizministeriums nicht unterbringen.[338] Knapp ein Jahr später wurde das Reichsärztehaus in Weimar als Tagungsort für die Besprechung vom 3./4. Februar 1944 ausgewählt.[339] Grund hierfür dürfte der zu diesem Zeitpunkt bereits weit voran geschrittene Zweite Weltkrieg gewesen sein. In der Nacht vom 27. auf den 28. Januar 1944 wurden durch die britische Luftwaffe besonders heftige Angriffe auf Berlin geflogen.[340] Weimar, in der Mitte des Deutschen Reiches gelegen, bot sich wegen seiner geographischen Lage daher als sicherere Alternative an. Mit zunehmender Kriegsdauer nahm der Reiseaufwand für die Tagungsteilnehmer somit spürbar zu. Schon im März 1942 entschuldigte sich Schlegelberger bei den Tagungsteilnehmern für die Reisestrapazen.[341] Kriegsbedingte Einschränkungen dürften auch mitentscheidend für den Erwerb der Reichsburg Kochem[342] gewesen sein, die Thierack 1943 von der Familie Ravené erwarb, und dem Wunsch Hitlers entsprechend, zur NS-Schulungsstätte[343] umbauen

---

336 Das Haus der Flieger wurde unter der Obhut Görings in den ehemaligen traditionsreichen Räumen des Preußischen Landtags errichtet. Es war ursprünglich als Vereinshaus des Fliegervereins „Aero-Club" gedacht, dem das Gebäude am 16. November 1935 feierlich übergeben wurde, diente jedoch vornehmlich dazu Kontaktpflege zu betreiben und Intrigen im Dunstkreis des erfolgreichen Schirmherrn zu spannen, *Heimann*, S. 377.

337 Einladungsschreiben für die Tagung vom 23./24. April 1941, BArch R 3001/20245, fol. 53; *Kramer*, „Gerichtstag halten über uns selbst.", S. 81 (84).

338 *Kramer*, Oberlandesgerichtspräsidenten und Generalstaatsanwälte als Gehilfen der NS-„Euthanasie", KJ 1984, S. 25 (29).

339 Programm für die Chefpräsidententagung vom 3./4. Februar 1944 in Weimar, BArch R 3001/24278, fol. 97.

340 *Andrée/Helbig*, S. 216 ff.

341 Vgl. Protokoll der Tagung „Rechtspflege im Krieg" vom 31. März 1942, BArch R 3001/24162, fol. 1.

342 Während des „Dritten Reiches" war die Schreibweise Kochem vorgesehen.

343 Auf der zu Schulungszwecken erworbenen Reichsburg haben sich nicht nur die Richter zusammengefunden. Auch für Tagungen der Hochschullehrer aus dem Bereich der Rechtswissenschaften wurde sie genutzt. Sie sollten dort „[…] eine

ließ.[344] Auf der Reichsburg fanden in der Zeit vom 23.–25. Mai 1944[345] und vom 23./24. August[346] 1944 insgesamt zwei Arbeitstagungen statt. Ein weiterer Grund für den Kauf der Burg und die Errichtung als Schulungsstätte waren festgestellte Missstände bei der Schulung der „Rechtswahrer".[347] Daher versprach sich Thierack von den Schulungen auf der Reichsburg vor allem eine u.a. auf nationalsozialistischen Gedanken beruhende Ausrichtung der Richter. Idealerweise sollte jeder Richter während seiner Laufbahn einmal an einer Tagung auf der Reichsburg teilgenommen haben. Ferner sollten die Veranstaltungen auf der Burg das Kameradschaftsgefühl unter den Teilnehmern stärken.[348] Die Reichsburg Kochem bot den Vorteil, dass direkt auf dem Burggelände übernachtet werden konnte.[349]Aufgrund von Problemen bei der Beheizung der Räume ließ sich die Burg allerdings nur in den Sommermonaten zur Durchführung von Tagungen nutzen.[350] Dies hinderte Thierack allerdings nicht daran, ehrgeizige

---

Brücke finden zur volksnahen Justiz.". Vgl. Auszug aus der Abteilungsleiterbesprechung beim Herrn Minister vom 4. April 1944, BArch R 3001/24514, fol. 22.

344 Reisebericht über die Prüfung des baulichen Zustandes der Burg vom 7. Juni 1943, BArch R 2/23944.

345 Vgl. hierzu die Besprechungspunkte der Cheftagung in der Zeit vom 23.–25. Mai 1944 auf der Reichsburg Kochem, BArch R 3001/24514, fol. 16.

346 Vgl. hierzu das Programm für die Chefbesprechung vom 23./24. August 1944 auf der Reichsburg Kochem, BArch R 3001/24163, fol. 242 ff.

347 Dies verdeutlichte Thierack auf einer Rede vor Hochschullehren im Haus des Deutschen Rechts in München. Zwar würde der Nationalsozialistische Rechtswahrerbund bereits Schulungen organisieren, die Durchführung von rein fachlichen Unterrichtungen im großen Maßstab, wie sie im Bereich der Justizverwaltung erforderlich sei, könne jedoch nicht Aufgabe des NSRB sein. Vielmehr habe der NSRB die Aufgabe, die Rechtswahrer aus den verschiedenen Verwaltungsbereichen zusammenzurufen, BArch R 3001/24165, fol. 83.

348 So sah das Freizeitprogramm z.B. eine gemeinsame Jagd in den umliegenden Jagdgebieten vor, Niederschrift der Arbeitstagung der Oberlandesgerichtspräsidenten und Generalstaatsanwälte vom 3. Februar 1944 in Weimar, BArch R 3001/24205, fol. 28 f.

349 Schreiben des Reichsjustizministers vom 11. Mai 1944, BArch R 3001/24514, fol. 14. Auf dem Gelände standen insgesamt drei Unterkunftshäuser zur Verfügung; so zu entnehmen aus einem Einladungsschreiben des Reichsjustizministers für die Tagung vom 23./24. August 1944 vom 3. August 1944, BArch R 3001/24163, fol. 248.

350 Ansprache Thieracks vom 3. Februar 1944, Niederschrift über die Arbeitstagung der Oberlandesgerichtspräsidenten und Generalstaatsanwälte vom 3./4. Februar 1944 in Weimar, BArch R 3001/24205, fol. 28.

Ziele zu formulieren. Im Jahr 1944 wollte er auf der Reichsburg, die „Mittelpunkt der geistigen Ausrichtung der deutschen Rechtswahrer" werden sollte, insgesamt 2.000 Rechtswahrer schulen.[351]

Wie sehr fachliche Weiterbildung, Indoktrination und die schlichtweg mit allen Mitteln angegangene Herstellung eines Zusammengehörigkeitsgefühls verwoben waren, zeigt auch der folgende Auszug des eigens geschaffenen Burgliedes der Schulungsstätte in Kochem:

> *„Wo Eifel sich und Hunsrück neigen/ Vom Wein begrüßt zum Moseltal/ Steht eine Burg in stolzem Schweigen/ Auf steilem Berg im Sonnenstrahl/*
>
> *Burg Kochem auf der Mosel Höh'n/ Herz der Justiz, wie bist du schön!/*
>
> *Du einst die Richter aller Gaue/ in Deinem Frieden wächst die Kraft/ Und Deine Schönheit hilft beim Baue/ Der großen deutschen Richterschaft."*[352]

Im Ergebnis diente die Reichsburg jedoch nur ein Jahr als Tagungsstätte. Denn wegen der Verschärfung des „totalen Krieges" wurden die Arbeitstagungen auf der Burg vorläufig eingestellt. Die Arbeitstagung für kriegsversehrte Referendare, welche auf den 28. bis 31. August 1944 vorverlegt wurde, war die letzte Tagung auf der Reichsburg überhaupt.[353] Im Dezember 1944 wurde die Reichsburg schließlich der Hitlerjugend für Zwecke der Wehrertüchtigung zur Verfügung gestellt. Da Arbeitstagungen der Behördenleiter ohnehin nur in den Sommermonaten durchgeführt wurden, bestand für Thierack kein Grund dazu, die anderweitige Nutzung zu untersagen.[354]

Für die auf der Reichsburg zuvor durchgeführten Tagungen waren die Rückmeldungen der Tagungsteilnehmer, die dem Reichsjustizministerium einen Tagungsbericht zukommen lassen mussten, insgesamt positiv. Besonders die Verbesserung des Kameradschaftsgefühls wurde hervorgehoben. Bemängelt

---

351 Schreiben des Reichsjustizministers an den Führer der SS Himmler vom 10. März 1944, BArch R 3001/20247, fol. 134.

352 1. und 3. Strophe sowie Refrain des Liedes der Schulungsstätte auf der Reichsburg Kochem, BArch R 3001/24513, fol. 128.

353 Vgl. Schreiben des Leiters der Arbeitstagungen an die Präsidenten des Reichsgerichts und Volksgerichtshofs, die Oberreichsanwälte bei dem Reichsgericht und dem Volksgerichtshof, die Oberlandesgerichtspräsidenten und die Generalstaatsanwälte vom 1. August 1944, BArch R 3001/24233, fol. 110.

354 Vgl. Schreiben des Reichsjustizministers an den Reichsjugendführer der NSDAP und Jugendführer des Deutschen Reichs Axmann vom 14. Dezember 1944, BArch R 3001/24692, fol. 80.

wurden lediglich kleinere Dinge, wie z.B. die kriegsbedingte einfache Unterbringung oder die Pflicht zur Anlegung der Uniform.[355]

Die Anzahl der auf Reichsebene vom Reichsjustizministerium insgesamt durchgeführten Behördenleitertagungen wird unterschiedlich beurteilt. Teilweise wird davon ausgegangen, dass die Behördenleiter halbjährlich zu den gemeinsamen Besprechungen zusammenkamen[356] oder, dass die Besprechungen erst ab 1939 allmählich zur Regel wurden.[357] Die Untersuchung hat ergeben, dass im Zeitraum von 1935–1945 insgesamt 23 Tagungen[358] stattfanden. Die Zahl bezieht sich dabei auf die nach dem 1. April 1935 vom Reichsjustizministerium reichsweit durchgeführten Besprechungen. Unter Gürtner haben insgesamt elf, unter Schlegelberger sechs und unter Thierack ebenfalls sechs Arbeitstagungen stattgefunden. Dies beweist zugleich, dass die Besprechungen nicht erst ab 1939 zur Regel wurden. Vor der am 1. April 1935 endgültig abgeschlossenen Gleichschaltung der Justiz wurden allerdings auch schon Behördenleitertagungen durchgeführt. So haben unter dem preußischen Justizminister Hanns Kerrl am 9. Januar 1934 und am 20. März 1934 zwei Tagungen der preußischen Oberlandesgerichtspräsidenten und Generalstaatsanwälte stattgefunden.[359] Nachdem Reichsjustizminister Gürtner am 16. Juni 1934 die Geschäfte des Preußischen Justizministeriums übernahm, fand unter seiner Leitung am 25. Juni 1934 eine Tagung der preußischen Generalstaatsanwälte und Oberlandesgerichtspräsidenten und am 12. Juli 1934 eine Besprechung der preußischen Generalstaatsanwälte statt.[360] Auch schon vor 1939 wurden die

355 Vgl. hierzu z.B. die Tagungsberichte des Generalstaatsanwalts aus Jena vom 30. Mai 1944, (BArch R 3001/24163, fol. 186 f.) und des Wiener Oberlandesgerichtspräsidenten vom 8. Juni 1944, (BArch R 3001/24163, fol. 190 f.) Der Oberlandesgerichtspräsident aus Linz hat sich in seinem Bericht nach der ersten Tagung auf der Burg Kochem vom 23.–25. Mai 1944 sogar dafür ausgesprochen, im Osten des Reiches eine weitere Schulungsstätte zu errichten, BArch R 3001/24163, fol. 197 ff.

356 *Schädler*, S. 198. *Schädler* hat sich in ihrer Arbeit schwerpunktmäßig mit der Amtszeit Thieracks beschäftigt. Sie stützt ihre Aussage vermutlich auf eine Aussage Thieracks selbst; vgl. BArch R 3001/24165, fol. 83. Dort erwähnt er, dass er sich halbjährlich mit den Chefs der obersten Gerichte treffen würde.

357 So *Broszat*, Zur Perversion der Strafjustiz im Dritten Reich, VfZ 1958, S. 390 (401 f.).

358 Siehe dazu C. III. 2.

359 Vgl. Bericht über die Arbeitstagung der Oberlandesgerichtspräsidenten und Generalstaatsanwälte Preußens, DJ 1934 I, S. 68 sowie Tagesordnung für die Besprechung der Oberlandesgerichtspräsidenten und Generalstaatsanwälte vom 20. März 1934, BArch R 3001/24277, fol. 36

360 Vgl. Zusammenfassung des amtlichen preußischen Pressedienstes von der Arbeitstagung der preußischen Oberlandesgerichtspräsidenten und Generalstaatsanwälte

Behördenleiter somit zu gemeinsamen Besprechungen eingeladen. Zwischen den einzelnen Tagungen lagen teilweise wenige Monate, manchmal aber auch mehr als ein halbes Jahr.

Neben den Generalstaatsanwälten und den Oberlandesgerichtspräsidenten, die vom Ministerium überwiegend gemeinsam, gelegentlich jedoch auch einzeln, zu den Tagungen eingeladen wurden, war der Teilnehmerkreis nicht auf diese beiden Berufsgruppen begrenzt. So nahmen aus dem Reichsjustizministerium u.a. die Leiter der verschiedenen Abteilungen[361] als Veranstalter teil. Sie waren maßgeblich bei der Organisation der Tagungen beteiligt und hielten Vorträge. Ferner haben die Abteilungsleiter Profile von den Tagungsteilnehmern erstellt. Hierzu wurden Ihnen die Personalbögen der Behördenleiter ausgehändigt, in denen positive und negative Beurteilungen vermerkt wurden. Intention war die Auslese vor dem Hintergrund der Nachwuchsgewinnung und der Auswahl potentieller Führungskräfte. Daher wurden die Beurteilungen über die Tagungsleitung dem Ministeramt zugeleitet.[362]

Neben den Reichsjustizministern waren zumeist die Staatssekretäre Freisler, Schlegelberger und später, ab dem 20. August 1942, auch Rothenberger vor Ort. Unterhalb der Staatssekretärsebene ist insbesondere Ministerialdirektor Wilhelm Crohne hervorzuheben. Crohne war von 1935 bis zu seinem Wechsel an den Volksgerichthof 1942 Leiter der Strafrechtspflegeabteilung III im Reichsjustizministerium, deren Ziel es war, eine „einheitliche Gesetzesanwendung und Gesetzesauslegung" im Bereich der Strafrechtspflege herzustellen.[363] Auch Crohnes Vertreter Mettgenberg sowie einzelne Beamte des Ministeriums wie z.B. Ministerialrat Rietzsch, Oberregierungsrat Kümmerlein und Ministerialrat Eichler waren anwesend und hielten Referate.[364] Ferner wurde der

---

vom 25. Juni 1934, BArch R 3001/24277, fol. 57; Niederschrift von der Tagung der Leiter der preußischen Staatsanwaltschaften vom 12. Juli 1934, BArch R 3001/24277, fol. 94 ff.

361 Siehe dazu B. III. 2.

362 Niederschrift über die Abteilungsleiterbesprechung vom 4. April 1944, BArch R 3001/24688, fol. 15. Die Anordnung Thieracks, die Beamten des Ministeriums bei den Tagungen auf die Unterkunftsräume der Chefpräsidenten zu verteilen, sollte einen besseren Kontakt und eine bessere Beurteilung der Tagungsteilnehmer durch die Abteilungsleiter ermöglichen, vgl. Vermerk über die Abteilungsleiterbesprechung am 23. Juni 1944, BArch R 3001/24688, fol. 20.

363 *Angermund*, Deutsche Richterschaft, S. 91.

364 Vgl. hierzu z.B. die Liste der Teilnehmer aus den Abteilungen des Reichsjustizministeriums der Arbeitstagung des kommissarischen Reichsjustizministers Schlegelberger mit den Generalstaatsanwälten vom 28./29. Oktober 1941, BArch R

Teilnehmerkreis teilweise auf Mitglieder aus sachnahen Gerichten und Institutionen ausgedehnt, wenn die zu besprechenden Themenkomplexe für deren Arbeit von Bedeutung sein konnten. So waren z.B. bei der „Besprechung über die Behandlung von Hochverratssachen" vom 11./12. November 1936 neben den Oberlandesgerichtspräsidenten und Generalstaatsanwälten ebenso die Mitglieder des für die Aburteilung von Hochverratssachen zuständigen Volksgerichtshofes[365] eingeladen.[366] Auch Mitglieder der Gestapo nahmen an einzelnen Besprechungen teil. Sie sollten mit Vorträgen z.B. zur sozialdemokratischen oder kommunistischen Bewegung oder zur Behandlung von Kommunisten im polizeilichen Ermittlungsverfahren die gängige Praxis verdeutlichen.[367] Auch auf der Euthanasietagung vom 23./24. April 1941 waren mit Oberdienstleiter Brack[368] und Heyde[369] aus der Kanzlei des Führers[370] zwei externe Teilnehmer und zudem hohe Parteifunktionäre eingeladen.[371]

3001/20246, fol. 58 f. Vgl. hierzu auch die von den Justizjuristen gehaltenen Referate auf der Tagung der Oberlandesgerichtspräsidenten und Generalstaatsanwälte vom 10. /11. Februar 1943 in Berlin, BArch R 3001/21263, fol. 147.

365 Der Volksgerichtshof wurde durch Art. III § 1 des Gesetzes zur Änderung von Vorschriften des Strafrechts und des Strafverfahrens vom 24. April 1934 zur Aburteilung von Hoch- und Landesverratssachen in Berlin errichtet, RGBl. I 1934, S. 345. Er war erst- und letztinstanzlich zuständig in den Fällen des Hochverrats gem. §§ 80 bis 84 RStGB, des Landesverrats gem. §§ 89 bis 92 RStGB, in Fällen des Angriffs gegen den Reichspräsidenten gem. § 94 Nr. 1 RStGB und für Verbrechen nach § 5 Abs. 2 Nr. 1 der Verordnung des Reichspräsidenten zum Schutz von Volk und Staat vom 28. Februar 1933, Art. III § 3 des Gesetzes zur Änderung von Vorschriften des Strafrechts und des Strafverfahrens vom 24. April 1934. Auf Antrag des Oberreichsanwalts konnten bestimmte Strafsachen mit geringerer Bedeutung an die Oberlandesgerichte abgegeben werden, Art. III § 4 des Gesetzes zur Änderung von Vorschriften des Strafrechts und des Strafverfahrens vom 24. April 1934.

366 Dies ergibt sich aus der überlieferten Anwesenheitsliste, BArch R 3001/25004, fol. 225 ff.

367 Tagesordnungspunkte der Besprechung über die Behandlung von Hochverratssachen vom 11./12. November 1936, BArch R 3001/25004, fol. 26.

368 Viktor Hermann Brack war Oberdienstleiter des Amtes II in der Kanzlei des Führers und in dieser Funktion ab 1939 für die Organisation der Euthanasiemorde verantwortlich, *Dörner/Ebbinghaus/Linne*, S. 83.

369 Werner Heyde war Medizinprofessor und ab dem 1. Juni 1936 Mitglied der SS. Er wurde zum medizinischen Leiter der Euthanasieaktion ernannt, *Dörner/Ebbinghaus/Linne*, S. 103.

370 Die Kanzlei des Führers war die Privatkanzlei Hitlers, die aber ebenso in die NSDAP eingegliedert war, *Bruppacher*, S. 44.

371 Vgl. hierzu auch den Bericht über die Tagung der Oberlandesgerichtspräsidenten und Generalstaatsanwälte, DJ 1941, S. 533 (534).

Von den Behördenleitern waren auf den meisten Tagungen über 70 Prozent in Person anwesend bzw. ließen sich vertreten.[372] Absagen waren möglich, mussten jedoch rechtzeitig beim Reichsjustizministerium eingehen. Eine verspätete Absage sorgte beim Reichsjustizminister allerdings für Unmut und konnte weitere Schritte nach sich ziehen.[373] Die Zahl der Anwesenden variierte jedoch. So waren bei der Euthanasietagung vom 23./24. April 1941 sämtliche Oberlandesgerichtspräsidenten und Generalstaatsanwälte bzw. deren Vertreter anwesend, sodass insgesamt von 90–100 Teilnehmern ausgegangen werden kann.[374] Im Gegensatz zur „Euthanasietagung" wurde die Tagung vom 11./12. November 1936, die auch als „Besprechung über die Behandlung von Hochverratssachen" bezeichnet wurde, von den Behördenleitern weniger stark besucht.[375] Hier waren die Oberlandesgerichtspräsidenten und Generalstaatsanwälte in der absoluten Minderheit. Da allerdings die Möglichkeit bestand, sich vertreten zu lassen, war dies für die Weitergabe der Tagungsergebnisse kein Problem, wenn die Vertreter anwesend waren. Daher wurden aus zahlreichen Oberlandesgerichtsbezirken z.B. Oberstaatsanwälte oder Oberlandesgerichtsräte entsandt, die die Informationen an die übrigen Personen in ihrem Oberlandesgerichtsbezirk weiterzugeben hatten.[376] Im Übrigen fiel die Aburteilung von Hochverratssachen in den Kompetenzbereich des Volksgerichtshofes. Der Geschäftsbetrieb in den Oberlandesgerichtsbezirken war somit nicht unmittelbar tangiert.

In den nachfolgenden Tabellen sind die in dem Zeitraum von 1935–1945 durchgeführten 23 Behördenleitertagungen aufgelistet. Neben dem Datum der Tagung, sind die Hauptteilnehmer sowie der Tagungsort angegeben, soweit sich

---

372 Es bestand die Möglichkeit sich vertreten zu lassen. Vgl. hierzu nur das Einladungsschreiben vom 4. Januar 1938 für eine Tagung vom 17./18. Januar 1938, das diese Möglichkeit explizit vorsah, BArch R 3001/24277, fol. 196.

373 Vgl. Schreiben des Reichsjustizministers an den Oberlandesgerichtspräsidenten und den Generalstaatsanwalt aus Prag vom 27. Mai 1944, BArch R 3001/24163, fol. 364.

374 *Kramer*, Oberlandesgerichtspräsidenten und Generalstaatsanwälte als Gehilfen der NS-„Euthanasie", KJ 1984, S. 25 (29).

375 Dies ist die erste, der insgesamt sechs Tagungen, die *Weichbrodt* im Hinblick auf die Bedeutung des Berliner Kammergerichts untersucht, *Weichbrodt,* S. 219 ff. Vgl. hierzu den Bericht über die Tagung von *Pätzold* in der Rubrik „Wochenschau", DJ 1936, S. 1755 (1756).

376 Dies ergibt sich aus der überlieferten Anwesenheitsliste, BArch R 3001/25004, fol. 225 ff.

dieser ermitteln ließ. Ferner lässt sich den Tabellen die Fundstelle des in der Deutschen Justiz, dem Amtsblatt des Reichsjustizministeriums, veröffentlichten Tagungsbericht entnehmen, sofern ein solcher vorhanden ist. Von 20 der insgesamt 23 Tagungen ist ein solcher Tagungsbericht in der Deutschen Justiz erschienen. Warum zu den Tagungen vom 16. Dezember 1941, 5./6. Mai 1942 und vom 23./24. August 1944 kein Bericht veröffentlicht wurde, konnte nicht geklärt werden. Selbst über die Euthanasietagung wurde berichtet, wenngleich der Bericht sich auf die Darstellung der übrigen Themen, unter Außerachtlassung des Euthanasieprogramms, beschränkte.[377]

Tagungen in der Amtszeit Gürtners (30. Januar 1933–29. Januar 1941)

Datum	Hauptteilnehmer	Tagungsbericht	Ort
3. April 1935	Oberlandesgerichts-präsidenten und Generalstaatsanwälte	DJ 1935, S. 544 (544)	Reichsjustizministerium, Berlin
23. September 1935	Generalstaatsanwälte	DJ 1935, S. 1424 (1424)	Reichsjustizministerium, Berlin
29. November 1935	Generalstaatsanwälte	DJ 1935, S. 1775 (1775 f.)	Reichsjustizministerium, Berlin
11./12. November 1936	Oberlandesgerichts-präsidenten und Generalstaatsanwälte	DJ 1936, S. 1755 (1755 f.)	Reichsjustizministerium, Berlin
13. November 1936	Oberlandesgerichts-präsidenten und Generalstaatsanwälte	DJ 1936, S. 1756 (1756)	Reichsjustizministerium, Berlin
14. November 1936	Generalstaatsanwälte	DJ 1936, S. 1755 (1755 f.)	Reichsjustizministerium, Berlin
18. Juni 1937	Oberlandesgerichts-präsidenten und Generalstaatsanwälte	DJ 1937, S. 981 (981)	Berlin
18. Januar 1938	Oberlandesgerichts-präsidenten	DJ 1938, S. 123 (123)	Reichsjustizministerium, Berlin

377 Vgl. hierzu den Tagungsbericht in der Rubrik „Was den Rechtswahrer interessiert", DJ 1941, S. 533 (533 f.).

Datum	Hauptteilnehmer	Tagungsbericht	Ort
7./8. März 1938	Generalstaatsanwälte	DJ 1938, S. 385 (385 ff.)	Reichsjustizministerium, Berlin
23.–26. Januar 1939	Oberlandesgerichtspräsidenten und Generalstaatsanwälte	DJ 1939, S. 196 (196)	Reichsjustizministerium, Berlin
27. Februar 1939	Oberlandesgerichtspräsidenten	DJ 1939, S. 405 (405)	Reichsjustizministerium, Berlin

Tagungen in der Amtszeit Schlegelbergers (29. Januar 1941–19. August 1942)

Datum	Hauptteilnehmer	Tagungsbericht	Ort
23./24. April 1941	Oberlandesgerichtspräsidenten und Generalstaatsanwälte	DJ 1941, S. 533 (533 f.)	Haus der Flieger, Berlin
28./29. Oktober 1941	Generalstaatsanwälte	DJ 1941, S. 1028 (1028)	Reichsjustizministerium, Berlin
16. Dezember 1941	Oberlandesgerichtspräsidenten	Kein Bericht vorhanden	Reichsjustizministerium, Berlin
31. März 1942	Oberlandesgerichtspräsidenten und Generalstaatsanwälte	DJ 1942, S. 247 (247)	Reichsjustizministerium, Berlin
5./6. Mai 1942	Oberlandesgerichtspräsidenten und Generalstaatsanwälte	Kein Bericht vorhanden	Reichsjustizministerium, Berlin
30. Juni/1. Juli 1942	Generalstaatsanwälte	DJ 1942, S. 445 (445)	Reichsjustizministerium Berlin

Tagungen in der Amtszeit Thieracks (20. August 1942–23. Mai 1945)

Datum	Hauptteilnehmer	Tagungsbericht	Ort
29. September 1942	Oberlandesgerichts-präsidenten und Generalstaatsanwälte	DJ 1942, S. 643 (643)	Berlin
10./11. Februar 1943	Oberlandesgerichts-präsidenten und Generalstaatsanwälte	DJ 1943, S. 127 (127)	Haus des NSRB, Berlin
19./20. Oktober 1943	Oberlandegerichts-präsidenten und Generalstaatsanwälte	DJ 1943, S. 499 (499 f.)	Berlin
3./4. Februar 1944	Oberlandegerichts-präsidenten und Generalstaatsanwälte	DJ 1944, S. 64 (64)	Reichsärztehaus, Weimar
23.–25. Mai 1944	Oberlandesgerichts-präsidenten und Generalstaatsanwälte	DJ 1944, S. 150 (150)	Reichsburg, Kochem
23./24. August 1944	Oberlandesgerichts-präsidenten und Generalstaatsanwälte	Kein Bericht vorhanden	Reichsburg, Kochem

3. Auswertung der Besprechungsthemen

Nachfolgend werden die überlieferten Tagungsniederschriften inhaltlich ausgewertet.[378] Auf Grund der Vielzahl der angesprochenen Themenbereiche mussten unbedeutende und lediglich am Rande thematisierte Komplexe ausgespart werden. Maßstab hierfür waren die Häufigkeit, die Zahl der Redebeiträge und die Dauer der Erörterung der einzelnen Themenkomplexe. Wenngleich der Fokus auf die Strafjustiz gelegt wird, werden der Vollständigkeit halber in die Auswertung auch andere Themenkomplexe mit einbezogen, um einen Gesamtüberblick zu ermöglichen.

a) Informationsbeschaffung und Berichtspflichten[379]

Von Beginn an nahm die Informationsbeschaffung durch Berichtspflichten einen wichtigen Stellenwert ein. Wenngleich die Tagungen in diesem Zusammenhang lediglich als Ergänzung zu den zahlreichen schriftlich ergangenen Berichtspflichten anzusehen sind[380], wurden die Berichtspflichten dennoch auf den Besprechungen häufig erörtert. Vor allem in den ersten Jahren nach der nationalsozialistischen Machtergreifung standen sie auf der Tagesordnung, was dafür spricht, dass das Reichsjustizministerium ein starkes Interesse daran hatte, möglichst schnell einen umfassenden Informationsapparat aufzubauen. Dass die Berichtspflichten in dem Zeitraum von 1941–1944 in insgesamt sieben Besprechungen erörtert wurden, ist auf den Zweiten Weltkrieg zurückzuführen, der zahlreiche Einschränkungen der Berichtspflichten nach sich zog, weil sich das komplexe Berichtssystem kriegsbedingt nicht mehr aufrechterhalten ließ. Hiervon wurden die Behördenleiter u.a. auf den Tagungen in Kenntnis gesetzt.

---

378 Grundlage für die Auswertung sind die im Bundesarchiv ausfindig gemachten Besprechungsprotokolle und Niederschriften, ergänzt durch die Edition von *Schubert,* Das Reichsjustizministerium und die höheren Justizbehörden in der NS-Zeit (1933–1945).

379 Die für das Reichsjustizministerium essentielle Informationsbeschaffung und die Berichtspflichten wurden auf den folgenden Tagungen erörtert: 5./6. April 1934, 3. April 1935, 23. September 1935, 11./12. November 1936, 28./29. Oktober 1941, 16. Dezember 1941, 5./6. Mai 1942, 10./11. Februar 1943, 19./20. Oktober 1943, 3./4. Februar 1944, 23./24. August 1944.

380 Siehe dazu C. I. 1.

b) Das Strafmaß und die Einheitlichkeit der Strafrechtsprechung[381]

Viele Aufsätze in den juristischen Fachzeitschriften setzten sich mit einer angeblich zu milden Strafrechtsprechung sowie deren Uneinheitlichkeit auseinander.[382] Dem Vorwurf einer zu milden Strafrechtsprechung wurden die Behördenleiter auch auf den Tagungen ausgesetzt und dazu angewiesen, mit rücksichtsloser Härte gegen Straftäter vorzugehen, d.h. harte Urteile zu fällen[383], wobei zumindest Gürtner noch darauf hinwies, dass die Kritik nicht dazu führen dürfe, dass „[...] die Gerichte nunmehr plötzlich in das andere Extrem (zu harte Strafen) verfallen."[384] Außerdem wurden mehrfach angeblich bestehende Unterschiede im Strafmaß zwischen den einzelnen Gerichten erörtert.[385] So z.B. auf der Tagung vom 23. September 1935. Der Vorwurf lautete, dass Straftaten gleicher Art und Schwere von einzelnen Gerichten unterschiedlich geahndet würden, z.B. in Fällen der Bibelforscher[386] und bei Hochverratssachen. Zur einheitlichen Ausrichtung der Rechtspflege wurde daher im Bereich des Hochverrats verlangt, dass die Aberkennung

---

381 Das Strafmaß und die Einheitlichkeit der Strafrechtsprechung wurden auf den folgenden Tagungen erörtert: 3. April 1935, 23. September 1935, 13. November 1936, 18. Juni 1937, 23./24. April 1941, 31. März 1942, 5. Mai 1942, 3./4. Februar 1944.

382 So z.B. bei *Brinkmann*, DJ 1936, S. 1653 (1653 ff.) oder auch bei *Brand*, DR 1941 S. 161 (163).

383 So z.B. durch Freisler auf der Tagung der Oberlandesgerichtspräsidenten am 5. Mai 1942. Da keine Niederschrift der Tagung überliefert ist, wurde auf die Mitschrift des Berliner Kammergerichtspräsidenten Hölscher zurückgegriffen, vgl. BArch R 3001/22744, fol. 77 f.

384 Niederschrift über die Aussprache aus Anlass der Tagung betreffend die Blutschutzrechtsprechung und Referat von Freisler über die Richterfreiheit und den Schutz der Richterehre vom 13. November 1936, BArch R 3001/20050, fol. 51 ff.

385 Der Vorwurf erstreckte sich seit dem Beginn des Zweiten Weltkrieges auch auf die Kriegsstrafrechtspflege, vgl. hierzu nur den auf der Arbeitstagung der Behördenleiter vom 23./24. April 1941 gehaltenen Vortrag von Ministerialdirektor Lehmann, BArch R 3001/20245, fol. 63 f.

386 1931 hat die christliche Glaubensgemeinschaft den Namen Zeugen Jehovas angenommen. Dennoch war in der Folgezeit die Bezeichnung Bibelforscher gebräuchlich, *Garbe*, S. 9.

von bürgerlichen Ehrenrechten die Regel bilden müsse.[387] Keine zwei Jahre später wurde die Tagung vom 18. Juni 1937 zum Anlass genommen, die Behördenleiter erneut auf den Umgang der Gerichte mit den Bibelforschern hinzuweisen. Unter Hervorhebung der Oberlandesgerichtsbezirke, die den vorgesehenen Strafrahmen von bis zu fünf Jahren Gefängnis voll ausschöpften und der anschließenden Gegenüberstellung der zu milde urteilenden Bezirke, wurden die Behördenleiter angewiesen, diese Diskrepanz durch die Fällung härterer Urteile zu beseitigen, um dadurch der Uneinheitlichkeit entgegenzuwirken. Staatssekretär Freisler zog einen Vergleich mit der Rassenschanderechtsprechung.[388] Dort hätte es ähnliche Probleme gegeben, die mittlerweile allerdings beseitigt seien. Dieser Weg müsse auch im Bereich der Bibelforscher eingeschlagen werden, weil sich nur so der Eingriff von anderen Stellen, wie der Gestapo, die verstärkt dazu übergegangen war, nach dem Abschluss eines gerichtlichen Verfahrens bei zu milden Urteilen nachträglich Schutzhaft zu verhängen, in die Rechtspflege verhindern lassen.[389] Diese, aus Sicht des Ministeriums unhaltbaren Zustände, konnten in der Amtszeit Gürtners allerdings nicht behoben werden, was Schlegelberger auf der Tagung vom 31. März 1942 mit dem Titel „Rechtspflege im Krieg" verlauten ließ. In der Besprechung wies der das Ministerium lediglich kommissarisch leitende Minister auf die angespannte Situation der Justiz und deren Ansehensverlust hin, der vor allem durch die außergerichtliche Behandlung von Strafsachen und die Korrektur von Urteilen hervorgerufen werde. Auslöser für diese Eingriffe sei nach wie vor eine in allen Bereichen zu milde Strafrechtsprechung. Daher wurde an die Rechtswahrer appelliert, diesen Zustand umgehend zu ändern.[390]

---

387 Zusammenfassung der Besprechung mit den Oberreichsanwälten und den Generalstaatsanwälten vom 23. September 1935, BArch R 3001/24277, fol. 128 ff.; vgl. hierzu auch *Krug*, Zur Frage der Aberkennung der bürgerlichen Ehrenrechte, DJ 1935, S. 909 (909).

388 Siehe dazu C. III. 4. c) bb).

389 Niederschrift der Besprechung mit den Oberlandesgerichtspräsidenten und Generalstaatsanwälten im Reichsjustizministerium vom 18. Juni 1937, BArch R 3001/24277, fol. 149 ff.

390 Siehe dazu auch C. IV. 2. c).

Ebenso Anknüpfungspunkt für das Strafmaß betreffende Diskussionen waren Abweichungen gerichtlicher Urteile von Anträgen der Staatsanwaltschaft. Diese Abweichungen wurden kritisiert, weil zwei staatliche Organe, das Gericht und die Staatsanwaltschaft, bei der Festlegung des Strafmaßes nicht voneinander abweichen dürften, Strafantrag und Urteil vielmehr übereinstimmen müssten.[391] Zwar hielt es Gürtner generell für unrichtig, dass der Antrag der Staatsanwaltschaft und das gerichtliche Urteil koinzident sein müssten, große oder ganz kleine Differenzen würden jedoch immer die Frage aufwerfen, warum es sie überhaupt gäbe. Dies sei für den Laien unbegreiflich.[392] Zur Beseitigung der Abweichungen wurde unter Gürtner die sog. Fühlungnahme eingeführt, unter der die Kontaktaufnahme bzw. Besprechung zwischen Gericht und Staatsanwaltschaft in schwebenden Verfahren mit dem Ziel, „unangenehmen und unerwarteten Überraschungen" in der Hauptverhandlung vorzubeugen, verstanden wurde.[393] Die offizielle Anordnung zur Stärkung der Zusammenarbeit zwischen Staatsanwaltschaft und Gericht zur Herstellung einer einheitlichen Strafzumessung stammt vom 27. Mai 1939. Sie sollte zu einer verständnisvolleren Zusammenarbeit der beiden Organe der Rechtspflege führen. In dem in der Anlage enthaltenen Erlass hieß es, dass künftig noch vor Prozessbeginn eine Verständigung hinsichtlich der Strafe zu erzielen sei, wenn ein „Fall von besonderer Bedeutung" vorliege.[394]

c) *Weisungen und Einführung neuer Lenkungsmaßnahmen*[395]

Vielfach wurden die Arbeitstagungen auch zur Steuerung der Strafjustiz, z.B. in Form von Weisungen oder durch Einführung neuer Lenkungsmethoden, genutzt.[396] Nachfolgend werden die auf den Tagungen vorgenommenen

---

391 Vgl. hierzu *Rohling*, DJZ 1935, S. 1346 (1349).

392 Niederschrift der Tagung mit den Sondergerichtsvorsitzenden und den Sachbearbeitern für Sondergerichtssachen bei den Generalstaatsanwälten vom 24. Oktober 1939, BArch R 3001/24158, fol. 168.

393 *Michelberger*, S. 287.

394 Schreiben des Reichsministers der Justiz vom 27. Mai 1939, BArch R 3001/21144, fol. 36 ff.; siehe dazu auch C. IV. 2. b).

395 Auf den folgenden Tagungen wurde versucht die Strafjustiz zu lenken: 5./6. April 1934, 12. Juli 1934, 18. Juni 1937, 7./8. März 1938, 23. Januar 1939, 24. Januar 1939, 23./24. April 1941, 31. März 1942, 5./6. Mai 1942, 30. Juni/1. Juli 1942, 29. September 1942, 10./11. Februar 1943, 19./20. Oktober 1943, 3./4. Februar 1944.

396 Vorab muss darauf hingewiesen werden, dass die in der Justiz tätigen Personen auch häufig durch schriftliche Rundverfügungen und über fernmündlichen Kontakt angewiesen wurden.

Lenkungsversuche des Reichsjustizministeriums detailliert untersucht, um die Art und Intensität der Eingriffe zu ergründen.

aa) Die Erteilung von Weisungen

Ein beliebtes Mittel im Umgang mit offensichtlich rechtsstaatswidrigen „Säuberungsaktionen“ waren auf die Außerachtlassung des Legalitätsprinzips gerichtete Weisungen. Hiervon machte das Reichsjustizministerium auf der Tagung vom 23. Januar 1939, auf der u.a. die justizmäßige Behandlung der Novemberpogrome[397] erörtert wurde, Gebrauch. Freisler betonte gegenüber den Generalstaatsanwälten, dass bei Personen, die weder der NSDAP noch einer ihrer Gliederungen angehörten, aufgrund der Gesamtbetrachtung sowie wegen der Rechtsgleichheit eine juristische Verfolgung der im Rahmen der Pogrome begangenen Straftaten durch die Einleitung von Verfahren erfolgen könne. Bei Parteiangehörigen oder Angehörigen ihrer Gliederung müsse jedoch zunächst ein Ausschluss aus der Partei erfolgen, da diese Personen nicht als Parteiangehörige in einem etwaigen Prozess erscheinen sollten. Bei ihnen sollte sich die Strafverfolgung allerdings auf schwerwiegende Straftaten wie z.B. Notzucht beschränken. Delikte wie die Mitnahme von Lebensmittelbüchsen in geringem Ausmaß seien ausgenommen. Dies gälte auch für den Landfriedensbruch, weil die Aktion angeordnet gewesen sei.[398] Daher scheide insoweit eine Strafbarkeit aus. Ferner dürfe es keine Anklagen zur großen Strafkammer geben, sondern höchstens zum Schöffengericht. Im Übrigen müsse die Aufforderung der SA zu den Aktionen bei der Strafverfolgung berücksichtigt werden.[399] Im Ergebnis

---

397 Als Novemberpogrome werden die gewaltsamen Übergriffe auf Juden, jüdische Geschäfte und Synagogen vom 9. auf den 10. November 1938 bezeichnet. Zur Bearbeitung der im Zusammenhang mit den Pogromen begangenen Straftaten ließ Gürtner in der Abteilung III ein eigenes Sonderreferat unter der Leitung von Oberstaatsanwalt Joël einrichten, vgl. hierzu die interne Hausverfügung Gürtners vom 13. Dezember 1938, BArch R 3001/20298, fol. 431.

398 Ausgelöst wurde das Massenpogrom durch die Weisungen Goebbels auf einer Feier des Putsches von 1923 am 9. November 1938 in München. Zum Anlass wurde das Attentat des Juden Grünspan genommen, der zwei Tage zuvor einen deutschen Legationssekretär in Paris erschossen hatte, *Gruchmann*, Justiz im Dritten Reich, S. 484 f.; das Signal für das Pogrom ging von Hitler aus, der Goebbels zuvor den Befehl zur Durchführung des reichsweiten Pogroms erteilt hatte, *Gross*, S. 121.

399 Mitschrift des Münchener Generalstaatsanwalts über die Arbeitstagung des Reichsjustizministers mit den Chefpräsidenten und den Generalstaatsanwälten vom 23.–26. Januar 1939, abgedruckt bei *Schubert*, Das Reichsjustizministerium und die höheren Justizbehörden in der NS-Zeit (1933–1945), S. 93 f. Am 27. Februar 1939

wurde die Strafverfolgung somit letztlich von der Mitgliedschaft in der NSDAP oder einer ihrer Gliederungen abhängig gemacht.

Die Anweisungen zum justizmäßigen Umgang mit den Novemberpogromen sind vergleichbar mit dem Umgang des Reichsjustizministeriums bei der justizmäßigen Behandlung der im Rahmen der Euthanasie begangenen Tötungen; denn auf der Euthanasietagung[400] erklärte Schlegelberger zunächst, dass es einen offiziellen Führererlass[401] zur Durchführung des Euthanasieprogramms gäbe und daher keine Bedenken mehr gegen die praktische Durchführung der Tötungen gegeben seien[402], ehe er die Behördenleiter dazu anwies, die Tötungsaktionen von einer gerichtlichen Kontrolle fernzuhalten. Die anwesenden Generalstaatsanwälte wurden dazu aufgefordert, nicht mehr am Legalitätsprinzip festzuhalten. Bei eingehenden Tötungsanzeigen musste der Vorgang unbearbeitet, d.h. ohne die Einleitung

---

wurde die Tagung mit den Oberlandesgerichtspräsidenten fortgesetzt. Für diese Tagung ist die Anwesenheitsliste überliefert. Teilgenommen haben die folgenden Oberlandesgerichtspräsidenten bzw. deren Vertreter: Schneider (Hamm), Springmann (Celle), Götsch (Rostock), Hüttner (Dresden), Stadelmann (Frankfurt/M.), Delitzsch (Kassel), Scriba (Darmstadt), Küstner (Stuttgart), Becker (Jena), Kulenkamp (Stettin), Siegel (Zweibrücken), Castner (München), Stammler (Bamberg), Döbig (Nürnberg), v. Garßen (Celle), Bergmann (Köln), Döring (Braunschweig), Meldt (Graz), Stritzl (Innsbruck), Rothenberger (Hamburg), v. Steinaecker (Breslau), Schwister (Düsseldorf), Martin (Kiel), Sattelmacher (Naumburg), Szelinski (Marienwerder), Draeger (Königsberg), Reinle (Karlsruhe), Högl (Oldenburg), Hölscher (Berlin) sowie Schober (Wien). Ferner Klauer vom Reichspatentamt und Jonas vom Reichsgericht, Anwesenheitsliste der Zusammenkunft vom 27. Februar 1939, BArch R 3001/24158, fol. 2.

400 Ausführlich dazu C. III. 4. c) ee).

401 Schlegelberger hat zu seiner Entlastung später auf den Führererlass verwiesen und dadurch versucht jegliche Bedenken auszuräumen. Ob der Führererlass nach der damals geltenden Rechtslage eine taugliche Rechtsgrundlage sein konnte, wird unterschiedlich beurteilt. Während Kramer dies unter Hinweis auf die mangelnde Veröffentlichung im Reichsgesetzblatt verneint, geht Burkhardt davon aus, dass auch unveröffentlichte Rechtsetzungsakte Hitlers, dem alleinigen Gesetzgeber, taugliche Rechtsgrundlagen waren, *Kramer*, „Gerichtstag halten über uns selbst." S. 81 (94); *Burkhardt*, S. 443 ff. Überzeugend ist die von Arndt gestellte Frage, ob der Führer alles gekonnt hätte, nur nicht das Reichsgesetzblatt abschaffen, *Arndt*, NJW 1960, S. 1140 (1141); vgl. zur Rechtswidrigkeit der Euthanasieaktion auch *Benzler*, KJ 1988, S. 137 (137 ff.); vgl. zu den Rechtfertigungsmustern der NS-Euthanasie insbesondere *Kaminsky*, S. 235 (235 ff.).

402 Aussage Bracks im Nürnberger Ärzteprozess, abgedruckt bei *Gruchmann*, Euthanasie und Justiz im Dritten Reich, VfZ 1972, S. 235 (274).

vorheriger Ermittlungen, an das Reichsjustizministerium weitergegeben werden. Diese Vorgehensweise sollten die Generalstaatsanwälte an die ihnen unterstellten Staatsanwälte weitergeben, die ebenfalls von jeglichen Ermittlungen absehen sollten. Auch die Oberlandesgerichtspräsidenten sollten die Landgerichtspräsidenten über das Euthanasieprogramm und den Befehl Hitlers unterrichten.[403]

Eine weniger bekannte, in ihrer Wirkung aber identische, Anweisung zur Nichtbeachtung des Legalitätsprinzips erließ Thierack auf einer Arbeitstagung vom 10./11. Februar 1943. Dem Wunsch des Führers entsprechend, über schwere Erkrankungen von Persönlichkeiten des Staates, der Partei, Wirtschaft und Wehrmacht informiert zu werden, wies er die Ärzte zur Durchbrechung der Schweigepflicht und die Staatsanwälte zur Verfahrenseinstellung an, wenn gegen eine der von der Entbindung der Schweigepflicht betroffene Person ein Strafantrag gestellt werden sollte.[404]

Auch auf einer von Schlegelberger geleiteten Tagung der Generalstaatsanwälte vom 28./29. Oktober 1941 war die Erteilung von Weisungen Gegenstand der Zusammenkunft. So erneuerte Schlegelberger auf der Besprechung die Befugnis der Generalstaatsanwälte umfassend von Strafmaßanweisungen, mit denen Einfluss auf den konkreten Einzelfall genommen werden konnte, Gebrauch zu machen, stellte diese allerdings für die Zukunft unter den Vorbehalt, dass der Bericht des in der Sache tätigen Staatsanwalts zutreffend sei und sich in der Hauptverhandlung keine neuen Änderungen hinsichtlich der Sachlage ergäben.[405]

bb) Die Erörterung und Einführung der Vor- und Nachschauen und Richterbriefe

Zur Lenkung der Strafrechtsprechung führte das Reichsjustizministerium zudem die Vor- und Nachschauen sowie die Richterbriefe ein, die auf den Tagungen erörtert wurden. So z.B. auf der Arbeitstagung vom 31. März 1942.[406]

---

403 *Kramer*, Oberlandesgerichtspräsidenten und Generalstaatsanwälte als Gehilfen der NS-„Euthanasie“, KJ 1984, S. 24 (30).

404 Vgl. Niederschrift über die Arbeitstagung des Reichsjustizministers mit den Chefpräsidenten und Generalstaatsanwälten vom 10./11. Februar 1943, BArch R 3001/24200, fol. 233 ff.

405 So Freisler auf einer Arbeitstagung der Generalstaatsanwälte vom 28./29. Oktober 1941, Aufzeichnungen des Jenaer Generalstaatsanwalts Wurmstich, abgedruckt bei *Schubert*, Das Reichsjustizministerium und die höheren Justizbehörden in der NS-Zeit (1933–1945), S. 214.

406 Siehe dazu auch C. IV. 2. c).

Die Zusammenkunft wurde von dem nach wie vor das Reichsjustizministerium kommissarisch leitenden Schlegelberger mit einigen Worten zur angespannten Situation der Justiz und ihrem Ansehensverlust, der vor allem durch die außergerichtliche Behandlung von Strafsachen und die nachträgliche Korrektur von Urteilen durch die Gestapo hervorgerufen worden sei, eröffnet. Im Verlauf der Besprechung machte Schlegelberger anhand einiger Beispiele darauf aufmerksam, dass nach wie vor zu häufig fehlerhafte bzw. zu milde Urteile gesprochen würden. Sodann appellierte er an die Teilnehmer, diesen Zustand umgehend zu ändern.[407] Danach ergriff Freisler das Wort, um auf die Methoden der Lenkung näher einzugehen. Gleich zu Beginn seines Vortrags stellte er, so eindeutig wie auf keiner Tagung zuvor, klar: „[...] so ist schon wegen dieser Schwierigkeit des heutigen Entwicklungsstandes der deutschen Rechtspflege eine Steuerung Ihrer Arbeit aufs dringendste erforderlich, und diese Steuerung vorzunehmen, und zwar mit Zielsicherheit und Festigkeit, ist daher der erste Appell meines heutigen Vortrags." Im weiteren Verlauf wurde Freisler in Bezug auf einzelne Lenkungsmaßnahmen deutlicher und bemerkte: „Ich kann mir eigentlich gar nicht vorstellen, daß es einen Bezirk geben könnte, in dem nicht etwa wöchentlich einmal der Chefpräsident und der Generalstaatsanwalt vielleicht einmal bei dem einen, das andere Mal bei dem anderen zusammenkommen, um eine Vorschau der demnächst anstehenden wichtigen Strafsachen und eine Nachschau der in der letzten Woche entschiedenen wichtigsten Strafsachen kameradschaftlich in einer Besprechung untereinander zu halten. In einer Reihe Bezirken ist mir bekannt, daß das geschieht, und ich glaube, es wäre von großem Vorteil und sollte eine Selbstverständlichkeit sein, daß das in allen Bezirken geschieht."[408] Dabei müsse „[...] die Steuerung der Strafrechtspflege besonders in zweierlei Richtung Obacht geben. Erstens: Strafwürdiges darf nicht aus sogenannten juristischen Gründen unbestraft bleiben, und zweitens: Stets muß das richtige Strafmaß gefunden werden. Juristische Gründe, die Strafwürdiges als nicht strafbar erklären, zeigen durch dieses Ergebnis, dass sie keine juristischen Gründe sind."[409] Vielmehr sollten sich die Behördenleiter an dem Willen der zentralen Führung orientieren und diesen Willen durchsetzen.[410] In jedem Bezirk sollte schließlich eine Person dafür verantwortlich sein,

407 Protokoll der Tagung „Rechtspflege im Krieg" vom 31. März 1942, BArch R 3001/24162, fol. 1 ff.

408 Ebenda, fol. 11.

409 Ebenda, fol. 17.

410 Ebenda, fol. 16.

die Rechtsprechung vor Ort zu kontrollieren. Ferner sollten die Ergebnisse der Überwachung und Steuerung dem Reichsjustizministerium alle zwei Wochen mitgeteilt werden.[411] Seine Ausführungen auf der Zusammenkunft sind ein Beleg dafür, dass die von Rothenberger im Oberlandesgerichtsbezirk Hamburg entwickelten Lenkungsbesprechungen[412], gegen dessen Einführung sich Gürtner noch ausgesprochen hatte, weil er eine direkte Justizlenkung ablehnte[413], zunehmend eine Option zur Behebung der „Justizkrise“ und der uneinheitlichen Rechtsprechung wurden. Sechs Wochen später wurde die Lenkung der Rechtspflege durch Vor- und Nachschauen erneut mit den Behördenleitern erörtert. Hierzu wurden die Oberlandesgerichtspräsidenten am 5. Mai 1942 und die Generalstaatsanwälte am 6. Mai 1942 zu einer Zusammenkunft nach Berlin eingeladen. Da die bisherige Lenkung ihr Ziel nicht erreicht habe, wurden die Oberlandesgerichtspräsidenten dazu angewiesen, in ihren Bezirken durch die Landgerichtspräsidenten wöchentliche Besprechungen mit den Richtern durchzuführen. Gegenstand der vor, während und nach der Verhandlung durchzuführenden Lenkungsbesprechungen sollten Sachen von allgemeiner politischer Bedeutung oder Fälle sein, die im Einzelfall politische Bedeutung aufwiesen. Weitere Informationen zu den Besprechungen gab es nicht.[414]

Freisler betonte zudem, wohlwissend um die endgültige Aufhebung der richterlichen Unabhängigkeit, dass die Lenkung der Rechtspflege bestimmt und taktvoll erfolgen müsse, von jetzt an allerdings ohne Bedenken erfolgen könne, weil mit dem Reichstagsbeschluss Hitlers vom 26. April 1942[415] eine sichere und eindeutige Grundlage für die Lenkung der Rechtsprechung, die mit den Vor- und Nachschauen jetzt erstmals systematisch erfolgen könne, vorhanden sei.[416]

---

411 Ebenda, fol. 54; siehe zur juristischen Aufarbeitung dieser Tagung D. II. 1.

412 Siehe dazu C. IV. 2. a).

413 Siehe dazu C. IV. 2. b).

414 Mangels Überlieferung einer Niederschrift musste auf die Niederschrift einer Dienstbesprechung in Berlin unter der Leitung des Berliner Kammergerichtspräsidenten Hölscher zurückgegriffen werden, die Ausführungen zu der Tagung vom 5. Mai 1942 enthält, BArch R 3001/22744, fol. 77 f.

415 In dem Reichstagsbeschluss vom 26. April 1942 wurde Hitler zum obersten Gerichtsherr mit der Befugnis ernannt, jeden Richter ohne die Beachtung von Verfahrens- und Formvorschriften jederzeit zu entlassen, *von Grunewaldt*, S. 235; vgl. hierzu auch *Gruchmann*, „Generalangriff gegen die Justiz?“, VfZ 2003, S. 509 (509 ff.).

416 Mitschrift des Oberlandesgerichtspräsidenten aus Jena über die Arbeitstagung der Oberlandesgerichtspräsidenten vom 5. Mai 1942 und der Generalstaatsanwälte vom 6. Mai 1942, abgedruckt bei *Schubert*, Das Reichsjustizministerium und die höheren Justizbehörden in der NS-Zeit (1933–1945), S. 285 ff.

Auf die Durchführung der Lenkung durch Vor- und Nachschauen durch die Oberlandesgerichtspräsidenten wies das Reichsjustizministerium die Generalstaatsanwälte auf der Tagung vom 30. Juni/1. Juli 1942 nochmals ausdrücklich hin, da die Besprechungen in den einzelnen Bezirken bis dahin nur unzureichend durchgeführt worden seien. Auch formulierte Freisler das Ziel dieser Form der Rechtsprechungslenkung eindeutig: Es ging darum, die Strafen zu erhöhen.[417] Auf der Zusammenkunft vom 22. September 1942[418], die lediglich der Vorbereitung der eine Woche später stattfindenden Tagung vom 29. September 1942 diente, wurde der eingeschlagene Weg der Justizsteuerung konsequent fortgeführt. Sie fand unter der Leitung des neuen Staatssekretärs Rothenberger statt.[419] Bei der Vorbesprechung wurde das System der Vor- und Nachschauen erörtert. Eine verbindliche Anordnung zur Durchführung der Lenkungsbesprechungen erging am 22. September 1942 nicht. Am 29. September 1942[420] fand schließlich die bereits erwähnte Besprechung der Chefpräsidenten und Generalstaatsanwälte statt, auf der schwerpunktmäßig die Lenkung der Rechtsprechung erörtert wurde.[421] Über die einzelnen Lenkungsmaßnahmen referierte Staatssekretär Rothenberger.[422] Dies bot sich an, hatte er doch schon eine Woche zuvor vor einem eingeschränkten Teilnehmerkreis über die technische Steuerung der Strafrechtspflege gesprochen. In die Verantwortung nahm er die Oberlandesgerichtspräsidenten, die sich fortan laufend über alle wichtigen Prozesse unterrichten lassen und alle 14 Tage mit den Landgerichtspräsidenten zum persönlichen Austausch zusammen kommen sollten. Konkretere Angaben

417 Vgl. hierzu die Aufzeichnungen des Jenaer Generalstaatsanwalts Wurmstich über die Arbeitstagung der Generalstaatsanwälte vom 30. Juni./1. Juli 1942, abgedruckt bei *Schubert*, Das Reichsjustizministerium und die höheren Justizbehörden in der NS-Zeit (1933–1945), S. 299 ff.

418 Diese Vorbesprechung diente lediglich der Vorbereitung der Tagung vom 29. September 1942. Sie wird an dieser Stelle nur der Vollständigkeit halber erwähnt und bei der Untersuchung der Entstehungsgeschichte der Vor- und Nachschauen detaillierter untersucht, siehe dazu C. IV. 2. g).

419 Rothenberger wurde am 20. August 1942 zum Staatssekretär und Thierack zum Reichsjustizminister ernannt, *Werle*, S. 207.

420 Diese Tagung wird bei der Untersuchung der Entstehungsgeschichte der Vor- und Nachschauen detaillierter untersucht, siehe dazu C. IV. 2. g).

421 Besprechungspunkte für die Besprechung vom 29. September 1942, BArch R 3001/24199, fol. 4 ff.

422 Niederschrift über die Arbeitstagung des Reichsjustizministers mit den Chefpräsidenten und Generalstaatsanwälten vom 29. September 1942, BArch R 3001/ 24199, fol. 68 ff.

machte Rothenberger nicht, sondern er kündigte für die nächsten Tage den Erlass einer Verfügung an[423], die am 13. Oktober 1942 erging.[424] Auch nach dem Erlass der verbindlichen Anordnung wurden die vom Reichsjustizministerium ausgerichteten Chefbesprechungen gezielt dazu eingesetzt, die für die Steuerung verantwortlichen Behördenleiter zur Durchführung der Vor- und Nachschauen anzuhalten. So z.B. auf der Tagung vom 19./20. Oktober 1943. Dort betonte Thierack, dass der Schwerpunkt der Lenkung, die im Übrigen stets in der richtigen Form durchgeführt werden müsse, auf der Durchführung der Vor- und Nachschauen liege. Ferner ging Thierack auf die praktische Auswirkung der Richterbriefe[425] ein. Sie hätten sich vollständig durchgesetzt. Er forderte die Behördenleiter dazu auf, auch weiterhin ausreichend Material zur Erstellung der Richterbriefe einzusenden und diese auch zu kritisieren, vermutlich um die Qualität der Briefe insgesamt zu steigern.[426] Trotz der Aufforderung Thieracks zur Einsendung tauglicher Entscheidungen für die Richterbriefe, verbesserte sich die Situation anscheinend nicht; denn im Februar 1944 nutzte Landgerichtsrat Schmid-Leichner die Gelegenheit auf der Tagung der Behördenleiter vom 3./4. Februar 1944 in Weimar dazu, die Teilnehmer zur Zusendung von Materialien für die Richterbriefe und Rechtsanwaltsbriefe bezüglich der Verordnung zum Schutz von Ehe, Familie und Mutterschaft vom 9. März 1943[427]

---

423 Niederschrift über die Arbeitstagung des Reichsjustizministers mit den Chefpräsidenten und Generalstaatsanwälten vom 29. September 1942, BArch R 3001/24199, fol. 57.

424 Die Rundverfügung ordnete die Durchführung der Vor- und Nachschauen verbindlich an. Sie enthielt einen nicht abschließenden Katalog mit Straf- und auch Zivilsachen, bei denen eine Vorbesprechung stattfinden sollte. Die Verfügung wurde von Staatssekretär Rothenberger in Vertretung des Reichsjustizministers Thierack erlassen, Rundverfügung des Reichsministers der Justiz vom 13. Oktober 1942, BArch R 3001/22732, fol. 230 ff; siehe dazu insbesondere auch C. IV. 1. b).

425 Siehe hierzu Fn. 289.

426 Mitschrift des Jenaer Generalstaatsanwalts Wurmstich über die Arbeitstagung der Oberlandesgerichtspräsidenten und Generalstaatsanwälte vom 19./20. Oktober 1943, abgedruckt bei *Schubert*, Das Reichsjustizministerium und die höheren Justizbehörden in der NS-Zeit (1933–1945), S. 480 f.; von der Besprechung wurde ein kurzer Bericht in der Deutschen Justiz veröffentlicht, (Bericht über die) Zweite diesjährige Arbeitstagung der Chefpräsidenten und Generalstaatsanwälte, DJ 1943, S. 499 (499 f.).

427 Verordnung zum Schutz von Ehe, Familie und Mutterschaft vom 9. März 1943, RGBl. I 1943, S. 140.

anzuhalten[428], die der Aufforderung Thieracks offenbar nicht nachgekommen waren.

d) Die („gerichtliche“) Sicherungsverwahrung[429]

Vor allem in den Jahren 1938 und 1939 wurde auf den Zusammenkünften der Behördenleiter verstärkt die gerichtliche Sicherungsverwahrung erörtert. Grund für das Bedürfnis des Ministeriums mit den Behördenleitern diesbezüglich in Kontakt zu treten, waren anhaltende Kompetenzstreitigkeiten mit der Polizei, die die „gerichtliche“ Sicherungsverwahrung bei Delikten nach dem Gewohnheitsverbrechergesetz für nicht ausreichend hielt. Diese war mit dem Gesetz gegen gefährliche Gewohnheitsverbrecher und über Maßregeln der Sicherung und Besserung vom 24. November 1933 u.a. eingeführt worden. § 42e sah vor, dass das Gericht bei einer Verurteilung des Angeklagten als Gewohnheitsverbrecher neben der Strafe zusätzlich Sicherungsverwahrung anordnen musste, wenn es das öffentliche Interesse erforderte.[430] Die Einführung der Sicherungsverwahrung wurde mit dem Sicherheitsbedürfnis der Allgemeinheit begründet. Da allein eine Zeitstrafe nicht für ausreichend erachte wurde, um dem Sicherheitsbedürfnis umfassend Rechnung zu tragen, sollte mit der Sicherungsverwahrung eine neue Möglichkeit geschaffen werden, gefährliche Gewohnheitsverbrecher auch nach dem Ablauf einer Freiheitsstrafe zu verwahren.[431]

Für die Einstufung eines Täters als Gewohnheitsverbrecher war § 20a maßgeblich. Dieser lautete wie folgt:

---

428 Niederschrift über die Arbeitstagung der Chefpräsidenten und Generalstaatsanwälte vom 3./4. Februar 1944, abgedruckt bei *Schubert*, Das Reichsjustizministerium und die höheren Justizbehörden in der NS-Zeit (1933–1945), S. 520; von der Besprechung wurde ein kurzer Bericht in der Deutschen Justiz veröffentlicht, (Bericht über die) Arbeitstagung der Oberlandesgerichtspräsidenten und Generalstaatsanwälte, DJ 1944, S. 64 (64).

429 Die gerichtliche Sicherungsverwahrung wurde auf den folgenden Tagungen erörtert: 11./12. November 1936, 14. November 1936, 7./8. März 1938, 23. Januar 1939, 27. Februar 1939, 29. September 1942 (Erörterung auf Nachfrage eines Teilnehmers).

430 § 42e lautete: „Wird jemand nach § 20a als ein gefährlicher Gewohnheitsverbrecher verurteilt, so ordnet das Gericht neben der Strafe die Sicherungsverwahrung an, wenn die öffentliche Sicherheit es erfordert.“; § 42e Gesetz gegen gefährliche Gewohnheitsverbrecher und über Maßregeln der Sicherung und Besserung, RGBl. I 1933, S. 996.

431 So *Kasseckert*, S. 76.

„Hat jemand, der schon zweimal rechtskräftig verurteilt worden ist, durch eine neue vorsätzliche Tat eine Freiheitsstrafe verwirkt und ergibt die Gesamtwürdigung der Taten, daß er ein gefährlicher Gewohnheitsverbrecher ist, so ist, soweit die neue Tat nicht mit schwererer Strafe bedroht ist, auf Zuchthaus bis zu fünf Jahren und, wenn die neue Tat auch ohne diese Strafschärfung ein Verbrechen wäre, auf Zuchthaus bis zu fünfzehn Jahren zu erkennen. Die Strafschärfung setzt voraus, daß die beiden früheren Verurteilungen wegen eines Verbrechens oder vorsätzlichen Vergehens ergangen sind und in jeder von ihnen auf Todesstrafe, Zuchthaus oder Gefängnis von mindestens sechs Monaten erkannt worden ist."[432]

Eine Definition enthielt das Gesetz nicht. In der früheren Rechtsprechung und der Gesetzesbegründung wurde der „Hang zum Verbrechen" als Charakteristikum des Gewohnheitsverbrechers angeführt[433], wobei auch die Berufsverbrecher zu den Gewohnheitsverbrechern gezählt wurden.[434] Zeitgenössisch wurde die Einführung der Sicherungsverwahrung begrüßt. Während die Strafe dazu diene, die Schuld zu bewerten, solle mit der Sicherungsverwahrung die (Volks)-gemeinschaft geschützt werden. Dies entspreche der nationalsozialistischen Weltanschauung, bei der die Gemeinschaft im Vordergrund stehe.[435] Die Sicherungsverwahrung bringe „einen besonders wirksamen Schutz gegen die gefährlichen Verbrecher [...]".[436]

Die Polizei ging in der Folge nunmehr verstärkt dazu über polizeiliche Vorbeugungshaft[437] zu verhängen und versuchte damit gerichtliche Entscheidungen zur unbefristeten Sicherungsverwahrung zu korrigieren[438], wodurch eine Konkurrenzsituation von Polizei und Justiz geschaffen wurde.[439]

---

432 § 20a Gesetz gegen gefährliche Gewohnheitsverbrecher und über Maßregeln der Sicherung und Besserung, RGBl. I 1933, S. 995.

433 *Karmrodt*, S. 12

434 So *Werle*, S. 90.

435 So *Rietzsch*, DJ 1938, S. 178 (184).

436 *Schwarz*, DJZ 1934, Sp. 43 (46).

437 Die polizeiliche Vorbeugungshaft diente der vorbeugenden Bekämpfung von Verbrechen und sollte im Unterschied zur Schutzhaft keine politischen Gesichtspunkte zum Gegenstand haben, *Werle*, S. 499.

438 *Gruchmann*, Justiz im Dritten Reich, S. 719; das Konkurrenzverhältnis von gerichtlicher und polizeilicher Sicherungsverwahrung wird ausführlich untersucht bei *Werle*, S. 509 ff.

439 Diese Konkurrenzsituation von der präventiv tätig werdenden Polizei und der zur Ahndung bereits begangener Verbrechen zuständigen Justiz ergab sich vorliegend, weil die Gerichte bei Straftaten in den Gewohnheitsverbrecherfällen auch über die Sicherungsfrage zu entscheiden hatten. Die Sicherungsfrage war in einem solchen Fall in strafrechtliche und strafprozessuale Formen eingebettet, so *Werle*, S. 508.

Eingeleitet wurde diese Entwicklung am 13. November 1933 durch einen Erlass des Preußischen Innenministers, der die Verhängung von vorbeugender Polizeihaft gegen Berufsverbrecher regelte und als Rechtsgrundlage § 1 der Verordnung zum Schutz von Volk und Staat vom 28. Februar 1933[440] nannte[441], obwohl die Verordnung nur gegen vom Kommunismus ausgehende Gefahren gerichtet war. Durch extensive Auslegung wurde die Präambel aber nunmehr so verstanden, dass sie alle, die Sicherheit des Staates gefährdenden Personen, erfasse.[442] Durch Erlass vom 10. Februar 1934 wurde die Vorbeugungshaft auf weitere Delikte, wie z.B. Scheck- oder Wechselfälle, ausgedehnt.[443] Analog zur Schutzhaft schloss der Erlass ferner jegliche rechtliche Überprüfung der Maßnahmen aus. Die einzige Möglichkeit zur Nachprüfung war die Einlegung einer Dienstaufsichtsbeschwerde.[444] In der Folge wurden die Ermächtigungen der Polizei stetig ausgebaut. Höhepunkt dieser Entwicklung war ein unveröffentlichter Erlass Himmlers vom 14. Dezember 1937[445], der es der Polizei erlaubte, jeden wiederholt straffällig gewordenen Gewohnheitsverbrecher zu verhaften, sofern damit zu rechnen war, dass dieser auch zukünftig Straftaten beginge.[446]

Im Reichsjustizministerium sowie bei den Staatsanwälten[447] und Richtern wurde die von der Polizei betriebene vorbeugende Verbrechensbekämpfung kritisch gesehen. Versuche des Ministeriums diese Praxis auf Reichsebene gesetzlich zu regeln scheiterten allerdings.[448] Nachdem der Versuch, die vorbeugende

---

440 Verordnung des Reichspräsidenten zum Schutz von Volk und Staat vom 28. Februar 1933, RGBl. I 1933, S. 83.

441 *Werle*, S. 489 f.; der Erlass ist abgedruckt in BArch R 3001/21469, fol. 6 ff.

442 *Parey*, KM 10 1936, S. 55 (55 f.)

443 *Gruchmann*, Justiz im Dritten Reich, S. 721; der Erlass ist abgedruckt in BArch R 3001/21469, fol. 9 ff.

444 *Gruchmann*, Justiz im Dritten Reich, S. 721.

445 Der Erlass befindet sich im Anhang des Schreibens des Reichsministers der Justiz vom 11. März 1938, BArch R 3001/21469, fol. 45 ff.; er ist ebenso enthalten in BArch R 58/473, fol. 46 ff.

446 *Willing*, S. 172; *Hensle*, Die Verrechtlichung des Terrors. S. 76 (85); *Gruchmann*, Justiz im Dritten Reich, S. 725.

447 Vgl. z.B. Schreiben des Oberstaatsanwalts Wuppertal an den Reichsjustizminister und den Generalstaatsanwalt in Düsseldorf vom 22. April 1938, BArch R 3001/21469, fol. 49.; der Düsseldorfer Generalstaatsanwalt war dagegen der Auffassung, dass die Frage ob und in welchen Fällen Vorbeugungshaft zu veranlassen war in den Kompetenzbereich der Polizei falle und sich daher jede Mitwirkung der Staatsanwaltschaft verbiete, BArch R 3001/21469, fol. 51 f.

448 *Gruchmann*, Justiz im Dritten Reich, S. 723.

Verbrechensbekämpfung mit einem gesetzlichen Rahmen zu versehen gescheitet war, versprach sich das Reichsjustizministerium vor allem von einer verstärkten Anwendung der gerichtlichen Sicherungsverwahrung die unbefriedigende und mit einem Ansehensverlust der Justiz verbundene Situation endlich unter Kontrolle bringen zu können. Ausgangspunkt hierfür war eine Tagung der Generalstaatsanwälte vom 7./8. März 1938. Die Protagonisten waren Freisler und Crohne. Zunächst wies Freisler auf die sinkenden Zahlen bei der Verhängung der Sicherungsverwahrung hin und gab anschließend Erklärungsversuche für diese Tendenz. Von den Generalstaatsanwälten verlangte er in Zukunft die Sicherungsverwahrung „[...] soviel als möglich zu beantragen und gut zu begründen." Crohne pflichtete dem Staatssekretär bei und verlangte ebenfalls in allen geeigneten Fällen fortan den Antrag auf Sicherungsverwahrung zu stellen.[449] Sodann erörterte Ministerialdirektor Schäfer Fragen der Gesetzesanwendung und der rechtspolitischen Entwicklung ehe Ministerialdirigent Marx Stellung zu Fragen des Vollzugs der Sicherungsverwahrung nahm.[450]"

Tatsächlich wurden im Jahr 1939 mehr als doppelt so viele Personen zu Sicherungsverwahrung verurteilt als noch 1937. Es gibt allerdings begründete Zweifel, dass hierfür allein die Anweisungen des Ministeriums auf der Tagung ursächlich waren. Denn bereits ein Jahr nach dem Erlass des Gewohnheitsverbrechergesetzes im Jahr 1933 wurden mehr als doppelt so viele Personen zu Sicherungsverwahrung verurteilt als 1939. Da die Richter somit schon kurz nach der nationalsozialistischen Machtergreifung harte Strafen gegen Gewohnheitsverbrecher ausgesprochen haben, ohne dass es Interventionen seitens des Ministeriums gab, bleiben Zweifel, ob die Tagung ursächlich für die Steigerung war.[451] Daher ist nicht davon auszugehen, dass die Sicherungsverwahrung gegen die eigene Überzeugung verhängt oder verlängert wurde, um den Interventionen der Polizei vorzubeugen.

Auch die in der Folge weiter unternommenen Versuche, gesetzliche Regelungen aufzustellen, scheiterten, weil die Polizei die volle Rückendeckung Hitlers genoss.[452] Dies führte in letzter Konsequenz dazu, dass noch während

---

449 Ebenda, S. 727; Aufzeichnungen des Oberlandesgerichts Hamburg von der Arbeitstagung der Generalstaatsanwälte vom 7./8. März 1938, abgedruckt bei *Schubert*, Das Reichsjustizministerium und die höheren Justizbehörden in der NS-Zeit (1933–1945), S. 80 f.

450 Arbeitsplan der Tagung der Generalstaatsanwälte vom 7./8. März 1938, BArch 3001/24277, fol. 219 f.

451 So *Wachsmann*, S. 174 f.

452 *Gruchmann*, S. 738.

des Zweiten Weltkrieges gerichtliche Entscheidungen durch die Polizei korrigiert wurden und die Sicherungsverwahrung unter Thierack letztlich sogar praktisch bedeutungslos wurde.[453] In den folgenden Tagungen kam die Sicherungsverwahrung daher fast überhaupt nicht mehr zur Sprache. Einzig auf der Tagung vom 29. September 1942 erkundigte sich Generalstaatsanwalt Jung noch nach dem Umgang mit Sicherungsverwahrten, die zu Beginn des Krieges eigentlich aus der Sicherungsverwahrung entlassen werden sollten, wozu es aber wegen der neuen Grundsätze während des Krieges[454] nicht mehr kam.[455] Die praktische Bedeutungslosigkeit der gerichtlichen Sicherungsverwahrung, spiegelte sich im Verlauf der Tagungen somit wieder.

e) Hochverratssachen[456]

Eine der Grundlagen für die effektive Bekämpfung Oppositioneller waren von Beginn an die strafrechtlichen Bestimmungen[457] über den Hochverrat.[458] Die noch aus dem Kaiserreich stammenden Normen wurden unmittelbar nach der nationalsozialistischen Machtergreifung vor allem modifiziert und mit höheren Strafandrohungen versehen.[459] Die Verschärfungen führten in letzter Konsequenz dazu, dass jede politische Auflehnung gegen das System unter Strafe gestellt war.[460] Erst- und letztinstanzlich zuständig für die Aburteilung von Hochverratssachen war zunächst das Reichsgericht[461], ehe die Zuständigkeiten

453 Ebenda, S. 740 ff.

454 Grund hierfür könnte gewesen sein, dass von den 1942 insgesamt 6716 männlichen Sicherungsverwahrten 6384 kriegswichtige Arbeit leisteten, davon 3595 unmittelbar für die Wehrmacht, vgl. Führerinformation des Reichsministers der Justiz Nr. 41/1942, BArch R 3001/24089, fol. 54; siehe zu den Führerinformationen C. IV. 2. d) sowie Fn. 768.

455 Niederschrift über die Arbeitstagung des Reichsjustizministers mit den Chefpräsidenten und den Generalstaatsanwälten vom 29. September 1942, BArch R 3001/24199, fol. 125.

456 Die Hochverratssachen wurden auf den folgenden Tagungen erörtert: 3. April 1935, 23. September 1935, 29. November 1935, 11./12. November 1936, 7./8. März 1938.

457 Siehe zu den einzelnen Bestimmungen des Hochverrats insbesondere *Werle*, S. 112 ff.

458 *Zarusky/Mehringer*, S. 15; „Hochverrat im strafrechtlichen Sinn bedeutete von jeher die revolutionäre Staatsumwälzung mit dem Mittel der Gewalt, dem das Gesetz vom 24. April 1934 […] als weiteres Tatmittel die Drohung mit Gewalt anfügte“, *Wagner*, Der Volksgerichtshof, S. 85 f.

459 *Werle*, S. 108 ff.

460 Ebenda, S. 114.

461 *Zarusky/Mehringer*, S. 19, 29.

auf den mit Gesetz vom 24. April 1934 eingerichteten Volksgerichtshof[462] übergegangen sind, dessen Mitglieder Hitler auf Vorschlag des Reichsjustizministers Gürtner für die Dauer von fünf Jahren ernannte.[463] Dadurch sicherte sich Hitler entscheidenden Einfluss bei der Besetzung der Richterstellen.

Die zur Ausschaltung politischer Gegner und für die Etablierung des nationalsozialistischen Systems wichtigen Hochverratsbestimmungen wurden häufiger zum Inhalt von Arbeitstagungen gemacht. Während die Hochverratssachen auf den Tagungen am 3. April 1935[464] sowie am 23. September 1935 noch neben diversen anderen Themenkomplexen, wie z.B. der Handhabung des Heimtückegesetzes, erörtert wurden[465], diente die Zusammenkunft vom 11./12. November 1936 einzig der Erörterung von Hochverratssachen. Die Tagung wurde daher auch als „Besprechung über die Behandlung von Hochverratssachen" betitelt.[466] Bei der sehr gut besuchten[467] Besprechung waren neben den Oberlandesgerichtspräsidenten und Generalstaatsanwälten ebenso die Mitglieder des für die Aburteilung von Hochverratssachen zuständigen Volksgerichtshofes[468] eingeladen. Mitursächlich für die Erörterung der Hochverratssachen war die Rechtsprechung des Berliner Kammergerichts.[469] Unmittelbar vor der Tagung haben dessen zuständige Strafsenate Mitglieder der Kommunistischen Partei Deutschlands zu Strafen verurteilt, die dem Reichsjustizministerium zu milde waren.[470] Aus diesem Grund wurden am ersten Tagungstag schwerpunktmäßig

---

462 Siehe dazu Fn. 365.

463 Art. III § 2 Gesetz zur Änderung von Vorschriften des Strafrechts und des Strafverfahrens vom 24. April 1934, RGBl. I 1934, S. 345; wegen der Überlastung des Volksgerichtshofes konnten an bestimmte Gerichte Verfahren abgegeben werden, so *Wagner*, Der Volksgerichtshof, S. 62.

464 Vgl. hierzu die Mitschrift des Naumburger Generalstaatsanwalts über die Arbeitstagung der Staatssekretäre des Reichsjustizministeriums mit den Generalstaatsanwälten vom 3. April 1935, BArch R 3001/20953, fol. 95 ff.

465 Zusammenfassung der Besprechung mit den Oberreichsanwälten und den Generalstaatsanwälten vom 23. September 1935, BArch R 3001/24277, fol. 128 ff.

466 Die ist die erste der insgesamt sechs Tagungen, die *Weichbrodt* im Hinblick auf die Rolle und Funktion des Berliner Kammergerichts untersucht, *Weichbrodt,* S. 219 ff.

467 In die Anwesenheitsliste für den 12. November 1936 haben sich insgesamt 45 Personen eingetragen, BArch R 3001/25004, fol. 227 f.

468 Siehe dazu Fn. 365.

469 Das Berliner Oberlandesgericht wird seit einem Erlass vom 1. September 1879 als Kammergericht bezeichnet, *Weichbrodt,* S. 25.

470 Siehe hierzu die Auflistung der Urteile in BArch R 3001/25004, fol. 4. Siehe zur Vorbereitung dieser Tagung C. III. 4. c) aa).

Hochverratssachen erörtert. Um die Teilnehmer für die Hochverratsbekämpfung zu sensibilisieren, hielten die eigens eingeladenen Mitglieder der Gestapo Vorträge, die sich z.B. mit der sozialdemokratischen oder kommunistischen Bewegung oder der Behandlung von Kommunisten im polizeilichen Ermittlungsverfahren befassten.[471] Zum erklärten Ziel der Hochverratsbekämpfung wurde sodann die Fällung harter Urteile ausgerufen, die sofort vollstreckt werden sollten. Zudem sollte im Ermittlungsverfahren eine enge Zusammenarbeit und eine „laufende gegenseitige Unterrichtung über neueste Erfahrungen aus Aufbau, Verfolgung und Rechtsprechung" in Form von regelmäßigen Aussprachen im zweimonatigen Turnus mit der Gestapo stattfinden[472], was die Anwesenheit der Gestapomitglieder auf der Tagung erklärt.

Durch die avisierte engere Zusammenarbeit mit der Gestapo wurde deren Position weiter gestärkt.[473] In der Folge versuchte sie zudem, ihre Position weiter zu verfestigen und auszubauen. So wurden nur etwas mehr als drei Monate nach der Tagung die Staatsanwaltschaften durch einen Erlass des Justiziars der Gestapo vom 18. Februar 1937 dazu angewiesen, in politischen Strafsachen jedes Ermittlungsersuchen über die Gestapo zu leiten und zudem über alle eingegangenen Strafanzeigen in politischen Angelegenheiten zu berichten.[474] Der Erlass ist ein weiterer sichtbarer Ausdruck für den Aufstieg der Gestapo in den ersten vier Jahren der nationalsozialistischen Herrschaft, die mit der Zeit immer mehr Kompetenzen in Strafverfahren verlangte und mitunter nach einem Freispruch oder der Entlassung aus der Untersuchungshaft Schutzhaft[475] verhängte.[476] Und auch schon vor dem Erlass ergingen zahlreiche Maßnahmen,

---

471 Tagesordnungspunkte der Besprechung über die Behandlung von Hochverratssachen vom 11./12. November 1936, BArch R 3001/25004, fol. 26.

472 Allgemeine Fragen zu den Hochverratsangelegenheiten, BArch R 3001/25004, fol. 150.

473 Bereits in den Richtlinien zum Strafverfahren wurde eine Berichtspflicht zugunsten der Gestapo festgelegt. Die Staatsanwaltschaften mussten die Gestapo unterrichten, wenn z.B. ein Ausländer oder eine Person, die dem Staat feindlich gegenüberstand, aus der Untersuchungshaft entlassen wurde, *Heuer*, S. 116.

474 *Heuer*, S. 116; siehe hierzu auch BArch R 3001/20706, fol. 120.

475 Die Schutzhaft hatte ihre Grundlage ebenfalls in der Reichstagsbrandverordnung. Bei der Schutzhaft handelte es sich um eine vorbeugende freiheitsentziehende Maßnahme, für deren Anordnung zunächst die Politische Polizei und ab 1938 das Geheime Staatspolizeiamt, die Zentrale der Gestapo, zuständig war. Auch die Anordnung zur Verhängung von Schutzhaft war gerichtlich nicht überprüfbar, *Werle*, S. 533, 536.

476 *Weichbrodt*, S. 223.

die zu einem Machtzuwachs der Gestapo führten.[477] Schließlich mussten die Justizbehörden dem Geheimen Staatspolizeiamt bereits seit der Rundverfügung vom 21. Mai 1935 Anklageschrift und Urteil in Hoch- und Landesverratssachen übersenden.[478]

Abhilfe gegen die Korrektur von Gerichtsurteilen durch die Gestapo konnte aus Sicht des Reichsjustizministeriums nur durch schärfere Urteile erreicht werden.[479] Eine dahingehende Änderung der Rechtsprechung des Berliner Kammergerichts, die Auslöser der Tagung war und vom Ministerium als zu milde empfunden wurde, fand allerdings nicht statt, obwohl Gürtner im Anschluss an die Tagung entsprechende „Richtlinien zur Rechtsprechung in Hochverratssachen" erlassen hat, die zu einer einheitlichen und schärferen Rechtsprechung führen sollten.[480] Die Tagung war insgesamt somit nur bedingt erfolgreich, weil sie den zu milden Umgang des Berliner Kammergerichts mit den Mitgliedern der Kommunistischen Partei Deutschlands nicht verhindern konnte. U.a. auch deshalb machte die Gestapo in der Folge weiter Gebrauch von der Schutzhaft.[481] Eine Praxis, die unter den Juristen mitunter kritisch gesehen wurde. So beschwerte sich im Februar 1942 z.B. der Berliner Generalstaatsanwalt beim Reichsjustizministerium über die Verhängung von Schutzhaft gegenüber zwei zur Bewährung Verurteilten. Die fernmündliche Kontaktaufnahme mit der Berliner Kriminalpolizeileitstelle sei ohne Erfolg gewesen. Es sei lediglich zugesagt worden, die „[…] Bewilligung eines Gnadenerweises zugunsten der beiden Schutzhäftlinge zu werten."[482] Zu diesem Zeitpunkt hatte sich das Reichsjustizministerium allerdings schon mit der Praxis der Gestapo abgefunden. Nur bei rein repressivem Tätigkeitwerden der Gestapo, wenn z.B. Schutzhaft allein wegen der Vorstrafen verhängt wurde, fühlte sie sich übergangen. Die einfache Begründung, dass präventive Zwecke ausschlaggebend wären, reichte allerdings schon aus, um die Justizbehörden, die das präventive Tätigwerden der Gestapo anerkannten, von der Verhängung der Schutzhaft zu überzeugen.[483]

---

477 Siehe dazu C. III. 3. d).

478 BArch R 3001/21143, fol. 277.

479 So *Majer*, S. 659 f.

480 So *Weichbrodt*, S. 321; die Richtlinien sind abgedruckt in der Anlage zur Verfügung des Reichsanwalts bei dem Volksgerichtshof vom 21. November 1936, BArch R 3016/96, fol. 1 ff.

481 Siehe für den Oberlandesgerichtsbezirk Karlsruhe *Schiller*, S. 434.

482 *Weichbrodt*, S. 224; Schreiben des Generalstaatsanwalts beim Berliner Kammergericht an das Reichsjustizministerium vom 27. Februar 1942, BArch R 3001/21467, fol. 436.

483 *Werle*, S. 573.

f) Das Gesetz gegen heimtückische Angriffe auf Staat und Partei und zum Schutz der Parteiuniformen („Heimtückegesetz")

Auf insgesamt sieben, sich auf den gesamten Untersuchungszeitraum erstreckenden Tagungen, wurden das Heimtückegesetz betreffende Fragen erörtert.[484] Das am 20. Dezember 1934 erlassene Gesetz löste die am 21. März 1933 erlassene Verordnung des Reichspräsidenten zur Abwehr heimtückischer Angriffe gegen die Regierung der nationalen Erhebung[485] ab und sollte zur Bekämpfung der sogenannten „Greuelnachrichten" dienen.[486] Durch die Einfügung des § 1 Abs. 3, der die Strafverfolgung bei Taten, die sich ausschließlich gegen die NSDAP oder ihre Gliederungen richteten, von der Zustimmung des Stellvertreters des Führers oder einer von ihm bestimmten Stelle abhängig machte[487], sicherte sich die Partei erheblichen Einfluss bei der Strafverfolgung. Bagatellstraftaten und Fälle, die dem Ansehen der NSDAP nichts nützten, konnten dadurch von der Strafverfolgung ausgenommen werden. Zur Durchsetzung dieses Zustimmungsvorbehalts mussten die Staatsanwaltschaften in den relevanten Fällen an das Reichsjustizministerium berichten, das schließlich den Kontakt mit der Partei aufnahm.[488] Zuständig für die Aburteilung von Strafverfahren nach dem Heimtückegesetz waren die Sondergerichte[489]; denn „einem autoritären, anti-liberalen Strafrecht, das in der Tatbestandsfassung neue Wege geht, entspricht ein autoritärer, „kurzer" Prozess mit Staatsfeinden und Regimegegnern."[490] Für die Angeklagten zog die Zuständigkeit der

---

484 Das Heimtückegesetz betreffende Fragen wurden auf den folgenden Tagungen erörtert: 3. April 1935, 23. September 1935, 7./8. März 1938, 28./29. Oktober 1941, 19./20. Oktober 1943, 3./4. Februar 1944, 23./24. August 1944.

485 Verordnung des Reichspräsidenten zur Abwehr heimtückischer Angriffe gegen die Regierung der nationalen Erhebung vom 21. März 1933, RGBl. I 1933, S. 135.

486 *Schmitz-Berning*, S. 301 f.; Artikel 1 § 1 Abs. 1 lautete: „Wer vorsätzlich eine unwahre oder gröblich entstellte Behauptung tatsächlicher Art aufstellt oder verbreitet, die geeignet ist, das Wohl des Reichs oder das Ansehen der Reichsregierung oder das der Nationalsozialistischen Deutschen Arbeiterpartei oder ihrer Gliederungen schwer zu schädigen, wird, soweit nicht in anderen Vorschriften eine schwerere Strafe angedroht ist, mit Gefängnis bis zu zwei Jahren und, wenn er die Behauptung öffentlich aufstellt oder verbreitet, mit Gefängnis nicht unter drei Monaten bestraft."

487 Art. 1 § 1 Abs. 3 des Gesetzes gegen heimtückische Angriffe auf Staat und Partei und zum Schutz der Parteiuniformen, RGBl. I 1934, S. 1269.

488 *Werle*, S. 137 f.

489 Verordnung der Reichsregierung über die Bildung von Sondergerichten vom 21. März 1933, RGBl. I 1933, S. 136.

490 *Rüping*, Sondergerichte im Dritten Reich, S. 115 (124).

Sondergerichte erhebliche Nachteile verfahrensrechtlicher Art nach sich, weil in sondergerichtlichen Verfahren u.a. die gerichtliche Voruntersuchung sowie die Einlegung von Rechtsmitteln ausgeschlossen und der Umfang der Beweisaufnahme beschränkt war.[491]

Die Behördenleitertagungen dienten vor allem dazu, Einzelfragen bei der praktischen Handhabung des Heimtückegesetzes zu erörtern, z.B. aus dem Bereich der Beweiserhebung[492] oder das Konkurrenzverhältnis zu Delikten aus dem RStGB betreffend.[493] Nach dem Beginn des Zweiten Weltkriegs wurden die Tagungen dagegen vornehmlich dazu genutzt, auf eine harte Rechtsprechung bei Heimtückesachen hinzuwirken, auch wenn die Zahl der Heimtückeverfahren, die zuvor die Praxis der Sondergerichte dominierten, mit dem Kriegsbeginn zu Gunsten der Kriegswirtschaftsstrafsachen abgenommen hatte.[494] So hat Ministerialdirigent Westphal auf der Besprechung mit den Generalstaatsanwälten vom 28./29. Oktober 1941 z.B. dazu aufgefordert, in Heimtückesachen stets zu prüfen, ob nicht ein Fall von § 4 der Volksschädlingsverordnung[495] vorliege, um dadurch das Kriegsstrafrecht als Strafverschärfung auszunutzen.[496] Dagegen wurden im Umgang mit § 5 der Kriegssonderstrafrechtsverordnung[497], die in Vorbereitung auf den Zweiten Weltkrieg erlassen wurde[498],

---

491 §§ 11, 13 und 16 Abs. 1 Verordnung der Reichsregierung über die Bildung von Sondergerichten vom 21. März 1933, RGBl. I 1933, S. 137.

492 Zusammenfassung der Besprechung mit den Oberreichsanwälten und den Generalstaatsanwälten vom 23. September 1935, BArch R 3001/24277, fol. 131 ff.

493 Aufzeichnungen des Oberlandesgerichts Hamburg von der Arbeitstagung des Reichsjustizministers mit den Generalstaatsanwälten vom 7./8. März 1938, abgedruckt bei *Schubert*, Das Reichsjustizministerium und die höheren Justizbehörden in der NS-Zeit (1933–1945), S. 86.

494 *Rüping*, Sondergerichte im Dritten Reich, S. 115 (128).

495 § 4 der Verordnung gegen Volksschädlinge vom 5. September 1939, RGBl. I 1939, S. 1679, lautete: „Wer vorsätzlich unter Ausnutzung der durch den Kriegszustand verursachten außergewöhnlichen Verhältnisse eine sonstige Straftat begeht, wird unter Überschreitung des regelmäßigen Strafrahmens mit Zuchthaus bis zu 15 Jahren, mit lebenslangem Zuchthaus oder mit dem Tode bestraft, wenn dies das gesunde Volksempfinden wegen der besonderen Verwerflichkeit der Straftat erfordert."

496 Aufzeichnungen des Jenaer Generalstaatsanwalts Wurmstich von der Arbeitstagung des kommissarischen Reichsjustizministers mit den Generalstaatsanwälten vom 28./29. Oktober 1941, abgedruckt bei *Schubert*, Das Reichsjustizministerium und die höheren Justizbehörden in der NS-Zeit (1933–1945), S. 15.

497 Verordnung über das Sonderstrafrecht im Kriege und bei besonderem Einsatz vom 17. August 1938, RGBl. I 1939, S. 1455.

498 Hierzu ausführlich *Wagner*, Der Volksgerichtshof, S. 283 f.

Abgrenzungsschwierigkeiten zu § 2 Abs. 1 des Heimtückegesetzes festgestellt. Demnach weiche das von den Sondergerichten und gewissen Strafsenaten bei den Oberlandesgerichten verhängte Strafmaß bisweilen von den Urteilen des Volksgerichtshofes ab.[499] Nachdem Oberstaatsanwalt Franke, Leiter des seit August 1943 im Reichsjustizministerium bestehenden Sonderdezernates, zur Überwachung der Wehkraftzersetzungs- und Heimtückesachen einige Beispielsurteile zur Verdeutlichung aufführte, wurde die Erörterung in einem der nächsten Richterbriefe angekündigt, um durch Richtlinien der uneinheitlichen Rechtsprechung entgegenzuwirken.[500] Gegen Ende des Krieges fiel auch das Heimtückegesetz den kriegsbedingten Einschränkungen zum Opfer. Auf der Tagung vom 23./24. August 1944 wurde daher der Wegfall der Verfahrensvoraussetzungen in Heimtückesachen verkündet.[501]

g) Sonstige Themen mit Bezug zur Strafjustiz

aa) Die Auswirkungen des Zweiten Weltkrieges auf die Justiz[502]

Der Beginn des Zweiten Weltkrieges führte zu zahlreichen Veränderungen im Justizsektor, die auf vielen Behördenleitertagungen, erstmalig am 23./24. April 1941, erörtert wurden. Zwar diente die Besprechung hauptsächlich dazu, die Teilnehmer über das Euthanasieprogramm zu informieren und ihnen den justizmäßigen Umgang mit den Tötungsaktionen mitzuteilen. Die Auswirkungen des Krieges auf die Justiz wurden jedoch ebenso erläutert, was wohl daran gelegen hat, dass seit der letzten Zusammenkunft über zwei Jahre vergangen waren und auch der Krieg schon über 19 Monate andauerte. Im Verlaufe des Krieges nahmen die Einschränkungen stetig zu. So erhöhte sich wegen

---

499 Detailinformationen zu einigen Tagesordnungspunkten der Behördenleitertagung vom 3./4.Februar 1944, abgedruckt bei *Schubert*, Das Reichsjustizministerium und die höheren Justizbehörden in der NS-Zeit (1933–1945), S. 532.

500 Referate der Sachbearbeiter gehalten auf der Tagung vom 3./4. Februar 1944, abgedruckt bei *Schubert*, Das Reichsjustizministerium und die höheren Justizbehörden in der NS-Zeit (1933–1945), S. 525.

501 Niederschrift des Jenaer Generalstaatsanwalts Wurmstich von der Arbeitstagung vom 23.–25. August 1944 mit den Chefpräsidenten und den Generalstaatsanwälten, abgedruckt bei *Schubert*, Das Reichsjustizministerium und die höheren Justizbehörden in der NS-Zeit (1933–1945), S. 593.

502 Die Auswirkungen des Zweiten Weltkrieges auf den Justizsektor wurden auf den folgenden Tagungen erörtert: 23./24. April 1941, 28./29. Oktober 1941, 16. Dezember 1941, 31. März 1942, 5. Mai 1942, 30. Juni/1. Juli 1942, 10./11. Februar 1943, 19./20. Oktober 1943, 3./4. Februar 1944, 23.–25. Mai 1944, 23./24. August 1944.

zahlreicher Einberufungen zu Kriegseinsätzen die Personalnot an den Gerichten, weshalb die Behördenleiter u.a. zur Kräfteeinsparung bei der Besetzung der Strafgerichte aufgefordert wurden.[503] Auch die feindlichen Luftangriffe erschwerten die Aufrechterhaltung des Justizbetriebes. So wurden Prüfungen der Studenten teilweise durch feindliche Angriffe gestört und Bibliotheken geschlossen.[504] Ferner kam es zu Schäden an Gerichtsgebäuden.[505]

bb) Strafvollzug[506]

Ein thematischer Schwerpunkt wurde in vielen Tagungen auch auf den Strafvollzug gelegt.

Während am Anfang vor allem den Strafvollzug betreffende Einzelfragen, wie z.B. die Unterbringung von Sicherungsverwahrten in den Strafvollzugsanstalten[507], die Ausbildung von Referendaren im Strafvollzug[508] oder der Erfolg des Strafvollzugs bei Bibelforschern erörtert wurden[509], dominierte ab 1938 das Thema „Arbeitseinsatz im Strafvollzug".[510] Hintergrund war der gegen Ende

---

503 Protokoll der Tagung „Rechtspflege im Krieg" vom 31. März 1942, BArch R 3001/24162, fol. 65 ff.

504 Vortragspunkte der Abt. II zur Besprechung vom 23.–25. Mai 1944, BArch R 3001/24514, fol. 8 ff.

505 Niederschrift des Jenaer Generalstaatsanwalts Wurmstich von der Arbeitstagung vom 23.–25. Mai 1944 mit den Chefpräsidenten und den Generalstaatsanwälten auf der Reichsburg Kochem, abgedruckt bei *Schubert*, Das Reichsjustizministerium und die höheren Justizbehörden in der NS-Zeit (1933–1945), S. 548.

506 Den Strafvollzug betreffende Fragen wurden auf den folgenden Tagungen erörtert: 20. März 1934, 5./6. April 1934, 25. Juni 1934, 23. September 1935, 14. November 1936, 18. Juni 1937, 7./8. März 1938, 23. Januar 1939, 23./24. April 1941, 30. Juni/1. Juli 1942, 10./11. Februar 1943, 19./20. Oktober 1943, 23.–25. Mai 1944, 23./24. August 1944.

507 Niederschrift der Arbeitstagung der Generalstaatsanwälte vom 14. November 1936, BArch R 3001/21263, fol. 36 ff.

508 Niederschrift der Arbeitstagung der Generalstaatsanwälte vom 14. November 1936, BArch R 3001/21263, fol. 36 ff.

509 Niederschrift über die Arbeitstagung der Oberlandesgerichtspräsidenten und Generalstaatsanwälte vom 18. Juni 1937, BArch R 3001/24277, fol. 149 ff.

510 Vgl. nur das Referat des Präsidenten der Reichsanstalt Syrup über die Bedeutung und Aufgaben des Arbeitseinsatzes der Gefangenen, insbesondere im Rahmen des Vierjahresplanes, gehalten auf der Tagung vom 7./8. März 1938, BArch R 3001/24277, fol. 219 f. oder den Bericht des Oberstaatsanwalts Nörr aus München über den Erfolg des Strafvollzugs am wirtschaftlichen Aufschwung, Niederschrift des Münchener Generalstaatsanwalts Leimer von der Arbeitstagung der Generalstaatsanwälte vom

der dreißiger Jahre eingetretene Fachkräftemangel. Die Personalengpässe wurden durch den Einsatz der Gefangenen überbrückt, die als billige Arbeitskräfte in großer Zahl zur Verfügung standen und während des Zweiten Weltkrieges vor allem im Bereich der Rüstungsindustrie eingesetzt wurden.[511] Im weiteren Verlauf des Krieges wurde die Produktion von Kriegsgütern in den Vollzugsanstalten zur obersten Priorität.[512] „Der Strafvollzug sollte so seinen Beitrag zum deutschen Sieg leisten und außerdem die NS-Führung vom Wert der Gefängnisarbeit überzeugen."[513] Da viele Gefängnisinsassen zunehmend an Privatunternehmen entliehen wurden, erhöhten sich außerdem die Einnahmen der Strafanstalten. Über diese positive Entwicklung wurde Hitler, der die Justiz in den Vorjahren zum Teil heftig kritisiert hatte, im November 1944 persönlich in Kenntnis gesetzt. Demnach hätten sich die Einnahmen der Strafanstalten von 1940–1943 fast verdreifacht.[514] Insgesamt wurden die Haftbedingungen, u.a. durch den unermüdlichen Arbeitseinsatz der Häftlinge nach 1933, somit deutlich verschlechtert. Dies ist auf eine geänderte Philosophie vom Strafvollzug zurückzuführen. Während dieser vor der nationalsozialistischen Machtergreifung noch von dem Gedanken der Besserung getragen war, dominierten nunmehr die Prinzipien der Vergeltung und Abschreckung, was zu einer Beendigung aller vorherigen Bestrebungen bezüglich einer humanen Ausgestaltung des Strafvollzuges führte.[515] So wurde aus damaliger Perspektive das im Urteil verhängte Strafmaß letztlich erst im Strafvollzug relevant, sodass dieser dem Gesetz und Urteil erst Leben einhauchen würde. Hieran wird deutlich, dass

23. Januar 1939, abgedruckt bei *Schubert*, Das Reichsjustizministerium und die höheren Justizbehörden in der NS-Zeit (1933–1945), S. 101. Weitere Erörterungen fanden statt auf der Tagung vom 23./24. April 1941, BArch R 3001/20245, fol. 170 ff., auf der Tagung vom 30. Juni/1. Juli 1942, Niederschrift des Jenaer Generalstaatsanwalts Wurmstich von der Arbeitstagung der Generalstaatsanwälte vom 30. Juni/1. Juli 1942, abgedruckt bei *Schubert*, Das Reichsjustizministerium und die höheren Justizbehörden in der NS-Zeit (1933–1945), S. 312, sowie auf der Tagung vom 23.–25. Mai 1944, Niederschrift des Jenaer Generalstaatsanwalts Wurmstich von der Arbeitstagung der Generalstaatsanwälte und Oberlandesgerichtspräsidenten vom 23.–25. Mai 1944, abgedruckt bei *Schubert*, Das Reichsjustizministerium und die höheren Justizbehörden in der NS-Zeit (1933–1945), S. 557.

511 *Wachsmann*, S. 239.

512 Ebenda, S. 241.

513 Ebenda, S. 239.

514 Ebenda, S. 248 f.

515 *Barisch*, S. 95; siehe zu den nationalsozialistischen Leitmotiven des neuen Strafvollzugs auch *Thiesen*, S. 26 ff.

auch der Zweck der Strafe vornehmlich in der Sühne und Vergeltung gesehen worden ist.[516]

4. Vor- und Nachbereitung sowie Ablauf der Behördenleitertagungen

a) Zuständigkeit und allgemeine Vorbereitung

Die Organisation und die inhaltliche Ausgestaltung der Tagungen oblagen den Abteilungen des Reichsjustizministeriums.[517] Jede Abteilung hatte die Möglichkeit, Themen für eine bevorstehende Besprechung anzumelden.[518] Auch der Justizminister hatte Einfluss auf die Themenauswahl und die Gestaltung der Besprechungen insgesamt. So versprach sich z.B. Thierack von den Tagungen auf der Reichsburg Kochem[519] neben einer Steigerung der sachlichen Qualität der Behördenleiter u.a. eine Verbesserung des Zusammengehörigkeitsgefühls.[520] Ausgehend von diesen Zielen wurde die Gestaltung der Lehrgänge in Kochem auf den Abteilungsleiterbesprechungen im Ministerium erörtert und die Anweisung Thieracks für die Ausgestaltung der Zusammenkünfte auf der Reichsburg zugrunde gelegt. Zur Stärkung des Kameradschaftsgefühls sollten daher außer Vorträgen bedeutender politischer Persönlichkeiten auch

516 *Thiesen*, S. 2.

517 Zum Aufbau des Reichsjustizministeriums und den verschiedenen Abteilungen siehe B. III. 2.

518 Vgl. zum Beispiel die Themenvorschläge der Abteilung VI für die Besprechung mit den Oberlandesgerichtspräsidenten und Generalstaatsanwälten am 6./7. Oktober 1943. 1.: Erlaß einer Verordnung zur Ergänzung der Verordnung auf dem Gebiete des bürgerlichen Streitverfahrens, der Zwangsvollstreckung, des Konkurses und des bürgerlichen Rechts vom 1. September 1939, 2. Reichen nach den bisherigen Erfahrungen mit der Kriegsmaßnahmeverordnung die bestehenden Bestimmungen auch im Falle weiterer verstärkter Einziehungen aus? 3. Sind besondere Schutzvorschriften für Angehörige der Heimatflak und andere zu kurzfristigem Wehrdienst Einberufene erforderlich? 4. Sind Mißstände aufgetreten, wenn als beauftragte Richter oder Staatsanwälte beschäftigten Rechtsanwälten gestattet worden ist, ihre Anwaltspraxis weiterzubetreiben? 5. Genügt der Erlaß vom 30. Juli 1943 – 3851 – VI b 2 1388- über die Sicherung der Grundbücher sowie der gerichtlich verwahrten letztwilligen Verfügungen gegen Luftgefahr den praktischen Anforderungen? BArch R 3001/24278, fol. 76 f.

519 Siehe dazu C. III. 2.

520 So Thierack in einer Abteilungsleiterbesprechung vom 25. Januar 1944, BArch R 3001/24688, fol. 4.

freiwilliger Frühsport und eine künstlerische Ausgestaltung angeboten werden.[521] Die Anweisungen des Ministers wurden entweder von vornherein in den Abteilungsleiterbesprechungen erörtert oder zunächst an die Abteilungsleiter weitergeleitet, die entsprechende Materialien zusammengestellt haben[522] und sie dem Minister bei der nächsten Abteilungsleiterbesprechung vorlegen mussten.[523] Dort wurden die einzelnen Themenvorschläge aus den Abteilungen diskutiert und die Organisation der Tagungen erörtert.[524]

In den Abteilungsleiterbesprechungen, die unter Thierack ab Januar 1944 zweimal monatlich stattfanden[525], wurden die Leitlinien für die anstehenden Besprechungen festgelegt. Dabei hat vor allem Thierack erheblichen Einfluss auf die inhaltliche Ausgestaltung der Tagungen genommen. Zwar hat er den verschiedenen Abteilungen die Möglichkeit eröffnet, geeignete Themenvorschläge einzureichen, nannte in diesem Zusammenhang aber stets Themen, die er selbst für geeignet hielt.[526] Dies waren aus seiner Sicht vor allem Angelegenheiten, die wegen ihrer Bedeutung und Vertraulichkeit nicht zur schriftlichen Bekanntgabe geeignet waren.[527]

---

521 Niederschrift über die Abteilungsleiterbesprechung vom 25. Januar 1944, BArch R 3001/24688, fol. 4 f.

522 In den einzelnen Abteilungen waren die Unterabteilungsleiter und Referenten mit der Ausarbeitung von Themenvorschlägen betraut, vgl. Schreiben des Leiters der Abteilung VI im Reichsjustizministerium an die Unterabteilungsleiter und Referenten der Abteilung VI zur Vorbereitung der nächsten Chefpräsidententagung auf der Reichsburg Kochem vom 17. Juni 1944, BArch R 3001/24279, fol. 3.

523 Schreiben vom 3. August 1944, BArch R 3001/24163, fol. 255, Schreiben vom 2. Mai 1944, BArch R 3001/20247, fol. 161.

524 Vgl. z.B. die Niederschrift der Abteilungsleiterbesprechung vom 25. Januar 1944, BArch R 3001/24688, fol. 4 ff.

525 Dies ergibt sich aus der Niederschrift der Abteilungsleiterbesprechung vom 6. Januar 1944, BArch R 3001/24688, fol. 1.

526 Niederschrift der Abteilungsleiterbesprechung vom 4. April 1944, BArch R 3001/24688, fol. 15 f. In der Besprechung wünschte sich Thierack vor allem Erörterungen zu den Auswirkungen der Luftangriffe auf die Justizverwaltung. Dem Wunsch des Ministers wurde entsprochen. Auf der anstehenden Behördenleitertagung wurde der vom Minister gewünschte Themenbereich erörtert, vgl. hierzu die Besprechungspunkte der Cheftagung in der Zeit vom 23. bis 25. Mai 1944 auf der Reichsburg Kochem, BArch R 3001/24514, fol. 16.

527 Vermerk vom 26. Juni 1944, BArch R 3001/24688, fol. 19.

b) Allgemeine Nachbereitung

Im Anschluss an die Tagungen begann das Reichsjustizministerium damit, die Besprechungen nachzubereiten. Hierzu wurde zunächst eine Niederschrift der Zusammenkunft angefertigt, die den Teilnehmern zur Verfügung gestellt wurde. Dies erleichterte die Weitergabe der Tagungsergebnisse an die übrigen Richter und Staatsanwälte in den einzelnen Oberlandesgerichtsbezirken.[528] Über die praktische Umsetzung der Anweisungen in den Oberlandesgerichtsbezirken gab es oft freiwillige Rückmeldungen von den Teilnehmern.[529] Des Öfteren wurden sie jedoch auch dazu angewiesen, über die Erfahrungen der praktischen Umsetzung in ihren Bezirken Auskunft zu geben. So wurden die Behördenleiter z.B. mit Schreiben vom 10. Mai 1942 dazu angewiesen, über die im Anschluss an die Tagung vom 6. Mai 1942 getroffenen Maßnahmen, die in ihren Bezirken zur ständigen Unterrichtung und straffen Steuerung der Strafrechtspflege ergangen sind, Auskunft zu geben.[530] Intern ließ sich Freisler von den Referenten des Ministeriums zudem mitteilen, welche Anregungen nach den Tagungen bereits umgesetzt wurden, noch umgesetzt werden sollen oder wo eine Umsetzung nicht angedacht war.[531] Ferner wurden die auf den Tagungen besprochenen Themen von den zuständigen Abteilungen ausgewertet.[532] Auch an einer Verbesserung des Ablaufs war das Reichsjustizministerium interessiert, da die Teilnehmer nach den Besprechungen vom Reichsjustizministerium teilweise dazu aufgefordert wurden, einen kritischen Bericht

---

528 Mitschrift einer Abteilungsleiterbesprechung im Reichsjustizministerium vom 21. Februar 1944, BArch R 3001/24513, fol. 42; diese Praxis war von Beginn an üblich, vgl. nur das Schreiben Crohnes vom 25. Oktober 1935, dem die Niederschrift der wesentlichen Ergebnisse der Besprechung vom 23. September 1935 angehängt war, BArch R 3001/20298, fol. 148.

529 Vgl. z.B. das Schreiben des Breslauer Generalstaatsanwalts vom 4. Januar 1936 bezüglich der Verhängung zu niedriger Strafen gegen Großbetrüger im Oberlandesgerichtsbezirk Breslau. Die zu milde Rechtsprechungspraxis wurde zuvor auf der Tagung der Generalstaatsanwälte und Oberstaatsanwälte vom 29. November 1935 erörtert, Schreiben des Breslauer Generalstaatsanwalts an den Reichsminister der Justiz vom 4. Januar 1936, BArch R 3001/20931, fol. 84 ff.

530 Schreiben des Reichsjustizministers vom 10. Mai 1942, BArch R 3001/22744, fol. 61.

531 Siehe hierzu den Vermerk Joppichs vom 24. Mai 1939, BArch R 3001/21263, fol. 30.

532 Vgl. hierzu z.B. die Mitteilung an den Vizepräsidenten der Abteilung I (Personal) Letz vom 15. Februar 1943 über die Auswertung der Chefpräsidentenbesprechung vom 10. Februar 1943, BArch R 3001/20246, fol. 324.

über den Ablauf der Besprechung einzusenden.[533] Diese Rückmeldungen wurden vom Ministerium auch vereinzelt zum Anlass für die Gestaltung künftiger Besprechungen genommen. So z.B. im Hinblick auf die häufig kritisierte Überfrachtung des Tagungsprogramms mit Einzelfragen. Zur Straffung der Tagesordnung entschied Thierack daher, die Einzelfragen zukünftig durch den Informationsdienst[534] behandeln zu lassen.[535]

c) Beispiele

aa) Die unbefriedigende Rechtsprechung zum Hochverrat als Ausgangspunkt für die Besprechung über die Behandlung von Hochverratssachen vom 11./12. November 1936

Zum Gegenstand der Tagung im November 1936 wurden die Hochverratssachen gemacht. Die Bestimmungen über den Hochverrat, die seit dem Erlass des Reichsstrafgesetzbuches 1871 unverändert geblieben sind, standen unmittelbar nach der Machtergreifung im besonderen Fokus der nationalsozialistischen Führung. Um politische Handlungsspielräume und Betätigungsfelder der Meinungsfreiheit von Regimegegnern einzuschränken, wurde eine strafrechtliche Sanktionierung für erforderlich erachtet. Gestützt auf das Notverordnungsrecht gem. Art. 48 Abs. 2 WRV wurden daher im Februar und März 1933 zunächst vier präsidiale Notverordnungen erlassen[536], die inhaltlich einen

533 Vgl. z.B. Schreiben des Generalstaatsanwalts aus Jena an den Reichsjustizminister vom 30. Mai 1944 über eine Cheftagung auf der Reichsburg Kochem vom 23.–25. Mai 1944, BArch R 3001/24163, fol. 186 f.

534 Der im Juni 1944 eingerichtete Informationsdienst des Reichsministers der Justiz diente der Lückenschließung im Berichtswesen. Die den Chefpräsidenten, Oberreichsanwälten und Generalstaatsanwälten als Geheimsache übersandten Beiträge sollten die Empfänger laufend über Angelegenheiten unterrichten, die für ihre Führungsaufgabe und die Beurteilung der Lage von Bedeutung sein konnten, vgl. hierzu Folge 1 des Informationsdienstes des Reichsministers der Justiz aus dem Juni 1944, BArch R 3001/24003, fol. 1.

535 Dies ergibt sich aus einem Schreiben des Leiters der Abteilung VI an die Unterabteilungsleiter und Referenten der Abteilung VI vom 10. August 1944, BArch R 3001/24280, fol. 3.

536 Verordnung zum Schutz des deutschen Volkes vom 4. Februar 1933, RGBl. I 1933, S. 35; Verordnung des Reichspräsidenten zum Schutz von Volk und Staat vom 28. Februar 1933, RGBl. I 1933, S. 83; Verordnung gegen den Verrat am Deutschen Volke und hochverräterische Umtriebe vom 28. Februar 1933, RGBl. I 1933, S. 85; Verordnung des Reichspräsidenten zur Abwehr heimtückischer Angriffe gegen die Regierung der nationalen Erhebung vom 21. März 1933, RGBl. I 1933, S. 135.

Schwerpunkt auf den Schutz des Staates, dessen Organe sowie der nationalsozialistischen Bewegung insgesamt legten.[537] Umfassend Gebrauch gemacht wurde dabei vor allem von dem generalklauselartig ausgestaltetem § 2 der Verordnung des Reichspräsidenten zum Schutz von Volk und Staat, der wie folgt lautete:

„Werden in einem Lande die zur Wiederherstellung der öffentlichen Sicherheit und Ordnung nötigen Maßnahmen nicht getroffen, so kann die Reichsregierung insoweit die Befugnisse der obersten Landesbehörde vorübergehend wahrnehmen."[538]

Die Norm eignete sich auf Grund ihrer auslegungsbedürftigen Tatbestandsmerkmale bestens, um staatsfeindliche Betätigungen umfassend zu bekämpfen, was in der Folge auch geschah. So wurden unter dem Tatbestandsmerkmal „Ordnung" schon bald die nationalsozialistische Volksordnung und ihre Wertvorstellungen verstanden.[539] Und obwohl in der Präambel ein Vorgehen auf kommunistische staatsgefährdende Akte begrenzt war[540], gingen SS und Gestapo in der Folge gegen sämtliche Oppositionelle vor und nahmen diese ohne gerichtliche Kontrolle zur präventiven Verbrechensbekämpfung in politische Schutzhaft.[541]

Erstinstanzlich zuständig für die Aburteilung von Hochverratssachen war bis 1934 das Reichsgericht[542], ehe die erst- und letztinstanzliche Zuständigkeit durch das Gesetz zur Änderung von Vorschriften des Strafrechts und Strafverfahrens vom 24. April 1934 auf den Volksgerichtshof überging[543], der am 1. August 1934 seine Tätigkeit aufnahm[544] und dessen Richter von Hitler persönlich ernannt wurden.[545] Materiell-rechtlich fand mit dem Gesetz bei einer Vielzahl von Tatbeständen eine Gleichstellung von Versuch und Vollendung statt. Zudem ersetzten die Todes- und Zuchthausstrafe die Festungshaft, die

537 *Stampf*, S. 102.

538 § 2 Verordnung des Reichspräsidenten zum Schutz von Volk und Staat vom 28. Februar 1933, RGBl. I 1933, S. 83.

539 *Stampf*, S. 108.

540 Vgl. Präambel der Verordnung des Reichspräsidenten zum Schutz von Volk und Staat vom 28. Februar 1933, RGBl. I 1933, S. 83.

541 *Stampf*, S. 105 ff.

542 *Stampf*, S. 170.

543 Art. III § 1 Abs. 1 Gesetz zur Änderung von Vorschriften des Strafrechts und Strafverfahrens vom 24. April 1934, RGBl. I 1934, S. 345.

544 *Lauf*, S. 17.

545 *Kasseckert*, S. 142.

zuvor vielfach verwendet wurde.[546] Zeitgenössisch wurde vor allem die Abkehr von der Festungshaft als zwingend notwendig erachtet, denn der Hochverrat wäre „salonfähig" geworden, was u.a. an der Verhängung von Festungshaft, einer Ehrenstrafe, zum Ausdruck kommen würde.[547]Letztlich sei es dem Nationalsozialismus zu verdanken, dass der Hochverrat wieder als Volksverrat gekennzeichnet werde.[548]

Von den gerichtlichen Verfahren im Bereich des Hochverrats hatte das Reichsjustizministerium schon vor Einführung von Berichtspflichten einen Überblick, wie ein interner Vermerk vom 13. November 1934 beweist. Darin heißt es, dass der Umgang der Gerichte mit Hochverratssachen und der KPD zu milde sei. Die von den Gerichten verhängten Strafen seien viel zu niedrig, obwohl das Strafgesetzbuch neugefasst und die Strafen verschärft worden seien.[549] Der Gestapo gefiel der Umgang mit Regimegegnern ebenfalls nicht. So heißt es in einem Bericht[550] der Düsseldorfer Staatspolizeistelle vom 8. Dezember 1934, der dem Reichsjustizministerium durch das Geheime Staatspolizeiamt mit Schreiben vom 18. Dezember 1934 vorgelegt worden war, dass der milde Umgang der Gerichte mit KPD Mitgliedern kritisch gesehen werde. So hätten die Vorführungsrichter in Düsseldorf, Wuppertal und Oberhausen die eines Verbrechens überführten Kommunisten entlassen, weil es am dringenden Tatverdacht fehle. Auf Nachfrage durch den Mitarbeiter der Staatspolizeistelle habe einer der Richter argumentiert, dass keine Verdunkelungsgefahr gegeben sei, weil die Beschuldigten geständig gewesen seien. Dabei habe der Richter außer Acht gelassen, dass bei den begangenen Verbrechen die Verdunkelungsgefahr gesetzlich begründet sei.[551] Nur etwas mehr als zwei Wochen

---

546 So *Kasseckert*, S. 80, Gesetz zur Änderung von Vorschriften des Strafrechts und Strafverfahrens vom 24. April 1934, RGBl. I 1934, S. 341 ff.

547 *Freisler*, Volksverrat, in: *Volkmar/Küchenhoff/Elster*, S. 813 (814).

548 So *Nagler*, S. 78 (92).

549 Interner Bericht vom 13. November 1934, BArch R 3001/20953, fol. 32.

550 Die Gestapo hat dem Reichsjustizministerium alle zwei Monate einen geheimen Bericht über die Lage des Kampfes gegen die KPD zukommen lassen, so Crohne auf der Arbeitstagung der Generalstaatsanwälte vom 3. April 1935, Aufzeichnungen des Hammer Generalstaatsanwalts über die Arbeitstagung der Generalstaatsanwälte vom 3. April 1935, abgedruckt bei *Schubert*, Das Reichsjustizministerium und die höheren Justizbehörden in der NS-Zeit (1933–1945), S. 6.

551 Schreiben des Geheimen Staatspolizeiamtes Berlin an das Reichsjustizministerium vom 18. Dezember 1934 sowie Abschrift des Berichtes der Staatspolizeistelle für den Regierungsbezirk Düsseldorf an das Geheime Staatspolizeiamt in Berlin vom 8. Dezember 1934, BArch R 3001/20953, fol. 48 ff.

später wurde das Reichsjustizministerium in dieser Angelegenheit tätig. Aufgrund der Berichte aus den Bezirken erließ Gürtner am 5. Januar 1935 eine geheime Rundverfügung zum Umgang mit Hoch- oder Landesverrätern. Laut Gürtners Verfügung verlange das Staatsinteresse bei „einwandfreiem" Vorliegen eines Verbrechens des Hoch- oder Landesverrats oder dessen Vorbereitung sowie bei dringendem Tatverdacht bis zur Aburteilung die Anordnung behördlichen Gewahrsams.[552] Den von der Gestapo festgestellten und berichteten vorzeitigen Entlassungen sollte dadurch entgegengewirkt werden.

Auf der am 3. April 1935 vom Reichsjustizministerium ausgerichteten Behördenleitertagung nutzte Ministerialdirektor Crohne die Anwesenheit der Generalstaatsanwälte schließlich dazu, die Teilnehmer mündlich von der zu milden Rechtsprechung im Bereich des Hochverrats in Kenntnis zu setzen, worin de facto die Erwartung enthalten war, die gängige Praxis umgehend zu ändern.[553] Dem Wunsch des Ministeriums nach höheren Strafen kamen die Gerichte allerdings anscheinend nur bedingt nach; denn am 11. und 12. November 1936 wurden die Behördenleiter erneut ins Reichsjustizministerium – u.a. wegen der vorgeworfenen nach wie vor zu milden Rechtsprechung im Bereich des Hochverrats – nach Berlin eingeladen. Auch wenn bereits im Juni 1936 feststand, dass auf der – ursprünglich für September oder Oktober geplanten – Tagung schwerpunktmäßig Hochverratssachen erörtert werden sollten[554], haben die aus Sicht des Ministeriums zu milden Urteile des Berliner Kammergerichts die Notwendigkeit zur Erörterung auf einer gemeinsamen Zusammenkunft bestätigt. Das Kammergericht hat im Zeitraum von August bis Oktober 1936 insgesamt sechs Urteile gegen KPD Mitglieder gesprochen, die aus Sicht des Ministeriums jeweils zu milde ausgefallen seien und ein Eingreifen erforderlich machten.[555]

Aufmerksam wurde das Ministerium vermutlich auf Grund der seit Januar 1935 bestehenden Berichtspflicht.[556] Da dem Reichsjustizministerium jeweils

---

552 Anordnung Gürtners vom 5. Januar 1935, BArch R 3001/20953, fol. 54 f.

553 Aufzeichnungen des Hammer Generalstaatsanwalts über die Arbeitstagung der Generalstaatsanwälte vom 3. April 1935, abgedruckt bei *Schubert*, Das Reichsjustizministerium und die höheren Justizbehörden in der NS-Zeit (1933–1945), S. 6.

554 Dies ergibt sich aus dem Schreiben des Reichsministers der Justiz vom 13. Juni 1936, BArch R 3001/25004, fol. 31.

555 Vgl. hierzu die Auflistung der Urteile in BArch R 3001/25004, fol. 4.

556 Dass die zahlreichen Berichtspflichten für das Ministerium ein wichtiges Mittel zur inhaltlichen Ausgestaltung der Tagungen waren, belegt die Aussage von Oberregierungsrat Kümmerlein auf der Arbeitstagung der Behördenleiter vom 10./11. Februar 1943. Laut Kümmerlein hätten die Lageberichte der letzten Monate immer

Anklageschrift und Urteil übersandt werden mussten, ließen sich „Missstände und Fehlentwicklungen" schnell ausfindig machen.[557] Zudem wurden im Ministerium auf Anordnung von Ministerialdirektor Crohne im August 1935 Statistiken in Strafsachen wegen Hochverrats geführt und deren Umfang erweitert, „um einen noch besseren Überblick über die Entwickelung staatsfeindlicher Organisationen zu gewährleisten […]." Tatzeit, Art der staatsfeindlichen Betätigung und der Name der staatsfeindlichen Organisation mussten den eingesandten Anklageschriften entnommen und in ein vorgeheftetes Formblatt eingetragen werden. Die Ergebnisse sollten dann in der zuständigen Geschäftsstelle in Listen übertragen werden.[558]

Neben eine als zu milde empfundene Rechtsprechung des Berliner Kammergerichts trat zudem eine insgesamt deutlich zurückgegangene Zahl an Verurteilungen im Bereich des Hochverrats im Jahr 1936. Die Zahl der Verurteilungen im Bereich des Hochverrats ist von Beginn der nationalsozialistischen Herrschaft zunächst stetig angestiegen. Während es im Jahr 1932 nur 230 rechtskräftige Verurteilungen wegen Hochverrat, d.h. gem. §§ 81, 83–86 RStGB verurteilter Personen, gab[559], so stieg diese Zahl im Jahr 1933 auf 1698 an[560], ehe es im Jahr 1934 insgesamt 8802 Verurteilungen gab.[561]

Hintergrund für diesen rasanten Anstieg war vor allem der mit dem Gesetz zur Änderung von Vorschriften des Strafrechts und des Strafverfahrens vom 24. April 1934 neu eingeführte § 83 Abs. 2 RStGB, der wie folgt lautete: „Ebenso wird bestraft, wer ein hochverräterisches Unternehmen in anderer Weise vorbereitet."[562] Da gem. des neu eingeführten § 87 RStGB unter einem Unternehmen sowohl die Vollendung als auch der Versuch zu verstehen waren, erfolgte somit eine Gleichstellung von Versuch und Vollendung, was in der Praxis dazu

---

wieder auf ein bedrohliches Ansteigen der Jugendkriminalität hingewiesen. Auf der Tagung wurde daher über die Jugendkriminalität diskutiert, Niederschrift über die Arbeitstagung des Reichsjustizministers mit den Chefpräsidenten und Generalstaatsanwälten vom 10./11. Februar 1943, BArch R 3001/24200, fol. 211 ff.

557 Siehe dazu C. I. 1.

558 Anordnung des Herrn Ministerialdirektors Dr. Crohne betr. Statistik in Strafsachen wegen Hochverrats, BArch R 3001/9803/52, fol. 201 ff.

559 Kriminalstatistik für das Jahr 1932, Statistisches Jahrbuch 1935, S. 544.

560 Kriminalstatistik für das Jahr 1933, Statistisches Jahrbuch 1936, S. 530.

561 Dies ergibt sich aus den statistischen Angaben des Reichsjustizministeriums, BArch R 3001/25004, fol. 6. In den offiziellen Kriminalstatistiken wurde die Anzahl der Verurteilungen im Bereich Hochverrat ab 1934 nicht mehr aufgeführt.

562 Gesetz zur Änderung von Vorschriften des Strafrechts und des Strafverfahrens vom 24. April 1934, RGBl. I 1934, S. 341.

führte, dass die Strafbarkeit weit in den Bereich von Vorbereitungshandlungen ausgedehnt worden ist und jede noch so bescheidene Propaganda verfolgt wurde, was somit insgesamt zu einem Anstieg von Verurteilungen führte.[563]

Im ersten Vierteljahr des Jahres 1936 kam es mit 1005 Verurteilungen allerdings zu einer deutlichen Abnahme der Verurteilungen.[564] Auch die zurückgegangenen Verurteilungen dürften für das Reichsjustizministerium ein zusätzlicher Beleg dafür gewesen sein, dass der Umgang der Gerichte mit den Hochverratsbestimmungen nicht den an sie gestellten Erwartungen entsprach.

Die Tagung im November diente daher u.a. dazu, die Rechtsprechung in Hochverratssachen weiter zu verschärfen, weil die Hochverratsbekämpfung die Verhängung harter Urteile verlange, die sofort vollstreckt werden sollten.[565] Zu dieser Ausrichtung der Rechtspflege sollten auch die zu der Tagung eigens eingeladenen Mitglieder der Gestapo Müller, Huber und Heydrich mit Fachvorträgen beitragen, die z.B. zur sozialdemokratischen oder kommunistischen Bewegung oder zur Behandlung von Kommunisten im polizeilichen Ermittlungsverfahren referierten.[566] Die Initiative zu ihrer Beteiligung ging vom Reichsjustizministerium aus. Bereits im August 1936 hatte Ministerialdirigent Kutzner weisungsgemäß Sturmhauptführer Müller aufgesucht und ihm über die beabsichtigte Durchführung der Tagung berichtet. In der persönlichen Unterredung hat er sich danach erkundigt, ob die Gestapa auf der Tagung Vorträge über die KPD, SPD und deren Tätigkeiten halten könne.[567] Dem Wunsch des Reichsjustizministeriums entsprechend, referierte Müller absprachegemäß

---

563 Vgl. *Zarusky*, Widerstand als Hochverrat, VfZ 1994, S. 671 (673).

564 Dies ergibt sich aus den statistischen Angaben des Reichsjustizministeriums, BArch R 3001/25004, fol. 6. Der hessische Generalstaatsanwalt Eckert mutmaßte, dass der Rückgang darauf zurückgeführt werden könnte, dass die Polizei auf Grund der überfüllten Gefängnisse möglicherweise nicht mehr mit aller Härte einschreite, vgl. Lagebericht des hessischen Generalstaatsanwalts an das Reichsjustizministerium vom 31. Januar 1936, abgedruckt bei *Klein*, S. 285.

565 Allgemeine Fragen zu den Hochverratsangelegenheiten, BArch R 3001/25004, fol. 150; siehe dazu auch C. III. 3. e).

566 Tagesordnungspunkte der Besprechung über die Behandlung von Hochverratssachen vom 11./12. November 1936, BArch R 3001/25004, fol. 26.

567 Vermerk von Ministerialdirigent Kutzner vom 12. August 1936 über eine Besprechung mit Sturmhauptführer Müller über die für Oktober geplante Besprechung über Hochverratssachen, BArch R 3001/25004, fol. 74 f.

ca. zwei Stunden zu den Themen „Die Komintern“[568] und „Die kommunistische Bewegung“, SS-Hauptsturmführer Huber über „Die schwarze Front“ sowie SS-Gruppenführer Heydrich über „Der Kommunist im polizeilichen Ermittlungsverfahren“ und „Die Stellung der Vertrauensmänner der Gestapo im Strafprozeß“.[569]

Neben der zu milden Urteilspraxis wurde auf der Tagung im Anschluss ebenfalls die Uneinheitlichkeit der Rechtsprechung im Umgang mit den Hochverratssachen erörtert. Über die unterschiedliche Handhabung in den einzelnen Oberlandesgerichtsbezirken war das Reichsjustizministerium neun Monate vor der Zusammenkunft, im Februar 1936, wiederum durch einen geheimen Polizeibericht, informiert worden. So heißt es in dem Schreiben der Staatspolizeistelle Münster vom 5. Februar 1936, dass es keine einheitliche Beurteilung von Fällen gäbe, in denen sich Personen für die KPD propagandistisch betätigt hätten, und, dass es daher dringend erforderlich erscheine, eine einheitliche Beurteilung der „propagandistischen Mundpropaganda“[570] durch die Gerichte anzustreben.[571] „Propagandistische Mundpropaganda“ lag vor, wenn der Täter einen anderen zu einer hochverräterischen Einstellung oder Betätigung veranlassen oder eine bereits vorhandene hochverräterische Einstellung bestärken wollte.[572] Ein vom Reichsjustizministerium angefertigter interner Vermerk bestätigte die von der Gestapo festgestellte Uneinheitlichkeit. Demnach sei bei der Bearbeitung von Einzelfällen aufgefallen, dass Fälle zur Mundpropaganda in den verschiedenen Oberlandesgerichtsbezirken unterschiedlich behandelt würden. So wären die Rechtsauffassungen der Oberlandesgerichte hinsichtlich der Anforderungen an den inneren Tatbestand der Vorbereitung zum Hochverrat durch Mundpropaganda einerseits und die Auffassungen des Ministeriums sowie des Oberreichsanwalts andererseits unterschiedlich. Um den genauen Standpunkt des Oberreichsanwalts einzuholen, wurde dieser zunächst dazu aufgefordert, seine Rechtsauffassung darzulegen.[573] In der daraufhin von

---

568 Die Kommunistische Internationale war ein internationaler Zusammenschluss kommunistischer Parteien zu einer gemeinsamen weltweiten Organisation. Sie wurde auf Initiative Lenins 1919 in Moskau gegründet, *Brinkel*, S. 162.

569 Tagesordnungspunkte der Besprechung über die Behandlung von Hochverratssachen vom 11./12. November 1936, BArch R 3001/25004, fol. 26 f.

570 Die propagandistische Mundpropaganda unterfiel tatbestandlich dem als Generalklausel ausgestaltetem § 83 Abs. 2 RStGB.

571 Ausschnitt aus dem Lagebericht der Staatspolizeistelle für den Regierungsbezirk Münster vom 5. Februar 1936, BArch R 3001/20953, fol. 303.

572 *Werle*, S. 116.

573 Interner Vermerk (wohl aus dem März 1936), BArch R 3001/20953, fol. 284.

ihm angefertigten umfassenden Stellungnahme heißt es schließlich, dass eine hochverräterische Mundpropaganda nur dann vorliege, wenn der Täter mit dem Vorsatz gehandelt habe, einen anderen zu einer hochverräterischen Betätigung zu veranlassen, wobei dolus eventualis ausreichend sei. Der Vorsatz sei eindeutig nachweisbar, wenn der Täter einer verbrecherischen Organisation oder Nebenorganisation angehöre oder angehörte und nicht nur gelegentlich Äußerungen ähnlicher Art tätige oder tätigte, sodass systematisches Vorgehen und die volle geistige Zurechenbarkeit gegeben seien.[574] Kurz nach dem Eingang des Schreibens nahm das Ministerium die in den Bezirken festgestellten Missstände und die Rechtsauffassung des Oberreichsanwalts zum Anlass den Generalstaatsanwälten mit Schreiben vom 31. März 1936 einheitliche Richtlinien zur Handhabung dieser Fallgestaltungen zu übersenden.[575] Diese waren deckungsgleich mit der Rechtsauffassung des Oberreichsanwalts und zielten auf die Herstellung einer größtmöglichen Einheitlichkeit in der Grundanschauung ab. Die Generalstaatsanwälte wurden ferner dazu angewiesen, die ihnen unterstellten Staatsanwälte zur Einhaltung der Richtlinien anzuhalten. Zudem sollte das Ministerium benachrichtigt werden, sofern einzelne Senate sich der Rechtsauffassung nicht anschlössen, weil das Erstarken der kommunistischen und marxistischen Gefahr eine ernste und durchgreifende Maßregelung auch seitens der Gerichte verlange.[576] Die Rechtsprechung entwickelte sich allerdings anders als beabsichtigt. So heißt es z.B. im Lagebericht des Dresdner Generalstaatsanwalts vom 1. Oktober 1936, „[...] dass die Strafsenate nur verhältnismässig schwer sich entschliessen können, selbst bei recht schweren und üblen Äusserungen die innere Tatseite, dann nämlich der Angeklagte sich dessen bewusst war, durch seine Handlungsweise das Betreten der KPD auf gewaltsamen Umsturz der Verfassung zu unterstützen, zu bejahen.“[577]

Daher nutzte Ministerialdirigent Crohne die Besprechung über Hochverratssachen am 11./12. November 1936 erneut dazu, auf die bestehenden Unterschiede in der Rechtsprechung aufmerksam zu machen. Demnach seien die Gerichte geneigt, sehr strenge Maßstäbe für das Vorliegen des Vorsatzes

574 Schreiben des Oberreichsanwalts an den Reichsminister der Justiz vom 12. März 1936, BArch R 3001/20953, fol. 286 f.

575 Siehe hierzu Schreiben des Reichsministers der Justiz an die Generalstaatsanwälte vom 31. März 1936, BArch R 3001/20953, fol. 294 ff.

576 Schreiben des Reichsministers der Justiz an die Generalstaatsanwälte vom 31. März 1936, BArch R 3001/20953, fol. 294 ff.

577 Lagebericht des Dresdner Generalstaatsanwalts vom 1. Oktober 1936, BArch R 3001/20954, fol. 106.

bei Mundpropaganda anzulegen. Die Anforderungen an den inneren Tatbestand dürften jedoch nicht überspannt werden. Daher müsse von Anfang an der inneren Tatseite besondere Beachtung geschenkt werden. Die zum Nachweis des Vorsatzes erforderlichen Erkenntnisquellen müssten im Regelfall aus äußeren Umständen und aus der Person des Angeklagten gewonnen werden. In diesem Zusammenhang wurde auf eine enge Zusammenarbeit mit der Gestapo gesetzt. Sie müsse von Anfang an umfassende Feststellungen über die politische Einstellung und die Betätigungen der Beschuldigten treffen.[578]

bb) Tagung betr. die Blutschutzrechtsprechung vom 13. November 1936

Bereits einen Tag nach der Besprechung über die Behandlung von Hochverratssachen fand am 13. November 1936 die nächste Zusammenkunft statt.[579] Die Zusammenkunft wird an dieser Stelle inhaltlich als eigenständige Tagung betrachtet, weil die Behördenleiter mit einem gesonderten Schreiben eingeladen wurden und die Besprechung sich inhaltlich klar von den Tagungen vom 11./12. und vom 14. November 1936, an der nur die Generalstaatsanwälte teilnahmen, abgrenzen lässt.[580] Bei dieser Tagung stand die Spruchpraxis der Gerichte im Umgang mit dem Gesetz zum Schutze des deutschen Blutes[581], dem sog. „Blutschutzgesetz“[582], das Teil der Nürnberger Gesetze[583] war, im Fokus.[584] Mit der Einführung des Blutschutzgesetzes sollte die „Reinhaltung des deutschen Blutes“ durch ein Verbot von Eheschließungen und außerehelichem Geschlechtsverkehr zwischen Juden und Nichtjuden gesichert werden.[585]

---

578 Exposé zum Vortrag Crohnes für die Besprechung über Hochverratssachen vom 12./13. November 1936, BArch R 3001/25004, fol. 185 f.

579 Schreiben Crohnes an die Oberlandesgerichtspräsidenten und Generalstaatsanwälte vom 3. November 1936, BArch R 3001/24277, fol. 143.

580 Vgl. Einladungsschreiben Crohnes an die Oberlandesgerichtspräsidenten und Generalstaatsanwälte vom 3. November 1936 zu einer Besprechung über die Blutschutzrechtsprechung im Reichsjustizministerium, BArch R 3001/24277, fol. 143.

581 Gesetz zum Schutze des deutschen Blutes und der deutschen Ehre vom 15. September 1935, RGBl. I 1935, S. 1146.

582 Siehe zur praktischen Handhabung des Blutschutzgesetzes *Kuhn,* Das Blutschutzgesetz, DJ 1936, S. 1005 (1005 ff.).

583 Neben dem Blutschutzgesetz gehörte auch das Reichsbürgergesetz, ebenfalls vom 15. September 1935, zu den Nürnberger Gesetzen, RGBl. I 1935, S. 1146.

584 Pressenotiz vom 16. November 1936 über die Besprechungen vom 11./12., 13. und 14. November 1936, BArch R 3001/21263, fol. 54 ff.

585 Siehe hierzu insbesondere die Präambel des Gesetzes. Sie hatte folgenden Wortlaut: „Durchdrungen von der Erkenntnis, daß die Reinheit des deutschen Blutes

Neben der Einrichtung spezieller Strafkammern bei den Landgerichten im Spätsommer 1936, die für die Aburteilung von Rassenschandefällen zuständig waren[586], führte das Reichsjustizministerium bereits gegen Ende des Jahres 1935 eine Berichtspflicht für die Staatsanwaltschaften ein, die dem Ministerium fortan Anklageschrift und Urteil (mit Gründen) in allen Blutschutzsachen übersenden mussten.[587] Dadurch ließ sich die Rechtsprechung in den einzelnen Bezirken von Seiten des Reichsjustizministeriums verfolgen. Ferner gaben die vom Statistischen Reichsamt herausgegebenen Kriminalstatistiken, aus denen sich z.B. die wegen Verbrechen und Vergehen gegen Reichsgesetze insgesamt erkannten Strafen ablesen ließen, einen guten Überblick über die Kriminalität im gesamten Reich.[588]

Grund für die Durchführung der gemeinsamen Besprechung am 13. November 1936 war die Spruchpraxis der Gerichte bei Anwendung der Nürnberger Gesetze, die nicht den Vorstellungen des Reichjustizministeriums entsprach. So wurden in der Zeit vom 1. Januar 1935 bis zum 29. Oktober 1936 167 Juden zu einer durchschnittlichen Gefängnisstrafe von 10,4 Monaten, sowie 39 Juden zu 14,9 Monaten Zuchthaus verurteilt. 55 deutsche Angeklagte wurden zu 10,2 Monaten Gefängnis sowie 4 Deutsche zu 17,3 Monaten Zuchthaus verurteilt. Ein deutscher Angeklagter wurde zu einer Geldstrafe in Höhe von 300 Reichsmark verurteilt.[589] Die Zahl der Verurteilungen stieg von insgesamt neun

---

die Voraussetzung für den Fortbestand des Deutschen Volkes ist, und beseelt von dem unbeugsamen Willen, die Deutsche Nation für alle Zukunft zu sichern, hat der Reichstag einstimmig das folgende Gesetz beschlossen [...]", RGBl. I 1935, S. 1146. Den Präambeln kam im Dritten Reich eine wichtige Bedeutung zu. Sie wurden nach anfänglicher Skepsis als Bestandteil des jeweiligen Gesetzes bezeichnet, auch wenn sie dem nachfolgenden Gesetz vorweggenommen und zudem nicht in Paragraphen gefasst waren. Damals wurde allerdings argumentiert, dass die Voranstellung gerade den Bedeutungsgehalt der Präambeln betone. Aus diesem Grund sind sie in ihrer gesetzeseinleitenden Funktion als „echtes Recht" angesehen worden, auf das sich selbstverständlich die Rechtskraft erstreckte, *Dietze*, S. 104 f.; so auch *Otoo*, S. 185.

586 *Robinsohn*, S. 124.

587 Abschnitt 17a Abs. 1 Dritte Änderung der „Richtlinien für das Strafverfahren" vom 17. Dezember 1935, DJ 1935, S. 1854 (1855).

588 Vgl. z.B. Statistik des Statistischen Reichsamtes über die Kriminalität im Großdeutschen Reich im 1. und 2. Vierteljahr 1942, BArch R 3001/21155, fol. 43 ff.

589 Vgl. Statistik der rechtskräftigen Verurteilungen in Blutschutzsachen von Januar bis Oktober 1936, BArch R 3001/20050, fol. 46.

verurteilten Rasseschändern im Jahr 1935 auf insgesamt 266 verurteilte Rasseschänder bis zum Oktober 1936 an.[590]

Zusätzlicher Druck wurde im März 1936 von dem Geheimen Staatspolizeiamt ausgeübt; denn SS-Gruppenführer Heydrich bemerkte in einem an das Reichsjustizministerium adressierten Bericht, dass durch die gnädige Spruchpraxis weder eine abschreckende Wirkung noch die „Reinhaltung des deutschen Blutes" erreicht werde. Er sprach sich daher für die vermehrte Verhängung von Zuchthausstrafen aus.[591] Diese Forderung stand allerdings im Widerspruch mit dem Gesetzestext[592], der eindeutig eine Gefängnis- oder Zuchthausstrafe normierte, ohne eine der beiden Strafen als Regelstrafe vorzusehen.[593] Dennoch kam Staatssekretär Freisler dem Wunsch nach und verfügte mit einer an die Generalstaats- und Oberstaatsanwälte gerichteten Rundverfügung vom 2. April 1936, dass „[...] die Strafverfolgungsbehörden sich mit allem Nachdruck für die unbedingte Durchsetzung des Gesetzes, das für die Verwirklichung des nationalsozialistischen Rassegedankens von entscheidender Bedeutung ist, einsetzen, und zu diesem Zwecke die Durchschnittsfälle unbedingt als schwere Fälle ansprechen, zumal hier in aller Regel Hartnäckigkeit oder offenbare Widersetzlichkeit gegen die Forderungen des nationalsozialistischen Rasseschutzes vorliegt; Zuchthaus ist daher in solchen Fällen die angemessene Strafe."[594]

Am 1. September 1936 ging Freisler sogar noch einen Schritt weiter, indem er sich mit seinem Wunsch nach einer Verschärfung der Strafrechtspraxis nunmehr an die unabhängigen Oberlandesgerichtspräsidenten wandte und sie dazu anwies „[...] im Benehmen mit den Landgerichtspräsidenten auf die ihnen unterstellten Richter in geeigneter Weise nachdrücklich einzuwirken, damit einem Rasseverfall des deutschen Volkes auch von den deutschen Gerichten durch strenge Strafen entgegengewirkt wird."[595]

---

590 Vgl. Statistik der rechtskräftigen Verurteilungen in Blutschutzsachen von Januar bis Oktober 1936, BArch R 3001/20050, fol. 46.

591 So *Gruchmann*, „Blutschutzgesetz", VfZ 1983, S. 418 (435).

592 So auch *Schmidt*, Rassenschande, S. 50.

593 Vgl. Gesetz zum Schutze des deutschen Blutes und der deutschen Ehre vom 15. September 1935, RGBl. I 1935, S. 1146 ff.

594 Rundverfügung an die Oberlandesgerichtspräsidenten und Generalstaatsanwälte vom 2. April 1936, abgedruckt bei *Schmidt*, Rassenschande, S. 50; *Robinsohn*, S. 124 f.

595 Schreiben von Freisler an die Oberlandesgerichtspräsidenten vom 1. September 1936, welches den Generalstaatsanwälten nachrichtlich zugestellt wurde, BArch R 3001/20288, fol. 47.

Zusätzlich bot sich die Einladung der Behördenleiter zu einer gemeinsamen Besprechung nach Berlin an, um die Beteiligten im Wege einer mündlichen Ansprache für die geforderte Härte zu sensibilisieren. Auf der Tagung vom 13. November 1936 bemerkte Gürtner gleich zu Beginn seiner Begrüßungsansprache, dass auch die Rechtsprechung bei der Lösung des Problems des Rasseschutzes eine wesentliche Funktion einnähme. Dem schloss sich Freisler an, indem er betonte, dass Verstöße gegen das Blutschutzgesetz mit besonderem Nachdruck verfolgt werden müssten, weil das Gesetz Ausdruck des nationalsozialistischen Gedankens sei. Im selben Kontext nannte Freisler die stetig angestiegene Zahl von Zuchthausurteilen gegen Juden wegen Rassenschande, ehe Einzelfragen aus der Praxis erörtert wurden.[596] Beabsichtigt war im Ergebnis eine radikalere Durchsetzung der Nürnberger Gesetze. Hierauf machte Freisler zusätzlich in einem entsprechenden Aufsatz aufmerksam, indem er für eine strikte und radikale Durchsetzung des Blutschutzgesetzes warb.[597]

In der Folgezeit wurde tatsächlich eine höhere Anzahl von Strafen verhängt. Die Zahl der Verurteilungen stieg in den verbleibenden sieben Wochen des Jahres 1936 von 266 auf 358 an.[598] Die erfolgreich vorgenommene Verschärfung der Strafrechtspraxis hinsichtlich der Anwendung des Blutschutzgesetzes verkündete Freisler auf einer Tagung der Oberlandesgerichtspräsidenten und Generalstaatsanwälte am 18. Juni 1937. Er verdeutlichte, dass es nicht leicht gewesen sei, in der Rassenschanderechtsprechung ein einheitliches Maß und eine einheitliche Haltung der deutschen Gerichte herbeizuführen, dieses Ziel aber inzwischen erreicht sei.[599]

Neben die vermehrte Verhängung von Strafen trat zudem eine in der Folge immer extensivere Auslegung des in § 2 des Blutschutzgesetzes unter Strafe gestellten „außerehelichen Verkehrs“ zwischen Juden und Staatsangehörigen. Wurde hierunter anfänglich nur der Geschlechtsverkehr subsumiert, so dehnte das Reichsgericht nur knapp einen Monat nach der Tagung am 9. Dezember 1936 den Anwendungsbereich auf Handlungen und Duldungen aus, „[...] durch die der eine Teil seinen Geschlechtstrieb auf einem anderen Wege als

---

596 Pressenotiz vom 16. November 1936 über die Besprechung vom 13. November 1936, BArch R 3001/21263, fol. 55 f.

597 Vgl. *Freisler*, Ein Jahr Blutschutzrechtsprechung in Deutschland, S. 385 (385 ff.).

598 Kriminalstatistik für die Jahre 1935 und 1936, BArch R 3001/9803/56, fol. 194 ff.; vgl. hierzu auch *Gruchmann*, „Blutschutzgesetz“, VfZ 1983, S. 418 (435).

599 Niederschrift der Besprechung mit den Oberlandesgerichtspräsidenten und Generalstaatsanwälten im Reichsjustizministerium vom 18. Juni 1937, BArch R 3001/24277, fol. 189.

durch Vollziehung des Beischlafs befriedigen will.“[600] Nur drei Monate später wurden sogar einseitig vorgenommene unzüchtige Handlungen erfasst.[601] Dennoch muss betont werden, dass die Entwicklung der Spruchpraxis trotz einer festzustellenden Erhöhung der Strafen und einer extensiveren Auslegung des Anwendungsbereiches in der Folge keinesfalls linear verlief. Da die Richter bei der Anwendung des Blutschutzgesetzes einen gewissen Ermessensspielraum hatten, führte dieser trotz der erteilten Weisungen dazu, dass eine vollkommene Radikalisierung ausblieb und in der Folge teilweise noch geringe Strafen gegen Rassenschänder ausgeurteilt wurden.[602] Dieser Umstand führte dazu, dass die Gestapo, die nach der Tagung vom 13. November 1936 die lediglich teilweise eingetretene Verschärfung der Strafen, die Freisler auf der bereits erwähnten Tagung vom 18. Juni 1937 als Erfolg hervorhob, zum Anlass nahm, in der Folge Urteile weiterhin im Nachhinein zu „korrigieren“, indem sie verurteilte Rasseschänder nach Verbüßung der Freiheitsstrafe in Schutzhaft nahm.[603] Hierzu erging am 12. Juni 1937 sogar ein Geheimerlass von Heydrich, mit dem er verfügte, dass jüdische Rasseschänder nach der Zuchthaushaft in Konzentrationslager zu überführen sind.[604] Das Reichsjustizministerium erhielt von dem Erlass allerdings erst Mitte Juli 1937 Kenntnis.[605] Die Ereignisse zeigen, dass die anfänglich nur als bloßes Hilfsorgan der Strafjustiz auftretende Gestapo in Konkurrenz zu dieser trat und sich nunmehr als eigenständige Sanktionsinstanz etablierte.[606] Ihre Position wurde durch eine Rundverfügung des Reichsjustizministeriums an die Generalstaatsanwälte vom 8. März 1938 weiter gestärkt. Fortan mussten in sämtlichen Strafverfahren wegen eines Verbrechens gegen die §§ 2, 5 Abs. 2 des Blutschutzgesetzes den zuständigen Staatspolizei- oder Staatspolizeileitstellen der Abschluss des Verfahrens durch

600 Beschluss des Reichsgerichts vom 9. Dezember 1936, RGSt 70, S. 375 ff.

601 Urteil des Reichsgerichts vom 9. Februar 1937, RGSt 71, S. 129 ff.

602 *Przyrembel*, S. 397. Dies gilt allerdings nicht für den Oberlandesgerichtsbezirk Düsseldorf. Die zuständige Strafkammer des Landgerichts Düsseldorf tendierte vielmehr zu einer extensiven Normauslegung und zur Verhängung harter Strafen, so mit vielen Beispielen belegt *Schmidt*, Rassenschande, S. 56 ff.

603 *Przyrembel*, S. 397 ff.

604 Geheimer Erlass des Chefs der Sicherheitspolizei Heydrich an alle Staatspolizeileit- und Staatspolizeistellen und alle Kriminalpolizeileit- und Kriminalpolizeistellen vom 12. Juni 1937, BArch R 3001/20050, fol. 95.

605 Von dem Erlass erfuhr die Justizleitung erst Mitte Juli auf Umwegen, so *Gruchmann*, „Blutschutzgesetz“, VfZ 1983, S. 418 (435).

606 *Löffelsender*, Strafjustiz an der Heimatfront, S. 76.

Übersendung einer Abschrift des rechtskräftigen Urteils (mit Gründen) und im Falle einer Verurteilung auch der Tag der Entlassung sechs Wochen zuvor mitgeteilt werden.[607] Während des Zweiten Weltkrieges forderte die Gestapo außerdem die Strafgewalt über die jüdische Bevölkerung und übernahm diese in der Folge auch.[608] Dadurch war der Weg für die außergerichtliche Verfolgung geebnet, der am Ende zumeist in den Konzentrations- und Vernichtungslagern endete.[609] Im Juli 1943 wurde die jüdische Bevölkerung schließlich endgültig und rechtsverbindlich der ordentlichen Gerichtsbarkeit durch die Übertragung der Strafverfolgung von Juden auf die Gestapo entzogen.[610] So heißt es in § 1 Abs. 1 der 13. Verordnung zum Reichsbürgergesetz vom 1. Juli 1943: „Strafbare Handlungen von Juden werden durch die Polizei geahndet.“[611]

cc) Die (unbefriedigende) Rechtsprechung der Sondergerichte als Ausgangspunkt für die Tagung mit den Sondergerichtsvorsitzenden[612] vom 24. Oktober 1939[613]

Dass die den Behörden umfassend auferlegten Berichtspflichten dem Ministerium einen präzisen Überblick der Rechtsprechungspraxis verschafften, Missstände schnell ausfindig und zum Inhalt von Behördenleitertagungen gemacht wurden, zeigt sich auch bei den Vorarbeiten für die Tagung mit den Sondergerichtsvorsitzenden, die unter der Leitung Gürtners am 24. Oktober 1939 stattgefunden hat. Maßgeblich bei der Vorbereitung der Besprechung beteiligt war das Sonderreferat für Sondergerichtssachen, das in der Strafrechtspflegeabteilung III, die von Ministerialdirektor Crohne geleitet wurde[614], angesiedelt war.[615] Ursächlich für die Zusammenkunft der Sondergerichtsvorsitzenden

607 Rundverfügung des Reichsministers der Justiz vom 8. März 1938, BArch R 3001/20050, fol. 134.

608 *Löffelsender*, Strafjustiz an der Heimatfront, S. 76

609 So *Manthe*, S. 51.

610 Ebenda, S. 51.

611 § 1 Abs. 1 der 13. Verordnung zum Reichsbürgergesetz vom 1. Juli 1943, RGBl. I 1943, S. 372.

612 Weil mit den Sondergerichtsvorsitzenden und den Sachbearbeitern für Sondergerichtsstrafsachen bei den Generalstaatsanwälten nur ein eingeschränkter Personenkreis anwesend war, wurde diese Tagung bei der Auswertung ansonsten nicht berücksichtigt.

613 Die Bedeutung der Tagung für die Strafbestimmung des Abhörverbots wird umfassend untersucht bei *Hensle*, „Rundfunkverbrechen“, S. 111 ff.

614 *Gruchmann*, S. 1156.

615 Siehe dazu B. III. 2.

waren unbefriedigende Urteile verschiedener Sondergerichte, die dem Referat aufgefallen waren[616] und die in einer internen Aufstellung zusammengefasst wurden.[617] Bei der Mehrzahl der aufgelisteten Urteile ging es um Straftaten nach der Volksschädlingsverordnung vom 5. September 1939[618], der wichtigsten Verordnung des Kriegsstrafrechts. Sie diente dem Schutz der inneren Ordnung während des Krieges. Nicht zuletzt wegen ihrer teilweise unbestimmten Voraussetzungen kam ihr in der strafrechtlichen Praxis die größte Bedeutung zu.[619] Sie wurde von Freisler auch als „[…] [Kern] unseres Kriegsstrafrechts […]"[620] bezeichnet. Ziel der Volksschädlingsverordnung war es, Taten, die kriegs- oder volksschädlich geprägt waren, durch wirksame Abschreckung mit äußerst hohen Strafandrohungen zu unterbinden.[621]

Zeitgenössisch wurden die hohen Strafandrohungen durchaus positiv gesehen, da in jeder unter Strafe gestellter Ausnutzung der Verhältnisse des Krieges gleichzeitig ein Angriff gegen die innere Front gesehen wurde.[622] Derartige Rechtsbrecher sollten aus der Gemeinschaft ausgeschlossen werden.[623] Denn „wer in der Not der Kriegszeit der um ihre Existenz kämpfenden Gemeinschaft durch Sabotage dieses Abwehrkampfes oder durch Ausbeutung der Notlage für eigennützige Zwecke in den Rücken fällt, zeigt ein Maß an verwerflicher und verächtlicher Gesinnung, das schwerste Sühne verdient."[624]

Bereits in den ersten fünf Wochen nach dem Erlass der Volksschädlingsverordnung haben insgesamt acht Urteile der Sondergerichte bei der Anwendung

616 Das Reichsjustizministerium dürfte aufmerksam geworden sein, weil die Generalstaatsanwälte durch Rundverfügung vom 12. September 1939 dazu angewiesen wurden, dem Ministerium alle aufgrund der Volksschädlingsverordnung ergangenen Urteile zu übersenden, *Werle*, S. 269.

617 Zusammenstellung unbefriedigender Urteile aus dem Sonderreferat, BArch R 3001/24158, fol. 49 ff.

618 Die Verordnung wurde vom Ministerrat für die Reichsverteidigung vier Tage nach dem Beginn des Zweiten Weltkrieges erlassen, Verordnung gegen Volksschädlinge vom 5. September 1939, RGBl. I 1939, S. 1679.

619 So *Scheib*, S. 155.

620 *Freisler*, Eine entscheidende Frage des Kriegsstrafrechts II, DJ 1940, S. 917 (917).

621 *Kasseckert*, S. 85; *Scheib*, S. 155.

622 *Waechter*, DJ 1940, S. 473 (473).

623 *Freisler*, Volksschädlinge, DJ 1939, S. 1450 (1450).

624 *Gallas*, ZStW 1941, S. 374 (400).

der Volksschädlingsverordnung aus Sicht des Reichsjustizministeriums erhebliche Mängel erkennen lassen. Zu nennen sind z.B.[625]:

1. Urteil des Sondergerichts Salzburg vom 5.10.1939 (Einbruchdiebstahl bei Verdunkelung)

   Tat: Am 9.9.1939 gegen 21 Uhr brachen der mehrfach vorbestrafte Hilfsarbeiter Fleischhacker und 2 siebzehnjährige Mittäter in einer Hutmacherwerkstätte in der Hauptgeschäftsstraße von Salzburg unter Ausnutzung der Verdunkelung ein. Mit einer vorher hierfür entwendeten Taschenlampe und mit einem Dietrich gingen sie zu Werke, durchschlugen eine Glastür und entwendeten 4 Hüte; in der Kasse fanden sie zufälligerweise nichts vor.
   Urteil: wegen Verbrechens nach § 2 Volksschädl. VO.
   gegen Fleischhacker 1 Jahr Zuchthaus
   gegen die beiden Jugendlichen a.) 16 Monate Gefängnis
   b.) 6 " "

– Unbefriedigend: Obgleich das Sondergericht ausdrücklich die Ausnutzung der Verdunkelung feststellt, erkennt es auf Strafen, die auch in Friedenszeiten als milde anzusprechen wären.

2. Urteil des Sondergerichts Feldkirch (Einbruchdiebstahl eines Juden bei Verdunkelung)

   Tat: Der Jude Robert Israel Brod zertrümmerte eine Schaufensterscheibe unter Ausnutzung der Verdunkelung und entwendete für 1000,- RM Photo-Apparate.
   Urteil: wegen § 2 Volksschädl. VO.
   6 Jahre Zuchthaus

   Unbefriedigend: Ein Jude, der deutsche Kriegsnot und Kriegsmaßnahmen für verbrecherische Tätigkeit ausnutzt, verdient eine wirklich abschreckende Strafe.

3. Urteil der Strafkammer Leipzig vom 23.9.1939 (Diebstahl von Milchkonserven bei Verdunkelung)

   Tat: Am 9.9.1939 war der mehrfach erheblich (u.a. zweimal wegen Rückfalldiebstahls) vorbestrafte Arbeiter Köster einer Speditionsfirma als

625 Vgl. Zusammenstellung unbefriedigender Urteile aus dem Sonderreferat, BArch R 3001/24158, fol. 51 ff.

Werkluftschutzwache für den Bahnlagerraum eingeteilt. Zwischen 20 und 21 Uhr entwendete er, der sich nicht in Notlage befand, unter Ausnutzung der Verdunkelung und der Tatsache, daß die meisten Anwohner am Radio der Übertragung der Göring-Rede zuhörten, aus dem von ihm zu überwachenden Lagerraum eine Kiste mit 40 Büchsen Milch, um sie für sich zu verbrauchen bezw. zu Geld zu machen.

Urteil: wegen Rückfalldiebstahls in Verb. mit § 2 Volksschädl. VO.
3 Jahre Zuchthaus

Unbefriedigend: Die aufgeworfene Strafe rechtfertigt sich allein schon aus dem Vorleben und der geordneten Vermögenslage des Verurteilten. Die Tatsachen, daß Köster die Verdunkelung ausgenutzt hat, daß er das getan hat, obgleich gerade er als Luftschutzwache besondere Obhutspflichten hatte, daß er die durch das Anhören der Göring-Rede verursachte Ablenkung der anständigen Volksgenossen ausgenutzt hat, und vor allem, daß er sich an den heutzutage in erster Linie den Müttern und Kindern zustehenden Milchvorräten aus reinem Eigennutz vergriffen hat, werden im Urteil zwar festgestellt, aber im Strafmaß nicht berücksichtigt.

Gürtner waren die Urteile sogar derart unangenehm, dass dieser in einem an die Reichskanzlei zu Händen von Lammers gerichtetem Schreiben persönlich um Entschuldigung für die Urteile der letzten Wochen bat und anfügte, dass sie vor dem Hintergrund des Krieges nicht tragbar seien.[626] Zudem wies er die Generalstaatsanwälte durch Rundverfügung vom 18. Oktober 1939 dazu an, dem Sonderreferat die Anklageschriften mit den beabsichtigten Strafanträgen zu übersenden, wodurch die Referenten des Sonderreferates vorab erheblichen Einfluss auf die Höhe des Strafantrags nehmen konnten.[627]

Wie schon im November 1936, als Gürtner die zu milde Rechtsprechung des Berliner Kammergerichts zum Anlass für die Durchführung einer gemeinsamen Tagung nahm[628], ließ er auch in diesem Fall eine gemeinsame Besprechung durchführen. Nach der Begrüßungsansprache wurde den Teilnehmern der vom Ministerium gewünschte Umgang, vor allem mit den einzelnen Normen der Volkschädlingsverordnung, die in den kritisierten Urteilen fehlerhaft

---

626 Schreiben des Reichsjustizministers an den Führer und Reichskanzler z.Hd. des Reichsministers und Chefs der Reichskanzlei Lammers vom 18. Oktober 1939, BArch R 3001/24158, fol. 57.

627 Vgl. *Gruchmann*, Justiz im Dritten Reich, S. 955.

628 Siehe dazu C. III. 4. c) aa).

angewandt worden seien, durch Staatssekretär Freisler mitgeteilt.[629] Einen thematischen Schwerpunkt legte dieser in seinem Referat dabei auf die Ausführungen zum Strafmaß, sodass die Tagung nicht nur zur Erläuterung der bereits erlassenen oder noch zu erlassenden Kriegsstrafrechtsverordnungen[630] dienen sollte, sondern vielmehr eine Neuausrichtung der Strafrechtsprechung in Form von härteren Urteilen beabsichtigt war. Dies wird auch durch die Schlussansprache Gürtners unterstützt, der zwar darauf verzichtete die einzelnen Gerichte konkret zu benennen, allerdings jedes von ihm genannte Urteil wegen eines zu geringen Strafmaßes offen kritisierte und die Teilnehmer abschließend dazu aufforderte dem Kriegszustand angemessene und schärfere Urteile zu fällen.[631] Die von Gürtner beanstandeten Urteile sind im Übrigen ausnahmslos in der von dem Sonderreferat erstellten Übersicht enthalten. Einmal mehr wurde somit die zu milde Rechtsprechung zum Anlass für eine persönliche An- und Aussprache in Form einer Tagung genommen. Dass die Rechtsprechung Grund für die Zusammenkunft war, wird durch die Übereinstimmungen somit bestätigt. In der Folge ging die Tendenz der Sondergerichte dahin, Straftaten, die unter die Kriegsstrafrechtsverordnungen fielen, mit der vom Reichsjustizministerium geforderten Härte abzuurteilen.[632] Auch die Zahl der Freisprüche ging im Verhältnis zu den Verurteilungen deutlich zurück.[633] Inwieweit die Tagung im Reichsjustizministerium dazu beigetragen hat, lässt sich allerdings nur schwer beurteilen. Staatssekretär Freisler war jedenfalls mit der Entwicklung der Rechtsprechung zufrieden. Er lobte die deutsche Strafrechtspflege für

---

629 Niederschrift der Tagung mit den Sondergerichtsvorsitzenden und den Sachbearbeitern für Sondergerichtssachen bei den Generalstaatsanwälten vom 24. Oktober 1939, BArch R 3001/24158, fol. 62 ff.

630 Neben der Volksschädlingsverordnung zählten hierzu noch die Verordnung über außerordentliche Rundfunkmaßnahmen vom 1. September 1939, RGBl. I 1939, S. 1683; die Kriegswirtschaftsverordnung vom 4. September 1939, RGBl. I 1939, 1609; die Verordnung zur Ergänzung der Strafvorschriften zum Schutz der Wehrkraft des Deutschen Volkes vom 25. November 1939, RGBl. I 1939, S. 2319 und die Verordnung gegen Gewaltverbrecher vom 5. Dezember 1939, RGBl. I 1939, S. 2378.

631 Ansprache Gürtners auf der Tagung mit den Sondergerichtsvorsitzenden vom 24. Oktober 1939, BArch R 3001/24158, fol. 172 ff.

632 So *Hensle*, „Rundfunkverbrechen", S. 113.

633 Dies belegt die deutlich gestiegene Anzahl an Verurteilungen im Gegensatz zu den Freisprüchen, die deutlich abnahmen; siehe für den Oberlandesgerichtsbezirk Hamburg *Johe*, S. 92.

ihren Einsatz im ersten Kriegsjahr und die tatkräftige Unterstützung bei der Handhabung des Kriegsstrafrechts.[634]

dd) Zwischenergebnis

Im Ergebnis ist festzustellen, dass das Reichsjustizministerium in den vorgenannten Beispielen die Verhängung zu milder Urteile zum Anlass nahm, die Behördenleiter in gemeinsamen Tagungen auf die Missstände aufmerksam zu machen und zur Verschärfung der Rechtsprechungspraxis anzuweisen. Die Grundlage für diese Form der Justizsteuerung ist in dem von Beginn an umfassend aufgebauten Informationsapparat[635] zu sehen. Angesichts zahlreicher, den Behörden auferlegter, Berichtspflichten konnte das Reichsjustizministerium die Rechtsprechung in den einzelnen Oberlandesgerichtsbezirken zentral aus Berlin verfolgen. Fehlentwicklungen konnten ausfindig gemacht und durch persönliche Unterredungen gegengesteuert und gelenkt werden. Neben den Berichtspflichten ließen sich auch durch die von den Mitarbeitern des Reichsjustizministeriums unternommenen Gerichtsreisen lokale Schwierigkeiten aufdecken, die zum Gegenstand anstehender Tagungen gemacht wurden. An dieser Stelle werden die Vorteile der Vielfalt an Informationsquellen deutlich sichtbar. Insgesamt ging der vom Reichsjustizministerium vorgenommenen Ausrichtung der Strafrechtsprechung auf den soeben untersuchten Behördenleitertagungen somit die Auswertung der örtlichen Rechtsprechung voraus. Bilanzierend kann insoweit festgehalten werden, dass „[…] effektive Steuerung […] rasche und zuverlässige Meldungen ‚von unten' voraus [setzte].“[636]

ee) Tagungen zur Aufrechterhaltung des Justizbetriebes nach ungesetzlichen Aktionen der nationalsozialistischen Führung („Euthanasieprogramm“)

Die Tagung vom 23./24. April 1941 ist wegen der Erörterung des Euthanasieprogramms die wohl bekannteste Zusammenkunft der Behördenleiter in der Zeit der nationalsozialistischen Herrschaft. Die auf der Tagung erörterte „allgemeine Euthanasie“, womit die massenhafte und systematische Vernichtung sog. „lebensunwerten Lebens“ gemeint ist[637], setzte zeitlich kurz nach

634 *Freisler*, Eine entscheidende Frage des Kriegsstrafrechts, DJ 1940, S. 885 (885).

635 Siehe dazu C. I.

636 *Rottleuthner*, S. 471 (471).

637 Missgebildete oder schwachsinnige Kinder wurde dagegen auch schon vorher getötet, *Kramer*, Oberlandesgerichtspräsidenten und Generalstaatsanwälte als Gehilfen der NS-„Euthanasie“, KJ 1984, S. 25 (26 f.).

dem Beginn des Zweiten Weltkrieges mit einem wohl im Oktober 1939 unterschriebenen und auf den 1. September 1939 – dem Kriegsbeginn – rückdatierten Erlass Hitlers ein, in dem dieser Reichsleiter Bouhler und seinen Leibarzt Brandt dazu ermächtigte „[…] die Befugnisse namentlich zu bestimmender Ärzte so zu erweitern, dass nach menschlichem Ermessen unheilbar Kranken bei kritischster Beurteilung ihres Krankheitszustandes der Gnadentod gewährt werden kann.“[638] Dieser Erlass Hitlers war die einzige rechtliche Grundlage für die in der Folge durchgeführten Tötungsaktionen.[639] Nachdem Bouhler und Brandt durch die Errichtung zahlreicher „Tarnbehörden“ umgehend damit begannen, die organisatorischen und bürokratischen Grundlagen für die von Hitler gewünschten Tötungsaktionen zu schaffen[640], fanden bereits im Januar 1940 die ersten Tötungen in dem zur Tötungsanstalt umgebauten Zuchthaus in Brandenburg/Havel probeweise statt[641], bevor die Euthanasie im Juli 1940 mit ca. 5.400 getöteten Menschen (allein in einem Monat) ihren Höhepunkt erreichte.[642] Das Reichsjustizministerium war bei der gesamten Aktion zunächst weder beteiligt noch informiert. Es wurde schlichtweg übergangen.[643] Erst Anfang Juli 1940 erfuhr Gürtner durch das Schreiben eines Angehörigen und die Eingabe des Vormundschaftsrichters Kreyssig von den bereits seit Monaten verdeckt vorgenommenen systematischen Tötungen.[644] Kreyssig verlangte die Aufklärung des Todes zweier in der Anstalt Hartheim getöteter Anstaltsinsassen und wandte sich in dieser Sache an Gürtner. Nachdem Gürtner bei Lammers darum warb, die Tötungen zu beenden oder doch zumindest auf eine gesetzliche Grundlage zu stellen, teilte Lammers ihm am 23. Juli 1940 mit, dass Hitler eine gesetzliche Grundlage ablehne.[645] Im August 1940 erhielt Gürtner schließlich den Erlass Hitlers vom 1. September 1939. Nunmehr erkannte auch

---

638 Erlass Hitlers vom 1. September 1939, BArch R 3001/24209, fol. 1.

639 Der Meinungsstreit hinsichtlich der Frage, ob die Tötungen aufgrund des Geheimerlasses schon damals rechtswidrig waren oder nicht, ist ausführlich dargestellt bei *Förster*, Rechtsschutz für Behinderte im Dritten Reich?, S. 59 (71 ff.).

640 Hierunter fallen z.B. die statistische Erfassung der in Betracht kommenden Personen und die Organisation des Abtransports. Ein guter Überblick der zahlreichen Maßnahmen findet sich bei *Gruchmann*, Justiz im Dritten Reich, S. 503 ff.

641 *Klee*, S. 119 f.; *Kogon/Langbein/Rückerl*, S. 46.

642 *Fröhlich*, S. 284.

643 *Gruchmann*, Euthanasie und Justiz im Dritten Reich, VfZ 1972, S. 235 (244).

644 *Schmuhl*, S. 297.

645 *Gruchmann*, Justiz im Dritten Reich, S. 505 ff.

Gürtner, dass es längst zu spät war, um die durchgeführten Tötungen auf eine gesetzliche Grundlage zu stellen.[646]

Im Reichsjustizministerium änderte sich in der Folge zunächst nichts. Vielmehr leitete Gürtner die sich häufenden Eingaben und Berichte, welche die Euthanasie betrafen, an den Chef der Reichskanzlei und das Innenministerium weiter.[647] So ließ das Ministerium Lammers z.B. mit Schreiben vom 25. September 1940 einen Bericht des Naumburger Generalstaatsanwalts zukommen, der auf die Missstände – es war bei mehreren in der Pflegeanstalt Brandenburg verstorbenen Personen derselbe Todestag angegeben worden – aufmerksam machte.[648] Keine zwei Wochen später wurde Lammers weiteres Material übersandt.[649] Die Berichte verdeutlichen, dass sich die Euthanasie nicht geheim halten ließ und sich in den Bezirken die Probleme im Umgang mit den bekannt gewordenen Fällen häuften. Auch auf die Arbeit der Staatsanwälte wirkte sich die Euthanasie aus.[650] Dies war insbesondere bei den zunehmend eingegangenen Anzeigen wegen Mordes an Anstaltsinsassen der Fall. Während die Staatsanwaltschaft im Fall des Amtsrichters Kreyssig, der Reichsleiter Bouhler wegen des Mordes an den Anstaltsinsassen im Juli 1940 angezeigt hatte, untätig blieb[651], leitete die Staatsanwaltschaft im Oberlandesgerichtsbezirk Linz im November 1940 auf die Anzeige der Eltern eines in der Anstalt Hartheim zu Tode gekommenen Geisteskranken hin zunächst[652] ein Ermittlungsverfahren ein.[653] Die Zahl solcher Mordanzeigen stieg in den Folgemonaten stark an, was die örtlichen Staatsanwaltschaften zunehmend vor Probleme stellte[654]; denn nach wie vor fehlten – von vielen Behördenleitern gewünschte – Richtlinien,

---

646 Ebenda, S. 513.

647 *Pauleikhoff*, S. 106; *Merkel*, S. 289.

648 Schreiben an Lammers vom 25. September 1940 mit dem Bericht des Generalstaatsanwalts aus Naumburg vom 13. September 1940, BArch R 3001/25021, fol. 50 f.

649 Schreiben an Lammers vom 5. Oktober 1940, BArch R 3001/25021, fol. 58.

650 Vgl. zur Auswirkung der Euthanasie auf die Freiwillige Gerichtsbarkeit *Gruchmann*, Justiz im Dritten Reich, S. 515 f.

651 *Carsten/Rautenberg*, S. 194; *Schmuhl*, S. 298.

652 Nach einem Bericht des Generalstaatsanwalts an das Reichsjustizministerium und einem Gespräch mit Vertretern der Kanzlei des Führers im Ministerium wurde das Verfahren allerdings eingestellt, *Gruchmann*, Euthanasie und Justiz im Dritten Reich, VfZ 1972, S. 235 (262).

653 *Kramer*, Oberlandesgerichtspräsidenten und Generalstaatsanwälte als Gehilfen der NS-„Euthanasie", KJ 1984, S. 25 (29); *Klee*, S. 252.

654 *Kröner*, S. 87 (100).

die den Umgang mit den zahlreichen Anzeigen einheitlich regelten.[655] Betont werden muss allerdings, dass das Vorgehen des Linzer Generalstaatsanwalts der damals geltenden Rechtslage entsprach. Das in § 152 StPO geregelte Legalitätsprinzip war bis dato nicht aufgehoben, sodass die Staatsanwaltschaft dazu verpflichtet war, den Strafanzeigen nachzugehen.

Die dem Reichsjustizministerium bekannten Vorgänge und Probleme der Strafverfolgungsbehörden im Umgang mit den Verfahren führten bei Schlegelberger, der nach dem Tod Gürtners am 29. Januar 1941 die kommissarische Leitung des Reichsjustizministeriums übernahm, zunächst dazu, dass er den Kontakt zu Bouhler suchte, um sich selbst über die Tötungsaktionen zu informieren.[656] Kurz nachdem Bouhler Schlegelberger Anfang April umfassend und unter dem Druck einer steigenden Anzahl eingegangener Eingaben und Strafanzeigen informierte, lud Schlegelberger die Oberlandesgerichtspräsidenten und Generalstaatsanwälte mit Schreiben vom 17. April 1941 für den 23./24. April 1941 schließlich zu einer gemeinsamen Tagung nach Berlin ein, um sie über die Tötungsaktionen zu informieren[657] und auf eine einheitliche Behandlung der Vorgänge in sämtlichen Bezirken hinzuwirken.[658] Brack und Heyde, deren Unterstützung sich Schlegelberger bereits Anfang April in einem Gespräch mit Bouhler zugesichert hatte, sollten dabei helfen, jegliche Bedenken

---

655 Vgl. hierzu nur den Auszug aus dem Lagebericht des Stuttgarter Oberlandesgerichtspräsidenten vom 6. November 1940, BArch R 3001/25021, fol. 74 f.; ein weiteres Problem war, dass den Staatsanwaltschaften keine Auskunft über den Verbleib der nach § 42b RStGB in eine Heil- und Pflegeanstalt eingewiesenen Verurteilten und Untersuchungsgefangenen erteilt wurde und es demzufolge zu Straf- oder Wiederaufnahmeverfahren gegen bereits der Euthanasie zum Opfer gefallene Personen kam, *Schmuhl*, S. 300.

656 *Gruchmann*, Euthanasie und Justiz im Dritten Reich, VfZ 1972, S. 235 (266).

657 Pauleikhoff geht davon aus, dass die Generalstaatsanwälte, in deren Kompetenzbereich Tötungsanstalten lagen, bereits im August 1940 über die Euthanasieaktion in Kenntnis gesetzt wurden, *Pauleikhoff*, S. 106; auch wenn die Unterrichtung der betreffenden Generalstaatsanwälte in einem Schreiben der Kanzlei des Führers behauptet wurde, geht Schmuhl davon aus, dass lediglich die Generalstaatsanwälte informiert wurden, die das Reichsjustizministerium um Anweisungen gebeten haben, weil die zuständigen Sachbearbeiter des Ministeriums bei ihrer Nachforschung keine Unterlagen über die in dem Schreiben der Kanzlei des Führers behauptete Unterrichtung auffinden konnten, *Schmuhl*, S. 302; so auch *Gruchmann*, Euthanasie und Justiz im Dritten Reich, VfZ 1972, S. 235 (269 f.).

658 Einladungsschreiben für die Tagung vom 23./24. April 1941, BArch R 3001/20245, fol. 53.

gegen die Euthanasie auszuräumen.[659] Noch bevor Schlegelberger die Tagung im Haus der Flieger in der Prinz-Albrecht-Strasse eröffnete, wurde den uniformierten[660] 34 Oberlandesgerichtspräsidenten sowie 34 Generalstaatsanwälten bzw. deren Vertretern (es waren insgesamt ca. 90–100 Personen anwesend)[661] zunächst eine auf den 22. April datierte Rundverfügung ausgeteilt.[662] Die Rundverfügung wies sie dazu an, Sachen in denen die Frage der Vernichtung lebensunwerten Lebens von Bedeutung sein konnte, in den Bezirken in jedem Fall zur Vortragssache zu erklären.[663] Diese Verfügung war der erste Schritt bei der Niederschlagung künftig eingehender Strafanzeigen, weil dadurch den unteren Instanzen die Zuständigkeit entzogen wurde. Sie ließ eindeutig die Absicht des Ministeriums erkennen, dass jegliche Weiterverfolgung der Fälle unterbunden werden sollte.[664]

Sodann folgte Schlegelbergers Eröffnungsvortrag.[665] Es war die erste gemeinsame Besprechung der Behördenleiter unter seiner Leitung. In dem Plan der Arbeitstagung tauchte lediglich der Titel „Vorträge über eine für die Justiz besonders wichtige Frage" auf.[666] Hierunter verbarg sich die Erörterung des von Hitler mit Erlass vom 1. September 1939 eingeleiteten Euthanasieprogramms zur Tötung körperlich und geistig Beeinträchtigter. Weil Tagungsprotokolle fehlen, müssen für die Auswertung der Besprechung die Berichte der Teilnehmer herangezogen werden. Überliefert sind die Notizen des Kölner Oberlandesgerichtspräsidenten Bergmann. Darin heißt es, dass Oberdienstleiter Brack und Heyde aus der Kanzlei des Führers in ihren Vorträgen betont hätten, dass im Rahmen der Euthanasie nicht nur unheilbar Kranken, sondern auch Geisteskranken der Gnadentod zu gewähren sei, weil diese nicht mehr

659 *Gruchmann,* Euthanasie und Justiz im Dritten Reich, VfZ 1972, S. 235 (266).

660 In dem Einladungsschreiben wurden die Behördenleiter dazu aufgefordert ihre Uniform anzulegen, Einladungsschreiben für die Tagung vom 23./24. April 1941, BArch R 3001/20245, fol. 53.

661 *Kramer,* Oberlandesgerichtspräsidenten und Generalstaatsanwälte als Gehilfen der NS-„Euthanasie", KJ 1984, S. 24 (29).

662 *Förster,* Rechtsschutz für Behinderte im Dritten Reich?, S. 59 (68).

663 Geheime Rundverfügung vom 22. April 1941, BArch R 3001/25021, fol. 99.

664 So *Förster,* Rechtsschutz für Behinderte im Dritten Reich?, S. 59 (69).

665 Plan der Arbeitstagung der Oberlandesgerichtspräsidenten und Generalstaatsanwälte vom 23./24. April 1941, BArch R 3001/20245, fol. 54.

666 Plan der Arbeitstagung der Oberlandesgerichtspräsidenten und Generalstaatsanwälte vom 23./24. April 1941, BArch R 3001/20245, fol. 5

am Gemeinschaftsleben teilnehmen könnten.[667] Anschließend erläuterten Brack und Heyde das bereits seit Monaten durchgeführte Tötungsprogramm. Zudem nannten sie Maßnahmen zu dessen Geheimhaltung, weil dem Volk die Aktionen vorenthalten werden sollten. Laut Bergmanns Notizen fanden im Anschluss keinerlei Diskussionen statt. Vielmehr herrschte unter den Teilnehmern Schweigen. Generalstaatsanwalt Jung aus Berlin soll daraufhin einem anderen Teilnehmer zugeflüstert haben: „Jetzt möchte ich den sehen, der vor Scham nicht rot wird."[668] Ein Satz der den Schluss zulässt, dass nicht alle mit dem Vorhaben einverstanden waren.[669]

Am Ende erklärte Schlegelberger, dass nun ein Führererlass zur Durchführung des Euthanasieprogramms vorliege und somit keine Bedenken mehr gegen die praktische Durchführung gegeben seien.[670] Zur Tarnung des Programms wies er die Behördenleiter dazu an, die Tötungsaktionen von einer gerichtlichen Kontrolle fernzuhalten. Hierzu wurden die Generalstaatsanwälte dazu aufgefordert, nicht mehr am Legalitätsprinzip festzuhalten. Für den Fall einer Anzeige der Tötungen müsste der Vorgang vielmehr unbearbeitet, d.h. ohne die Einleitung vorheriger Ermittlungen, an das Reichsjustizministerium weitergegeben werden. Diese Vorgehensweise sollten die Generalstaatsanwälte an die ihnen unterstellten Staatsanwälte weitergeben, die ebenfalls von jeglichen Ermittlungen absehen sollten. Die Oberlandesgerichtspräsidenten mussten die Landgerichtspräsidenten über das Euthanasieprogramm und den Befehl Hitlers unterrichten.[671] Auf Grund dieser Weisung hatte die Tagung einen starken Lenkungscharakter. Sie kann insgesamt „[...] als ein Versuch betrachtet werden, auf der Grundlage des Führererlasses die außernormative >>Euthanasie<<-Aktion legitimatorisch abzusichern und die Maßnahmen, die

---

667 Besprechungsnotizen des Kölner Oberlandesgerichtspräsidenten Bergmann über die Referate von Brack und Heyde auf der Tagung der Behördenleiter vom 23. April 1941, abgedruckt bei *Aly*, S. 56 f.

668 Bericht des Berliner Generalstaatsanwalts, abgedruckt bei *Gruchmann*, Euthanasie und Justiz im Dritten Reich, VfZ 1972, S. 235 (274). Auf das Schweigen haben sich im Übrigen zahlreiche Ärzte und Pfleger, die an den Euthanasieaktionen beteiligt waren, in den Prozessen nach 1945 berufen. Das Schweigen der Juristen hätte sämtliche Bedenken gegen die Aktionen beseitigt, *Fröhlich*, S. 286; *Kramer*, „Gerichtstag halten über uns selbst.", S. 81 (87 f.).

669 So *Merkel*, S. 291.

670 Aussage Bracks im Nürnberger Ärzteprozess, abgedruckt bei *Gruchmann*, Euthanasie und Justiz im Dritten Reich, VfZ 1972, S. 235 (274).

671 *Kramer*, Oberlandesgerichtspräsidenten und Generalstaatsanwälte als Gehilfen der NS-„Euthanasie", KJ 1984, S. 25 (30).

im Rahmen der >>Euthanasie<< ergriffen wurden, in das technisch-juristische Ordnungsgefüge des NS-Staates einzubinden."[672] Der von der nationalsozialistischen Führung vorgegebene justizmäßige Umgang mit den Tötungsaktionen hatte sich im Übrigen in der Vergangenheit bereits schon mehrfach bewährt; denn sowohl im Anschluss an den Röhm-Putsch[673] als auch nach den gewaltsamen Aktionen in der Reichspogromacht[674] waren die Behördenleiter auf jeweils kurz danach durchgeführten Tagungen zur Nichteinleitung von Strafverfahren unter partieller Aufhebung des Legalitätsprinzips angewiesen worden.[675]

---

672 *Fröhlich*, S. 286.

673 Als Röhm-Putsch wird die Ende Juni/Anfang Juli 1934 vorgenommene Ermordung der SA Führungsebene samt Stabschef Ernst Röhm zur Unterdrückung eines angeblichen Putsch-Versuches durch die SA und Röhm bezeichnet. Nachdem Hitler in einer Ministerbesprechung am 3. Juli 1934 deutlich zum Ausdruck brachte, dass sich eine nachträgliche Prozessführung verbiete und er im Übrigen die volle Verantwortung für die gewaltsamen Aktionen übernehme, wies Reichsjustizminister Gürtner die preußischen Generalstaatsanwälte in einer Tagung am 12. Juli 1934 dem Wunsch Hitlers entsprechend dazu an, mit Ausnahme der Vorgänge in Schlesien, wo es zu zahlreichen Erschießungen kam, die in keinem Zusammenhang zu dem angeblichen Putschversuch standen, keine Strafverfahren einzuleiten, vgl. Auszug aus der Niederschrift über die Ministerbesprechung vom 3. Juli 1934, BArch R 43/3617, fol. 13 ff.; Niederschrift von der Tagung der Leiter der preußischen Staatsanwaltschaften vom 12. Juli 1934, BArch R 3001/24277, fol. 94 ff.; *Gruchmann*, Justiz im Dritten Reich, S. 457.

674 Nach den Novemberpogromen wurden die Staatsanwaltschaften zunächst schriftlich sowie auf einer gemeinsamen Arbeitstagung am 23. Januar 1939 dazu angewiesen, bestimmte Delikte nicht zu verfolgen. *Gruchmann*, „Reichskristallnacht" und „Justiz", NJW 1988, S. 2856 (2857 f.); *Gruchmann*, Justiz im Dritten Reich, S. 487 sowie Mitschrift des Münchener Generalstaatsanwalts über die Arbeitstagung des Reichsjustizministers mit den Chefpräsidenten und den Generalstaatsanwälten vom 23.–26. Januar 1939, abgedruckt bei *Schubert*, Das Reichsjustizministerium und die höheren Justizbehörden in der NS-Zeit (1933–1945), S. 93 f.; siehe dazu auch C. III. 3. c) aa).

675 Im Unterschied zu den im Zusammenhang mit dem Röhm-Putsch begangenen Straftaten wurde die Justiz bei den Pogromstraftaten, entgegen der Ankündigung Freislers auf der Tagung vom 23. Januar 1939, in der Folge allerdings nicht in den Entscheidungsprozess mit eingebunden, weil die Gestapo und das Oberste Parteigericht darüber entschieden haben, ob Straftaten nicht verfolgt oder an die Justiz zur Verfolgung abgegeben werden sollten. Dies hing davon ab, ob der Täter im Sinne der nationalsozialistischen Führung oder aus Eigensucht gehandelt hat. Die Regelung traf Göring, der von Hitler zur Klärung der Vorfälle beauftragt worden war. Die Justiz wurde somit gänzlich an eigenständigen Ermittlungen gehindert, während

Eine intensive Vorbereitung im Vorfeld der Tagung hatte im Reichsjustizministerium nicht stattgefunden, da die praktischen Schwierigkeiten in den Oberlandesgerichtsbezirken, deren Beseitigung die Tagung diente, auf Grund der zahlreichen Eingaben bekannt waren.

Nach der Tagung verlief zunächst alles planmäßig. Die Staatsanwälte gingen mit eingegangenen Strafanzeigen so um, wie es Schlegelberger gefordert hatte. Sie eröffneten kein einziges Strafverfahren mehr gegen Personen, die an der Euthanasie beteiligt waren. Bereits laufende Verfahren wurden eingestellt.[676] Die Tagung schien daher ein „voller Erfolg" gewesen zu sein. Dieser hielt jedoch nicht lange an, weil die partielle Aufhebung des Legalitätsprinzips zur Geheimhaltung nur begrenzt beigetragen hat. Zwar übersandte der Kölner Oberlandesgerichtspräsident dem Ministerium knapp eine Woche nach der Tagung noch Verbesserungsvorschläge zur Geheimhaltung.[677] Auch die von Freisler der Kanzlei des Führers angebotene Übersendung der regelmäßig im Ministerium eingehenden Lageberichte, die sich teilweise mit der Vernichtung lebensunwerten Lebens auseinandersetzten und der Kanzlei des Führers bei der Aufdeckung von Mängeln im Umgang mit der Euthanasie in den einzelnen Oberlandesgerichtsbezirken behilflich waren, förderten die Geheimhaltung, da so auf in den Lageberichten mitgeteilte Missstände bei der Tarnung der gesamten Aktion umgehend reagiert werden konnte.[678] Dennoch steigerte sich die Unruhe in der Bevölkerung, was nicht zuletzt daran lag, dass die Geheimhaltungspflicht nicht immer konsequent eingehalten wurde.[679] Nach dem Protest der evangelischen und katholischen Kirche in Person des Pastors von Bodelschwingh und des Münsteraner Bischofs von Galen wurde die Euthanasieaktion

---

sie in der Röhm-Affäre in die Entscheidung einbezogen wurde, ob die Delikte zu verfolgen waren oder nicht, d.h. unter das Staatsnotwehrgesetz zu subsumieren waren, *Gruchmann*, Justiz im Dritten Reich, S. 455, 488 f. Das Staatsnotwehrgesetz hat die im Zusammenhang mit dem Röhm-Putsch begangenen Straftaten nachträglich legalisiert, Gesetz über Maßnahmen der Staatsnotwehr vom 3. Juli 1934, RGBl. I 1934, S. 529.

676 *Klee*, S. 255.

677 Schreiben des Kölner Oberlandesgerichtspräsidenten an den Reichsjustizminister vom 30. April 1941, BArch R 3001/25021, fol. 100.

678 *Förster*, Rechtsschutz für Behinderte im Dritten Reich?, S. 59 (70); Schreiben von Freisler an Bouhler vom 20. Juni 1941, BArch R 3001/25021, fol. 105. Die Kanzlei des Führers nahm die Berichte tatsächlich zum Anlass für weitere Nachforschungen, vgl. hierzu nur das Schreiben von Brack an Freisler vom 4. August 1940, BArch R 3001/25021, fol. 122.

679 *Gruchmann*, Euthanasie und Justiz im Dritten Reich, VfZ 1972, S. 235 (275).

am 24. August 1941 durch mündlichen Befehl Hitlers an Brandt und Bouhler schließlich gestoppt[680], in der Folge allerdings als sog. „wilde Euthanasie", d.h. in Form der vereinzelten Tötung von Anstaltsinsassen durch „Hungerdiät" oder Zuführung tödlicher Medikamente, fortgesetzt. Auch die schon zuvor durchgeführte Kindereuthanasie wurde weiterhin betrieben. Sie war von dem Befehl Hitlers nicht umfasst.[681]

ff) Zwischenergebnis

Zusammenfassend lässt sich feststellen, dass die von Schlegelberger geleitete Euthanasietagung vom 23./24. April 1941 dazu diente, den reibungslosen Ablauf der ungesetzlichen und bereits seit Monaten durchgeführten Tötungsaktionen sicherzustellen. Erreichen wollte Schlegelberger dieses Ziel durch die Anweisung der Generalstaatsanwälte zur Nichtbeachtung des Legalitätsprinzips und zur Nichteinleitung von Strafverfahren in den die Euthanasie betreffenden Fällen. Auf Grund zahlreich eingegangener Strafanzeigen mussten die Behördenleiter über die systematische Tötung informiert und zu einer einheitlichen Behandlung der Vorgänge angewiesen werden, wenn die Aktionen vor der breiten Öffentlichkeit geheim gehalten werden sollten. Zudem häuften sich die Anfragen der Generalstaatsanwälte an das anfangs nicht eingeweihte Ministerium und offenbarten die zahlreichen Unsicherheiten bei der praktischen Handhabung. Mit der Aufhebung des Legalitätsprinzips entschied sich das Reichsjustizministerium für eine Maßnahme, die sich in der Vergangenheit bei der Handhabung der im Zusammenhang mit dem Röhm-Putsch und den Novemberpogromen begangenen Straftaten bereits bewährt hatte. Die jeweils kurz nach den ungesetzlichen Aktionen durchgeführten Arbeitstagungen dienten im Ergebnis dazu, die Behördenleiter über den von der politischen Führung gewünschten Umgang mit den gewaltsamen und ungesetzlichen Aktionen zu informieren, diese zu decken und den Justizbetrieb aufrecht zu erhalten. Ob

680 *Burkhardt*, S. 103; *Kröner*, S. 87 (101). Neben der Beunruhigung der Bevölkerung und dem kirchlichen Protest wird von einem Teil der Literatur auch die Konzentration sämtlicher Kräfte im Krieg gegen die Sowjetunion als Grund für die Beendigung angeführt, vgl. hierzu *Burkhardt*, S. 104. Klee nennt einen weiteren Grund für die Einstellung der Euthanasieaktion. Er geht davon aus, dass die Aktion T4 zu diesem Zeitpunkt mit der Ermordung von 70.000 Menschen ein Zwischenziel erreicht hatte, *Klee*, S. 265.

681 *Gruchmann*, Euthanasie und Justiz im Dritten Reich, VfZ 1972, S. 235 (276 ff.); *Kogon/Langbein/Rückerl*, S. 57; die Kindereuthanasie hat in der Zeit von 1939–1945 mindestens 5000 Todesopfer gefordert, *Schmuhl*, S. 189.

dem Ministerium Handlungsalternativen zur Unterbindung der Euthanasieaktion zur Verfügung standen, ist im Nachhinein schwer zu beurteilen. Dagegen spricht die Tatsache, dass die Euthanasie auch schon vor der Kenntniserlangung des Reichsjustizministeriums bereits monatelang weisungsgemäß durchgeführt wurde. Dass die Aktion T4, mit Ausnahme der wilden Euthanasie sowie der Kindereuthanasie, im August 1941 nach Protest des Pastors von Bodelschwingh und des Münsteraner Bischofs von Galen eingestellt worden ist[682] beweist jedoch, dass es erfolgreichen Widerstand gab.

gg) *Korrespondenzen mit der Partei- und Reichskanzlei im Vorfeld von Tagungen*

Vor der Tagung der Oberlandesgerichtspräsidenten und Generalstaatsanwälte vom 29. September 1942[683] fand sowohl mit der Partei- als auch mit der Reichskanzlei ein enger Austausch statt. Ausgangspunkt war ein Gespräch zwischen dem Leiter der Partei-Kanzlei Bormann und Hitler am 14. September 1942, in dem Hitler Kritik an einem kürzlich gelesenen Urteil äußerte, das die Strafbarkeit eines im Schutz der Dunkelheit begangenen Verbrechens betraf.[684] Das von dem Gericht in dem Verfahren verhängte Strafmaß empfand Hitler als zu milde. Er forderte ein hartes Vorgehen gegen Verdunkelungsverbrechen[685], weil eine zu milde Rechtsprechung die Zahl dieser Verbrechen erhöhen würde.[686] Dass Delikten, die eine sog. Seuchengefahr aufwiesen und zu denen Hitler die Verdunkelungsverbrechen zählte, mit der ganzen Härte des Strafrechts entgegengetreten werden sollte, hatte er bereits in einem persönlichen Gespräch

---

682 *Schaefer*, S. 133 (142 f.); die Frage nach Handlungsalternativen wäre unter dem Gesichtspunkt der Kausalität in einem Strafverfahren gegen die Teilnehmer der Tagung zu prüfen gewesen, zu dem es allerdings nicht kam, siehe dazu D. IV.

683 Niederschrift über die Tagung der Oberlandesgerichtspräsidenten und Generalstaatsanwälte vom 29. September 1942, BArch R 3001/24199, fol. 55 ff.

684 Die Verdunkelung wurde, genau wie der Fliegeralarm, als Ausnutzung der kriegsbedingten Verhältnisse bei der Tatbegehung verstanden, *Böske*, S. 110.

685 Bereits im Mai 1941 hatte sich Hitler über Bormann bei Lammers, der Schlegelberger unterrichten sollte, über ein zu mildes Urteil gegen einen Verdunkelungsverbrecher beschwert und bei Verdunkelungsverbrechen die Todesstrafe gefordert, Schreiben von Bormann an Lammers vom 25. Mai 1941, BArch R 43-II/645a, fol. 93; in seinem Antwortschreiben vom 28. Juni 1941 kündigte Schlegelberger an, die Behördenleiter alsbald über die Auffassung des Führers unterrichten zu wollen, Schreiben des Reichsministers der Justiz an den Chef der Reichskanzlei vom 28. Juni 1941, BArch R 43-II/645a, fol. 95 ff.

686 Vermerk Bormanns vom 14. September 1942, BArch R 3001/24203, fol. 2.

gegenüber Thierack und Rothenberger am 20. August 1942, dem Tag ihrer Ernennung, im Führerhauptquartier deutlich gemacht.[687] Das aktuelle Urteil nahm Hitler daher einmal mehr zum Anlass, um erneut auf die Missstände hinzuweisen und auf eine Veränderung der Rechtsprechungspraxis zu drängen. Derartige persönliche Gespräche zwischen Hitler und Bormann fanden häufig statt. Sie beschränkten sich dabei anfangs allerdings auf die die Partei betreffenden Angelegenheiten. Mit zunehmender Zeit ging Bormann allerdings dazu über, Hitlers den staatlichen Bereich betreffenden Wünsche im „Auftrag des Führers" durchzusetzen, obwohl diese Angelegenheiten eigentlich in den Zuständigkeitsbereich der Reichskanzlei fielen. Dies führte dazu, dass Bormann in der Folge eine zentrale Rolle bei der Weitergabe von, den staatlichen Bereich betreffenden, Führeranordnungen einnahm.[688] Im August 1942 wurde der Einfluss Bormanns im Justizsektor weiter ausgebaut; denn die Thierack umfassend erteilte Vollmacht, alle erforderlichen Maßnahmen zum Aufbau einer starken Rechtspflege zu ergreifen, hatte dieser im Einvernehmen mit der Reichs- und der Partei-Kanzlei auszuüben.[689] Zusätzlich durch die Vollmacht vom 20. August 1942 in seiner Position gestärkt, nahm Bormann nach dem Gespräch mit Hitler umgehend schriftlich Kontakt mit Thierack auf und teilte ihm mit, dass er von Hitler dazu beauftragt worden sei, darauf hinzuweisen, dass bei Verdunkelungsvergehen im Allgemeinen auf Todesstrafe zu erkennen sei. Hitler habe aus der Presse von einem zu milden Urteil Kenntnis erlangt, welches Anlass zu Bedenken gäbe.[690] Es dauerte nicht lange, bis der mit der Eingabe Bormanns und letztlich mit der Durchsetzung des Führerwillens beauftragte Thierack der Anweisung nachkam. Denn wie bereits aufgezeigt, wurde Thierack in seiner kurzen Amtszeit schon zwei Mal von Hitler damit beauftragt, die Rechtsprechung im Bereich der Verdunkelungsverbrechen zu verschärfen.

Nur vier Tage nachdem Bormann Thierack kontaktiert hatte, versammelten sich die Behördenleiter am 29. September 1942 zu einer gemeinsamen Besprechung. Genau wie von Bormann und Hitler gefordert, wies Thierack die Behördenleiter in der Besprechung, deren Durchführung allerdings schon vor

687 *Gruchmann*, Hitler über die Justiz, VfZ 1964, S. 86 (89 ff.).

688 *Longerich*, S. 157 ff.

689 Ebenda, S. 159; Erlass des Führers über besondere Vollmachten des Reichsministers der Justiz vom 20. August 1942 zum Aufbau einer nationalsozialistischen Rechtspflege, RGBl. I 1942, S. 535.

690 Schreiben von Reichsleiter Bormann an Reichsjustizminister Thierack vom 25. September 1942, BArch R 3001/24203, fol. 1.

der Kontaktaufnahme von Bormann feststand, dazu an, bei Straftaten die eine sog. Seuchengefahr aufwiesen, mit der nötigen Härte vorzugehen. Hierunter würden z.B. Straftaten in der Verdunkelung fallen, wo stets die Todesstrafe zu verhängen sei. Der Einzige, der hier korrigieren könne, sei Thierack selbst.[691] Allein bei der mündlichen Aufforderung, härtere Strafen zu verhängen, beließ es Thierack jedoch nicht. Vielmehr wies er auch im ersten Richterbrief vom 1. Oktober 1942 nochmals darauf hin, dass Verbrechen unter Ausnutzung der Kriegsverhältnisse streng zu bestrafen seien, was ganz besonders für „den feigen Verdunkelungsverbrecher" gelte.[692]

Neben der Partei-Kanzlei führte auch die Reichs-Kanzlei im Vorfeld der Tagung vom 29. September 1942 eine Korrespondenz mit dem Reichsjustizministerium. Inhaltlich ging es dabei um die Behandlung von ca. 180.000 sog. asozialer Strafgefangener.[693] Über den aus seiner Sicht untragbaren Zustand, der einerseits gut gefüllten Gefängnisse und der zahlreichen Kriegsverluste auf der anderen Seite, informierte Hitler Thierack und Rothenberger in dem bereits erwähnten Gespräch im Führerhauptquartier am 20. August 1942. Hitler verstand den Krieg als negative Auslese, bei der die Besten des Volkes an der Front fallen, während die Asozialen in den Zuchthäusern sitzen und konserviert würden, was letztlich zu einer Herrschaft der Minderwertigen, wie nach dem Ersten Weltkrieg 1918, führe.[694] Thierack und Rothenberger, die dem Gespräch einen direkten Handlungsauftrag entnahmen, ohne jedoch von Hitler konkrete Richtlinien oder Vorgaben erhalten zu haben, begannen bereits kurz nach dem Gespräch damit, praktische Lösungen zur Umsetzung des Führerwillens zu suchen.[695] Am 16. September fand zunächst eine Besprechung zwischen der Reichskanzlei, der zuständigen Verbindungsstelle der staatlichen Behörden zu Hitler[696] und Thierack, statt, in der neben diverser persönlicher

691 Vortrag Thieracks auf der Arbeitstagung mit den Chefpräsidenten und Generalstaatsanwälten vom 29. September 1942, BArch R 3001/24199, fol. 42 ff.

692 Richterbrief Nummer 1 vom 1. Oktober 1942, BArch R 3016/52, fol. 1 ff.

693 So viele Strafgefangene befanden sich am 15. September 1942 in den deutschen Gefangenenanstalten und Gefängnissen, so Thierack auf der Besprechung vom 29. September 1942, Niederschrift über die Tagung der Oberlandesgerichtspräsidenten und Generalstaatsanwälte vom 29. September 1942, BArch R 3001/24199, fol. 38 ff.

694 So Hitler in einem Tischgespräch mit Rothenberger und Thierack am 20. August 1942 im Führerhauptquartier, *Gruchmann*, Hitler über die Justiz, VfZ 1964, S. 86 (89).

695 So *Schädler*, S. 115.

696 So *Gruchmann*, Euthanasie und Justiz im Dritten Reich, VfZ 1972, S. 235 (247).

Angelegenheiten auch die Behandlung „asozialer Strafgefangener" erörtert wurde.[697]

Der Umgang mit Sicherungsverwahrten, die neben den Strafgefangenen ebenfalls zur negativen Auslese beitragen würden, wurde bereits am 18. September 1942 durch eine Vereinbarung von Thierack und Himmler endgültig geregelt. Sie sah die Abgabe der sich im Bereich der Justiz befindenden Sicherungsverwahrten an die Konzentrationslager zur „Vernichtung durch Arbeit" vor.[698] Die Behandlung „asozialer Strafgefangener" wurde dagegen am 28. September 1942 mit Hitler persönlich besprochen[699], ehe die Behördenleiter auf der Tagung vom 29. September 1942 von den Ergebnissen der zuvor stattgefundenen Unterredungen in Kenntnis gesetzt wurden. Dabei griff Thierack in seiner Ansprache die Gedanken Hitlers über das Wesen des Krieges als negative Auslese unter Verwendung seiner Wortwahl auf und präsentierte die Lösung des Problems. Demnach sollten Personen, die mit einer Zuchthausstrafe bis maximal drei Jahren verurteilt und nach 1908 geboren wurden, ohne Erhalt der Wehrwürdigkeit Kriegsdienst an der Front leisten. Auch die übrigen Strafgefangenen sollten bei besonders gefährlichen Einsätzen mitwirken. Für den Fall, dass sie sich bei ihrem Fronteinsatz bewähren sollten, stellte Thierack den Häftlingen den Erlass ihrer Strafe in Aussicht. Auf den Inhalt der zuvor mit Himmler getroffenen Vereinbarung zum Umgang mit Sicherungsverwahrten ging Thierack wie folgt ein: „[...] sie werden alle dort eingesetzt, wo sie zugrunde gehen. Dabei werden sie noch Werte für unser Volk leisten."[700]

Dass Einflussnahmen auf die Strafjustiz durch die Partei-Kanzlei kein Einzelfall waren und vor allem nach der Rundverfügung vom 20. August 1942 häufiger stattfanden, belegen auch die Schriftwechsel mit dem Reichsjustizministerium im Vorfeld einer Behördenleitertagung, die vom 3./4. Februar 1944 im Reichsärztehaus in Weimar stattfand.[701] Auch dieser Tagung ging eine Eingabe der Partei-Kanzlei voraus. Sie betraf die unzureichende Strafzumessung bei „Straftaten gegen das keimende Leben". Hierauf hat die Partei-Kanzlei mit

---

697 Besprechungspunkte für die Besprechung mit Reichsminister Thierack am 16. September 1942, BArch R 43-II/1131, fol. 87.

698 *Gruchmann*, Hitler über die Justiz, VfZ 1964, S. 86 (92).

699 So Thierack auf der Besprechung vom 29. September 1942, Niederschrift über die Tagung der Oberlandesgerichtspräsidenten und Generalstaatsanwälte vom 29. September 1942, BArch R 3001/24199, fol. 41.

700 Ebenda, fol. 38 ff.

701 Niederschrift über die Arbeitstagung der Oberlandgerichtspräsidenten und Generalstaatsanwälte vom 3./4. Februar 1944 in Weimar, BArch R 3001/24205, fol. 3 ff.

einem an Thierack gerichtetem Schreiben vom 21. Dezember 1943 durch die Auflistung von Urteilen verschiedener Gerichte aufmerksam machen wollen.[702] Sämtliche Urteile würden aus Sicht der Parteikanzlei „[…] der Notwendigkeit eines energischen strafrechtlichen Volksschutzes gegenüber der Abtreibungsseuche in keiner Weise gerecht."[703] Im Reichsjustizministerium wurde die Kritik aus der Partei-Kanzlei offenbar sehr ernst genommen und die unzureichende Strafzumessung bei Abtreibungen auf die Tagesordnung einer Dienstbesprechung gesetzt, die am 17. Januar 1944 bei Staatssekretär Klemm[704] stattgefunden hat.[705] Nur etwas mehr als drei Wochen später fand schließlich die bereits erwähnte Behördenleitertagung in Weimar statt, die von Reichsjustizminister Thierack eröffnet wurde. Nach Thieracks Ansprache, in der er einen Schwerpunkt auf die Auswirkungen des Krieges auf die Justiz gelegt hatte, folgten die Referate der Sachbearbeiter aus dem Reichsjustizministerium.[706] Gegenstand des Vortrags von Ministerialdirektor Vollmer war die Behandlung von Strafsachen wegen Abtreibung, Kindestötung und Homosexualität. Laut Vollmer seien in vielen Fällen der Selbstabtreibung, aber auch der Fremdabtreibung die Strafen viel zu milde. „Besonders in einzelnen Bezirken des Westens und der Alpen- und Donaugaue ist das Schutzgut anscheinend noch nicht von allen Gerichten klar erfaßt; es handelt sich heute um die Lebenskraft des kämpfenden, d.h. durch Front und Luftkrieg erheblich in Anspruch genommenen Volkes, das in allen kommenden Generationen wieder ungeschwächt sein soll." Vollmer forderte die Praktiker dazu auf, die Grenze zwischen einfacher Fremdabtreibung und todeswürdiger Fremdabtreibung zukünftig enger zu ziehen, weil die Volkskraft im Kriege gefährdeter denn je sei.[707]

Das Beispiel verdeutlicht erneut den Einfluss der Partei-Kanzlei auf den Tagungsinhalt. Alle von Vollmer wegen ihrer zu milden Rechtsprechung kritisierten Gerichtsurteile stimmen mit den Urteilen überein, die sich im Anhang

---

702 Schreiben der Partei-Kanzlei an den Reichsjustizminister vom 21. Dezember 1943, BArch R 3001/20963, fol. 1 ff.

703 Ebenda, fol. 9.

704 Klemm hatte Rothenberger beerbt, der auf Grund eines Plagiatsvorwurfs das Reichsjustizministerium zum 1. Januar 1944 verlassen musste, *Schädler*, S. 141.

705 Übersicht der Vorträge für eine Besprechung bei Herrn Staatssekretär am 17. Januar 1944, BArch R 3001/24172, fol. 43.

706 Niederschrift der Arbeitstagung der Oberlandgerichtspräsidenten und Generalstaatsanwälte vom 3./4. Februar 1944 in Weimar, BArch R 3001/24205, fol. 3 ff.

707 Referate der Sachbearbeiter auf der Arbeitstagung des Reichsjustizministers vom 3./4. Februar 1944 in Weimar, BArch R 3016/82, fol. 51 ff.

des Schreibens der Partei-Kanzlei vom 21. Dezember 1943 befinden.[708] Erneut wird deutlich, dass sich die Partei-Kanzlei in zunehmendem Maße in staatliche Belange wie die Strafjustiz einmischte und erreichte, dass die Eingaben im Ministerium erörtert und an die Behördenleiter im Rahmen anstehender Tagungen weitergegeben wurden.

5. Zusammenfassung

Nach alledem lässt sich festhalten, dass im Untersuchungszeitraum insgesamt 23 Arbeitstagungen stattgefunden haben. Entgegen einiger Annahmen fanden die Besprechungen nicht halbjährlich statt. Vielmehr divergierten die Zeitabstände. Angesichts des Zweiten Weltkrieges und damit verbundener Einschränkungen, etwa im Bereich des Transportwesens, musste häufig zunächst die sichere Erreichbarkeit des Tagungsortes sichergestellt sein, bevor die Besprechungen durchgeführt werden konnten.[709] Ferner wurden einzelne Tagungen einberufen, um kurzfristige Änderungen oder aktuelle Ereignisse zu erörtern.[710] Allein diese Unvorhersehbarkeit stand einem halbjährlichen Turnus entgegen.

Inhaltlich nahm u.a. die Erörterung der Berichtspflichten einen breiten Raum ein. Weil die Lenkung der Strafjustiz zunächst eine umfassende Berichterstattung erforderlich machte, bevor eine tatsächliche Einwirkung und Lenkung stattfinden konnte, war das Reichsjustizministerium vor allem kurz nach der Machtergreifung darum bemüht, möglichst schnell einen umfassenden Informationsapparat aufzubauen. Hierzu nutzte es auch die Arbeitstagungen, wie die Einführung der Lageberichte auf den Besprechungen vom 5./6. April 1934 und am 23. September 1935 verdeutlicht.[711] Nachdem die

---

708 Schreiben der Partei-Kanzlei an den Reichsjustizminister vom 21. Dezember 1943, BArch R 3001/20963, fol. 1 ff.

709 So wurden z.B. die von der NSDAP durchgeführten Tagungen, zu denen die Anreise per Bahn erforderlich war, bereits durch eine Anordnung vom 30. Mai 1941 vorläufig zurückgestellt, sofern ihre Durchführung nicht dringend notwendig war, weil die Deutsche Reichsbahn durch kriegs- und lebenswichtige Transporte stark beansprucht war, vgl. Anordnung A 26/41 vom 30. Mai 1941, NS 6/334, fol. 4.

710 Vgl. nur die Tagung vom 11./12. November 1936. Mitursächlich für die Einberufung der Behördenleiter war die seitens des Reichsjustizministeriums kritisierte Rechtsprechung des Berliner Kammergerichts und mithin ein unvorhersehbares Ereignis, BArch R 3001/25004, fol. 4; *Weichbrodt*, S. 219.

711 Niederschrift der Tagung der Oberlandesgerichtspräsidenten und Generalstaatsanwälte vom 5./6. April 1934, BArch R 3001/24069, fol. 1 ff.; Niederschrift der Tagung der Generalstaatsanwälte vom 23. September 1935, BArch R 3001/24277, fol. 127.

Berichtspflichten größtenteils eingeführt waren, verschafften sie dem Reichsjustizministerium einen Überblick über die lokale Rechtsprechung. Fehlentwicklungen wurden von zentraler Stelle verfolgt und zum Gegenstand von Arbeitstagungen gemacht, die insoweit zur Verschärfung der Strafrechtspraxis dienten. Aber auch durch Eingaben der Gestapo sowie der Partei- und der Reichskanzlei wurde das Reichsjustizministerium über Missstände informiert, die im Anschluss auf den Tagungen erörtert wurden.

Vielfach wurden die Arbeitstagungen vom Reichsjustizministerium dazu benutzt, die Strafjustiz durch Einflussnahmen auf die staatsanwaltliche Tätigkeit zu beeinflussen. So wurden die preußischen Generalstaatsanwälte noch vor der endgültigen Gleichschaltung der Justiz in einer Besprechung am 12. Juli 1934 dazu angewiesen, im Zusammenhang mit dem Röhm-Putsch begangene Straftaten überwiegend nicht zu verfolgen.[712] Eine Anweisung, die sich auf den Tagungen vom 23. Januar 1939 sowie vom 23./24. April 1941 wiederholen sollte und mit der das Reichsjustizministerium die ungesetzlichen Tötungen der nationalsozialistischen Führung gedeckt und die Aktionen dadurch unterstützt hat.[713] Eine neue Phase strafrechtlicher Lenkung setzte mit der Tagung vom 31. März 1942 ein, welche die juristische Führung nutzte, um ihre Absichten zur Steuerung der Strafjustiz offen zu formulieren.[714] Die Oberlandesgerichtspräsidenten wurden dazu angewiesen, sich bei der Strafhöhe nur nach den Führerbefehlen und Richtlinien der zentralen Führung zu richten. Strafwürdiges sollte „[…] nicht aus sogenannten juristischen Gründen ungestraft bleiben."[715] Bemerkenswert ist, dass inzwischen auch die Durchführung der Vor- und Nachschauen, die in der Amtszeit Gürtners noch für unvereinbar mit der richterlichen Unabhängigkeit erklärt wurden, in jedem Bezirk für selbstverständlich gehalten wurde. Durch die Ankündigung eines entsprechenden Erlasses zu ihrer Durchführung auf der Tagung vom 29. September 1942,

712 Siehe hierzu Fn. 673.

713 *Gruchmann*, Justiz im Dritten Reich, S. 533 f.

714 Auf der Tagung vom 31. März 1942 äußerte sich Freisler gegenüber den Behördenleitern wie folgt: „[…] so ist schon wegen dieser Schwierigkeit des heutigen Entwicklungsstandes der deutschen Rechtspflege eine Steuerung Ihrer Arbeit aufs dringendste erforderlich, und diese Steuerung vorzunehmen, und zwar mit Zielsicherheit und Festigkeit, ist daher der erste Appell meines heutigen Vortrags.", Protokoll der Tagung „Rechtspflege im Krieg" vom 31. März 1942, BArch R 3001/24162, fol. 9.

715 Protokoll der Tagung „Rechtspflege im Krieg" vom 31. März 1942, BArch R 3001/24162, fol. 17.

nahm die forcierte Lenkung zudem konkretere Formen an als zuvor.[716] Die Ankündigung der die Vor- und Nachschauen regelnden Rundverfügung am 29. September 1942 ist daher Ausdruck einer auszumachenden Entwicklung im Bereich der Lenkung der Strafjustiz. In der Anfangszeit wenig institutionalisiert, wurden in späteren Tagungen, z.B. mit den Vor- und Nachschauen und den Richterbriefen[717], institutionalisierte Lenkungsmethoden präsentiert und eingeführt. Diese Institutionalisierung und Radikalisierung setzte zeitlich ungefähr mit der Ernennung Thieracks zum Reichsjustizminister am 20. August 1942 ein.

Außerdem nutzte das Reichsjustizministerium die Tagungen zur Stärkung des Gemeinschaftsgefühls. Vor allem die Tagungen auf der zur NS-Schulungsstätte umgebauten Reichsburg in Kochem begeisterten die Teilnehmer, weil neben der fachlichen Weiterbildung ein umfassendes Freizeitprogramm angeboten wurde. Auch wenn sich das Gemeinschaftsgefühl unter den Teilnehmern durch die Zusammenkünfte steigerte, mündete dies allerdings nicht in eine „Identität als kämpfende, fanatisch-nationalsozialistische Justiz“[718], was die weitgehend problemlose Umstellung des Justizapparates auf die Zeit nach 1945 beweist. Staatstreue war unter den Teilnehmern überwiegend vorhanden, es bedurfte insoweit keiner emotionalen Bindung mehr.[719]

Ferner wurden die Besprechungen vom Reichsjustizministerium zur Auslese von tüchtigen Richtern und Staatsanwälten genutzt. Die über sämtliche Tagungsteilnehmer angefertigten Notizen konnten sich positiv oder negativ auf die Karriere auswirken. Sie vermittelten der Justizführung insoweit wertvolle Erkenntnisse, die sie aufgrund der hohen Arbeitsbelastung der Referenten des Ministeriums und der nur seltenen Bereisung der Bezirke ansonsten nur schwer gewonnen hätte.[720] Mündliche Aussprachen mit den Behördenleitern verhinderten zudem, dass wichtige Mitteilungen auf dem Postweg verloren gingen oder von den Behördenleitern, die sich den Vorwurf gefallen lassen mussten, schriftliche Rundverfügungen oft nicht zu lesen, überhaupt gar nicht

---

716 Niederschrift über die Tagung der Oberlandesgerichtspräsidenten und Generalstaatsanwälte vom 29. September 1942, BArch R 3001/24199, fol. 55 ff.

717 Siehe dazu Fn. 289.

718 *Herbers*, S. 345.

719 *Herbers*, S. 345.

720 Rede Thieracks vor Hochschullehrern im Haus des Deutschen Rechts in München, BArch R 3001/24165, fol. 87.

zur Kenntnis genommen wurden.[721] Zudem hielt man besonders wichtige oder vertrauliche Fragen (Behandlung durch Minister oder Staatssekretär) generell nicht zur schriftlichen Mitteilung geeignet.[722]

IV. Einflussnahme durch dezentrale Besprechungen: Anordnung, Entstehung und Wirkung der Vor- und Nachschauen

1. Die Vor- und Nachschauen

Das nachfolgende Kapitel befasst sich mit den in der Amtszeit Thieracks verbindlich angeordneten Vor- und Nachschauen, die auch als „Sondergerichtsbesprechungen", „Präsidentenbesprechungen" oder „Vor- und Nachschauen in Straf- und Zivilsachen" bezeichnet wurden. Sie werden in diversen Werken, die sich eingehender mit dem Justizalltag im Dritten Reich beschäftigen, erwähnt, jedoch lediglich kursorisch behandelt.[723]

a) Definition

Unter der Vorschau wurde die Vorbereitung und Vorbesprechung anstehender Prozesse verstanden.[724] Gegenstand war der konkrete Einzelfall. Zwar gab es auf Reichsebene auch schon vor 1942 Zusammenkünfte der Vorsitzenden der Sondergerichte und Generalstaatsanwälte im Reichsjustizministerium in denen Sondergerichtsurteile kritisiert wurden[725], zur Vorbesprechung des konkret anstehenden Prozesses dienten diese Zusammenkünfte allerdings nicht! In der Nachschau wurde über die vorherigen Prozesse diskutiert und die etwaige Nichtbeachtung der in der Vorschau gegebenen Empfehlungen erörtert.[726] Die Begriffe „Vor- und Nachschau" wurden auch anderweitig verwendet. So wurde z.B. für das Reichspropagandaamt eine Vor- und Nachschau für die Pressereferenten des Reichsjustizministeriums und zuständigen Mitarbeiter

---

721 Vgl. hierzu den Tagungsbericht des Oberlandesgerichtspräsidenten aus Hamm vom 1. Juni 1944 von der Tagung auf der Reichsburg Kochem vom 23.–25. Mai 1944, BArch R 3001/24163, fol. 219 f.

722 Vgl. hierzu den Vermerk über eine Abteilungsleiterbesprechung vom 23. Juni 1944, BArch R 3001/24163, fol. 368 ff.

723 Siehe dazu A. II.

724 *Schädler*, S. 171.

725 *Wagner*, Die Umgestaltung der Gerichtsverfassung, S. 211.

726 *Gruchmann*, Justiz im Dritten Reich, S. 1142.

des Reichspropagandaamtes mit dem Ziel eingeführt, in einer Vorschau die anstehenden wichtigen Prozesse, die in den darauf folgenden Tagen geführt werden sollten und in einer Nachschau die tatsächlich durchgeführten Prozesse nachträglich zu besprechen, um sicherzustellen, dass nur solche Urteile zur Veröffentlichung gelangen, die der Härte des Strafrechts gerecht würden.[727] Gegenstand der vorliegenden Untersuchung sind jedoch die eingangs definierten Vor- und Nachschauen.

b) Die Rundverfügung vom 13. Oktober 1942

Verbindlich angeordnet wurde die Durchführung der Vor- und Nachschauen durch eine an die Präsidenten des Reichsgerichts und des Volksgerichtshofs und deren Oberreichsanwälte sowie die Oberlandesgerichtspräsidenten und Generalstaatsanwälte adressierte Rundverfügung vom 13. Oktober 1942. Die Verfügung wurde von Staatssekretär Rothenberger in Vertretung des Reichsjustizministers Thierack erlassen.[728] Sie ordnete die Behandlung einzelner wichtiger Sachen[729] mit dem Gericht vor Urteilsfällung an. Zuständig für die Durchführung sollten die Oberlandesgerichtspräsidenten sein.[730] Die Besprechungen waren alle 14 Tage am Sitz des Oberlandesgerichts mit allen Landgerichtspräsidenten unter Beteiligung des Generalstaatsanwalts durchzuführen, wobei begründete Ausnahmen zugelassen waren, wenn die Entfernungen zu groß waren. Die Sondergerichtsvorsitzenden sollten hinzugezogen werden, wenn sich ein Sondergericht in der Nähe befand.

In den Besprechungen sollten Fragen der Lenkung der Rechtsprechung diskutiert, die anstehenden Verfahren behandelt und grundsätzliche Angelegenheiten erörtert werden, wobei Rothenberger für die Ausgestaltung der Vorbesprechung darauf verzichtete, eine allgemeine Anordnung zu erlassen, dies vielmehr den Präsidenten der obersten Gerichte und den Oberlandesgerichtspräsidenten

---

727 Protokoll der Tagung „Rechtspflege im Krieg" vom 31. März 1942, BArch R 3001/24162, fol. 60 f.

728 Rundverfügung des Reichsministers der Justiz vom 13. Oktober 1942, BArch R 3001/22732, fol. 230 ff.

729 Die Rundverfügung enthielt einen nicht abschließenden Katalog mit Straf- und auch Zivilsachen, bei denen eine Vorbesprechung stattfinden sollte. So z.B. Straf- und Zivilsachen, in die Hoheitsträger oder Beamte verwickelt waren, oder auch Strafsachen, bei denen voraussichtlich die Todesstrafe oder eine schwere Zuchthausstrafe zu erwarten war; Rundverfügung des Reichsministers der Justiz vom 13. Oktober 1942, BArch R 3001/22732, fol. 230 ff.

730 Ebenda, fol. 230 ff.

überließ. Auch die Entscheidung über eine Delegation der Besprechungen auf die Landgerichtspräsidenten überließ er den Chefpräsidenten, wobei diese in wichtige Fälle eingeschaltet werden sollten. Grundvoraussetzung für die Durchführung der Besprechungen war aus seiner Sicht, dass die Richter ständig mit den Zielen der Staatsführung vertraut gemacht werden sollten, sofern diese für die Rechtsprechung wichtig waren. Außerdem forderte er die Auswertung der gesamten Rechtsprechung, um durch Hinweise und Belehrungen eine einheitliche Linie, gerade in Bezug auf das Strafmaß, zu erreichen. Abschließend forderte er die Behördenleiter dazu auf, bei Schwierigkeiten sowie Angelegenheiten von allgemeiner Bedeutung an ihn zu berichten. Weitere Vorgaben gab es nicht.[731]

c) Ein Beispiel praktischer Umsetzung[732]

Wie soeben deutlich wurde, waren die Oberlandesgerichtspräsidenten für die Durchführung der Vor- und Nachschauen zuständig, wobei nach eingehender Prüfung eine Delegation auf die Landgerichtspräsidenten[733] möglich war, wenn es sich nicht um besonders wichtige Verfahren handelte.[734] Da Rothenberger darauf verzichtete, die Durchführung der Besprechungen en détail zu regeln, lag die praktische Umsetzung, mit Ausnahme der Vorgaben in der Rundverfügung, im Ermessen der Behördenleiter. Dies konnte zu regionalen Unterschieden bei der praktischen Durchführung der Vor- und Nachschauen führen. Wie

---

731 Ebenda, fol. 230 ff.

732 Die Informationen beruhen auf einem Teilbericht einer Dienstreise des „Amtes für Neuordnung der Deutschen Gerichtsverfassung“ nach Dresden; Teilbericht über die Dienstreise des „Amtes für Neuordnung der Deutschen Gerichtsverfassung“ nach Dresden vom 21./22. September 1943, BArch R 3001/20218, fol. 67 ff.

733 Karl Martin, bis zum September 1943 Präsident des Oberlandesgerichts Kiel, übertrug die Durchführung der Vor- und Nachschauen allerdings entgegen der Rundverfügung dem ehrgeizigen Generalstaatsanwalt Kramberg, vgl. *Michelberger*, S. 154 ff.; *Bästlein*, FS-Roggemann, S. 557 (579). Auch der Posener Chefpräsident Hellmut Froböß sah sich auf Grund der Größe des Oberlandesgerichtsbezirks Posen und der schlechten Straßenverhältnisse außerstande, die Lenkung selbst durchzuführen. Er übertrug die Lenkung daher auf die Landgerichtspräsidenten, mit denen er alle vier Wochen eine Konferenz abhielt. Diese Möglichkeit war in der Rundverfügung vorgesehen. Im Ergebnis gelang es jedoch nicht, eine einheitliche Rechtsprechung herzustellen, so *Becker*, Mitstreiter im Volkstumskampf, S. 177.

734 Rundverfügung des Reichsministers der Justiz vom 13. Oktober 1942, BArch R 3001/22732, fol. 230 ff.

eine lokale Umsetzung aussehen konnte, soll anhand des nachfolgenden Beispiels aufgezeigt werden:

Zur Vorbereitung einer anstehenden Vorschau leiteten die Kammervorsitzenden den Landgerichtspräsidenten zunächst die Informationen und die in Aussicht genommenen Strafen für die anstehenden Strafsachen zu. Über den Landgerichtspräsidenten erreichten diese Berichte den Oberlandesgerichtspräsidenten und den Generalstaatsanwalt, sodass die Behördenleiter (oder ihre Sachbearbeiter) die in der Vorschau zu behandelnden Strafsachen vorab in rechtlicher und tatsächlicher Hinsicht, jedoch ohne Aktenstudium, würdigen konnten. Nach dieser Vorabprüfung fand die Vorschau unter Beteiligung des Oberlandesgerichtspräsidenten und des Generalstaatsanwalts sowie ihrer Sachbearbeiter statt. Nachdem der Generalstaatsanwalt dargelegt hat, welche Anträge in der jeweiligen Hauptverhandlung gestellt werden sollen oder ob die Anträge dem Oberstaatsanwalt freigegeben werden, legte der Oberlandesgerichtspräsident seine Rechtsauffassung dar. Für den Fall der Übereinstimmung teilte der Sachbearbeiter des Oberlandesgerichtspräsidenten dem Landgerichtspräsidenten mit, welchen Antrag der Oberstaatsanwalt stellen würde, wobei das Gericht erwägen sollte, ob es dem Antrag folgen wolle, worin wohl de facto die Erwartung lag, dem genannten Strafmaß zu folgen. Konnte dagegen keine Übereinstimmung zwischen dem Oberlandesgerichtspräsidenten und dem Generalstaatsanwalt erzielt werden, wurde der Landgerichtspräsident von dem zu stellenden Strafantrag in Kenntnis gesetzt. Ihm wurde ferner mitgeteilt, dass der Behördenleiter dem Gericht die Entscheidung überlasse. Ferner wurde darauf hingewiesen, dass besonders sorgfältig geprüft werden müsse, ob eine Abweichung vom Antrag des Oberstaatsanwalts tatsächlich erforderlich sei, weil der Antrag auf einer Anweisung des Generalstaatsanwalts oder sogar des Reichsjustizministeriums beruhe. In der Nachschau fand die Nachbesprechung der Prozesse statt. Wich das Gericht von den in der Vorschau besprochenen Strafen ab, wurden zunächst die Akten eingefordert. War die Abweichung gerechtfertigt, wurde das Urteil aufrechterhalten. Andernfalls konnten die Urteile mit der Nichtigkeitsbeschwerde[735] aufgehoben werden.[736] Nach außen in Erscheinung treten sollten die Besprechungen nicht. Auch die Akten durften

735 Siehe dazu Fn. 244.

736 Teilbericht über die Dienstreise des „Amtes für Neuordnung der Deutschen Gerichtsverfassung" nach Dresden vom 21./22. September 1943, BArch R 3001/20218, fol. 67 ff.

keine entsprechenden Notizen enthalten[737]; denn die Lenkung diente der Verschärfung der Strafen.[738]

2. Die Entstehungsgeschichte der Vor- und Nachschauen

a) Ausgangspunkt: Die Entwicklungen im Oberlandesgerichtsbezirk Hamburg

Die entscheidenden Vorstöße auf dem Weg zur Entstehung der Vor- und Nachschauen hatten ihren Ursprung in dem von Rothenberger geleiteten Oberlandesgerichtsbezirk Hamburg. Zunächst führte Rothenberger die schon vor der nationalsozialistischen Machtergreifung 1933 häufig praktizierten Sitzungen der Richter, Staatsanwälte, Behördenleiter und Gerichtspräsidenten wieder ein. So war es in Hamburg schon vor der nationalsozialistischen Machtergreifung seit vielen Jahren üblich gewesen, strittige Rechtsfragen jeglicher Art in Präsidentenbesprechungen zu erörtern, um einheitliche Richtlinien festzulegen und ein einheitliches Vorgehen insgesamt sicherzustellen.[739] Erstmalig am 24. März 1933 ließ Rothenberger die Beteiligten fortan nun in regelmäßigeren Abständen zusammenkommen. Auch die Zahl der Besprechungen wurde erhöht. Bei einer regelmäßigeren und vermehrten Durchführung beließ er es jedoch nicht. Vielmehr begann er nach und nach damit, den Inhalt und den Charakter der Besprechungen zu verändern. Als linientreuer Nationalsozialist erklärte er z.B. in einer Besprechung mit den Gerichtspräsidenten und Behördenleitern vom 29. Juni 1935, dass bei der Auslegung von Gesetzen nationalsozialistische Grundsätze heranzuziehen seien. Auch Verfahren gegen NSDAP Funktionäre wurden zum Inhalt der Vorbesprechungen mit den Richtern und Staatsanwälten gemacht, wobei sich Rothenberger durch strikte Anweisungen hervortat, sodass der Begriff „Besprechung" irreführend ist. Es ging neben der Klärung von organisatorischen Dingen vornehmlich darum, die Richter in den „Besprechungen" zu beeinflussen. Dies wird vor allem daran deutlich, dass die Durchführung der Besprechungen intensiviert wurde.[740] Aus anfänglichen Besprechungen wurden letztlich Zusammenkünfte, die von ihm gezielt dazu genutzt wurden, Einfluss auf die Beteiligten zu nehmen. Gerade die Tatsache, dass auch über einzelne Strafverfahren gesprochen wurde, zeigt, dass sich die

737 Ebenda, fol. 69.

738 Ebenda, fol. 68.

739 So *Letz*, S. 183 (197).

740 *Schott*, S. 86 ff.

Treffen zu diesem Zeitpunkt inhaltlich bereits den eingangs definierten Vor- und Nachschauen annäherten. Von einer systematischen Lenkung der Strafjustiz kann zu diesem Zeitpunkt allerdings noch nicht gesprochen werden, da weder Vorgaben festgelegt wurden, bei welchen Angelegenheiten die Besprechungen durchzuführen waren, noch feste Termine bestanden haben. Rothenberger sorgte jedoch für mehr Regelmäßigkeit.

Eine ähnliche Entwicklung wie in Hamburg gab es auch in anderen Oberlandesgerichtsbezirken, allerdings deutlich später. So berichtete z.B. der Oberlandesgerichtspräsident aus Hamm im Mai 1941 von regelmäßigen Richterbesprechungen, in denen häufig auch die Strafzumessung betreffende Fragen erörtert würden.[741]

b) Die ersten Versuche zur Übertragung des Besprechungssystems auf Reichsebene

In der Amtszeit Rothenbergers entwickelten sich im Oberlandesgerichtsbezirk Hamburg aus schlichten Zusammenkünften nach und nach Besprechungen, die zu gezielten Weisungen der Richter genutzt wurden. Ein erster ernsthafter Versuch dieses „Hamburger System" auf das gesamte Reich zu übertragen, geht auf das Jahr 1939 zurück. Im Zuge der öffentlichen Kritik an der Justiz wegen angeblich zu milder Urteile äußerte sich auch Rothenberger. Der Zeitpunkt für Veränderungen und die Verbreitung seiner Vorstellungen war von ihm somit günstig gewählt. Er bat das Ministerium darum, auf der anstehenden Tagung der Oberlandesgerichtspräsidenten am 24. Januar 1939 einen Vortrag halten zu dürfen. In seinem Vortrag forderte Rothenberger neben der ständigen Kontaktaufnahme mit den politischen Stellen vor allem die Durchführung regelmäßiger Besprechungen mit den Richtern, um diese auf Fehlentscheidungen hinzuweisen und damit die Umsetzung seines Hamburger Modells.[742]

Erheblichen Einfluss auf seine Rechtsauffassung hatte dabei eine viermonatige Studienreise nach England.[743] In England genossen die Richter, vor allem wohl auch deshalb, weil das Recht weitgehend nicht kodifiziert war und sich durch „Richterrecht" entwickelte, ein hohes Ansehen. Sie waren allgemein anerkannt, sodass Rothenberger ihnen eine staatserhaltende Bedeutung beimaß. Vor allem war in England das Verständnis vorherrschend, dass das Interesse des Landes an erster Stelle zu stehen hatte und das Recht das

741 *Michelberger*, S. 274 f.
742 *Schott*, S. 102.
743 Ebenda, S. 107 ff.

beste Fundament des Landes sei.[744] An die Stelle des Richterrechts konnten in Deutschland das Führerprinzip und das nationalsozialistische Gedankengut treten, sodass die Situation in England auf Deutschland durchaus übertragen werden konnte. Ferner wurden Fragen der Rechtserneuerung in England in Lagern, Arbeitstagungen, Versammlungen und Sitzungen sowie in Reden, Ansprachen, Besprechungen und Veröffentlichungen erörtert.[745] Diese Eindrücke prägten Rothenberger nachhaltig, und sie sind eine Erklärung für seine Affinität in Bezug auf die Richterbesprechungen, von deren Durchführung das Reichsjustizministerium spätestens seit dem Vortrag Rothenbergers Kenntnis erhielt. Seine Vorschläge fanden bei den Oberlandesgerichtspräsidenten breite Zustimmung, sodass im Ergebnis ein gewisser Druck auf das Reichsjustizministerium ausgeübt wurde.[746]

Kurz nach der Zusammenkunft der Behördenleiter nutzte Rothenberger die „Gunst der Stunde" für einen weiteren Profilierungsversuch. Er hätte „unter dem Eindruck der Chefpräsidentenbesprechung" umgehend die Generalstaatsanwälte, Richter, Staatsanwälte sowie Mitarbeiter im Justizdienst aus dem Oberlandesgerichtsbezirk Hamburg zu einer Besprechung eingeladen, um ihnen „den unmittelbaren Eindruck zu vermitteln." Darüber hinaus wäre er davon überzeugt, dass sich die Hamburger Richter und Staatsanwälte voll und ganz in den Dienst des Nationalsozialismus stellen würden.[747] Rothenberger wollte sich dadurch vermutlich erneut Gehör bei Gürtner verschaffen und ihn von den Vorteilen der Besprechungen überzeugen. Eine direkte Umsetzung seiner Vorschläge konnte er jedoch nicht erreichen. Dies stellt auch Schott zutreffend fest. Dieser Feststellung kann in ihrer Absolutheit jedoch nicht uneingeschränkt gefolgt werden[748]; denn am 27. Mai 1939 erging eine Rundverfügung, die die Zusammenarbeit zwischen Staatsanwaltschaft und Gericht verstärken sollte, um eine einheitliche Strafzumessung sicherzustellen.[749] Ziel war die Förderung einer verständnisvolleren Zusammenarbeit zwischen der Staatsanwaltschaft

744 Beiakten zu den Personalakten des früheren Reichsjustizministeriums über Dr. Curt Rothenberger, BArch R 3001/72946, fol. 69.

745 Beiakten zu den Personalakten des früheren Reichsjustizministeriums über Dr. Curt Rothenberger, BArch R 3001/72946, fol. 75.

746 *Schott*, S. 102.

747 Schreiben Rothenbergers an den Reichsjustizminister vom 28. Januar 1939, BArch R 3001/20245, fol. 21.

748 *Schott*, S. 101 ff.

749 Siehe dazu C. III. 3. b).

und den Gerichten, die als „Fühlungnahme" bezeichnet wurde.[750] Im Ergebnis sollte dem urteilenden Richter unter dem Deckmantel der vertrauensvollen Zusammenarbeit die Rechtsauffassung des Reichsjustizministers vermittelt werden, indem er darüber in Kenntnis zu setzen war, dass der Staatsanwalt unmittelbar die Auffassung des Reichsjustizministeriums übermittelte. Zwar fand insofern, wie Schott zutreffend feststellte, keine direkte Justizlenkung statt, weil die Letztentscheidung dem Richter überlassen wurde, der psychologische Druck wurde allerdings massiv erhöht. Ferner lag zwischen der Tagung und den Vorschlägen Rothenbergers sowie der Rundverfügung ein Zeitraum von nur vier Monaten. Rothenbergers Idee, regemäßige Besprechungen mit den Richtern durchzuführen, um die Richter auf ihre Fehler in den Urteilen aufmerksam zu machen, wurde zwar nicht eins zu eins umgesetzt. Kurze Zeit nach der Bekräftigung seiner Ideen wurde mit der Fühlungnahme jedoch ein ähnliches Institut zur einheitlichen Ausrichtung der Rechtspflege eingeführt. Auch wenn in diesem Zusammenhang andere Entwicklungen stattfanden, ist dennoch eine gewisse Mitursächlichkeit und Initialzündung durch den Vortrag Rothenbergers anzunehmen.

Mit dem Tod Gürtners am 29. Januar 1941 taten sich für Rothenberger schließlich neue Möglichkeiten auf. Zum einen war Gürtner ein Kritiker der Justizlenkung in Form direkter Einwirkungen auf den Richter gewesen[751], zum anderen war dessen Tod die passende Gelegenheit für ihn, sich für einen Posten im Reichsjustizministerium ins Gespräch zu bringen und die in Hamburg erprobten Lenkungsbesprechungen nach Berlin und letztlich in das gesamte Reich zu übertragen. Rothenberger bemühte sich in der Folge intensiv um einen Kontakt zu Hitler, um ihm seine Denkschrift mit dem Titel „Der Kampf ums Recht" zugänglich zu machen, die über Alwin-Broder Albrecht und Albert Bormann im April 1942 schließlich zu Hitler gelangte. Rothenberger war seinem Ziel somit um einiges näher gekommen.[752]

c) Die Tagung vom 31. März 1942

Ausgangspunkt für eine Reihe entscheidender Entwicklungen war schließlich die Behördenleitertagung vom 31. März 1942, die nach einer heftigen

750 Schreiben des Reichsministers der Justiz vom 27. Mai 1939, BArch R 3001/21144, fol. 36.

751 *Gruchmann*, Justiz im Dritten Reich, S. 1105, 1142.

752 *Schott*, S. 110 ff.

Justizkritik Hitlers[753] einen anderen Verlauf nahm, als ursprünglich geplant.[754] Die von Schlegelberger geleitete Besprechung begann mit einer Kritik der nach wie vor zu milden Strafrechtsprechung, die Schlegelberger durch einige Negativbeispiele aus einzelnen Oberlandesgerichtsbezirken zu illustrieren wusste. Derartige Urteile, so der Minister, müssten zukünftig verhindert werden.[755] Nach der Ansprache Schlegelbergers ergriff Staatssekretär Freisler das Wort und verkündete seine bereits erwähnte Vermutung, dass die Durchführung der Vor- und Nachschauen auf Behördenleiterebene in einigen Oberlandesgerichtsbezirken bereits üblich sei.[756] Anschließend sagte er, „[...] es wäre von großem Vorteil und sollte eine Selbstverständlichkeit sein, dass das [die Durchführung der Vor- und Nachschauen, Anm. des Verf.] in allen Bezirken geschieht."[757] Während unter Gürtner diese Form der Justizsteuerung noch vermieden worden war, war sie dem Ministerium zur Behebung der „Justizkrise" und der uneinheitlichen Rechtsprechung in den Oberlandesgerichtsbezirken mittlerweile willkommen. Schlegelberger und Freisler verzichteten allerdings darauf, Durchführungsvoraussetzungen aufzustellen oder eine verbindliche Rundverfügung zu erlassen.[758]

d) Die Ereignisse im April und Mai 1942

Nach dem Reichstagsbeschluss vom 26. April 1942[759] fanden in Hamburg wichtige Entwicklungen im justiziellen Bereich statt, die die Lenkungsbesprechungen zu einer, zunächst regional begrenzten, institutionalisierten Lenkungsmethode werden ließen. So wurde ein Tag nach Hitlers Reichstagsrede auf einer Besprechung der Hamburger Amtsrichter von Oberlandesgerichtsrat

---

753 Der Grund für Hitlers Erregung war ein angeblich zu mildes Urteil im Fall Schlitt, von dem er am 21. März 1942 aus der Presse erfahren hatte. Noch am selben Tag rief Hitler bei Schlegelberger an und forderte die umgehende Revidierung des Urteils. Andernfalls werde er, „[...] die gesamte Justiz zum Teufel jagen [...].", zit. nach *Bruppacher*, S. 339.

754 So *Schmitz*, S. 447 (449).

755 Protokoll der Tagung „Rechtspflege im Krieg" vom 31. März 1942, BArch R 3001/24162, fol. 1 ff.

756 Siehe dazu C. II. 3. c) bb).

757 Protokoll der Tagung „Rechtspflege im Krieg" vom 31. März 1942, BArch R 3001/24162, fol. 1 ff.

758 Vgl. *Gruchmann*, Justiz im Dritten Reich, S. 1105, 1142.

759 Siehe hierzu auch Fn. 397.

Prieß, der Rothenberger auf der Besprechung vom 31. März 1942 vertreten hatte[760], folgendes angeordnet:

„Nach einer Anweisung des Reichsjustizministers, die bereits vor einiger Zeit ergangen sei, sei eine Steuerung der Rechtspflege unerläßlich. Sie sollte durch eine sogenannte Vor- und Nachschau verwirklicht werden. [...] Zukünftig hätten die Dezernatsleiter und die aufsichtführenden Richter der unterstellten Amtsgerichte wöchentlich bis Freitag 15 Uhr schriftliche Berichte zu erstatten, die in der Vorschau auf die in der kommenden Woche wichtigen Entscheidungen hinzuweisen und in der Nachschau anzugeben hätten, was aus den in der Vorschau erwähnten Sachen geworden sei."[761]

Auf der vermutlich unter dem Eindruck der Führerrede einberufenen Dienstbesprechung der Hamburger Amtsrichter wurden die Teilnehmer somit über die Ausführungen Freislers auf der knapp einen Monat zuvor, am 31. März 1942, durchgeführten Arbeitstagung in Kenntnis gesetzt. Bis zur endgültigen Einführung der von Freisler am 31. März 1942 gewünschten Durchführung der Vor- und Nachschauen zwischen Oberlandesgerichtspräsident und Generalstaatsanwalt wollten die Beteiligten in Hamburg allerdings die für den 5. Mai 1942 angesetzte Besprechung der Oberlandesgerichtspräsidenten abwarten, von der sie sich weitere Informationen erhofften.[762] Rothenberger schien jedoch nicht damit gerechnet zu haben, dass die anstehende Besprechung seine Ansprüche an eine Justizlenkung durch Richterbesprechungen wirklich erfüllen würde. Daher verlieh er den schon zuvor durchgeführten Lenkungsbesprechungen bereits vier Tage zuvor eine Struktur, indem er die vierzehntägige Durchführung von Vor- und Naschauen, insbesondere in Strafsachen anordnete, in denen die Staatsanwaltschaft über die wichtigsten Ermittlungsverfahren und die Präsidenten über die wichtigsten, anstehenden Gerichtssachen berichten sollten.[763] Die vier Tage später durchgeführte Arbeitstagung verlief schließlich so, wie Rothenberger es befürchtet hatte.

---

760 Schmitz ist der Auffassung, dass sich Rothenberger auf der Tagung vom 31. März 1942 von Oberlandesgerichtsrat Prieß vertreten ließ, um seiner Idee, Besprechungen auch auf den unteren gerichtlichen Ebenen durchzuführen, Ausdruck zu verleihen. Dies ist überzeugend, da Freisler offensichtlich die Durchführung von Besprechungen zwischen Oberlandesgerichtspräsident und Generalstaatsanwalt favorisierte; *Schmitz*, S. 447 (450).

761 *Grabitz*, S. 21 (64).

762 *Schmitz*, S. 447 (450).

763 *Grabitz*, S. 21 (63); *Schmitz*, S. 447 (450 f.).

Auf der von Schlegelberger eröffneten Besprechung forderte Freisler erneut zu einer Steuerung des Einzelfalls auf, um die in der Strafrechtspflege erforderliche Härte zu erreichen, weil die bisherige Lenkung ihr Ziel nicht erreicht habe. Daher sollten „nicht nur die Landgerichtspräsidenten sondern auch die Amtsgerichtsdirektoren [...] an der Rechtsprechung mitarbeiten und zu diesem Zweck Besprechungen mit den Richtern abhalten, die so oft wie möglich stattfinden müßten." Gegenstand der Lenkungsbesprechungen sollten Sachen von allgemeiner politischer Bedeutung oder Fälle sein, die im Einzelfall politische Bedeutung aufwiesen. Dabei wäre besonders „[...] auf eine sorgfältige und richtige Strafzumessung Bedacht zu nehmen." Ferner sprach Freisler die Erwartung aus, dass die Landgerichtspräsidenten mit den Richtern wöchentlich und die Richter der Sondergerichte sogar mehrmals pro Woche zusammenkämen. Bedenken gegen die Lenkung versuchte er mit einem Verweis auf die Reichstagsrede Hitlers auszuräumen.[764] Obwohl Freisler sich Rothenberger angenähert hatte, indem er die Landgerichtspräsidenten und Amtsgerichtsdirektoren ebenso an den Lenkungsbesprechungen teilnehmen ließ, gelang es ihm nicht, ein vollständiges Modell zur Lenkung der Strafrechtsprechung durch Vor- und Nachschauen zu präsentieren. Rothenberger fehlte daher die letzte Konsequenz zur Etablierung der Richterbesprechungen.[765] Daher erließ er am 7. Mai 1942 die nachfolgende Anordnung:

Im Hinblick auf die gegenwärtige Lage ordne ich im Einvernehmen mit dem Generalstaatsanwalt das Folgende an:

I. „In jeder Woche findet an einem Termin, zu dem ich jeweils einladen werde, bei mir eine Präsidentenbesprechung statt, an der die Präsidenten der Landgerichte Hamburg und Bremen und des Amtsgerichts Hamburg sowie meine Sachbearbeiter teilnehmen werden. Der Herr Generalstaatsanwalt und die Herren Oberstaatsanwälte bei den Landgerichten Hamburg und Bremen haben ihr Erscheinen zugesagt, soweit Fälle zur Sprache kommen, die ihr besonderes Interesse finden. In dieser Präsidentenbesprechung

---

764 Mangels Überlieferung einer Niederschrift musste auf die Niederschrift einer Dienstbesprechung in Berlin unter der Leitung des Berliner Kammergerichtspräsidenten Hölscher zurückgegriffen werden, die Ausführungen zu der Tagung vom 5. Mai 1942 enthält, BArch R 3001/22744, fol. 77 f.

765 Für Schlegelberger schien die Tagung allerdings ein Erfolg gewesen zu sein. Denn er setzte Hitler von der Unterrichtung der Behördenleiter und der Anweisung zur Steuerung der Strafrechtsprechung durch eine Führerinformation vom 21. Mai 1942 in Kenntnis; Führerinformation Nr. 14 vom 21. Mai 1942, BArch R 3001/24089, fol. 24; siehe zu den Führerinformationen Fn. 768.

werden die Präsidenten an Hand einer kurzen schriftlichen Unterlage, in der die zu besprechenden Sachen mit Rubrum und Aktenzeichen aufgeführt und stichwortartig gekennzeichnet sind, über die wichtigen, in der letzten Woche ergangenen Entscheidungen in Straf- und Zivilsachen und die in der kommenden Woche zur Verhandlung anstehenden wichtigen Straf- und Zivilsachen berichten. Der Herr Generalstaatsanwalt und die Herren Oberstaatsanwälte werden in gleicher Weise besonders wichtige Ermittlungsverfahren, die in der letzten Woche bei der Staatsanwaltschaft anhängig geworden sind, zur Sprache bringen. In besonders wichtigen und eiligen Sachen berichten mir die Präsidenten unabhängig von diesen regelmäßigen Aussprachen sofort. [. . .]

II. Zur Beschaffung des Materials ersuche ich die Präsidenten, sich jede Woche im Wege einer Vor- und Nachschau schriftlich über die wichtigen anhängig gewordenen Straf- und Zivilsachen aus den Straf- und Zivilabteilungen und -kammern einen kurzen Bericht erstatten zu lassen, der, soweit erforderlich, durch mündlichen Vortrag zu ergänzen ist.

III. Außer der wöchentlichen Präsidentenbesprechung findet bei mir in jeder Woche an einem besonders von mir festzusetzenden Termin eine Besprechung mit den Vorsitzenden der Sondergerichtskammern in Hamburg statt, an der auch der Herr Generalstaatsanwalt und der Herr Oberstaatsanwalt bei dem Landgericht in Hamburg teilnehmen werden. Mit dieser Besprechung werde ich eine Besprechung mit dem Leiter der Justizpressestelle in Hamburg verbinden. [. . .] Die Vorsitzenden der Sondergerichtskammern erstatten in gleicher Weise über die in der letzten Woche ergangenen wichtigen Sondergerichtsentscheidungen und die in der kommenden Woche anstehenden wichtigen Sondergerichtssachen Bericht. [. . .]“[766]

Die Anordnung endet mit einem Katalog der als besonders wichtig einzustufenden Delikte. Mit der Verfügung setzte Rothenberger den von ihm bereits am 1. Mai eingeschlagenen Weg konsequent fort und verlieh den Vor- und Nachschauen eine eigene Qualität, indem er Durchführungsvoraussetzungen aufstellte und eine verbindliche Anordnung erließ. Am 28. Mai 1942 wurde zusätzlich die Teilnahme des Bremer Landgerichtsdirektors Warneken bei den Vor- und Nachschaubesprechungen in Strafverfahren verfügt.[767] Auf

---

766 Die Verfügung ist abgedruckt in BArch R 3001/23366, fol. 86 f.; Auszüge sind abgedruckt bei *Schmitz*, S. 447 (451).

767 *Schmitz*, S. 447 (451 f.). Über die Einführung in Bremen hat Rothenberger das Reichsjustizministerium mit Schreiben vom 1. Juni 1942 informiert; Schreiben

Reichsebene gab es dagegen kaum Änderungen. Einzige Neuerung waren die von Schlegelberger eingeführten Führerinformationen, die Hitler fortan über bedeutsame Fälle aus der Justiz unterrichten sollten.[768]

Es lässt sich zusammenfassend somit feststellen, dass in Hamburg seit dem 7. Mai 1942 eine verbindliche Anordnung zur Durchführung der Vor- und Nachschauen existierte, die im Wesentlichen in die Rundverfügung vom 13. Oktober 1942 einfloss. Den Vor- und Nachschauen kam infolge der verbindlichen Anordnung eine eigene und gesteigerte Qualität zu. Zudem ist der Erlass ein Beleg dafür, dass den zuvor in Hamburg durchgeführten Lenkungsbesprechungen keine die Einzelheiten der Durchführung regelnde Anordnung zu Grunde lag. Vielmehr führten die öffentliche Justizkritik Hitlers und die aus Rothenbergers Sicht planlosen Versuche des Ministeriums dazu, dass Rothenberger die Besprechungen zu einer perfekt organisierten Lenkungsmethode entwickelte.

Um sich bei der nationalsozialistischen Führung, insbesondere bei Hitler persönlich, zu empfehlen und zu profilieren, stellte Rothenberger die Erfolge in den Fokus seines Lageberichtes vom 11. Mai 1942.[769] In dem Bericht äußerte er außerdem seinen Unmut über die mangelnde Berücksichtigung seiner Denkansätze zur Reform der Justiz: „Die Führerrede vom 26. April 1942 hat mich persönlich nicht sonderlich überrascht. Sie war mir eine Bestätigung der bedauerlichen Tatsache, daß der Führer kein Vertrauen zum deutschen Richter hat. Um so dringender ist eine radikale nationalsozialistische Justizreform, auf die ich seit Jahren in mündlichen und schriftlichen Berichten hinweise."[770]

e) Das Bestätigungsrecht in Strafsachen als alternatives Steuerungsmittel

Neben den Vor- und Nachschauen beabsichtigte Schlegelberger mit dem Bestätigungsrecht in Strafsachen die Einführung eines weiteren Instituts zur Lenkung der Strafrechtsprechung. Das Bestätigungsrecht in Strafsachen sah

---

des Hanseatischen Oberlandesgerichtspräsidenten Rothenberger vom 1. Juni 1942, BArch R 3001/23366, fol. 90.

768 *Gribbohm*, DRiZ 1971, S. 152 (152). Die Führerinformationen wurden ebenso Bormann und Lammers zugeleitet, Schreiben von Schlegelberger an Bormann vom 15. Mai 1942, BArch R 3001/24089, fol. 2 sowie Schreiben von Schlegelberger an Lammers vom 15. Mai 1942, BArch R 3001/24089, fol. 3.

769 Lagebericht des Hanseatischen Oberlandesgerichtspräsidenten vom 11. Mai 1942, BArch R 3001/23366, fol. 82 ff.

770 Ebenda, fol. 82 ff.

die Übertragung der Befugnis zur eigenständigen Abänderung von Strafaussprüchen auf den Reichsjustizminister vor, sofern nicht Hitler als oberster Gerichtsherr selbst entschied. Der Reichsjustizminister sollte dieses Recht weiter an die weisungsgebundenen Präsidenten delegieren können. Außer einem entsprechenden Antrag des Generalstaatsanwalts sollte es keiner weiteren Voraussetzungen bedürfen. In der Konsequenz hätte das Reichsjustizministerium unzureichende Strafen jederzeit erhöhen können.[771] Schlegelberger hatte Hitlers heftige Justizkritik in dessen Reichstagsrede schwer erschüttert. Zudem hat er sie als Treubruch Hitlers ihm gegenüber verstanden, weil er Hitler gegenüber stets betont habe, in geeigneter Weise auf die Rechtsprechung einzuwirken.[772] Vermutlich nach wie vor von der Kritik stark getroffen, übersandte er Lammers am 6. Mai 1942 einen ersten Entwurf für einen Führererlass zur Einführung des Bestätigungsrechts in Strafsachen. Das Bestätigungsrecht sei aus seiner Sicht der einzige und zudem ein sicherer Weg der unzureichenden Strafzumessung in gerichtlichen Urteilen Herr zu werden. In seinem Schreiben forderte Schlegelberger Lammers ferner dazu auf, den Entwurf an Hitler weiterzuleiten.[773] In dem an Hitler gerichteten Begleitschreiben betonte Schlegelberger die Vorteile des Bestätigungsrechts. Noch besser als der außerordentliche Einspruch würde ein dem Reichsjustizminister eingeräumtes Bestätigungsrecht eine, von Hitler in der Reichstagsrede am 24. April 1942 geforderte, harte Rechtsprechung erzielen, weil maßgebender Einfluss auf die Strafzumessung genommen werden könne. Ausgeübt werde das Bestätigungsrecht vom Reichsjustizminister, sofern der Führer nicht selbst entscheide. Die Strafzumessung der Gerichte würde in der Zukunft dann keinen Anlass mehr zu Klagen geben.[774]

Kurz nachdem Schlegelberger schriftlich Kontakt mit Lammers aufgenommen hatte, fand im Führerhauptquartier ein persönliches Gespräch zwischen beiden statt. Lammers, der die Schreiben inzwischen an Hitler weitergeleitet habe, teilte mit, dass Hitler der Einführung eines Bestätigungsrechts zugestimmt habe, seine Entschließung jedoch noch zurückstelle. Er selbst halte den Erlass ebenfalls für notwendig und möchte diesbezüglich in naher Zukunft erneut Vortrag beim Führer halten. Zudem bat er Schlegelberger noch um die Übersendung weiterer Materialien, aus welchem die Missstände, d.h. die

---

771 *Werle*, S. 581.

772 *von Alten*, S. 56.

773 Schreiben von Schlegelberger an Lammers vom 6. Mai 1942, BArch R 3001/24208, fol. 16 f.

774 Begleitschreiben Schlegelbergers an Hitler vom 6. Mai 1942, BArch R 3001/24208, fol. 17 ff.

uneinheitliche Rechtsprechung, deutlich hervorgehe und aus denen sich die Notwendigkeit der Steuerung ergäbe. Auch zur Übersendung von Urteilen mit einem unzureichenden Strafmaß forderte er Schlegelberger auf, der die Zusendung der entsprechenden Materialien in Aussicht stellte.[775] Da die Reichskanzlei und Hitler die Einführung des Bestätigungsrechts befürworteten, war Schlegelberger seinem Ziel deutlich näher gekommen. Bis zu diesem Zeitpunkt nicht geklärt war allerdings die Funktion der Partei-Kanzlei. Daher trafen sich Bormann und Schlegelberger am 9. Mai 1942 zu einem persönlichen Gespräch, in dem Schlegelberger dafür eintrat, es ausreichen zu lassen, dass die Partei in den Fällen, in denen sie Interesse habe und die sie ja auch kenne, von sich aus entweder mit dem Minister oder auf dem Weg Gauleiter – Generalstaatsanwalt Fühlung nehme.[776]

Am 12. Mai übersandte Schlegelberger das von Lammers gewünschte Material,[777] aus dem sich aus Schlegelbergers Sicht zweifelsfrei ergab, dass dem Reichsjustizminister zur Steuerung der Strafrechtspflege die Möglichkeit eingeräumt werden müsse, Strafurteile zu bestätigen. Auch Reichsmarschall Göring habe ihm versichert, dass sich vergleichbare Schwierigkeiten im Bereich der Wehrmachtsjustiz nur durch die Einführung des Bestätigungsrechtes hätten beseitigen lassen. Dies hätte Göring spontan geäußert, ohne dass Schlegelberger die Einführung eines Bestätigungsrechtes in Strafsachen erwähnt habe. Abschließend bat Schlegelberger Lammers darum, die Angelegenheit nochmal dem Führer vorzutragen.[778] Trotz dieser für Schlegelberger insgesamt positiven Entwicklung, konnte er mit seiner Forderung nach der Einführung eines Bestätigungsrechts in Strafsachen letztlich nicht durchdringen, weil er sich nicht gegen den Widerstand der Partei-Kanzlei unter Bormann durchsetzen konnte. Bormann sprach dem Bestätigungsrecht die Effektivität ab, weil die mit der Übertragung der Befugnis zur Ausübung des Bestätigungsrechts einhergehende Dezentralisierung die Möglichkeit Hitlers, jeden richterlichen Spruch abzuändern, verwischen würde. „Der vorgeschlagene Erlaß des Führers würde

---

775 Vermerk Schlegelbergers über eine Besprechung mit Lammers bezüglich der Bestätigung von Strafurteilen, BArch R 3001/24208, fol. 21.

776 Vermerk über eine Besprechung mit Reichsleiter Bormann über die Bestätigung von Urteilen vom 9. Mai 1942, BArch R 3001/24208, fol. 22 f.

777 Anlage mit dem Titel: „Urteile aus verschiedenen Gegenden Deutschlands, die trotz Ähnlichkeit der Art und der Schwere des gegen den Angeklagten erhobenen Vorwurfs durch ihre Verschiedenheit auffallen“, BArch R 3001/24208, fol. 25 ff.

778 Schreiben von Schlegelberger an Lammers vom 12. Mai 1942, BArch R 3001/24208, fol. 23 f.

nur ein Versuch mehr sein, wie er schon wiederholt vom Reichsjustizministerium unternommen worden ist, unzureichende Urteile zu berichtigen."[779]

Nach der Absage Bormanns musste der Fokus im Reichsjustizministerium somit auf andere Steuerungsmöglichkeiten gelegt werden. In Vorbereitung auf die Tagung der Generalstaatsanwälte vom 30. Juni/1. Juli 1942 fand unter der Leitung von Freisler am 25. Juni 1942 hierzu eine kurze Dienstbesprechung statt, in der er auf die Notwendigkeit der Steuerung der Strafrechtspflege hinwies und weitere Ausführungen für die anstehende Zusammenkunft ankündigte.[780] Auf der fünf Tage später durchgeführten Behördenleitertagung machte Freisler seine Ankündigung wahr. Er referierte zu den Beobachtungen und Erfahrungen der Steuerung im Bereich des Strafrechts und betonte deren Notwendigkeit. Erst wenn eine völlige Übereinstimmung der Generalstaatsanwälte mit dem Reichsjustizministerium bei der Beurteilung von Fällen erreicht sei, werde sie überflüssig. Sodann ging Freisler noch auf die gegenwärtigen Gefahren der Justizlenkung ein und wies in diesem Zusammenhang u.a. darauf hin, dass die Verteidigung des Angeklagten durch die Lenkung nicht obsolet werden dürfe. „Deshalb sind etwaige Weisungen elastisch zu gestalten, so dass sie etwaigen Veränderungen in der Hauptverhandlung Rechnung tragen."[781] Abschließend erklärte Schlegelberger noch, dass das Ziel der Strafrechtslenkung die Erhöhung der Strafen sei.[782] Eine verbindliche Rundverfügung zur Durchführung der Vor- und Nachschauen wurde auf der Tagung nicht erlassen.

f) Rothenbergers Wechsel ins Reichsjustizministerium

Der Sommer 1942 brachte für Rothenberger endlich den erhofften beruflichen Aufstieg. Im Zuge eines groß angelegten personellen Umbaus erhielt er von Lammers die Offerte, das Amt des Staatssekretärs im Reichjustizministerium zu

---

779 Schreiben von Bormann an Lammers vom 10. Juni 1942, BArch R 43-II/1560b, fol. 43 ff.

780 Vgl. hierzu den Vermerk über eine Besprechung unter der Leitung von Staatssekretär Freisler am 25. Juni 1942 mit den MinDirig. Mettgenberg und Crohne, den Geh. Rat. Schäfer und Suchomel, den MinRäten Dittrich u. Joel, ORRat Mielke, KGRat Westphal und LGDir. Jaeger. Weiterhin wurden hinzugezogen MinRat Grimm und OStA Stier, BArch R 3001/24208, fol. 136 f.

781 So Freisler auf einer Arbeitstagung der Generalstaatsanwälte vom 30. Juni/1. Juli 1942, Aufzeichnungen des Jenaer Generalstaatsanwalts Wurmstich, abgedruckt bei *Schubert*, Das Reichsjustizministerium und die höheren Justizbehörden in der NS-Zeit (1933–1945), S. 299 ff.

782 Ebenda, S. 302.

bekleiden.[783] Rothenberger nahm das Angebot an und wurde am 20. August 1942 zum Staatssekretär ernannt. Thieracks Ernennung zum Reichsjustizminister erfolgte am selben Tag.[784] Nachdem Schlegelberger mit seinem Wunsch nach einem Bestätigungsrecht in Strafsachen bereits im Juni an dem Widerstand Bormanns gescheitert war und zudem durch Thierack abgelöst wurde, war die Möglichkeit für Rothenberger, sein in Hamburg entwickeltes und bewährtes System der Vor- und Nachschauen auf das gesamte Reich zu übertragen, in greifbare Nähe gerückt. Nach dem Gespräch mit Hitler am Tag der Ernennung[785] machte er sich umgehend an die Arbeit. Die Neuausrichtung der Strafrechtspflege zusätzlich bestärkt haben dürften die Ausführungen Hitlers vom 2. September 1942[786], die Reichsleiter Bormann zum Inhalt seines Schreibens an Thierack, ebenfalls vom 2. September 1942, machte. In dem Schreiben sind zahlreiche Urteile aufgelistet, die dem Ministerium verdeutlichen sollten, wie uneinheitlich die Rechtsprechung nach wie vor sei. Das Schreiben endet mit dem Satz: „Der Vergleich der oben angeführten Strafen zeige, betonte der Führer weiter, wie uneinheitlich heute die Gerichtsurteile ausfielen. Die Ausrichtung der Richter sei wirklich dringendst notwendig.“[787]

Auch in den juristischen Fachzeitschriften aus dieser Zeit wurde die Uneinheitlichkeit der Strafrechtsprechung kritisiert. Sie wurde von Staatsanwalt von Vogel zum Anlass genommen, seiner Idee Ausdruck zu verleihen, in der juristischen Ausbildung einen stärkeren Fokus auf das Strafmaß zu legen, um dadurch die Rechtsprechung zu vereinheitlichen, den staatsanwaltlichen Strafantrag und das gerichtliche Urteil anzugleichen und die staatliche Autorität zu steigern.[788] Auch Amtsgerichtsrat Tiwisina hat große Unterschiede hinsichtlich des Strafmaßes zwischen einzelnen Gerichten festgestellt. Der Grund hierfür sei darin zu sehen, dass dem Strafmaß in der Vergangenheit zu wenig Aufmerksamkeit geschenkt wurde, wodurch nicht selten unverständlich milde Urteile gefällt würden. Statt auf dem Strafmaß habe der Schwerpunkt infolge des Grundsatzes in § 2 (nulla poena sine lege) auf der Beurteilung der Frage gelegen, ob der Tatbestand unter eine Strafnorm falle. Hinzu sei eine überspitzte Anwendung des Grundsatzes in dubio pro reo gekommen. Mit der Machtergreifung

783 *Schott*, S. 119
784 *Werle*, S. 207.
785 Siehe dazu C. III. 4. c) gg).
786 *Longerich*, S. 160.
787 Schreiben von Reichsleiter Bormann an Reichsjustizminister Thierack vom 2. September 1942, BArch R 3001/24720, fol. 44 f.
788 *von Vogel*, DR 1942, S. 422 (422 f.).

und der Ablösung des nulla poena sine lege-Grundsatzes gelte nunmehr allerdings, dass keine Strafe ohne Sühne bleiben dürfe. Sodann machte Tiwisina Vorschläge zur Änderung der bestehenden großen Unterschiede im Strafmaß. Der Richter könne diesbezüglich allerdings kaum behilflich sein, weil er außer der erschöpfenden Erfassung der Strafzumessungsgründe und stärkster Konzentrierung seiner Aufmerksamkeit auf die Bildung des Strafmaßes nichts zur Erreichung des Zieles beitragen könne. Ebenso ungeeignet seien an die Richter erteilte Weisungen, weil sich aus der Hauptverhandlung neue Tatsachen ergeben könnten. Die Hauptverhandlung sei bei einer vorherigen Weisungserteilung somit obsolet. Die Auffassungen der Gerichte über die Strafzumessungsgründe und das Strafmaß könnten dagegen durch die Wissenschaft, durch Veröffentlichungen und Besprechungen sowie durch die höchstrichterliche Rechtsprechung einander angeglichen werden. Außerdem schlug Tiwisina die Lenkung der Strafrechtsprechung durch die Justizverwaltung vor. Ferner müsste eine laufende Veröffentlichung von Urteilen aus allen Gebieten des Strafrechts mit den Strafzumessungsgründen und dem Strafmaß erfolgen, was zur Orientierung der Richter beitragen würde.[789] Die exemplarisch aufgezeigten Vorschläge und Auffassungen dürften für das Reichsjustizministerium eine zusätzliche Bestätigung gewesen sein, die Missstände zu beheben. Die Kritik an der Uneinheitlichkeit der Rechtsprechung war insgesamt eng mit der Kritik an einer zu milden Strafrechtsprechung verknüpft. Eine Angleichung konnte aus Sicht des Reichsjustizministeriums nach dem Vorgenannten nur durch härtere Urteile von den bis dahin zu milde urteilenden Richtern erreicht werden.[790]

Es dauerte in der Folge nicht lange, bis Rothenberger erste Ergebnisse präsentierte. In einem Aufsatz vom 4. September 1942 mit dem Titel „Die ersten Gedanken über den Aufbau einer nationalsozialistischen Rechtspflege“ gab er einen ersten Einblick seiner Vorstellungen von einer starken Rechtspflege, wobei er es bei einer allgemein gehaltenen Darstellung beließ. Konkrete Vorhaben zur Lenkung der Rechtspflege fehlten daher.[791]

Konkreter waren dagegen die von ihm parallel ergriffenen organisatorischen Maßnahmen, die die Übertragung seines in Hamburg entwickelten Besprechungssystems auf das gesamte Reich sicherstellen sollten. So brachte Rothenberger das bereits mit der praktischen Umsetzung seiner Vorstellungen

---

789 *Tiwisina*, DR 1942, S. 1108 (1108 ff.).

790 Siehe zur Kritik an der uneinheitlichen Rechtsprechung und der Forderung nach härteren Urteilen C. III. 3. b).

791 *Rothenberger*, DJ 1942, S. 565 (565 ff.).

vertraute Personal aus Hamburg mit nach Berlin. Einige Stellen, die Rothenberger für sein Hamburger Personal favorisierte, waren allerdings besetzt, sodass er nicht umhin kam, Mitarbeiter im Reichsjustizministerium umzusetzen oder in Pension zu schicken, um die dadurch frei gewordenen Stellen mit seinen eigenen Leuten zu besetzen. So besetzte Rothenberger z.B. die Stelle des Leiters der Personalabteilung mit einem seiner Hamburger Mitarbeiter und sicherte sich dadurch Einfluss auf künftige Neueinstellungen.[792] Auch der zukünftige Pressereferent Möller hatte sich bereits in Hamburg durch scharfe Urteilssprüche bewährt und war damit prädestiniert, für Rothenberger in Berlin tätig zu werden.[793]

g) Die Vorbesprechung vom 22. September 1942 und die Arbeitstagung des Reichsjustizministers mit den Chefpräsidenten und Generalstaatsanwälten vom 29. September 1942

Prägend für die verbindliche, reichsweite Einführung der Vor- und Nachschauen am 13. Oktober 1942 waren zwei vom Reichsjustizministerium ausgerichtete Besprechungen im September 1942. Eine Woche vor der Tagung am 29. September 1942 hatte Staatssekretär Rothenberger zunächst zu einer Vorbesprechung im kleinen Kreis geladen. Die Besprechung fand am Dienstag, den 22. September 1942, um 16:30 Uhr statt und trug den Titel „Technische Durchführung der Steuerung der Strafrechtspflege". Anwesend war neben den Oberlandesgerichtspräsidenten von Garßen (Celle), Dürig (Bamberg), Beyer (Dresden), Bergmann (Köln), Sattelmacher (Naumburg), Wohler (Danzig) und Block (Kattowitz) auch Generalstaatsanwalt Semler (Hamm). Bei dieser Vorbesprechung wurde nach einer kurzen Begrüßung und ein paar einführenden Worten durch Rothenberger die Steuerung der Strafrechtspflege thematisiert. In diesem Zusammenhang wurden die Vor- und Nachschauen erörtert.[794] In dem angefertigten Protokoll heißt an der entsprechenden Stelle:

> *„Endlich ist als z. Zt. zu weitgehend auch das Bestätigungsrecht der OLGPräs. bezw. der LGPräs. nach Art der Gerichtsherren abzulehnen. Daher: Steuerung der Rechtsprechung durch Vorschau notwendig, weil Krieg und weil Justizkrise innerlich noch nicht überwunden. Steuerung muß möglichst locker erfolgen, nicht zu konkret, aber auch nicht bloße Beschränkung auf theoretische Lenkung in Form allgem. weltanschaulicher Schulung."*[795]

---

792 *Schädler*, S. 130.

793 *Schott*, S. 123 f.

794 Vorbesprechung vom 22. September 1942, BArch R 3001/24199, fol. 1 f.

795 Ebenda, fol. 2.

In der Vorbesprechung hat sich Rothenberger zum ersten Mal seit seiner Ernennung zum Staatssekretär am 20. August 1942 explizit für die Einführung des unter seiner Amtszeit in Hamburg entwickelten Besprechungssystems ausgesprochen. Die Reaktion der Tagungsteilnehmer war überwiegend positiv. Einzig Wohler und Semler waren misstrauisch. Angesichts der breiten Zustimmung ging Rothenberger schon auf die praktische Umsetzung ein, wobei schwerpunktmäßig die Frage behandelt wurde, wie die Oberlandesgerichtspräsidenten von den zu besprechenden Fällen in Kenntnis gesetzt werden sollten. In Betracht kamen zwei Möglichkeiten: Zum einen die Berichterstattung durch den Generalstaatsanwalt, zum anderen wurden regelmäßige Treffen zwischen den Landgerichts- und Oberlandesgerichtspräsidenten in Betracht gezogen. Die Beteiligten entschieden sich überwiegend für die zweite Variante.[796] Da die Zusammenkunft lediglich eine Vorbesprechung war, wurden keine weiteren Details besprochen.

Konkret wurde es dagegen auf der Tagung vom 29. September 1942, auf deren Tagesordnung neben Beförderungs- und Personalfragen und der Stellung der Justiz im Allgemeinen auch die Lenkung der Rechtsprechung stand.[797] Bevor sich Rothenberger allerdings der Erörterung des Vor- und Nachschausystems widmete, stellte er den Teilnehmern zunächst drei andere Lenkungsmethoden vor, die er aber für unvereinbar mit der richterlichen Unabhängigkeit hielt. Diese Unvereinbarkeit dürfte für jeden Teilnehmer offenkundig und daher auch der Grund für die Nennung durch Rothenberger gewesen sein, weil die Vor- und Nachschauen in diesem Zusammenhang als minder schwerer Eingriff erschienen. Dass die Beseitigung der richterlichen Weisungsfreiheit und die Einräumung eines Devolutions- oder Bestätigungsrechts von Urteilen, welches es bereits in der Militärjustiz gab, nicht mit der richterlichen Unabhängigkeit zu vereinbaren waren,[798] war wegen der Schwere des Eingriffs für jeden Teilnehmer eindeutig.[799]

796 Ebenda, fol. 3.

797 Niederschrift der Zusammenkunft der Oberlandesgerichtspräsidenten und Generalstaatsanwälte vom 29. September 1942, BArch R 3001/24199, fol. 6.

798 Die Partei-Kanzlei widersprach der Einführung des Bestätigungsrechts im Übrigen nicht wegen der Unvereinbarkeit mit der richterlichen Unabhängigkeit, sondern weil sie Zweifel an der Effektivität dieser Art von Steuerungsmittel hatte, siehe dazu C. IV. 2. e).

799 Vgl. hierzu die Niederschrift über die Arbeitstagung des Reichsjustizministers mit den Chefpräsidenten und den Generalstaatsanwälten vom 29. September 1942, BArch R 3001/24199, fol. 53 ff.

Sodann stellte Rothenberger den Teilnehmern seine Pläne vor. Er favorisiere eine „kriegsbedingte“ und frühzeitige Steuerung des konkreten Einzelfalls, da es nicht ausreiche, wenn sich staatliche Einflussnahmen lediglich auf das bereits gefällte Urteil erstreckten. Vielmehr müsse dazu übergegangen werden bereits vor der Hauptverhandlung eine Steuerung vorzunehmen, um dadurch Missverständnissen vorzubeugen. Rothenberger spielte auf die aus seiner Sicht bewährten Vor- und Nachschauen an. Dies war zugleich der entscheidende Vorstoß Rothenbergers zur Übertragung des „Hamburger Systems“ auf das gesamte Reich. Inhaltlich ging es vor allem darum, wie die relevanten Fälle an den Oberlandesgerichtspräsidenten herangetragen werden sollten, d.h. wie die Informationskette auszusehen hatte. Er sprach sich für eine Lenkung der Richter durch Richter aus. Die Verantwortung sollte der Chefpräsident tragen. Würde die Staatsanwaltschaft den Richter darüber aufklären, dass die Strafe abgesprochen sei, würde dies psychologische Bedenken mit sich bringen. Rothenberger verwies auf seine langjährigen Erfahrungen in diesem Bereich und betonte, dass eine derartige Lenkung durchaus im Interesse der Richter liege. Die Ausführungen enden mit der Ankündigung einer Verfügung, die die vorgetragenen Aspekte enthalte.[800]

Ein näherer Blick auf die Redebeiträge der Tagungsteilnehmer ermöglicht es, der Frage nach dem Meinungsbild unter ihnen nachzugehen. Generalstaatsanwalt Jung (Berlin) äußerte sich positiv über die Lenkung der Rechtsprechung im Allgemeinen, kritisierte allerdings ein Aushandeln der Strafe im Vorhinein zwischen der Staatsanwaltschaft und den richterlichen Behörden im Besonderen. Die gezielte Lenkung im Einzelnen würde einer Aufhebung der richterlichen Unabhängigkeit gleichkommen. Daher müssten die Besprechungen vielmehr generell ausgestaltet werden, um so auf bestimmte Probleme hinzuweisen.

Oberlandesgerichtspräsident Block (Kattowitz) hatte dagegen weniger Bedenken. Er befürwortete die Lenkung im Einzelfall und das Bedürfnis der Richter nach einer derartigen Lenkung, wobei auch er betonte, dass es dem Richter überlassen werden müsse, die Höhe der Strafe festzulegen. Es sollten ihm lediglich wichtige Gesichtspunkte vergegenwärtigt werden. Ähnlich argumentierte auch Oberlandesgerichtspräsident Freiherr von Steinaecker (Breslau). Er unterstützte die These Rothenbergers, dass die Belehrung von einem Richter selbst kommen müsse und nicht von der Staatsanwaltschaft, weil die

800 Niederschrift der Zusammenkunft der Oberlandesgerichtspräsidenten und Generalstaatsanwälte vom 29. September 1942, BArch R 3001/24199, fol. 55 ff.

Richter dieser gegenüber misstrauisch seien. Auch die Oberlandesgerichtspräsidenten Wohler (Danzig) und Reinle (Karlsruhe) kritisierten die forcierte Steuerung einzelner Strafsachen.[801] Insgesamt zeigen die Beispiele somit, dass die Meinungen der Teilnehmer z.T. auseinander gingen. Dennoch stellte Thierack abschließend fest, dass nahezu alle Teilnehmer die Lenkung durch Vor- und Nachschauen begrüßten und es lediglich unterschiedliche Auffassungen hinsichtlich der praktischen Durchführung gäbe. Um die Teilnehmer zu beruhigen, verwies er auf die Worte des Führers, der sich ebenfalls wünsche, dass der Richter sein Urteil aus eigener Verantwortung fälle.[802] Knapp zwei Wochen nach der Besprechung wurde am 13. Oktober 1942 die bereits erwähnte Anordnung der Vor- und Nachschauen erlassen.[803] Rothenberger hatte damit sein Ziel erreicht: Die Durchführung der Vor- und Nachschauen wurde für das gesamte Reich verbindlich angeordnet.

h) Praktische Umsetzung

Das nachfolgende Kapitel gibt einen Überblick über die praktische Umsetzung in einzelnen Oberlandesgerichtsbezirken, wobei ein Fokus auf den Oberlandesgerichtsbezirk Braunschweig gelegt wird.[804] In Braunschweig wurden schon vor Erlass der offiziellen Rundverfügung vom 13. Oktober 1942 Besprechungen durchgeführt, die Ähnlichkeiten zu den später eingeführten Vor- und Nachschauen aufwiesen. So hat z.B. Oberlandesgerichtspräsident Nebelung auf Wunsch des Vorsitzenden des Braunschweiger Sondergerichts in einem Verfahren aus dem Bereich der Schwarzschlachtung die Oberlandesgerichtspräsidenten von Garßen (Celle) und Sattelmacher (Naumburg) nach Braunschweig eingeladen, um mit ihnen die Handhabung von Schwarzschlachtungsfällen zu erörtern, insbesondere in Bezug auf die Urteilsfällung in anderen Bezirken und das Strafmaß, um eine einheitlichere Rechtsprechung in benachbarten

801 Ebenda, fol. 68 ff.
802 Ebenda, fol. 118.
803 Siehe hierzu C. IV. 1. b).
804 Der Oberlandesgerichtsbezirk Braunschweig bestand aus einem Landgerichtsbezirk, der sich in 22 Amtsgerichtsbezirke untergliederte, *Michelberger*, S. 46. In der Zeit von 1933–1945 gab es mit Röpcke (bis 1933) Heusinger (bis 1934), Nebelung (bis 1944) und Kulenkamp (bis 1945) vier verschiedene Oberlandesgerichtspräsidenten, siehe dazu die Übersicht in FS OLG Braunschweig, S. 401 (402 f.).

Bezirken herzustellen.[805] Die Besprechung war eine Reaktion auf die Rüge des Reichsjustizministeriums vom 2. April 1941, das die gegen Willi Roßmann wegen Schwarzschlachtens verhängte Zuchthausstrafe von zwei Jahren und 3000 RM Geldstrafe für zu milde befand.[806]

Von der Rundverfügung vom 13. Oktober 1942 wurden die Braunschweiger Richter im Herbst 1942 von Vizepräsident Döring, dem Vertreter Nebelungs, in einer persönlichen Unterredung in Kenntnis gesetzt. Zu dieser Unterredung habe ihn das Reichsjustizministerium aufgefordert, um die Standpunkte der Teilnehmer einzuholen und diese anschließend dem Ministerium zu übermitteln.[807] In der Besprechung stellte Döring eingangs klar, dass die Behördenleiter die Verantwortung für alle gerichtlichen Entscheidungen in ihrem Bezirk trügen, was insbesondere für Urteile der Straf- und Sondergerichte gelte.[808] Es schloss sich eine Erörterung des Vor- und Nachschausystems an. Allein Amtsgerichtsrat Herbst aus Königslutter erblickte hierin einen Eingriff in die richterliche Unabhängigkeit. Oberlandesgerichtsrat Peters entgegnete, dass diese Form der Lenkung der nationalsozialistischen Weltanschauung entspreche und Besprechungen unter Kollegen über anstehende Entscheidungen ohnehin stattfänden, sodass eine Einbeziehung des Oberlandesgerichtspräsidenten und ggf. des Reichsjustizministers nicht zu beanstanden sei.[809] Nebelung reagierte auf die Rundverfügung vom 13. Oktober 1942 mit einem entsprechenden Schreiben an die aufsichtführenden Richter und die Landgerichtspräsidenten in seinem Bezirk. Zur Umsetzung der in der Rundverfügung geforderten Zusammenkünfte ordnete er an, zukünftig über alle wichtigen Fälle im Bezirk vor der Entscheidung informiert zu werden. Ferner schloss sich ein Katalog der als wichtig einzustufenden Fälle an.[810] Mangels Überlieferung der Protokolle

805 Schreiben des Braunschweigischen Oberlandesgerichtspräsidenten vom 9. Mai 1941, NLA WO, 57 Nds, Zg. 56/1989, Nr. 2 Bl. 40; vgl. hierzu auch *Ludewig/Kuessner*, S. 158.

806 Schreiben des Reichsministers der Justiz vom 2. April 1941 an den Oberlandesgerichtspräsidenten Braunschweig, NLA WO, 57 Nds, Zg. 56/1989, Nr. 2 Bl. 51.

807 Schreiben des Oberstaatsanwalts vom 2. Oktober 1946, NLA WO, 62 Nds Fb. 2 Nr. 492 Bl. 3; vgl. hierzu auch *Ludewig/Kuessner*, S. 26.

808 Schreiben des Oberstaatsanwalts vom 2. Oktober 1946, NLA WO, 62 Nds Fb. 2 Nr. 492 Bl. 3.

809 Ebenda, Bl. 3.

810 Schreiben des Präsidenten des Oberlandesgerichtsbezirks Braunschweig an die aufsichtführenden Richter und die Landgerichtspräsidenten vom 22. Oktober 1942, NLA WO, 57 Nds, Zg. 6/1991 Nr. 11 Bl. 24.

der Vor- und Nachschaubesprechungen kann nur mittelbar, anhand ausgewählter Einzelfälle und Aussagen der Beteiligten, festgestellt werden, ob die Besprechungen in Braunschweig durchgeführt wurden. Die ausfindig gemachten Akten legen dabei den Schluss nahe, dass die Vor- und Nachschauen im Oberlandesgerichtsbezirk Braunschweig durchgeführt wurden. So heißt es in einem nach Kriegsende verfassten Schreiben des damaligen Oberstaatsanwalts vom 2. Oktober 1946, es sei „[...] absolut üblich [gewesen], dass die Urteile zwischen Hirte und den Vorsitzenden des Sondergerichts vorher besprochen wurden.“[811] Gestützt wird die Aussage durch den Fall des Rechtsanwalts Weitz aus dem Oktober 1942, der wegen versuchten Betruges gegenüber einer Mandantin angeklagt war. Die erste Verhandlung der Sache wurde von Landgerichtsdirektor Dr. Lerche geleitet, der anschließend den Vorsitz an von Griesbach abgab. Für die Staatsanwaltschaft trat Staatsanwalt Jäger auf, der gegen Weitz eine Zuchthausstrafe von einem Jahr und neun Monaten beantragte. Weitz sagt aus, ihm hätten 14 Tage vor Stellung des Antrages ein Braunschweiger Richter und der Präsident der Anwaltskammer Will versichert, Generalstaatsanwalt Rahmel, Landgerichtsrat Kalweit und Oberstaatsanwalt Hirte hätten die Strafe in einer Besprechung festgelegt und Jäger dazu angewiesen, den entsprechenden Strafantrag in der Hauptverhandlung zu stellen.[812] Ähnlich wie Weitz äußerte sich auch Amtsgerichtsrat Linke. Er sagt ebenfalls aus, dass Jäger von dem Generalstaatsanwalt angewiesen worden sei, eine Strafe von einem Jahr und neun Monaten Zuchthaus zu beantragen.[813]

Vermutet werden kann die Durchführung einer Vorschau auch in dem Fall Erna Wazinski. Hierfür spricht der damalige Ablauf des Prozesses. Wazinski wurde wegen Plünderung nach einem Bombenangriff angezeigt und zum Tode verurteilt. Der den Prozess leitende Richter folgte dem Antrag der Staatsanwaltschaft auf Todesstrafe, ohne dass eine wirkliche Auseinandersetzung in der Hauptverhandlung stattfand. Der Prozess lief somit überraschend schnell ab, sodass einiges dafür spricht, dass sich die Beteiligten schon zuvor über das zu verhängende Urteil verständigt hatten. Allein, dass die Abschrift nur zwei

811 Schreiben des Oberstaatsanwalts vom 2. Oktober 1946, NLA WO, 62 Nds Fb. 2 Nr. 492 Bl. 3.

812 Abschrift aus den Ermittlungsakten der Staatsanwaltschaft Braunschweig gegen den früheren Landgerichtsrat v. Griesbach, NLA WO, 57 Nds, Zg 56/1989 Nr. 26 Bl. 135.

813 Ebenda, Bl. 137.

Seiten lang war, stützt diese Vermutung.[814] Auch in den Lageberichten der Braunschweiger Behördenleiter finden sich entsprechende Andeutungen. So hätten zwar einige Richter zunächst Vorbehalte gegen die Lenkung der Rechtsprechung, woraufhin Nebelung nochmals eine einheitliche Ausrichtung der Rechtsprechung, gerade vor dem Hintergrund des Krieges, betonte. Tatsächlich wären aber schon einzelne Richter zu ihm gekommen und hätten von sich aus Sachen zur Sprache gebracht. Aus seiner Sicht zeigte dies, dass im Oberlandesgerichtsbezirk Braunschweig Verständnis für die Lenkung vorhanden sei.[815]

Auch in den Oberlandesgerichtsbezirken Köln und Düsseldorf wurden die Vor- und Nachschauen durchgeführt. Der Bezirk Düsseldorf wurde von November 1933 bis Oktober 1943 von Schwister geleitet.[816] Auf ihn folgte Windhausen, der bereits 1929 der NSDAP beitrat und sich schon vor der Machtergreifung parteipolitisch stark engagierte.[817] Im Bezirk Düsseldorf sind bereits vor der offiziellen Rundverfügung Absprachen im Vorfeld eines Prozesses durchgeführt worden. Allerdings gibt es begründete Zweifel, ob die unter Schwister durchgeführten Besprechungen den von der nationalsozialistischen Führung gewünschten Lenkungscharakter hatten. So geht von Köckritz davon aus, dass Schwister durch vorgeblich linientreues Verhalten seiner bevorstehenden Pensionierung entgegenwirken wollte.[818] Auch Schubert ist der Auffassung, dass Schwister in den Besprechungen keine Richtlinien hinsichtlich des Strafmaßes gegeben habe.[819] Die Zweifel haben durchaus ihre Berechtigung. So hat sich Schwister in seinem Referat mit dem Titel „Die Weisungsfreiheit der Richterarbeit" aus dem Jahr 1941 als Verfechter der richterlichen Unabhängigkeit offenbart und für die damalige Zeit überraschend deutlich zahlreiche Verletzungen selbiger gerügt. Die Durchführung von Lenkungsbesprechungen wäre mit Schwisters Verständnis eines unabhängigen Richters daher nicht in Einklang zu bringen gewesen.[820] Im Oberlandesgerichtsbezirk Köln, der sowohl

---

814 Abschrift des Sondergerichtsurteils gegen Erna Wazinski, NLA WO, 42 B Neu FB. 7 Nr. 1599 Bd. 1 Bl. 1; das Urteil gegen Erna Wazinski wird ausführlich behandelt bei *Ludewig/Kuessner*, S. 124 ff.

815 Lagebericht des Oberlandesgerichtspräsidenten aus Braunschweig vom 30. November 1942, NLA WO, 57 Nds, Zg. 6/1991, Nr. 17 Bl. 91.

816 *Dreyer*, S. 37.

817 *Keldungs*, FS OLG Düsseldorf, S. 3 (20).

818 *von Köckritz*, S. 352.

819 *Schubert*, FS-Schröder, S. 771 (773).

820 Vgl. *Schubert*, FS-Schröder, S. 771 (771 ff.); a.A. *Angermund*, Deutsche Richterschaft, S. 232.

hinsichtlich der Einwohnerzahl, als auch die Anzahl der Gerichtsverfahren betreffend, schon damals zu den größeren Gerichtsbezirken gehörte[821], blieb trotz Durchführung der Besprechungen der erhoffte Erfolg im Krieg eine einheitliche Rechtsprechung herzustellen aus, wie der Bericht des Vorsitzenden des Kölner Sondergerichtes erkennen lässt.[822]

In anderen Oberlandegerichtsbezirken wurden die Vor- und Nachschauen dagegen überhaupt nicht durchgeführt. So z.B. in Celle. Der Oberlandesgerichtsbezirk Celle gehörte zu den größten Gerichtsbezirken, was auch die Zahl der fast vier Millionen Gerichtseingesessenen im Jahre 1939 verdeutlicht.[823] Präsident des Oberlandesgerichts war von 1932–1945 von Garßen.[824] Celle hatte kein eigenes Sondergericht, sodass zur Durchführung der Besprechungen Reisen zum Sondergericht Hannover erforderlich gewesen wären, die v. Garßen allerdings scheute.[825] Dasselbe gilt für den Oberlandesgerichtsbezirk Berlin, wobei die Gründe in Berlin andere waren.[826] Wegen des Umfangs des geschäftlichen Betriebes der Berliner Sondergerichte gab es erhebliche Probleme organisatorischer Art, die sich zu Lasten der Durchführung der Vor- und Nachschauen auswirkten. Die Verantwortlichen griffen daher auf andere Lenkungsmaßnahmen zurück.[827] Von der Möglichkeit, die Durchführung der Vor- und Nachschauen auf die Landgerichtspräsidenten zu delegieren, wurde in den Oberlandesgerichtsbezirken Kiel und Posen Gebrauch gemacht.[828] In Posen gelang es im Ergebnis zwar nicht, eine einheitliche Rechtsprechung herzustellen, die Besprechungen führten allerdings insgesamt zu einer Verschärfung

---

821 Der Bezirk umfasste fünf Landgerichtsbezirke und 77 Amtsgerichte. Er stand von 1933–1943 unter der Präsidentschaft von Dr. Bergmann. Auf ihn folgte Lawall, *Michelberger*, S. 160.

822 In dem Bericht heißt es, dass die verschiedenen Einstellungen der Richter bezüglich der Strafbemessung einer einheitlichen Richtung bei der Strafzumessung entgegenstehen würden, vgl. Bericht des Vorsitzenden des Kölner Sondergerichts I (Akten des OLG Köln AZ 3234/11); zitiert nach *Angermund*, Die geprellten „Richterkönige“, S. 304 (330).

823 *Rüping*, Staatsanwaltschaft und Provinzialjustizverwaltung, S. 21; *Michelberger*, S. 58.

824 *Gruchmann*, Justiz im Dritten Reich, S. 1211.

825 *Bästlein*, FS-Roggemann, S. 557 (579).

826 Präsident war bis Ende 1942 Hölscher. Auf ihn folgte Dr. Block. Der Gerichtsbezirk umfasste acht Landgerichtsbezirke und insgesamt 107 Amtsgerichte, *Michelberger*, S. 40.

827 *Bästlein*, FS-Roggemann, S. 557 (578).

828 Siehe dazu Fn. 714.

der Rechtsprechung.[829] Aber auch im Oberlandesgerichtsbezirk Hamburg, wo die Lenkungsbesprechungen seinerzeit unter Rothenberger entwickelt wurden, fand kein vorheriges Aushandeln des Strafantrags statt, da das Strafmaß zumeist gar nicht in der Vorschau angesprochen wurde. Auch eine Angleichung von Strafantrag und Urteil konnte nicht erreicht werden. Vielmehr wichen trotz Durchführung der Vor- und Nachschauen Strafantrag und Urteil in ca. 30–40 % der Fälle voneinander ab.[830]

3. Zusammenfassung

Zusammenfassend lässt sich feststellen, dass mit der direkten Einwirkung auf die Richter und den konkreten Einzelfall durch die verbindliche Anordnung der Vor- und Nachschauen eine neue Form der Lenkung eingeführt wurde, mit der eine Abkehr von der bisherigen Lenkungspraxis einherging.[831] Ausgehend von den Entwicklungen in dem von Rothenberger geleiteten Oberlandesgerichtsbezirk Hamburg, der ihre lokale Durchführung unter dem Eindruck der Reichstagsrede Hitlers durch Rundverfügung vom 7. Mai 1942 verbindlich anordnete, hatte Rothenberger im Gegensatz zu Schlegelberger ein perfekt durchorganisiertes und bereits erprobtes Besprechungssystem entwickelt. Nachdem die Einführung des Bestätigungsrechts in Strafsachen gescheitert war, Schlegelberger von Thierack abgelöst wurde und Rothenberger am 20. August 1942 zum Staatssekretär ernannt wurde, war die reichsweite Einführung der Vor- und Nachschauen die logische und naheliegende Konsequenz.

Entgegen der Ankündigung und den Aussagen des ehemaligen Hamburger Oberlandesgerichtspräsidenten auf der Tagung der Behördenleiter am 29. September 1942, bei den Vor- und Nachschauen handele es sich um eine Lenkung der Richter durch Richter, stellte sich die praktische Umsetzung der Besprechungen anders dar. In den Besprechungen wurde erheblicher Druck auf die Richter ausgeübt, indem der in den Besprechungen anwesende Anklagevertreter betonen sollte, dass die geforderten Strafanträge auf Weisungen des Reichsjustizministeriums beruhten. Die Staatsanwaltschaft nahm somit eine gewichtige Rolle bei der Lenkung ein, was nicht zuletzt auch an dem Erlass zahlreicher

829 So *Becker*, „Schritte auf einer abschüssigen Bahn.“, S. 177.

830 *Schmitz*, S. 447 (459 ff.).

831 Auch der 1943 abgelöste ehemalige Aachener Landgerichtspräsident Carl Hermann sieht in dieser Form der Kontaktaufnahme die entscheidende Zäsur bei der Lenkung der Rechtsprechung im Krieg, *Herbers*, S. 181.

gesetzlicher Maßnahmen lag, die die Staatsanwaltschaft schon Jahre zuvor zum verlängerten Arm des Reichsjustizministeriums werden ließ.[832]

Dennoch handelt es sich bei den Vor- und Nachschauen im Unterschied zu den Behördenleitertagungen um dezentrale Lenkungsbesprechungen. Denn die praktische Durchführung der Besprechungen fiel in den Zuständigkeitsbereich der Oberlandesgerichtspräsidenten. Grund hierfür waren vermutlich die kriegsbedingten Einschränkungen. So hatten die Kommunikationswege innerhalb des Reiches drei Jahre nach Kriegsbeginn bereits erhebliche Einbußen hinnehmen müssen, was u.a. dazu führte, dass das Reichsjustizministerium noch nicht einmal mehr die Mittel hatte, um Dienstreisen der Ministeriumsmitglieder zu den Besprechungen sicherzustellen.[833] Außerdem war die Nachrichtenübermittlung im Krieg teilweise stark eingeschränkt. So kam es vor, dass Telegramme mitunter erst drei Wochen später ihren Empfänger erreichten.[834] Hinzu kam, dass durch den Krieg auch die Personaldecke innerhalb des Reichsjustizministeriums erheblich schrumpfte. Im Jahr 1944 waren z.B. nur noch knapp die Hälfte der im Jahr 1939 ehemals beschäftigten Mitarbeiter des Ministeriums im Amt.[835] Dies musste zwangsläufig zu Einschränkungen führen. In der Hauptsache waren dies wohl die Gründe, die eine regionale Durchführung der Lenkung nahelegten. Bemerkenswert ist zudem, dass die Handhabung der Vor- und Nachschauen in den einzelnen Oberlandesgerichtsbezirken unterschiedlich war und in einigen Bezirken komplett auf ihre Durchführung verzichtet wurde. Dies deutet auf einen Ermessenspielraum der Behördenleiter hin und wird durch die Ansprache Thieracks auf der Tagung vom 29. September 1942 bestätigt, wo dieser sich wie folgt äußerte: „Ich habe nichts dagegen, dass Sie ihre Richter lenken, wie jeder es für richtig hält. [...] Aber ich nehme jeden in Verantwortung. Daraus entlasse ich keinen."[836]

---

832 So unterlagen sämtliche Generalstaatsanwälte neben den beiden Oberreichsanwälten beim Reichsgericht und beim Volksgerichtshof seit der Gleichschaltung der Weisungsbefugnis des Reichsjustizministers, wodurch von zentraler Stelle Einfluss auf die Strafanträge genommen werden konnte; *Schumacher*, S. 70 f.

833 *Angermund*, Deutsche Richterschaft, S. 242.

834 Bericht über eine Bereisung des Oberlandesgerichtsbezirks Köln vom 20.–23. November 1944, BArch R 3001/25117, fol. 78.

835 *Schädler*, S. 134; so auch *Hattenhauer*, FS-Reichsjustizamt, S. 9 (80).

836 Niederschrift über die Arbeitstagung des Reichsjustizministers mit den Chefpräsidenten und den Generalstaatsanwälten vom 29. September 1942, BArch R 3001/24199 Bl. 117 ff.

Primäres Ziel der Besprechungen war es ferner nicht, bestehende Ungleichheiten zwischen dem Strafantrag der Staatsanwaltschaft und dem richterlichen Urteil zu beseitigen. Diese Ungleichheiten, auch wenn sie tatsächlich bestanden, sollten lediglich beiläufig beseitigt werden. Dies wird eindrucksvoll durch einen auf der Tagung vom 29. September 1942 präsentierten Vorschlag des Oberlandesgerichtspräsidenten David aus Leitmeritz zur Behebung der bestehenden Ungleichheiten und die entsprechende Reaktion Thieracks belegt. Zur Beseitigung der Abweichungen zwischen Strafantrag und Urteil schlug David eine Anlehnung an das österreichische Strafrecht vor. Dort dürfe der Staatsanwalt keinen konkreten Strafantrag stellen. Vielmehr laute der Antrag des Staatsanwalts dort: Ich beantrage Schuldspruch des Angeklagten und angemessene Bestrafung. Etwaige Abweichungen ließen sich hierdurch von vornherein vermeiden.[837] Der Vorschlag wurde von Thierack kritisiert, weil der konkrete Strafantrag zur Lenkung der Staatsanwälte notwendig sei. Ohne konkreten Strafantrag würden Urteile gefällt, die auf Unverständnis stoßen würden. Er gab David zwar insoweit Recht, als sich die angesprochenen Diskrepanzen bei einer Übertragung des österreichischen Modells vermeiden ließen, verwies aber auf die vielen Vorteile, die sich aus einem spezialisierten Strafantrag ergäben. Zudem würde die Justiz die rein äußerlich bestehenden Diskrepanzen verkraften können. Diese Aussage Thieracks belegt, dass die Vor- und Nachschauen primär der Verschärfung der Strafrechtsprechung dienen sollten.[838] Auch Ministerialrat Haag pflichtete Thierack in seinem 1944 in der Deutsche Justiz veröffentlichten Aufsatz bei:

> *„Die Staatsführung schließlich braucht den Staatsanwalt in der Strafrechtspflege, weil und soweit sie keinen weisungsgebundenen Richter haben möchte. Denn ein Weg muß der Staatsführung zur Verfügung stehen, um ihren Einfluss auch im Einzelfalle geltend machen zu können. Das ist der Weg über die Staatsanwaltschaft in der Form eines die richterliche Unabhängigkeit nicht beeinträchtigenden prozessualen Antrags (daher § 226 StPO).“*[839]

Mit dieser Ansicht lag er ganz auf der Linie des Ministers. Schon Schlegelberger hatte auf der Tagung vom 30. Juni/1. Juli 1942 verlautbaren lassen, dass das Ziel der Besprechungen die Erhöhung der Strafen sei.[840]

---

837 Ebenda, fol. 101 ff.

838 Ebenda, fol. 117 ff.

839 *Haag*, DJ 1944, S. 209 (211).

840 Aufzeichnungen des Jenaer Generalstaatsanwalts Wurmstich über die Arbeitstagung der Generalstaatsanwälte vom 30. Juni./1. Juli 1942, abgedruckt bei *Schubert*,

V. Initiativen aus den Oberlandesgerichtsbezirken zur Lenkung der Strafjustiz

Wie die Untersuchung der Vor- und Nachschauen gezeigt hat, ging die Initiative zur Lenkung der Strafjustiz nicht ausnahmslos vom Reichsjustizministerium aus. Die Annahme, es habe ausschließlich eine „Lenkung von oben" stattgefunden, ist daher unzutreffend. Das nachfolgende Kapitel geht der Frage nach, ob neben den von Rothenberger in Hamburg entwickelten Vor- und Nachschauen weitere Vorschläge und Profilierungen aus den Reihen der Juristen festgestellt werden können. Es wird untersucht, inwieweit es von ihnen Vorschläge zur Lenkung der Strafrechtsprechung gab, ob und wie diese praktisch umgesetzt wurden oder ob sie möglicherweise Auswirkungen auf andere Projekte hatten.[841]

1. Reformvorschläge

a) Vorschläge des Oberlandesgerichtspräsidenten Sattelmacher (Naumburg)

Zu den zentralen Akteuren bei der Lenkung der Strafjustiz zählten aus Sicht des Reichsjustizministeriums die Richter und Staatsanwälte. Der Beeinflussung der Rechtsanwaltschaft galt zunächst kein Interesse. Dies lässt sich mit dem unterschiedlichen Einfluss der am Strafprozess beteiligten Personen begründen; denn die Letztentscheidung oblag allein dem Richter, der sich an dem Antrag des weisungsabhängigen Staatsanwalts orientieren sollte. Wegen des im Vergleich hierzu untergeordneten Einflusses des Strafverteidigers auf den Ausgang des Verfahrens, stand er bei der Lenkung der Strafjustiz weniger im Fokus des Reichsjustizministeriums und der nationalsozialistischen Führung. Dies änderte sich im Juli 1942. So äußerte noch weit vor Einführung der Rechtsanwaltsbriefe[842] im Jahr 1943 der Naumburger Oberlandesgerichtspräsident

---

Das Reichsjustizministerium und die höheren Justizbehörden in der NS-Zeit (1933–1945), S. 302.

841 Hierzu wurden neben den Mitschriften der Behördenleitertagungen, auf denen sich ebenfalls die Möglichkeit zur Präsentation neuer Ansätze bot, die juristischen Zeitschriften „Deutsche Justiz", „Deutsches Recht", „Zeitschrift der Akademie für Deutsches Recht" und die „Deutsche Juristen Zeitung" systematisch ausgewertet.

842 Durch die Einführung der Rechtsanwaltsbriefe beabsichtigte das Reichsjustizministerium, Einfluss auf die Rechtsanwaltschaft, vornehmlich auf Strafverteidiger, zu nehmen. In den Briefen sollten Einzelfälle erörtert werden. Die Erörterung sollte schließlich mit einer Stellungnahme des Reichsjustizministers enden. Da im

Sattelmacher[843] den Wunsch, die Rechtsanwaltschaft bei der Lenkung der Strafjustiz einzubeziehen. Sattelmacher war der Auffassung, dass die Anwälte als Organ der Rechtspflege dem Gebot der Stunde entsprechend Rechnung tragen müssten und die Lenkung der Strafrechtspflege sie daher mit einschließe. Denn „die Lenkung und Steuerung der Strafrechtspflege darf nicht Halt machen vor der Schwelle des Sprechzimmers eines Verteidigers."[844] Konkrete Vorschläge zur Steuerung der Anwaltschaft nannte er allerdings nicht. Erklären lässt sich Sattelmachers Vorstoß mit einem geänderten Verständnis der rechtsanwaltlichen Stellung. So wurde die Rechtsanwaltschaft z.B. schon im ersten Jahr der nationalsozialistischen Herrschaft bei der Neugestaltung des künftigen Rechtssystems in die Pflicht genommen und dazu aufgefordert, die geltenden Normen im Lichte des Nationalsozialismus auszulegen und entsprechend anzuwenden.[845] In den Folgejahren entwickelte sich schließlich ein häufig anzutreffender Verteidigertyp, „[...] der den Diener vor Partei und Staat dem ‚Dienst an der Sache' vorzog [...]" und entgegen der Interessen des eigenen Mandaten handelte.[846] Diese Entwicklung geht auf die beabsichtigte Durchdringung sämtlicher staatlicher und nichtstaatlicher Ebenen mit der nationalsozialistischen Weltanschauung zurück und liefert zugleich die Erklärung, warum es Versuche

---

Reichsjustizministerium von den Richtern, Staatsanwälten und Rechtsanwälten, die dazu aufgefordert wurden zur Erörterung in den Rechtsanwaltsbriefen geeignetes Material einzuschicken, jedoch kaum Rückmeldungen kamen, erschien im Oktober 1944 lediglich ein Rechtsanwaltsbrief. Siehe dazu *König*, S. 235 f.

843 Paul Heinrich Theodor Sattelmacher wurde am 13. April 1879 in Osnabrück geboren. Nach dem Abitur nahm Sattelmacher zum Sommersemester 1898 das Studium der Rechtswissenschaften in Bonn auf, das er im Juli 1901 erfolgreich abgeschlossen hat. Den Referendardienst trat er beim Oberlandesgericht Hamm an. Das Assessorexamen bestand er im Februar 1906 mit der Note „gut". Zunächst trat Sattelmacher eine Stelle beim Landgericht Halle an. Nach seinem Kriegsdienst wechselte er im Januar 1919 als Hilfsarbeiter in das preußische Justizministerium nach Berlin, bevor er nach 14-jähriger Tätigkeit im preußischen Justizministerium das ihm unterbereitete Angebot annahm und zum 1. Juli 1933 die Stelle als Oberlandesgerichtspräsident von Naumburg antrat. Er übte das Amt bis zum Kriegsende aus. Sattelmacher war am 1. Mai 1937 in die NSDAP eingetreten. Nach seiner Verhaftung am 28. August 1945 starb er am 19. Juli 1947 im Speziallager in Buchenwald. Dazu *von Köckritz*, S. 320 ff.

844 Lagebericht des Oberlandesgerichtspräsidenten Sattelmacher aus Naumburg vom 4. Juli 1942, BArch R 3001/23380, fol. 81 ff.

845 *Neubert*, DJ 1933, S. 558 (558).

846 *König*, S. 241.

zur Lenkung der Rechtsanwaltschaft gab, obgleich deren Einfluss im Strafverfahren im Vergleich zur Position des Richters oder Staatsanwalts unbedeutender war.

b) *Vorschläge des Ersten Staatsanwalts Brinkmann (Halle)*

Konkretere Vorschläge zur Lenkung der Strafjustiz nannte Staatsanwalt Brinkmann in seinem 1936 in der „Deutschen Justiz" veröffentlichten Beitrag mit dem Titel „Die Ungleichheit der Strafzumessung". Zunächst beklagt Brinkmann in seinem Aufsatz die – in beiden Richtungen – bestehende Ungleichheit der Strafzumessung zwischen den einzelnen Gerichten, d.h. sowohl was die Verhängung von zu hohen als auch die Verhängung von zu niedrigen Strafen betrifft. Diese Unterschiede dürfe es nicht mehr geben, weil die Etablierung des Nationalsozialismus und der einheitlichen Ausrichtung des Volkes zum Verschwinden der Differenzen führen müsse. Sodann nannte Brinkmann seine Vorschläge zur Behebung der festgestellten Mängel. Aufgrund der Gleichschaltung der Justiz und der umfassenden Berichtspflichten habe die Justizverwaltung einen guten Überblick über die Rechtsprechung in den Bezirken. Diese umfassende Kenntnis könne Ausgangspunkt für den Erlass allgemeiner oder spezieller an die Staatsanwaltschaft gerichteter Weisungen sein, mit dem Ziel, einen gewissen Einfluss auf den Strafantrag auszuüben. Vorteil dieser Art von Einflussnahme sei, dass die Unabhängigkeit des Richters nicht beeinträchtigt werde. Ferner sprach sich Brinkmann für die Durchführung von Besprechungen mit den Leitern der Sondergerichte aus, um den Teilnehmern einen „Maßstab für die Praxis" mitzuteilen. Gerade die Urteile der Sondergerichte seien wegen ihrer Nichtangreifbarkeit von besonderer Bedeutung.[847]

Die Vorschläge Brinkmanns sind vor allem deshalb erwähnenswert, weil er sich für die Lenkung der Behörde aussprach, der er selbst angehörte. Hinzu kommt, dass Brinkmann in seiner Funktion als Erster Staatsanwalt unmittelbarer Adressat der von ihm favorisierten Weisungen gewesen wäre. Dies unterscheidet ihn von anderen „Reformern" wie z.B. Rothenberger, der in seiner Funktion als Oberlandesgerichtspräsident bei den von ihm durchgeführten Besprechungen die Rolle des Lenkenden einnahm und daher weitestgehend

847 *Brinkmann*, DJ 1936, S. 1653 (1655 ff.). Der Verurteilte hatte zu keinem Zeitpunkt die Möglichkeit, Rechtsmittel gegen ein Urteil des Sondergerichts einzulegen. Der Oberreichsanwalt hatte dagegen durch die Einführung des außerordentlichen Einspruchs und der Nichtigkeitsbeschwerde Möglichkeiten zur Korrektur von unliebsamen Urteilen; siehe dazu C. I. 3, Fn. 315.

seine eigenen Vorstellungen in den Zusammenkünften zum Ausdruck bringen konnte, während sich Brinkmann für die Lenkung durch eine höhere Instanz aussprach. Der Vorschlag Brinkmanns, durch Weisungen an die Staatsanwaltschaft Einfluss auf den Strafantrag zu nehmen, war für das 1936 von Gürtner geleitete Reichsjustizministerium nicht neu und auch Brinkmann selbst betonte, dass hiervon bereits vereinzelt Gebrauch gemacht werde.[848] Neu war dagegen die Idee, die Leiter der Sondergerichte in Besprechungen zusammenkommen zu lassen, um ihnen einheitliche Maßstäbe für die Praxis mitzuteilen und dadurch die Rechtsprechung einheitlich auszurichten. Das Reichsjustizministerium bediente sich zur Lenkung der Rechtsprechung 1936 zwar schon der Arbeitstagungen[849], die Vorsitzenden der Sondergerichte gehörten zu diesem Zeitpunkt allerdings nicht zu den Teilnehmern. Erst am 24. Oktober 1939 fand eine Besprechung zwischen Gürtner und den Vorsitzenden der Sondergerichte sowie den Sachbearbeitern für Sondergerichtsstrafsachen statt.[850] Die einheitliche und strenge Rechtsprechung der Sondergerichte war Brinkmann ein besonderes Anliegen, weil die Urteile des Sondergerichts nicht mit Rechtsmitteln angegriffen werden konnten. Zudem würde eine zu milde Rechtsprechung „die Brandherde“ wieder zu schnell entfachen.[851] Eine Kausalität zwischen dem Vorschlag Brinkmanns und der erstmaligen Durchführung einer Besprechung mit den Leitern der Sondergerichte im Oktober 1939 kann jedoch nicht eindeutig beurteilt werden.

c) Vorstöße der Oberlandesgerichtspräsidenten Bergmann (Köln) und Schwister (Düsseldorf)

Wie bereits deutlich wurde, sind die Behördenleiter auf den Tagungen vom 31. März 1942, vom 5./6. Mai 1942 sowie vom 30. Juni/1. Juli 1942 zur Durchführung der Vor- und Nachschauen aufgefordert worden. In Bezug auf die praktische Umsetzung hat das Reichsjustizministerium den Behördenleitern allerdings wenig Vorgaben gemacht und ihnen einen gewissen Ermessensspielraum eingeräumt.[852]Dies führte dazu, dass einige Behördenleiter eigene

---

848 Siehe dazu C. II.; *Rüping*, Staatsanwaltschaft und Provinzialjustizverwaltung, S. 39 f.

849 Siehe dazu C. III. 2.

850 Niederschrift der Tagung des Reichsjustizministers mit den Vorsitzenden der Sondergerichte und den mit den Sondergerichtssachen betrauten Sachbearbeitern bei den Generalstaatsanwälten, BArch R 3001/24158, fol. 62 ff.

851 *Brinkmann*, DJ 1936, S. 1653 (1657).

852 Siehe dazu C. III. 2. c), d). Im Übrigen verzichtete Rothenberger in der Rundverfügung vom 13. Oktober 1942 ebenfalls darauf, die Durchführung der Vor- und

Modelle entwickelten. So z.B. der Kölner Oberlandesgerichtspräsident Bergmann,[853] dessen Konzept im benachbarten Düsseldorf ebenfalls Anklang fand und vom dortigen Oberlandesgerichtspräsidenten Schwister[854] übernommen wurde. Über die in seinem Bezirk durchgeführte Steuerung der Strafrechtsprechung referierte Schwister auf der Arbeitstagung vom 29. September 1942. Da in letzter Zeit wiederholt einige Staatsanwälte mit Anweisungen des Ministeriums an die Richter herangetreten seien, hätten die Richter die Frage aufgeworfen, wie denn die nichtanwesenden Entscheidungsträger überhaupt beurteilen könnten, dass im Einzelfall eine (zumeist) höhere Strafe angebracht sei. Von dieser Kritik ausgehend, habe Schwister gemäß dem Kölner Vorbild

---

Nachschauen en détail zu regeln. Damit folgte er wohl der Auffassung Thieracks, der sich auf der Besprechung vom 29. September 1942 wie folgt äußerte: „Ich habe nichts dagegen, dass Sie Ihre Richter lenken, wie jeder es für richtig hält. [...]Aber ich nehme jeden in Verantwortung. Daraus entlasse ich keinen." Vgl. Niederschrift über die Arbeitstagung des Reichsjustizministers mit den Chefpräsidenten und den Generalstaatsanwälten vom 29. September 1942, BArch R 3001/24199, fol. 117 ff.

853 Alexander Wilhelm Bergmann wurde am 15. Dezember 1878 in Wuppertal-Barmen geboren. Nach dem Studium der Rechtswissenschaften in Marburg, Berlin und Bonn wurde er nach dem Referendariat im April 1906 zum Gerichtsassessor beim Amtsgericht in Elberfeld ernannt. Nach Stationen in Königsberg und Guttentag trat er 1914 eine Stelle als Landrichter am Landgericht Frankfurt Oder an. Ab 1921 war Bergmann für das preußische Justizministerium tätig, ehe er am 1. April 1928 zum Präsidenten des Landgerichts Wiesbaden ernannt wurde. Am 1. Mai 1933 trat Bergmann in die NSDAP ein. Nach der Versetzung des bisherigen Kölner Oberlandesgerichtspräsidenten Volmer übernahm Bergmann am 1. Dezember dessen Amt, das er bis zu seiner vorzeitigen Versetzung in den Ruhestand im Juli 1943 ausübte. Er wurde im Rahmen der Entnazifizierung der Kategorie V der Entlasteten zugeordnet. Dazu *von Köckritz*, S. 38 ff.

854 Wilhelm Schwister wurde am 20. Juli 1878 in Eschweiler geboren. Nach dem Abitur immatrikulierte er sich zum Wintersemester 1898/99 an der Universität Berlin für Rechtswissenschaften. Das Studium schloss er im Jahr 1906 erfolgreich ab. Nach nur drei Monaten als Gerichtsassessor am Oberlandesgericht Köln, wurde Schwister im März 1907 zum Landrichter beim Landgericht Elberfeld ernannt. Im Oktober 1917 wechselte er, zunächst als Hilfsarbeiter, an das Oberlandesgericht Düsseldorf. Dort wurde er kurze Zeit später zum Oberlandesgerichtsrat ernannt, ehe er eine Stelle im preußischen Justizministerium annahm. Die nationalsozialistische Machtergreifung führte schließlich dazu, dass der bisherige Präsident des Oberlandesgerichts Düsseldorf Schollen durch Schwister ersetzt wurde. Dieses Amt übte er bis zu seiner Pensionierung 1943 aus. Schwister, der weder Mitglied der NSDAP noch des NSRB war, wurde im Rahmen der Entnazifizierung der Kategorie V der Entlasteten zugeordnet. Dazu *von Köckritz*, S. 345 ff.

eine Anordnung erlassen, wonach noch am Tage der Urteilsfällung über sämtliche Urteile, mit Ausnahme von Übertretungssachen und Privatklagesachen, ein formularmäßiger Bericht erstattet werden musste, der ihm zuzusenden war. Dadurch erhalte er jeden Tag eine Vielzahl von Berichten. Anschließend würden die Berichte im Präsidialbüro zusammengestellt, sortiert und jeden Dienstag berichte ein bestellter Sachbearbeiter hierüber. In Fällen, in denen es ihm wichtig erscheine, wirke er schließlich auf eine einheitliche Rechtsprechung hin und spreche zugleich mittelbar aus, dass das Urteil nicht angemessen sei. Zur Kennzeichnung mache er vor der Rücksendung der Akten einen Vermerk auf die Akte, dass die Strafe zu milde sei. In den regelmäßigen Besprechungen mit den Landgerichtspräsidenten würde er zudem besonders auffällige Sachen besprechen und den aufgrund dieser Besprechungen beunruhigten Richtern entgegnen, dass die Aktion einzig dazu diene, die Rechtsprechung zu vereinheitlichen. Insgesamt werde die Aktion positiv ankommen und habe schon erste Erfolge verzeichnet. So seien die Strafen z.B. bei Schwarzschlachtungen seit Einführung dieses Systems viel höher und einheitlicher geworden. In den Vorschauen mit den vorsitzenden Richtern habe er jedoch lediglich allgemeine Anweisungen getroffen und stets betont, dass die Richter das Urteil nach bestem Wissen und Gewissen auf Grund der Hauptverhandlung fällten.[855]

Im Ergebnis haben die Oberlandesgerichtspräsidenten in Köln und Düsseldorf somit massiven Druck auf die Richter ausgeübt, indem sie ihnen in Form von Vermerken mitgeteilt haben, dass ihre gesprochenen Urteile zu milde seien. Diese Form der Lenkung ist ein Beispiel dafür, dass es auch in den Oberlandesgerichtsbezirken Initiativen zur Lenkung der Strafrechtsprechung gab, ohne dass es vorherige Anweisungen aus dem Reichsjustizministerium gegeben hat.

d) Der Umgang mit Strafverfahren nach dem Gesetz zum Schutz des deutschen Blutes und der deutschen Ehre im Oberlandesgerichtsbezirk Hamburg

Ein weiteres Beispiel dafür, dass auch in einzelnen Oberlandesgerichtsbezirken ohne Anweisungen aus dem Reichjustizministerium Maßnahmen zur Steuerung der Rechtsprechung ergriffen wurden, ist die Einrichtung einer Sonderstrafkammer für Strafverfahren nach dem Gesetz zum Schutz des deutschen

855 Ausführungen Schwisters auf der Tagung des Reichsjustizministers mit den Chefpräsidenten und Generalstaatsanwälten vom 29. September 1942, BArch R 3001/24199, fol. 92 ff.; zu dem möglicherweise nur vorgeschobenen linientreuen Verhalten Schwisters siehe C. IV. 2. h).

Blutes und der deutschen Ehre im Oberlandesgerichtsbezirk Hamburg. In Hamburg wurde noch vor der Anordnung des Reichsjustizministeriums zur Einrichtung von Sonderstrafkammern in Rassenschandesachen im Spätsommer 1936[856] Anfang Dezember 1935 durch den Oberstaatsanwalt beim Landgericht Hamburg angeregt, für Strafverfahren nach dem Blutschutzgesetz ein Sondergericht einzurichten. Der Oberstaatsanwalt versprach sich hiervon vor allem die Herstellung einer einheitlichen Rechtsprechung sowie die Klärung von Zweifelsfragen des Gesetzes.[857] Das Landgerichtspräsidium folgte der Anweisung und hat kurze Zeit später einen Beschluss erlassen, mit dem diese Strafverfahren der 6. Großen Strafkammer zugewiesen wurden.[858] Die Zuweisung wurde in der Folge in Hamburg nicht nur zur Vereinheitlichung, sondern gezielt zur Verschärfung der Rechtsprechung im Bereich der Rassenschande genutzt. Hervor tat sich wiederum der an der Spitze des Hanseatischen Oberlandesgerichts stehende Rothenberger, dem die milden Urteile der 6. Großen Strafkammer missfielen und der dies in der Erwartung einer schnellstmöglichen Änderung dieses Zustandes auch offen kritisierte. Infolge der Herauslösung aus der allgemeinen Rechtsprechung kam es in der Folge zu einer Rechtsprechung, die sich, begünstigt durch einschlägige Weisungen, immer mehr von allgemeinen Rechtsgrundsätzen entfernte.[859] Die spätere reichsweite verbindliche Einführung von Sonderstrafkammern auf dem Gebiet der Rassenschande war im Hinblick auf die Möglichkeit zur Steuerung der Rechtsprechung in Rassenschandefällen eine logische Konsequenz. Denn das Ministerium hatte es fortan nur noch mit einem einzigen Kammervorsitzendem in jedem Bezirk zu tun, was die Einflussnahme deutlich erleichterte. Zudem konnten die Kammern einfacher mit linientreuen Richtern besetzt werden.[860] Ob das Reichsjustizministerium durch die praktische Umsetzung in Hamburg zur reichsweiten Einführung der Sonderstrafkammern motiviert worden ist, lässt sich nicht abschließend beurteilen. Wenn dem jedoch so ist, dann wäre dies neben den von Rothenberger in Hamburg entwickelten Vor- und Nachschauen[861] bereits die zweite Steuerungsmaßnahme, die zunächst in Hamburg erprobt und im Anschluss reichsweit eingeführt worden ist.

856 Siehe hierzu C. III. 4. c) bb).
857 So *Robinsohn*, S. 123.
858 Ebenda, S. 123.
859 Ebenda, S. 124 ff.
860 Ebenda, S. 124.
861 Siehe hierzu C. III. 2. a).

e) Justizlenkung durch Generalstaatsanwalt Rahmel (Braunschweig)

Bei der Lenkung der Strafjustiz[862] tat sich auch der Braunschweiger Generalstaatsanwalt Rahmel[863] hervor, indem er in den Gerichtssachen des Braunschweiger Sondergerichts[864] bei der Staatsanwaltschaft eine Lenkungsmethode des Reichsjustizministeriums neu einführte und in der Folge von ihr Gebrauch machte. In seiner Amtszeit wurde die Staatsanwaltschaft dazu verpflichtet, bei jeglichen Anklagen, die sie vor dem Braunschweiger Sondergericht erhob, dem Reichsjustizministerium den jeweiligen Strafantrag des entsprechenden Sachbearbeiters zu übersenden. Die Anträge wurden dabei zunächst Rahmel zugesandt, der sie schließlich an das Reichsjustizministerium weiterleitete. Nach einer Begutachtung durch das Ministerium wurden sie über Rahmel zurück an die Staatsanwaltschaft gesandt. Den Vorschlägen des jeweiligen Sachbearbeiters für den, mitunter nicht personengleichen Sitzungsvertreter, kam eine Bindungswirkung allerdings nur für den Fall zu, dass sich in der Hauptverhandlung keine neuen rechtlichen oder tatsächlichen Aspekte ergaben. Laut des Ersten Staatsanwalts Hirte sei es bei der praktischen Durchführung dieses Verfahrens häufig vorgekommen, dass sich das Reichsjustizministerium andere Strafanträge gewünscht hätte.[865] Durch dieses Lenkungsinstrument wurden dem Sitzungsvertreter letztlich Vorgaben in Bezug auf den Strafantrag gemacht. Dabei ist davon auszugehen, dass dem jeweiligen Staatsanwalt in vielen Fällen mitgeteilt wurde, dass sich hinter etwaigen Änderungen der Strafanträge der Wille der „hohen politischen Stellen“ verberge.[866] Die Änderungen

---

862 Vgl. zur Justizlenkung in Braunschweig *Wassermann*, FS-OLG Braunschweig, S. 11 (69).

863 Willy Rahmel, 1882 geboren, nahm nach der großen Staatsprüfung im Jahr 1913 zunächst am Ersten Weltkrieg teil. Nach Kriegsende war er ab 1920 als Hilfsarbeiter und ab 1921 als Staatsanwaltschaftsrat am Landgericht Schneidemühl tätig. Nach einer Tätigkeit als erster Staatsanwalt beim Oberlandesgericht Marienwerder, wurde er 1932 bei der Staatsanwaltschaft beim Landgericht Glogau zum Oberstaatsanwalt befördert. Zwei Jahre später wechselte er als Oberstaatsanwalt zur Staatsanwaltschaft beim Landgericht Görlitz, ehe er nach Magdeburg versetzt wurde. Ab 1942 war er Generalstaatsanwalt in Braunschweig. Nur ein Jahr später ist er auf Wunsch des Reichsjustizministeriums nach Köln gewechselt. Dazu *Stirken*, S. 35 ff.; *Herbers*, S. 74.

864 Siehe zur Einrichtung der Sondergerichte Fn. 223 f.

865 Schreiben von Hirte an den Niedersächsischen Justizminister vom 18. Juni 1962, NLA WO, 57 Nds, Zg. 56/1989 Nr. 42 Bl. 5.

866 Vgl. hierzu *Gruchmann*, Justiz im Dritten Reich, S. 1142.

des Reichsjustizministeriums habe Rahmel selbst genau geprüft und öfters andere Weisungen erteilt.[867] Dabei habe er von Beginn an großes Interesse an der Strafrechtspflege gehabt.[868] Ein Grund für Rahmels Vorgehen dürfte der schlechte Ruf des Braunschweiger Sondergerichts gewesen sein. Neben den bekannten Rügen des Reichsjustizministers wegen zu milder Urteile bei Schwarzschlachtungen[869] machte der Oberreichsanwalt in einigen Fällen auch von der Nichtigkeitsbeschwerde Gebrauch, um zu milde Urteile des Sondergerichts im Nachhinein zu korrigieren. Auch intern gab es Unstimmigkeiten, die sogar dazu führten, dass der für die zu milde Urteilspraxis verantwortlich gemachte Vorsitzende des Sondergerichts Karl Höse durch Hugo Kalweit ersetzt wurde.[870]

2. Zusammenfassung

Nach Auswertung der gängigsten zeitgenössischen juristischen Fachzeitschriften lässt sich bilanzierend festhalten, dass die Methoden zur Lenkung der Strafrechtsprechung wenig bis gar nicht öffentlich diskutiert wurden. Zwar lassen sich einigen Aufsätzen Ideen zur Steuerung der Strafjustiz entnehmen, diese Vorschläge sind allerdings allgemein gehalten und daher nicht mit den Diskussionen, Vorschlägen und Ankündigungen auf den Behördenleitertagungen vergleichbar. Da die Praktikerbeiträge die nationalsozialistische Neuausrichtung der Strafjustiz allerdings mittelbar befürworteten, verschafften sie dem Reichsjustizministerium insoweit eine legitimatorische Grundlage. Darüber hinaus erzielten sie eine Breitenwirkung auf andere Zeitschriftenleser, worin der Grund zu sehen ist, dass die Schriftleiter die Beiträge zur Veröffentlichung bestimmten.

Aber auch die Mitwirkung auf den Chefpräsidententagungen war äußerst begrenzt.[871] Einzig der Düsseldorfer Oberlandesgerichtspräsident Schwister nutzte auf der Tagung vom 29. September 1942 die Gelegenheit, um über die in seinem Bezirk durchgeführte Lenkung zu berichten, die in ihrem Maß über die seitens des Ministeriums geforderte Form der Lenkung hinausging. Die

867 Schreiben von Hirte an den Niedersächsischen Justizminister vom 18. Juni 1962, NLA WO, 57 Nds, Zg. 56/1989 Nr. 42 Bl. 5.

868 So *Hirte* in einem Schreiben an den Niedersächsischen Justizminister vom 18. Juni 1962, NLA WO, 57 Nds, Zg. 56/1989 Nr. 42 Bl. 5.

869 Siehe dazu C. II. 2.

870 *Ludewig*, S. 264 (278).

871 Siehe zur umfassenden Auswertung der Besprechungsthemen C. III. 3.

Tagungen wurden somit insgesamt dazu genutzt, die Oberlandesgerichtspräsidenten und Generalstaatsanwälte zur Lenkung der Strafjustiz anzuhalten. Vorschläge aus ihren Reihen gab es auf den Besprechungen hinsichtlich der Lenkung der Strafjustiz nicht.

Neue Wege beschritt mit der Einrichtung einer Sonderstrafkammer zur Aburteilung von Strafverfahren nach dem Blutschutzgesetz dagegen, wie schon bei den Vor- und Nachschauen, der Oberlandesgerichtsbezirk Hamburg. Ohne Anweisungen aus dem Reichsjustizministerium erhalten zu haben, setzte das Landgerichtspräsidium die Anregung des Oberstaatsanwalts durch, ehe nur etwas mehr als 12 Monate später die reichsweite Einrichtung von Sonderstrafkammern im Bereich der Rassenschande verbindlich angeordnet wurde.

D. Justizielle Aufarbeitung

Das nachfolgende und zugleich abschließende Kapitel ist der justiziellen Aufarbeitung gewidmet. Dabei wird der Frage nachgegangen, ob und wie die bereits untersuchten strafrechtlichen Lenkungsmethoden Eingang in den Nachkriegsprozessen gefunden haben, ob und welche Konsequenzen es für die Beteiligten Akteure gab und wie die urteilenden Richter die strafrechtlichen Lenkungsmethoden rechtlich gewürdigt haben.

Im Bereich der Strafjustiz kann justizielle Aufarbeitung sowohl die Untersuchung der Erneuerung des rechtsstaatswidrig veränderten Strafrechts als auch die strafrechtliche Auseinandersetzung mit den begangenen Verbrechen bedeuten. Der zweite Teilbereich auch als „Aufarbeitung im engeren Sinne“ bezeichnet ist wiederum in die Bereiche Rehabilitierung der Opfer und Bestrafung der Täter zu unterteilen. Der Aufarbeitung im engeren Sinne[872] und deren zweiten Teilbereich lässt sich der nachfolgende Abschnitt zuordnen, da die bei der Lenkung der Strafjustiz beteiligten Akteure und die Sanktionierung ihres Verhaltens im Vordergrund der nachfolgenden Untersuchung stehen.

I. Die Würdigung der Richterbriefe, Vor- und Nachschauen und Chefpräsidententagungen im Nürnberger Juristen-Urteil vom 3./4. Dezember 1947

1. Der Prozess

Der Nürnberger Juristenprozess war der dritte von insgesamt 12 Nachfolgeprozessen, die im Anschluss an den Hauptkriegsverbrecherprozess stattfanden. Angeklagt waren 16 hohe Justizbeamte des Dritten Reiches. Sie hatten sich vor dem amerikanischen Militärgericht zu verantworten.[873] Die am 4. Januar 1947 vom Generalstaatsanwalt für Kriegsverbrechen Taylor verfasste

872 Die verschiedenen Komplexe strafrechtlicher Aufarbeitung sind angelehnt an die Darstellung bei *Vormbaum*, „Die strafrechtliche Aufarbeitung“, S. 142 (142 f.).

873 *Ostendorf*, S. 125 (125); den förmlichen Ablauf des Verfahrens regelte die am 1. Dezember 1946 vom amerikanischen Befehlshaber Mc Narny erlassene Verordnung Nr. 7, *Jung*, S. 23.

Anklageschrift[874] wurde auf das Kontrollratsgesetz Nr. 10[875] gestützt, woraus sich im Wesentlichen die folgenden Anklagepunkte ergaben:

- Das gemeinsame Vorhaben und die Verschwörung
- Kriegsverbrechen
- Verbrechen gegen die Menschlichkeit
- Mitgliedschaft bei verbrecherischen Organisationen[876]

Für schuldig wurde gem. Art. II Abs. 2 a-e des Kontrollratsgesetzes Nr. 10 erachtet, wer als Täter, Gehilfe oder durch seine Zustimmung an den Verbrechen teilgenommen, mit seiner Planung oder Ausführung hiermit in Zusammenhang gestanden oder einer Organisation angehörte, die hiermit in Zusammenhang stand.[877]

Rothenberger[878], der das System der Vor- und Nachschauen in Hamburg entwickelte und in seiner Funktion als Staatssekretär auf das gesamte Reich übertrug[879], wurde wegen der ersten drei Tatbestände angeklagt und an insgesamt vier Tagen (16., 17., 21. und 22.7.1947) vernommen. In der Vernehmung, die sich auf Grund der Fülle von Anschuldigungen auf das Wesentliche beschränkte[880], wurde ihm die Lenkung der Rechtspflege vorgeworfen, die er nicht abgestritten hat. Er verwies allerdings auf die Reichstagsrede Hitlers vom 26. April 1942. Nach ihr sei die Herstellung einer vollständigen richterlichen Unabhängigkeit wie in Friedenszeiten nicht mehr möglich gewesen.[881]

Der ehemalige Staatssekretär und kommissarische Reichsjustizminister Schlegelberger wurde ebenfalls wegen der ersten drei Tatbestände angeklagt. Im Wesentlichen wurden ihm die folgenden Punkte zur Last gelegt:

- seine Funktion bei der Beseitigung des Justizsystems nachdem Hitler die Macht übernommen hatte
- seine Unterwürfigkeit gegenüber Hitler
- seine Rolle bei der „Endlösung“

---

874 Die Anklageschrift ist abgedruckt bei *Steiniger/Leszczynski*, S. 39 ff.

875 *Jung*, S. 45.

876 *Steiniger/Leszczynski*, S. 39 ff.

877 Art. II Abs. 2 a–e des Kontrollratsgesetzes Nr. 10 vom 20. Dezember 1945, abgedruckt bei *Jung*, S. 226 ff.

878 Eine detaillierte Untersuchung zum Angeklagten Rothenberger findet sich bei *Schott*, S. 160 ff.

879 Siehe hierzu im Einzelnen C. IV. 2.

880 *Schott*, S. 165.

881 *Peschel-Gutzeit*, S. 166.

- seine Unterschrift unter den Nacht und Nebel Erlass
- die Übergabe von Gefangenen an die Gestapo
- seine Gesetz- und Verordnungsentwürfe gegen Polen und Juden in den eingegliederten Ostgebieten[882]

Schlegelbergers Funktion im Rahmen der Euthanasieaktion wurde dagegen nur beiläufig erwähnt. Die entsprechende Stelle in der Anklage unter Ziffer 27 des Anklagepunktes III lautet wie folgt:

> *„Erbgesundheitsgerichte verdrehten eugenische und Sterilisationsgesetze oder Richtlinien betreffs deutscher Zivilpersonen und Angehöriger anderer Länder, was systematischen Mord und Mißhandlung Tausender von Personen zur Folge hatte. Tausende deutsche Zivilisten und Angehörige anderer Länder, die Irrenanstalten überwiesen worden waren, wurden systematisch ermordet. […] Die Angeklagten Lautz, Schlegelberger und Westphal sind der besonderen Verantwortlichkeit für und der Teilnahme an diesen Verbrechen beschuldigt.“*[883]

In der Verhandlung, in der die Verteidigung sich bemühte, Schlegelberger als unpolitischen und wissenschaftlich anerkannten Juristen darzustellen[884], wurde die T4 Aktion schließlich gar nicht mehr erwähnt. Das Gericht ist lediglich auf die nach dem Euthanasiestopp im August 1941 begangenen Morde an polnischen, sowjetischen und tschechoslowakischen Geisteskranken eingegangen.[885]

Nach der Schließung der Beweisaufnahme am 13. Oktober 1947[886] wurden die Schlussplädoyers verlesen. Die Anklagebehörde setzte sich in ihrem in fünf Abschnitte unterteiltem Plädoyer mit der Schuld jedes einzelnen Angeklagten auseinander und wies jeden Angeklagten dem entsprechenden Abschnitt zu.[887]

---

882 Vgl. die Übersicht bei *Förster*, Jurist im Dienst des Unrechts, S. 161.

883 Auszug aus der Anklageschrift, abgedruckt bei *Steiniger/Leszczynski*, S. 46.

884 So *Förster*, Jurist im Dienst des Unrechts, S. 162.

885 *Kramer*, Oberlandesgerichtspräsidenten und Generalstaatsanwälte als Gehilfen der NS-„Euthanasie“, KJ 1984, S. 25 (34).

886 *Schott*, S. 168.

887 Das Schlussplädoyer war in die folgenden Abschnitte unterteilt: 1. Die durch den Erlaß und die Durchführung der Verordnung über das Strafrecht gegen Polen und Juden begangenen Verbrechen 2. Strafrechtliche Verantwortlichkeit für „Nacht- und-Nebel“-Verfahren 3. Verbrechen der Strafverfolgung und Verurteilung fremder Staatsangehöriger wegen angeblichen Verrats und Hochverrats gegen das Deutsche Reich 4. Alliierte Flieger 5. Verbrechen gegen die Menschlichkeit, *Steiniger/ Leszczynski*, S. 62 ff.

In dem Kapitel „Verbrechen gegen die Menschlichkeit" wurde das Gericht ferner darum gebeten, weitere Beweismaterialien aus den Akten zu berücksichtigen, die den Beweis einer verbrecherischen Absicht der Angeklagten erbringen würden. Gemeint waren hiermit z.B.

> *„[…] Fälle, in denen erwiesen ist, daß eine Hauptverhandlung nicht in den Formen einer Gerichtsverhandlung durchgeführt wurde, sondern im Stil eines Zirkus; […] daß zwischen dem Staatsanwalt und dem Richter vor der Hauptverhandlung über die Fragen der Schuld und des Strafmaßes eine Besprechung stattfand und ein Einverständnis herbeigeführt wurde […]."*[888]

Durch den Hinweis auf die Vor- und Nachschauen wurde die Anklagebehörde im Hinblick auf die Lenkung der Strafrechtsprechung in ihrem Plädoyer somit sehr konkret und die Durchführung der Vor- und Nachschauen als Beweis für die verbrecherische Absicht der Angeklagten angesehen.

2. Das Urteil

Am 3./4. Dezember 1947 wurde das Urteil verkündet.[889] Von den sechzehn Angeklagten wurden vier freigesprochen, im Übrigen wurden Strafen zwischen fünf Jahren und lebenslänglicher Haft verhängt.[890]

a) Die Richterbriefe

In der Urteilsbegründung ist das Gericht auf einzelne Lenkungsmethoden näher eingegangen. Unter dem Gesichtspunkt des Einflusses des Führerprinzips auf die Rechtspraxis des Dritten Reiches und der Partizipation der Justizjuristen setzte sich das Gericht zunächst mit den von Thierack ab Oktober 1942 ausgegebenen Richterbriefen[891] auseinander. Sie wurden als Fall einer „[…] perversen politischen Lenkung der Gerichte […]" bezeichnet und für unvereinbar mit der richterlichen Unabhängigkeit erklärt, dessen sich die Herausgeber auch bewusst gewesen seien. Dies belege die äußerste Geheimhaltung der gesamten Maßnahme. Die spätere Ausdehnung des Empfängerkreises der Richterbriefe auf die Rechtsanwälte sah das Gericht außerdem als Versuch an,

---

888 Auszug aus der Anklageschrift, abgedruckt bei *Steiniger/Leszczynski*, S. 94.

889 Das vollständige Urteil ist in deutscher Sprache abgedruckt bei *Peschel-Gutzeit*, S. 37 ff.

890 Die Verfolgung gegen Karl Engert wurde wegen Verhandlungsunfähigkeit ausgesetzt, Carl Westphal hatte bereits vor Verhandlungsbeginn Suizid begangen, *Peschel-Gutzeit*, S. 247.

891 Siehe hierzu Fn. 289.

ihnen „[…] nahezulegen, sich jeder Kritik an der nationalsozialistischen Justiz zu enthalten und nicht zu großen Eifer bei der Verteidigung von Personen zu zeigen, die politischer Verbrechen bezichtigt waren."[892] Auf die Angeklagten ist das Gericht in diesem Zusammenhang nicht eingegangen. Vielmehr sollten die nationalsozialistische Rechtspraxis einerseits und die Eingriffe in die richterliche Unabhängigkeit andererseits exemplarisch dargestellt werden.[893]

b) Rothenberger und die Vor- und Nachschauen

Indem sich das Gericht im Rahmen der Strafzumessung schließlich mit jedem Angeklagten einzeln auseinandersetzte, um zu einer schuldangemessenen Bestrafung zu gelangen[894], ließ sich die bereits für sich alleingenommen für strafwürdig erachtete Teilnahme jedes Angeklagten am staatlichen Unrechtssystem mit der individuellen Verantwortung in Einklang bringen.[895] Daher würdigte das Gericht auch die individuelle Verantwortung Rothenbergers und die von ihm in Hamburg entwickelten Vor- und Nachschauen. Rothenberger, der

> *„[…] in gelehrter Weise zugunsten eines unabhängigen Richtertums [veröffentlichte] und […] doch die Richter in Hamburg mit eiserner Hand [beherrschte] […] protestierte heftig gegen die Praktik von Partei- und Gestapobeamten, die sich in anhängige Strafsachen einmischten, aber er traf Vereinbarungen mit der Gestapo, der SS und dem SD, denen zufolge sie mit ihren politischen Angelegenheiten zu ihm kommen sollten, und dann führte er mit den ihm untergebenen Richtern die ‚Vorschau und Nachschau' von Urteilen durch."*[896]

Das Gericht war aufgrund des umfassenden Beweismaterials ferner davon überzeugt, dass er die Besprechungen auch dazu genutzt hat, Parteigenossen zu beschützen.[897] Im Ergebnis ist Rothenberger daher

> *„[…] einer zwar geringen, doch zustimmenden Teilnahme am ‚Nacht-und-Nebel'-Programm[898] schuldig. Er hat dem Programm rassischer Verfolgungen Hilfe und*

892 *Peschel-Gutzeit*, S. 84 ff.

893 „Raummangel verbietet uns, weitere Fälle einer derartigen perversen politischen Lenkung der Gerichte auszuführen." Ebenda, S. 90.

894 Ebenda, S. 143 ff.

895 *Vormbaum*, „Die strafrechtliche Aufarbeitung", S. 142 (148).

896 *Peschel-Gutzeit*, S. 172.

897 Ebenda, S. 166.

898 Das Nacht und Nebel-Programm geht auf eine Weisung Hitlers zurück, wonach in den besetzten Gebieten nur noch solche Verfahren abgeurteilt werden sollten, bei denen ein Todesurteil zu erwarten war. In den übrigen Fällen sollten die Täter

> *Vorschub geleistet, und trotz seiner vielen gegenteiligen Beteuerungen hat er wesentlich zur Entwürdigung des Justizministeriums und der Gerichte und zu ihrer Unterwerfung unter die Willkür Hitlers, der Parteischergen und der Polizei beigetragen. Er nahm an der Korruption und Beugung des Rechtssystems teil. Der Angeklagte Rothenberger ist unter den Anklagepunkten 2 und 3 schuldig.*"[899]

Rothenberger wurde zu sieben Jahren Haft verurteilt.[900]

Wie bereits erwähnt, stritt Rothenberger in der Verhandlung eine Steuerung der Rechtspflege nicht ab, verwies zur Entkräftung aber auf die Rede Hitlers vom 26. April 1942.[901] Sie sei mit einer unabhängigen Rechtspflege wie in Friedenszeiten nicht zu vereinbaren gewesen. Dabei verschweigt er offensichtlich, dass er die Besprechungen im Oberlandesgerichtsbezirk Hamburg bereits vor der Rede Hitlers vom 26. April 1942 durchführen ließ.[902] Seine Verteidigung steht damit im Widerspruch zu der täglichen Praxis in dem von ihm bis zu seinem Wechsel nach Berlin geleiteten Oberlandesgerichtsbezirk Hamburg. Auch auf Rothenbergers diktatorischen Führungsstil und seine Kontrolle über die Hamburger und Bremer Richter ging das Gericht ein. Rothenberger hätte sie durch einen Brief vom 7. Mai 1942 zur Durchführung von Lenkungsbesprechungen angewiesen.[903] Auch diese Verfügung Rothenbergers wurde bereits untersucht.[904] Mit Blick auf die Vor- und Nachschauen lässt sich somit zusammenfassend festhalten, dass Rothenberger nicht zuletzt durch die Entwicklung des Besprechungssystems „[...] wesentlich zur Entwürdigung des Justizministeriums und der Gerichte und zu ihrer Unterwerfung unter die Willkür Hitlers, der Parteischergen und der Polizei beigetragen [hat]."[905]

c) *Schlegelberger und die Chefpräsidententagungen*

Den Angeklagten Schlegelberger betreffend, in dessen Amtszeit insgesamt sechs Tagungen stattgefunden haben, ging das Gericht vor allem auf die Unterstützung bei Hitlers Machtergreifung sowie die Unterschrift des „Nacht und

---

bei „Nacht und Nebel" über die Grenze an einen geheimen Ort verbracht werden, *Gruchmann*, „Nacht - und Nebel" Justiz, VfZ 1981, S. 342 (343).

899 *Peschel-Gutzeit*, S. 173.

900 *Peschel-Gutzeit*, S. 247; im August 1950 wurde Rothenberger vorzeitig aus der Haft entlassen, *Klarmann*, S. 180.

901 Siehe hierzu Fn. 296.

902 Siehe dazu C. IV. 2. a).

903 *Peschel-Gutzeit*, S. 167.

904 Siehe dazu C. IV. 2. d).

905 *Peschel-Gutzeit*, S. 173.

Nebel"-Erlasses und die Beteiligung an diesen Verfahren ein. Mit Schlegelbergers Funktion bei der Durchführung der Tagungen setzt sich das Gericht dagegen nicht auseinander. Auch die Euthanasietagung vom 23./24. April 1941 wurde mit keinem Wort erwähnt.[906] Im Ergebnis wurde Schlegelberger der Anklagepunkte zwei und drei schuldig gesprochen und zu lebenslänglicher Haft verurteilt.[907]

3. Abschließende Bewertung

Zusammenfassend lässt sich feststellen, dass das Gericht in der Urteilsbegründung erkennbar einen Schwerpunkt auf die Rechtspraxis zwischen 1933–1945 gelegt hat.[908] Hintergrund hierfür dürfte der mit der Einführung des Kontrollratsgesetzes Nr. 10 verfolgte Zweck gewesen sein, den Unrechtsgehalt der NS-Verbrechen in ihrer Gesamtheit zu erfassen. Der Grund für die Einführung des Kontrollratsgesetzes war der im deutschen Strafrecht erkannte Mangel, das jede Handlung als Einzeldelikt erfasse und dadurch den Unrechtsgehalt der NS-Verbrechen und die massenhafte Häufung strafrechtlich nicht würdigen könne.[909] Das Kontrollratsgesetz ist somit gerade geschaffen worden, um den besonderen Unrechtsgehalt der massenhaften Häufung zu ahnden. Die aus diesem Grund vorgenommene Gesamtbetrachtung des Gerichts machte es somit möglich, die Einführung und Durchführung der Vor- und Nachschauen durch Rothenberger und die damit einhergehende Entwürdigung des Justizministeriums zu sanktionieren, ohne den Erfolg seiner Einflussnahmen im jeweiligen Einzelfall beurteilen zu müssen.[910] Über die Gründe für die Nichterwähnung der Euthanasieaktion und der Tagung vom 23./24. April 1941, zu der Schlegelberger die Behördenleiter nach Berlin eingeladen hatte, kann dagegen nur spekuliert werden. Während Kramer davon ausgeht, dass den Richtern die Zahl der deutschen Opfer möglicherweise gleichgültig war, weil sie die übrigen Vorwürfe bereits für ausreichend gehalten haben,[911] geht Förster davon aus, dass

906 Ebenda, S. 37 ff.; *Kramer*, „Gerichtstag halten über uns selbst.", S. 81 (96).

907 *Peschel-Gutzeit*, S. 147, 247. Im Januar 1951 wurde Schlegelberger wegen Haftunfähigkeit entlassen und im August 1957 begnadigt. *Koop*, S. 52; *von Alten*, S. 34.

908 *Peschel-Gutzeit*, S. 84 ff.

909 *Laage*, S. 57; *Güde*, DRZ 1947, S. 111 (114).

910 Auf das Unrechtsbewusstsein der Angeklagten ist das Gericht dagegen nicht eingegangen. Dies führte zu heftiger Kritik, vgl. hierzu *Peschel-Gutzeit*, S. 24 ff.

911 *Kramer*, „Gerichtstag halten über uns selbst.", S. 81 (96).

Schlegelbergers Verteidiger die amerikanischen Juristen diesbezüglich überzeugt hätten.[912]

II. Die Würdigung der Chefpräsidententagungen im Urteil des Oberverwaltungsgerichts Lüneburg vom 3. Dezember 1962

„Pension für Hitlers Minister“

„Der Fall Schlegelberger – Mein Führer, wenn Sie nicht zufrieden sind.“[913]

1. Die Vorwürfe gegen Schlegelberger und seine Verteidigung

So lautete die Überschrift in der Ausgabe der „Zeit“ vom 25. November 1960. Der dazugehörige Artikel befasst sich mit dem Verwaltungsrechtsstreit des ehemaligen Staatssekretärs und kommissarischen Reichjustizministers Schlegelberger gegen das Land Schleswig-Holstein. Bei dem Prozess ging es um die Weitergewährung von beamtenrechtlichen Versorgungsbezügen,[914] deren Zahlung das Land Schleswig-Holstein Schlegelberger gem. § 3 Nr. 3a des zweiten Änderungsgesetzes[915] zu Art. 131 GG wegen seines angeblich rechtsstaatswidrigen Verhaltens zur Zeit des Nationalsozialismus versagte.[916] Gegen den Bescheid des schleswig-holsteinischen Finanzministers legte Schlegelberger erfolglos Widerspruch ein.[917] Anschließend erhob Schlegelberger Klage vor dem Landesverwaltungsgericht Schleswig-Holsteins. Das Gericht gab der Klage statt. Zwar habe Schlegelberger pflichtwidrig gehandelt, ihm fehle jedoch das

912 *Förster*, Jurist im Dienst des Unrechts, S. 123.

913 *Schleswig*, http://www.zeit.de/1960/48/pension-fuer-hitlers-minister (abgerufen am 30.08.2020).

914 Schlegelberger wurden als ehemaligen Reichsbeamten nach dem Gesetz zur Regelung der Rechtsverhältnisse der unter Artikel 131 des Grundgesetzes fallenden Personen vom 11. Mai 1951 beamtenrechtliche Versorgungsansprüche gewährt, BGBl. I 1951, S. 307.

915 § 3 Nr. 3a wurde am 11. September 1957 durch das zweite Änderungsgesetz zu Art. 131 GG eingeführt und schränkte die Gewährung von beamtenrechtlichen Bezügen wie folgt ein: „Rechte nach Kapitel 1 dieses Gesetzes haben nicht die in den §§ 1 und 2 bezeichneten Personen, die durch ihr Verhalten während der Herrschaft des Nationalsozialismus gegen die Grundsätze der Menschlichkeit oder Rechtstaatlichkeit verstoßen haben.“, BGBl. I 1957, S. 1275.

916 Zu einem vergleichbaren Rechtsstreit kam es zwischen der Witwe von Rothenberger und dem Hamburger Personalamt, vgl. hierzu *Schott*, S. 179 ff.

917 *von Alten*, S. 35 ff.

Bewusstsein der Pflichtwidrigkeit, sodass er letztlich nicht schuldhaft gehandelt habe.[918] Das Urteil hat für großes Aufsehen in der Öffentlichkeit gesorgt.[919] So sprach der Rheinische Merkur am 25. November 1960 von „[…] sich häufenden Unbegreiflichkeiten schleswig-holsteinischer Justiz“[920] und die Stuttgarter Zeitung vom 30. November 1960 sogar von einer „[…] Schuld und dem Versagen […]“ der Richter.[921]

Das Land Schleswig-Holstein legte gegen das Urteil fristgerecht Berufung ein. In dem sich anschließenden Berufungsverfahren vor dem Oberverwaltungsgericht Lüneburg wurden die bisherigen Vorwürfe von vier auf sechs erweitert.[922] Mit dem vorliegend interessierenden ersten Hauptvorwurf wurde ihm vorgeworfen er „[…] habe den Bestrebungen der nationalsozialistischen Machthaber zur Beseitigung der richterlichen Unabhängigkeit nur geringen Widerstand entgegengesetzt und sich in weitem Umfang zur Steuerung der Rechtspflege bekannt.“[923] So habe Schlegelberger „[…] zur Beeinflussung der Rechtsprechung auch zu einer Fülle formell illegaler Massnahmen gegriffen […].“ Er habe wiederholt die Chefpräsidenten zu gemeinsamen Besprechungen eingeladen und sie in den Besprechungen dazu aufgefordert, bei der Strafzumessung mit rücksichtloser Härte vorzugehen. So bei einer Tagung der Behördenleiter vom 31. März 1942, die unter seiner Leitung stattgefunden habe. Auf der Besprechung seien die Richter darauf hingewiesen worden, dass der Befehl Hitlers, Straftaten im Krieg hart zu bestrafen, auch für sie gelte. Zur Erreichung dieses Ziels würde allein die Steuerung bei den Staatsanwaltschaften nicht ausreichen. Auch die Behördenleiter bei den Gerichten müssten wissen, welche Strafen und Maßnahmen die zentrale Führung für notwendig halte.

918 *von Alten,* S. 40 ff.

919 Die zahlreichen Hintergründe des Verfahrens und die im Vorfeld stattgefundenen Ereignisse werden ausführlich behandelt bei *Förster,* Jurist im Dienst des Unrechts, S. 170 ff.

920 Zit. nach *Koop,* S. 53.

921 Zit. nach *Koop,* S. 53.

922 *von Alten,* S. 44. Die Beteiligten haben im Wesentlichen nicht über die den Vorwürfen zugrunde liegenden Tatsachen, sondern über deren Würdigung gestritten; OVG Lüneburg, Urteil vom 3. 12. 1962, Az. V OVG A 144/60, Auszüge des Urteils sind abgedruckt in ZBR 1964, S. 56 (56 ff.); das vollständige Urteil ist abrufbar unter http://www.dresaden.de/B--Ungedruckte-Arbeiten/VIII_-Franz-Schlegelberger---S/5-OVG-A-144-60-Kopie-2.pdf, (abgerufen am 30.08.2020), S. 11.

923 OVG Lüneburg, Urteil vom 3.12.1962, Az. V OVG A 144/60, S. 12.

Strafwürdige müssten trotz möglicher entgegenstehender juristischer Bedenken bestraft werden.[924]

Schlegelberger ließ sich dahingehend ein, dass das Gesamtinteresse der Justiz die Durchführung der Tagungen erfordert habe. Ferner würden die dort getätigten Äußerungen nicht von ihm stammen und auch die Referate hätten nicht seiner Vorzensur unterlegen.[925]

In ihrer Würdigung qualifizierten die Lüneburger Richter die Anweisungen auf den Tagungen als Verstoß gegen den rechtsstaatlichen Grundsatz der richterlichen Unabhängigkeit. Auch während der nationalsozialistischen Herrschaft hätten mittlerweile mit Verfassungsrang ausgestatte Rechtsstaatsgrundsätze existiert, denen der damalige Staat, seine Organe und Rechtsgenossen unterworfen gewesen seien. Als Teil des Rechtsstaatsprinzips konnte die richterliche Unabhängigkeit nach Auffassung des Gerichts demzufolge auch während der nationalsozialistischen Herrschaft übergesetzliche Geltung für sich beanspruchen.[926] Zudem sei dieser Grundsatz auch schon damals im Gerichtsverfassungsgesetz normiert gewesen.[927] Die unmissverständlich formulierten Weisungen auf der Besprechung vom 31. März 1942 seien als Eingriff in die richterliche Unabhängigkeit zu qualifizieren, weil die Strafwürdigkeit eines Verhaltens aus juristischen Erwägungen gefolgert werden müsse. Sollten bei juristischer Betrachtung erhebliche Bedenken gegen eine Bestrafung des Angeklagten auftreten, so sei der Angeklagte freizusprechen. Die Weisungen hätten zur Aufhebung dieses Grundsatzes geführt, da die Strafwürdigkeit eines bestimmten Verhaltens als etwas vom Recht Unabhängiges dargestellt worden sei, was sich nach den damaligen Erfordernissen der zentralen Führung zu richten habe.

Daher sei auf der Tagung vom 31. März 1942 dazu aufgefordert worden, rechtsstaatswidrige Eingriffe in die richterliche Unabhängigkeit vorzunehmen. Zwar lasse sich nicht feststellen, ob die auf den Tagungen getätigten Anweisungen von Schlegelberger stammen. Dies sei jedoch irrelevant, weil ihm insoweit die nachträgliche Nichtaufhebung zum Vorwurf gemacht werde.[928] Im Ergebnis haben die Richter somit einen Verstoß gegen rechtsstaatliche Grundsätze bejaht. Auch habe Schlegelberger schuldhaft gehandelt.[929] Im Zusammenhang

924 Ebenda, S. 13 f.
925 Ebenda, S. 15.
926 Ebenda, S. 55 ff.
927 Ebenda, S. 70.
928 Ebenda, S. 70 f.
929 Ebenda, S. 86.

mit der Ausrichtung der Tagung vom 31. März 1942 wies das Gericht darauf hin, dass ihm nicht die Unterrichtung der ihm unterstellten Behördenleiter zum Vorwurf gemacht werde, sondern Anknüpfungspunkt vielmehr sei, dass er in den Besprechungen die Behördenleiter dazu angewiesen habe, durch Eingriffe in die richterliche Unabhängigkeit die Rechtspflege zu steuern. Daher sei die Tagung an sich ebenso rechtsstaatswidrig. Schlegelbergers Argument, es bedurfte einer schärferen Anwendung der Strafgesetze in Kriegszeiten, rechtfertige es ferner nicht, die richterliche Unabhängigkeit zu untergraben. Schließlich sei die Berücksichtigung strafschärfender Umstände indes auch in Notzeiten Sache der Rechtsprechung und kein Grund für derartige Eingriffe.[930]

Die Ausführungen des Oberverwaltungsgerichts Lüneburg lassen sich dergestalt zusammenfassen, dass es die unter der Leitung von Schlegelberger am 31. März 1942 durchgeführte Tagung mit den Behördenleitern als rechtsstaatswidrig qualifiziert hat, weil die Teilnehmer dazu aufgefordert wurden, in die rechtsstaatliche richterliche Unabhängigkeit einzugreifen und die Unterrichtung der Behördenleiter daher selbst als rechtsstaatswidrig zu qualifizieren sei.[931] Eine rechtliche Würdigung der Euthanasietagung vom 23./24. April 1941 und der dort getätigten Anweisungen zur Nichtbeachtung des Legalitätsprinzips, die Schlegelberger in dem Verfahren ebenso vorgeworfen wurden, haben die Lüneburger Richter dagegen nicht vorgenommen, weil sich aus ihrer Sicht der angefochtene Verwaltungsakt nach den bisherigen Vorwürfen bereits als rechtmäßig erwiesen habe.[932] Einzig seine Aussprache vor den Oberlandesgerichtspräsidenten und Generalstaatsanwälten am 23. April 1941, in der er gefordert hatte „jede Norm des geltenden Rechts unter Berücksichtigung der im Parteiprogramm anerkannten Sittenordnung und Weltanschauung und dazu der massgebenden Willensäußerungen“ Hitlers auszulegen und anzuwenden, wurde zum Beweis herangezogen, dass er sein Verhalten nicht ausschließlich nach rechtsstaatlichen Gesichtspunkten ausgerichtet habe.[933]

Gegen das Urteil des Lüneburger Oberverwaltungsgerichts legte Schlegelberger fristgerecht Revision ein. Das Verfahren endete mit einem vor dem Bundesverwaltungsgericht geschlossenem Vergleich. Dieser sah vor, dass Schlegelberger auf seine Versorgung aus dem zu Art. 131 GG ergangenem Gesetz verzichten sollte. Im Gegenzug dafür war ihm ab dem 1. Dezember 1966 die

930 Ebenda, S. 86.
931 Ebenda S. 71, 86.
932 Ebenda, S. 39 ff., 69.
933 Ebenda, S. 82 f.

Rente aus der Angestelltenversicherung unter Berücksichtigung der Nachversicherung nach § 72 G 131 mit einem Zuschlag von 25 % von der Höhe dieser Rente zu gewähren.[934]

2. Eigene Würdigung

Das Oberverwaltungsgericht musste vorliegend beurteilen, ob Schlegelberger durch sein Verhalten während der nationalsozialistischen Herrschaft gegen die Grundsätze der Menschlichkeit oder Rechtstaatlichkeit verstoßen hat. Mit nachvollziehbarer Argumentation haben die Lüneburger Richter einen Verstoß Schlegelbergers gegen den Grundsatz der Rechtsstaatlichkeit angenommen. Wie bereits festgestellt[935], wurden die Oberlandesgerichtspräsidenten auf der Tagung vom 31. März 1942 dazu angewiesen, sich bei der Strafhöhe nur nach den Führerbefehlen und Richtlinien der zentralen Führung zu richten. Außerdem sollten sie Strafwürdige trotz entgegenstehender juristischer Bedenken bestrafen. Hierdurch wurde die zum Kern der sachlichen Unabhängigkeit gehörende Bindung des Richters nur an das Gesetz, welches er auszulegen hat, aufgehoben, sodass von rechtsstaatlichen Grundsätzen ausgehend, ein unzulässiger Eingriff in die sachliche Unabhängigkeit der Richter vorlag.[936] Das Oberverwaltungsgericht Lüneburg hat daher zu Recht festgestellt, dass die auf den Tagungen getätigten Weisungen dazu aufgefordert haben, rechtsstaatswidrig in die sachliche Unabhängigkeit des Richters einzugreifen und die Besprechungen selbst folgerichtig als rechtsstaatswidrig qualifiziert. Folglich hat das Gericht das Vorliegen der Vorrausetzungen des § 3 Nr. 3a des zweiten Änderungsgesetzes zu Art. 131 GG bejaht. Soweit es um die Bewertung von Schlegelbergers

934 *von Alten*, S. 101 f. Für den gewährten Zuschlag von 25 % fehlte allerdings eine gesetzliche Grundlage, ebenda, S. 117: Da vor dem Bundesverwaltungsgericht zur Sach- und Rechtslage nicht mehr verhandelt wurde und Schlegelbergers Prozessbevollmächtigte noch vor Eintritt in die mündliche Verhandlung ein Vergleichsangebot gemacht haben, welches angenommen wurde und zur Beendigung des Rechtsstreits geführt hat, ist das Revisionsverfahren für die vorliegende Untersuchung nicht von Interesse; ebenda, S. 101.

935 Siehe dazu C. II. 3. c) bb).

936 Vgl. hierzu nur *Gruchmann*, der die Anweisung Gürtners auf der Tagung der Sondergerichtsvorsitzenden vom 24. Oktober 1939 zur Verhängung höherer Strafen als unzulässige Einwirkung auf den unabhängigen Richter qualifiziert hat und in dieser Form der Lenkung eine Vorstufe der später eingeführten Richterbriefe sieht; *Gruchmann*, Justiz im Dritten Reich, S. 1105.

Verhalten geht, ist die Argumentation der Lüneburger Richter gänzlich nachzuvollziehen.[937]

Vor der Einordnung des Verhaltens Schlegelbergers musste das Gericht jedoch feststellen, ob Rechtsstaatsprinzip und richterliche Unabhängigkeit während der nationalsozialistischen Herrschaft überhaupt Geltung für sich beanspruchen konnten. In diesem Zusammenhang ging das Gericht auf die Existenz überpositiv verbindlicher Rechtsgrundsätze ein. Demnach existierten auch während der nationalsozialistischen Herrschaft Rechtsstaatsgrundsätze, denen der damalige Staat, seine Organe und Rechtsgenossen unterworfen waren. Als Teil des Rechtsstaatsprinzips konnte die richterliche Unabhängigkeit demzufolge auch übergesetzliche Geltung für sich beanspruchen.[938] Das Oberverwaltungsgericht Lüneburg hat im Ergebnis somit auf ein übergeordnetes Naturrecht zurückgegriffen. Jahre zuvor hatten bereits diverse andere Gerichte bei der Aufarbeitung von NS-Verbrechen den Rückgriff auf ein übergeordnetes Naturrecht und auf Radbruchs sog. Unerträglichkeitsformel[939] gewählt, um formell existierenden aber ex post als „ungerecht“ und „verbrecherisch“

937 Dagegen versucht *Aden* in seiner Arbeit den gegen Schlegelberger erhobenen Vorwurf, mit der Durchführung von Behördenleitertagungen gegen die richterliche Unabhängigkeit verstoßen zu haben, zu entkräften. Er trägt vor, dass es nicht eindeutig zu entscheiden sei, ob eine solche Maßnahme oder ihr Versuch (gemeint ist die Durchführung der Tagungen) in einem formalen Sinne rechtswidrig gewesen sei. Jedenfalls sei eine Strafbarkeit damals nicht gegeben gewesen. Aber auch heute sei die Veranstaltung derartiger Tagungen, gemessen am Grundgesetz, nicht zu verurteilen. Es sei zwar politisch bedenklich und skandalös, wenn ein Regierungsmitglied mit dem zuständigen Richter Kontakt aufnehme und versuche in einem konkretem Fall Einfluss auf eine Entscheidung zu nehmen, eine Strafe würde dieses Verhalten jedoch nicht nach sich ziehen. Schließlich würden auch heute Konferenzen, Dienstbesprechungen und Schulungen stattfinden, in deren Rahmen den Richtern zwar keine Weisungen erteilt würden, es jedoch „Handreichungen“ (Hilfestellungen) zur Behandlung bestimmter Fallgruppen gäbe. Exemplarisch verweist *Aden* auf die Diskussionen im Bundestag hinsichtlich des Umgangs der Richter mit Sexualstraftätern und der Sicherungsverwahrung, *Aden*, S. 60 f.

938 OVG Lüneburg, Urteil vom 3.12.1962, Az. V OVG A 144/60, S. 55 ff.

939 Die sog. Unerträglichkeitsformel lautet: „Der Konflikt zwischen der Gerechtigkeit und der Rechtssicherheit dürfte dahin zu lösen sein, daß das positive, durch Satzung und Macht gesicherte Recht, auch dann den Vorrang hat, wenn es inhaltlich ungerecht und unzweckmäßig ist, es sei denn, daß der Widerspruch des positiven Gesetzes zur Gerechtigkeit ein so unerträgliches Maß erreicht, daß das Gesetz als ‚unrichtiges Recht‘ der Gerechtigkeit zu weichen hat.“ *Radbruch*, Rechtsphilosophie III, S. 83 (89).

anzusehenden NS-Gesetzen ihren Rechtscharakter abzusprechen.[940] Die vorliegende Konstellation unterscheidet sich von diesen Fällen insofern, als dass der Rückgriff auf das übergesetzliche Recht vorliegend dazu diente, NS-Richter als unabhängig zu qualifizieren. Dieser Ansatz ist jedoch aufgrund der Tatsache bedenklich, dass das Gericht nicht der Realität entsprechende Zustände angenommen hat,[941] was sich insbesondere durch den Rückgriff des Gerichts auf die positiv-rechtliche Verankerung der richterlichen Unabhängigkeit in § 1 GVG manifestiert.[942] Von dem ursprünglichen Gehalt des § 1 GVG war während der nationalsozialistischen Herrschaft in der Praxis allerdings nicht mehr viel erhalten geblieben. Da die Richter ihre richterliche Stellung von einem Auftrag Hitlers ableiteten, galt die Leitlinie, Recht ausschließlich nach nationalsozialistischen Gesichtspunkten zu sprechen und so zu richten wie der Führer. Mithin muss die Wirkung von § 1 GVG durch die damaligen Verhältnisse stark eingeschränkt werden.[943] „Die Führung ließ hier der faktischen Aushöhlung der richterlichen Unabhängigkeit im ursprünglichen Sinne lediglich nicht die formelle folgen."[944] Wenn der Vorwurf gegen Schlegelberger lautet die Behördenleiter auf der Tagung vom 31. März 1942 angewiesen zu haben, Strafwürdiges trotz entgegenstehender juristischer Bedenken zu bestrafen, wobei sich die Strafwürdigkeit nach den augenblicklichen Erfordernissen der zentralen Führung zu richten hatte, so entsprach Schlegelbergers Anweisung der damaligen Interpretation von § 1 GVG. Vor diesem Hintergrund entsteht der Eindruck, dass das Gericht nicht in die rechtstatsächliche Untersuchung eintreten wollte, ob die NS-Richter unabhängige Richter waren.[945] Es scheut durch die

---

940 *Burkhardt*, S. 436 ff.; *Bäcker*, S. 86. Vgl. zum überpositiven Recht und der Radbruchschen Formel in der Rechtsprechung des Bundesverfassungsgerichts insbesondere *Bäcker*, S. 16 ff., S. 86 ff., der die verfassungsgerichtliche Auseinandersetzung mit dem überpositiven Recht „[…] aus heutiger Sicht, als eine historische Konzession an die nahen Erinnerungen an den Nationalsozialismus und den dringenden Wunsch ihrer rechtlichen Aufarbeitung […]" einstuft, „[…] die der sog. „Naturrechtsrenaissance" auch in der Rechtsprechung des Bundesverfassungsgerichts Bahn brach." S. 26.

941 Vgl. zur Annahme einer nicht der Realität entsprechenden Rechtspraxis bei den Euthanasieverfahren *Burkhardt*, S. 444 ff.

942 OVG Lüneburg, Urteil vom 3. 12. 1962, Az. V OVG A 144/60, S. 70.

943 *Schädler*, S. 30. Zu den zahlreichen Eingriffe in die richterliche Unabhängigkeit siehe B. I., II.

944 *Schädler*, S. 30.

945 In Fallgestaltungen in denen die Gerichte den NS-Richtern das sog. „Richterprivileg" einräumten, ersparten sie sich teilweise ebenfalls eine rechtstatsächliche

Heranziehung der übergesetzlichen Rechtsgrundsätze im Ergebnis somit eine Auseinandersetzung mit den staatsrechtlichen Gegebenheiten des Dritten Reiches.[946] Insoweit ist das Urteil daher zu kritisieren.[947]

III. Die Durchführung von Lenkungsbesprechungen durch den ehemaligen Kölner Landgerichtspräsidenten Walter Müller und die juristische Aufarbeitung

Nachdem im Nürnberger Juristenprozess Rothenberger, der Initiator der Vor- und Nachschauen, zu sieben Jahren Haft verurteilt wurde, soll am Verfahren gegen den ehemaligen Kölner Landgerichtspräsidenten Walter Müller[948] beispielhaft der Umgang der Nachkriegsjustiz mit örtlichen Organisatoren von Lenkungsbesprechungen gezeigt werden.[949] Müller, von Dezember 1933 bis Kriegsende Landgerichtspräsident in Köln, wurde vorgeworfen, die ihm unterstellten Richter[950] zur Verhängung härterer Strafen, vor allem der Todesstrafe, angewiesen und sich damit wegen des Unternehmens der Verleitung von Untergebenen zur Rechtsbeugung (§§ 357, 336, 353b RStGB)[951]

Untersuchung der richterlichen Unabhängigkeit, vgl. hierzu *Frankenberg/Müller*, KJ 1983, S. 145 (156). Siehe zu der Frage, ob die NS-Richter unabhängige Richter im Sinne des § 1 GVG waren insbesondere *Simon*, RJ 1985, S. 102 (102 ff.).

946 Vgl. *Burkhardt*, S. 446; zur Kritik bei der Anwendung von übergesetzlichem Recht siehe auch *Werle*, S. 14 f.; siehe zu den staatsrechtlichen Gegebenheiten im Nationalsozialismus auch *Wilms*, DVBl. 2000, S. 1237 (1237 ff.).

947 *von Alten* geht in seiner Untersuchung zum Verwaltungsverfahren Schlegelbergers auf diesen Kritikpunkt nicht ein.

948 Walter Müller wurde am 25. April 1889 in Bonn-Poppelsdorf geboren. Er stammte aus einer Juristenfamilie. Nach der Reifeprüfung am Apostelgymnasium in Köln schloss sich ein Studium der Rechtswissenschaften an. Von 1920–1928 war Müller Staatsanwalt beim Landgericht in Köln. Ab 1928 war er Richter beim Amtsgericht in Köln. Mit Wirkung vom 1. Dezember 1933 wurde Müller zum Präsidenten des Landgerichts in Köln ernannt. Dieses Amt übte er bis Kriegsende aus. In die NSDAP ist Müller im Mai 1933 eingetreten, Landgericht Bonn, Urteil vom 17.6.1953 (Az. 8 KLs 12/53), abgedruckt bei *Rüter-Ehlermann*, Band XI, S. 5.

949 Dieses Verfahren wird auch besprochen bei *Irmen*, S. 80 (99 ff.) und *Kramer*, Richter vor Gericht, S. 121 (128 ff.).

950 Siehe zur Durchführung der Dienstbesprechungen durch Müller auch *Herbers*, S. 181 f.

951 § 357 Abs. 1 RStGB lautete: „Ein Amtsvorgesetzter, welcher seine Untergebenen zu einer strafbaren Handlung im Amte vorsätzlich verleitet oder zu verleiten

sowie gem. Art. II 1c des Kontrollratsgesetzes Nr. 10[952] schuldig gemacht zu haben.[953]

1. Das Urteil des Landgerichts Bonn vom 4. November 1948

Die Beweisaufnahme des Landgerichts Bonn hat ergeben, dass Müller mehrfach ihm unterstellte Richter für die aus seiner Sicht zu milden Urteile gerügt habe,[954] um die Richter „[...] dazu zu veranlassen, für die Zukunft in gleich gelagerten Fällen härtere Strafen auszuwerfen [...].“[955] Die nachträgliche Urteilskritik habe Müller nicht nur in Einzelgesprächen mit den betreffenden Richtern geübt, sondern auch die in Kriegszeiten jährlich durchgeführten allgemeinen

---

unternimmt, oder eine solche strafbare Handlung seiner Untergebenen wissentlich geschehen läßt, hat die auf diese strafbare Handlung angedrohte Strafe verwirkt.“ § 336 RStGB lautete: „Ein Beamter oder Schiedsrichter, welcher sich bei der Leitung oder Entscheidung einer Rechtssache vorsätzlich zu Gunsten oder zum Nachtheile einer Partei einer Beugung des Rechtes schuldig macht, wird mit Zuchthaus bis zu fünf Jahren bestraft.“ § 353b Abs. 1 RStGB lautete: „Ein Beamter oder früherer Beamter, der unbefugt ein ihm bei Ausübung seines Amtes anvertrautes oder zugänglich gewordenes Geheimnis offenbart und dadurch wichtige öffentliche Interessen gefährdet, wird mit Gefängnis, in besonders schweren Fällen mit Zuchthaus bis zu zehn Jahren bestraft; hat der Täter mit der eingetretenen Gefährdung fahrlässig nicht gerechnet, so ist auf Gefängnis bis zu zwei Jahren oder auf Geldstrafe zu erkennen.“ § 353b Abs. 2 RStGB lautete: „Einem Beamten steht eine für eine Behörde tätige Person gleich, die auf die gewissenhafte Erfüllung ihrer Dienstpflicht durch Handschlag oder zur Verschwiegenheit besonders verpflichtet worden ist.“ Während die Verleitung zur Rechtsbeugung eine Rechtsbeugung durch den angewiesenen Richter voraussetzt, ist diese bei dem Unternehmen der Verleitung zur Rechtsbeugung gerade nicht Voraussetzung, Urteil des Landgerichts Bonn vom 4.11.1948, Az. Bo 4 Ks 3/48, abgedruckt in BArch Z 38/407, fol. 22.

952 Art. II 1c des Kontrollratsgesetzes Nr. 10 lautete: „c) Verbrechen gegen die Menschlichkeit. Gewalttaten und Vergehen, einschließlich der folgenden den obigen Tatbestand jedoch nicht erschöpfenden Beispiele: Mord, Ausrottung, Versklavung; Zwangsverschleppung, Freiheitsberaubung, Folterung, Vergewaltigung oder andere an der Zivilbevölkerung begangene unmenschliche Handlungen; Verfolgung aus politischen, rassischen oder religiösen Gründen, ohne Rücksicht darauf, ob sie das nationale Recht des Landes, in welchem die Handlung begangen worden ist, verletzen.“

953 Urteil des Landgerichts Bonn vom 4.11.1948, Az. Bo 4 Ks 3/48, abgedruckt in BArch Z 38/407, fol. 6; *Kramer*, Richter vor Gericht, S. 121 (128).

954 Urteil des Landgerichts Bonn vom 4.11.1948, Az. Bo 4 Ks 3/48, abgedruckt in BArch Z 38/407, fol. 6 ff.

955 Ebenda, fol. 8.

Richterbesprechungen dazu genutzt, die ursprünglich eingerichtet worden seien, um die Richter über die Verschlusssachen zu belehren.[956] Ferner habe Müller mehrfach in schwebende Verfahren eingegriffen und durch vorherige Besprechungen mit den Richtern versucht, das Strafmaß zu beeinflussen[957], so z.B. in einem Verfahren wegen Kriegswirtschaftsverbrechen gegen insgesamt 12 Personen. Hauptangeklagte waren der jüdische Textilkaufmann Hertz sowie die Herren Burchard und Kern. Auf Grund der Schwäche des vorsitzenden Richters, der zu milde urteilen würde, erwartete Müller von dem Beisitzer, mit dem er sich vor der Hauptverhandlung getroffen habe, dass dieser ausgleichend wirken müsse und in dem Verfahren mindestens drei Todesurteile herauskommen müssten. Auch mit dem vorsitzenden Richter traf sich Müller vor der Hauptverhandlung und sprach ebenfalls die Erwartung aus, dass in der Sache mindestens drei Todesurteile gefällt werden würden. Dem anderen Beisitzer teilte er in der Verhandlungspause mit, er möge sich für ein Todesurteil einsetzen. Dieser verwies auf die richterliche Unabhängigkeit. Daraufhin äußerte Müller: „Die Rübe muss runter, die Rübe muss runter, der Gauleiter erwartet das.“[958]

Hertz wurde zum Tode, der Angeklagte Burchard zu acht Jahren Zuchthaus und 50.000 RM Geldstrafe und der Angeklagte Kern zu einer Geldstrafe von 500 RM verurteilt. Da die Strafen aus Sicht des Landgerichts Bonn für die damalige Zeit angemessen waren, sei die Einflussnahme Müllers im Ergebnis jedoch nicht von Erfolg gekrönt gewesen.[959] Auch nach der Einrichtung der sog. Plünderungskammern beim Landgericht Köln, die nach den schweren Luftangriffen vom 30. auf den 31. Mai 1942 zur Aburteilung von Plünderungsfällen zusätzlich eingerichtet wurden, sei es zu vergleichbaren Anweisungen durch Müller gekommen. Müller wäre der Ansicht gewesen, dass vor allem das erste Urteil der neu eingerichteten Kammer besonders abschreckend wirken müsse. Nachdem Oberstaatsanwalt Meissner den ersten zur Kammer gelangten Plünderungsfall vorgetragen hätte, habe Müller mit folgenden Worten deutlich gemacht, wie das Urteil in dem Fall ausfallen müsse: „Meine Herren, da gibt es nur eine Parole, Kopf ab, Kopf ab, Kopf ab, ein Standardurteil.“[960]

956 Ebenda, fol. 7.
957 Ebenda, fol. 8 f.
958 Ebenda, fol. 9.
959 Ebenda, fol. 10.
960 Ebenda, fol. 11.

Auch im Verfahren gegen den Angeklagten Geiger habe Müller noch vor der Verhandlung mit dem vorsitzenden Richter einen Termin zu einer persönlichen Besprechung vereinbart. Müller habe in der Unterredung zum Ausdruck gebracht, dass in der bevorstehenden Verhandlung im Fall Geiger nur die härteste Strafe erwartet werde und er der Auffassung sei, die Todesstrafe sei angemessen. Das Gericht hat auf 15 Jahre Zuchthausstrafe erkannt.[961]

Müller versuchte die gegen ihn erhobenen Vorwürfe zunächst mit einem Hinweis auf die von höherer Stelle erteilten Weisungen zu entkräften. Es hätte sich in keinem der genannten Fälle um eine persönliche Beanstandung gehandelt. Vielmehr habe er nur die ihm erteilten Befehle weitergegeben und niemals die richterliche Unabhängigkeit beeinträchtigen wollen.[962] Auch die persönlichen Unterredungen mit den Richtern in laufenden Verfahren hätten nicht dazu gedient, Einfluss auf das Strafmaß zu nehmen. Vielmehr habe er lediglich Rechtsbelehrungen erteilen wollen, und jegliche Beeinflussung hätte ihm ferngelegen. Zudem sei die vorherige Besprechung anstehender Strafsachen durch einen Ministerialerlass angeordnet gewesen.[963]

Im Rahmen der rechtlichen Würdigung des festgestellten Sachverhalts haben sich die Bonner Richter zunächst mit der Strafbarkeit von Müllers Verhalten nach dem Kontrollratsgesetz Nr. 10 auseinandergesetzt und diesbezüglich zwischen Eingriffen in bereits abgeschlossene und in schwebende Verfahren unterschieden.[964] Die nachträgliche Urteilskritik Müllers stelle jedenfalls kein Verbrechen gegen die Menschlichkeit dar, weil es trotz der Kritik und der Erwartung Müllers in ähnlich gelagerten zukünftigen Fällen härter zu entscheiden, an einer Schädigung konkreter Personen fehle.[965] Anschließend hatte das Gericht einen Verstoß gegen das Kontrollratsgesetz durch die Eingriffe in schwebende Verfahren zu beurteilen. Eine solche Strafbarkeit wäre zu bejahen gewesen, wenn die ihm unterstellten Richter seinen Weisungen gefolgt wären. Dabei machten die Richter zunächst deutlich, dass die Einlassung des Angeklagten, er habe auf höhere Weisung gehandelt, unbeachtlich sei; denn „auch wenn durch Einzelerlasse des Justizministeriums, welche damals unter der Sammelbezeichnung der sog. „Rechtslenkung“ zusammengefasst waren, eine derartige Einflussnahme (gemeint ist die Einflussnahme auf die Richter

961 Ebenda, fol. 11 f.
962 Ebenda, fol. 14.
963 Ebenda, fol. 16 f.
964 Ebenda, fol. 17.
965 Ebenda, fol. 17 f.

zur Verhängung bestimmter Strafen, Anm. d. Verf.) auf Strafrichter seitens der Landgerichtspräsidenten angeordnet gewesen sein sollte, so wären diese ministeriellen Anordnungen nach Auffassung des Schwurgerichts rechtsungültig gewesen." Die Richter verwiesen diesbezüglich auf die in Art. 102 WRV und § 1 GVG normierte richterliche Unabhängigkeit, die auch während des Nationalsozialismus gegolten habe.[966]

Im Ergebnis scheitere eine Strafbarkeit Müllers allerdings daran, dass die von Müller vorgenommenen Beeinflussungsversuche in keinem Fall erfolgreich gewesen seien. Alle Zeugen hätten zudem glaubhaft versichert, dass sie nicht beeinflusst worden seien. Auch eine Versuchsstrafbarkeit Müllers komme nicht in Betracht, weil der Versuch eines Menschlichkeitsverbrechens nicht möglich sei.[967]

Im Anschluss hatte das Gericht die Strafbarkeit Müllers nach dem deutschen Strafgesetzbuch gem. §§ 357, 336, 353b RStGB zu beurteilen. Erneut differenzierten die Richter zwischen der nachträglichen Kritik und den Eingriffen in schwebende Verfahren. Erstere sei nicht strafbar, da Müller keine Abänderung des Urteils bezweckt habe und die Anweisung, zukünftig hart zu urteilen, wegen der noch unbekannten Angeklagten ebenfalls nicht vom Tatbestand erfasst sei. Dagegen sei der Tatbestand in den Fällen erfüllt, in denen Müller in schwebende Verfahren eingegriffen habe. Aber auch eine Strafbarkeit nach deutschem Recht sei nicht gegeben, weil Müller nicht vorsätzlich gehandelt habe. Trotz seiner harten Ansprachen könne ihm nicht der Vorsatz nachgewiesen werden, „[...] die Richter sollten entgegen Gesetz und innerer Überzeugung harte Urteile fällen, sich somit einer Rechtsbeugung (§ 336 StGB.) schuldig machen [...]." Auch aus den Zeugenaussagen lasse sich eine dahingehende Willensrichtung des Angeklagten nicht herleiten. Möglicherweise habe der Angeklagte auch nur seine Rechtsauffassung mitteilen wollen. Das Gericht fordert zudem im Rahmen des Vorsatzes, dass der Täter unter Ausnutzung einer inneren Zwangslage den Richter zu der mitgeteilten Rechtsauffassung führen wolle und es dabei erstrebe oder in Kauf nehme, dass dieser gegen das Gesetz oder gegen die innere Überzeugung die Entscheidung fällen würde. Das Gericht sei sich aber sicher, dass der Angeklagte nicht jedes seiner Worte auf die Goldwaage gelegt habe und diese sich zudem der Tragweite seiner Äußerungen nicht bewusst gewesen sei und daher nicht erkannt habe „[...] wo er im Interesse der Wahrung der richterlichen Unabhängigkeit mit seiner

---

966 Ebenda, fol. 18 ff.
967 Ebenda, fol. 20 f.

Kritik aufzuhören hat."[968] Ferner könnten seine ausgesprochenen Erwartungen, die Todesstrafe zu verhängen, „[...] auch lediglich als ein unverbindlicher Meinungsaustausch unter richterlichen Kollegen gemeint gewesen sein."[969] Und überhaupt seien die Reden Müllers nie wirklich ernst genommen worden.[970]

Im Ergebnis hat das Landgericht Bonn Müller von dem Vorwurf, sich durch sein Verhalten wegen des Unternehmens der Verleitung von Untergebenen zur Rechtsbeugung (§§ 357, 336, 353b RStGB) sowie eines Verbrechens gegen die Menschlichkeit (Art. II 1c des Kontrollratsgesetzes Nr. 10) strafbar gemacht zu haben, freigesprochen.

2. Das Urteil des Obersten Gerichtshofs für die Britische Zone (OGH-BZ) vom 10. Mai 1949

Über die von der Staatsanwaltschaft gegen das Urteil eingelegte Revision hatte der Oberste Gerichtshof für die Britische Zone zu entscheiden, der in der Britischen Besatzungszone in der Zeit von Frühjahr 1948 bis zum 1. Oktober 1950 u.a. für Revisionen in Schwurgerichtssachen zuständig war. Da die Befugnis zur Aburteilung von Verbrechen gegen die Menschlichkeit nach dem Kontrollratsgesetz den deutschen Gerichten von der britischen Besatzungsmacht übertragen wurde, war der OGH-BZ als Revisionsinstanz für diese Rechtssachen zuständig.[971] Grundlage für das Urteil des Obersten Gerichtshofes war der von dem Landgericht Bonn festgestellte Sachverhalt, wonach Müller neben der Aussprache diverser Rügen an Richter, die aus seiner Sicht zu milde Urteile ausgesprochen hätten, weiter in fünf schwebende Verfahren eingegriffen und die beteiligten Richter in Besprechungen zur Verhängung höherer Strafen angewiesen habe.[972]

Der OGH-BZ hob das Urteil des Bonner Schwurgerichts am 10. Mai 1949 auf und hielt aufgrund des Gesamtverhaltens Müllers die Verneinung eines Verstoßes gegen Art. II 1c des Kontrollratsgesetzes Nr. 10 für rechtsfehlerhaft. Auch wenn nicht nachweisbar sei, dass das Verhalten Müllers Folgen auslöste, die dem Tatbestand des Menschlichkeitsverbrechens unterfallen würden, so müsse berücksichtigt werden, dass es sich aufgrund der Zahl der Opfer um eine

---

968 Ebenda, fol. 20 ff.

969 Ebenda, fol. 25.

970 Ebenda, fol. 26.

971 *Vormbaum*, „Die strafrechtliche Aufarbeitung", S. 142 (149 f.).

972 OGH-BZ, Urteil vom 10.5.1949, Az. StS 39/49, abgedruckt bei *Rüter-Ehlermann*, Band XI, S. 23.

Massenerscheinung handelte und diese Konstellation Art. II 1c KRG 10 gerade zugrunde liege. Daher mache

> *„[…] sich auch derjenige des Verbrechens gegen die Menschlichkeit schuldig, der als Gehilfe bei der Begehung eines solchen Verbrechens mitgewirkt oder es befohlen oder begünstigt hat, oder der durch seine Zustimmung daran teilgenommen oder mit seiner Planung oder Ausführung im Zusammenhang gestanden hat.“*[973]

Dem Gesetzeszweck und den Besonderheiten des Massenverbrechens werde

> *„[…] nur eine Auslegung gerecht, die neben Handlungen, die im Sinne der Bedingungslehre ursächlich für die nachweisliche Schädigung einzelner bestimmter Opfer sind, jedes andere Verhalten als ausreichenden Beitrag zum Verbrechen gegen die Menschlichkeit ansieht, das den verbrecherischen Gesamterfolg irgendwie fördert oder erleichtert und nach dem Willen und der Vorstellung des Handelnden diesem Ziele auch dienen soll.“*[974]

Maßgeblich sei eine Beurteilung des Einzelfalls.[975]

Anders als das Landgericht Bonn orientierte sich der OGH-BZ nicht daran, ob das Verhalten Müllers von Erfolg gekrönt war, sondern daran, ob sein Gesamtverhalten einen ausreichenden Beitrag zu dem Massenverbrechen bildet. Die Besonderheit des nationalsozialistischen Unrechtssystems liege nach Auffassung des Gerichts gerade darin, dass es sich nicht um Einzelfälle, sondern um eine Massenerscheinung handele. So versuchte das Gericht der Problematik zu begegnen, dass in keinem Fall nachgewiesen werden konnte, dass es tatsächlich zu einer Rechtsbeugung durch die von Müller angewiesenen Richter kam.[976] Hinsichtlich des Sinns und der Tragweite von Art. II 1c des Kontrollratsgesetzes Nr. 10 folge das Gericht im Übrigen den Ausführungen des Internationalen Militärgerichtshofes, der für die Verwirklichung der Norm bereits die propagandistische Abschirmung von durchgeführten Tötungen durch das Führerkorps der NSDAP für ausreichend halte.[977] Von diesem Verständnis des Kontrollratsgesetzes ausgehend, müsse der zugrunde liegende Sachverhalt anders gewürdigt werden. Aus dem bereits vom Landgericht Bonn verwerteten Bericht des Oberstaatsanwalts vom 28. September 1943 gehe hervor,

---

973 Ebenda, S. 33.

974 Ebenda, S. 33.

975 Ebenda, S. 34.

976 Ebenda, S. 24; *Pauli*, Der Konflikt zwischen dem Obersten Gerichtshof für die Britische Zone und seinen Untergerichten bei der Anwendung des Kontrollratsgesetzes Nr. 10, S. 64 (74).

977 OGH-BZ, Urteil vom 10.5.1949, Az. StS 39/49, abgedruckt bei *Rüter-Ehlermann*, Band XI, S. 34.

„[...] dass die Landgerichtspräsidenten des Oberlandesgerichtsbezirks, dem auch der Angeklagte angehörte, die Weisungsfreiheit des Gerichts im Zusammenhang mit den im Rahmen der Justizlenkung getroffenen Massnahmen beim Oberlandesgerichtspräsidenten erörterten.“

Indem Müller diese Eingriffe billigte und selbst rücksichtlos vornahm, könne er dazu beigetragen haben, den rechtsstaatswidrigen Zustand der Justiz fortgesetzt und verstärkt zu haben. Jedenfalls enthalte das angefochtene Urteil

„[...] so viele Feststellungen im einzelnen, dass die Prüfung der Frage geboten war, ob das Gesamtverhalten des Angeklagten mit Rücksicht auf das Gewicht und die Bedeutung seiner Stellung innerhalb der Justizverwaltung und der Parteiorganisation die unzulässigen Eingriffe der nationalsozialistischen Machthaber in die Rechtsprechung der deutschen Gerichte so stark förderte oder erleichterte, dass darin ein ausreichender Beitrag zu demjenigen Verbrechen gegen die Menschlichkeit erblickt werden muss, das in dem Missbrauch der Rechtsprechung zur Unterdrückung und Ausmerzung unerwünschter Bevölkerungsgruppen durch Verhängung übermässig hoher Strafen lag.“[978]

Diese Rechtslage habe das Landgericht verkannt. Insgesamt sei aufgrund der getroffenen Feststellungen ein Freispruch des Angeklagten hinsichtlich der Verwirklichung von Art. II 1c KRG Nr. 10 daher nicht gerechtfertigt.[979]

Mit seiner Argumentation hat das Gericht versucht, das Verhalten Müllers, der selbst keine Todesurteile fällte, durch seine Einwirkungen jedoch welche hervorbrachte, unter das Kontrollratsgesetz zu subsumieren, um dadurch dem Gedanken des Massenverbrechens angemessen Rechnung zu tragen. Müller Bindeglied zwischen Gauleiter und Richtern habe letztlich durch sein Verhalten die nationalsozialistische Gewaltherrschaft gem. KRG 10 vermittelt.[980]

Den Straftatbestand der Verleitung zur Rechtsbeugung betreffend, habe das Landgericht zudem unzulässigerweise zwischen Eingriffen in schwebende Verfahren und nach einem ergangenen Urteil differenziert und letztere für strafunwürdig erachtet, weil es an einer bestimmten Rechtssache fehle. Diese Rechtsansicht lasse außer Betracht, dass auch die Anweisung in ähnlichen Fällen zukünftig hart zu entscheiden eine Verleitung zur Rechtsbeugung sein könne. Infolgedessen berücksichtige das Landgericht daher nicht den Gesamtzusammenhang.[981]

---

978 Ebenda, S. 34.

979 Ebenda, S. 32 f.

980 Vgl. *Friedrich*, S. 321.

981 OGH-BZ, Urteil vom 10.5.1949, Az. StS 39/49, abgedruckt bei *Rüter-Ehlermann*, Band XI, S. 29.

Der OGH-BZ nimmt auch an dieser Stelle eine Gesamtschau des Sachverhalts vor, die das Landgericht Bonn folgerichtig unterlassen hat, weil es einige Fälle bereits auf Tatbestandsebene von der Strafbarkeit ausnahm. Auch „[…] bei deutschrechtlicher Betrachtung setzte eine zutreffende Würdigung des Sachverhalts, vor allem zur inneren Tatseite, voraus, dass die Zusammenhänge berücksichtigt wurden, die offensichtlich zwischen dem Verhalten des Angeklagten und der als „Lenkung" bezeichneten Beeinflussung bestanden, der die deutsche Justiz im Kriege allgemein durch die nationalsozialistischen Machthaber ausgesetzt war." Daher müssten auch die übrigen Beeinflussungsversuche Müllers im Rahmen des Vorsatzes berücksichtigt werden. Dies habe das Landgericht verkannt.[982] Ferner fordere das Landgericht im Rahmen des Vorsatzes zu Unrecht die bewusste Ausnutzung einer inneren Zwangslage.[983] Es genüge jedoch, wenn „[…] der Angeklagte mit dem Bewusstsein gehandelt hat, die ihm unterstellten Richter könnten als Folge seiner Einwirkungen nicht nach ihrer Überzeugung, sondern etwa aus Gefügigkeit gegen ihn oder andere Mächte urteilen."[984] Der OGH-BZ verwies das Verfahren an das Landgericht Bonn zurück und folgte nicht dem Generalstaatsanwalt, der den Antrag auf Verweisung an ein benachbartes Schwurgericht beabsichtigte.[985]

3. Das Urteil des Landgerichts Bonn vom 13. März 1950

Das Landgericht Bonn verurteilte Müller am 13. März 1950 wegen der Verleitung zur Rechtsbeugung lediglich in zwei Fällen (Hertz und Geiger) zu einem Jahr Zuchthaus. In den übrigen Fällen fehle es am vorsätzlichen Handeln Müllers. Unbedingter Vorsatz scheide aus, weil Müller aufgrund seiner eigenen Überzeugung gehandelt habe. Aber auch Eventualvorsatz, den das Gericht im Rahmen der §§ 357, 336 StGB a.F., dem Sonderfall einer erfolglos versuchter Anstiftung, ausreichen ließ, sei nicht gegeben.[986] Auch einen Beitrag zu den Massenverbrechen in Form eines Missbrauchs der Rechtsprechung überhaupt und durch Unterdrückung unerwünschter Bevölkerungsgruppen habe Müller

982 Ebenda S. 30; *Pauli*, Der Konflikt zwischen dem Obersten Gerichtshof für die Britische Zone und seinen Untergerichten bei der Anwendung des Kontrollratsgesetzes Nr. 10, S. 64 (74).

983 OGH-BZ, Urteil vom 10.5.1949, Az. StS 39/49, abgedruckt bei *Rüter-Ehlermann*, Band XI, S. 30.

984 Ebenda, S. 29.

985 Ebenda, S. 34.

986 Landgericht Bonn, Urteil vom 13.3.1950, Az. 4 Ks 3/48, abgedruckt bei: *Rüter-Ehlermann*, Justiz und NS-Verbrechen, Band XI, S. 80 f.

nicht geleistet, sodass Art. II 1c des Kontrollratsgesetzes Nr. 10 nicht verwirklicht sei.[987] Zwar habe Müller wegen der Rundverfügung des Oberlandesgerichtspräsidenten vom 15. Mai 1942[988] Direktorenbesprechungen durchgeführt, Straferwartungen habe er in den Besprechungen jedoch nicht ausgesprochen. Dies sei durch die übereinstimmenden Bekundungen der teilnehmenden Landgerichtsdirektoren bewiesen.[989] Neben dieser Verfügung des Oberlandesgerichtspräsidenten vom Mai 1942 sei Grundlage für die Durchführung der Besprechungen ebenso die Rundverfügung vom 13. Oktober 1942 gewesen.[990] Auf dieser Grundlage habe auch der Oberlandesgerichtspräsident Besprechungen durchführen lassen, in denen auch die Strafzumessung erörtert worden sei. Die von Müller durchgeführten Besprechungen seien in ihrer Art und Weise jedoch völlig anders gewesen.[991] Worin diese Unterschiede bestanden, ließ das Gericht allerdings offen, was vermutlich daran lag, dass es sie nicht gab; denn in den Besprechungen hat Müller harte Strafen gefordert und versucht Einfluss auf das Strafmaß zu nehmen.

Dennoch kommt das Gericht zu dem Ergebnis, dass keine Verwirklichung eines Verbrechens gegen die Menschlichkeit nach KRG 10 Art. II 1c gegeben sei.

---

987 Ebenda S. 35 ff.

988 Die am 15. Mai 1942 vertraulich ergangene Verfügung hatte folgenden Wortlaut: „An Herrn Landgerichtspräsidenten pp. Die Sicherstellung einer einheitlichen straffen Strafrechtspflege macht in Kriegszeiten eine verstärkte Überwachung der Tätigkeit der Gerichte erforderlich. Eine solche ist nur möglich, wenn die Herren Präsidenten der Landgerichte und des Amtsgerichts von allen Verfahren Kenntnis haben, die nach ihrer politischen und menschlichen Bedeutung von Interesse sind, wenn sie dem Ablauf dieser Verfahren aufmerksam folgen, um notfalls eingreifen zu können. Die Erlangung dieser Kenntnis ist mit allen Mitteln (enge Fühlungnahme mit der Staatsanwaltschaft, regelmässige wöchentliche Besprechung mit den Vorsitzenden der Strafkammern und der Sondergerichte sowie mit den sonstigen Strafrichtern) anzustreben; sie erfordert auch ein eigenes aktives Tätigwerden auf Grund persönlich erlangter Nachrichte. Ich werde persönlich oder durch meinen Vertreter in der Woche 1–2 mal anrufen und bitte, die dort gesammelten Notizen so greifbar zu halten, dass ich dann sofort unterrichtet werden kann. Sachen von besonderer Bedeutung bitte ich mir unverzüglich mitzuteilen." Landgericht Bonn, Urteil vom 13.3.1950 (Az. 4 Ks 3/48), abgedruckt bei *Rüter-Ehlermann*, Band XI, S. 49.

989 Ebenda, S. 49.

990 Ebenda, S. 61; siehe hierzu auch *Herbers*, S. 181 f.; zur Rundverfügung vom 13. Oktober 1942, in der die Vor- und Nachschauen verbindlich angeordnet wurden, siehe C. III. 1. b).

991 Landgericht Bonn, Urteil vom 13.3.1950, Az. 4 Ks 3/48, abgedruckt bei *Rüter-Ehlermann*, Band XI, S. 62 f.

Unerlässliche Voraussetzung für die Verwirklichung des Tatbestandes sei, dass es zu einer Schädigung gekommen sei. Fehle es an einem strafwürdigen Erfolg, könnten Menschenwert und Menschenwürde nicht in einem der Menschheit unerträglichen Maß verletzt worden sein. In diesem Fall sei daher keine Verwirklichung des objektiven Tatbestandes gegeben.[992] Vorliegend sei nicht nachweisbar, dass der Angeklagte einen ursächlichen Beitrag geleistet habe, d.h., dass z.B. ein Täter wegen der Erwartungen des Angeklagten eine härtere Strafe erhalten habe. Folglich habe der Angeklagte durch seine ausgesprochenen Erwartungen lediglich eine entsprechende Gefahrenlage geschaffen, aufgrund derer der jeweilige Angeklagte härter als gerecht hätte bestraft werden können. Ferner wären die angewiesenen Richter sowieso nicht den Anweisungen Müllers gefolgt und hätten ihre Urteile aus eigener Überzeugung gefällt. Dies hätten sämtliche Richter zu den fraglichen Fällen bestätigt. Grund hierfür sei gewesen, dass Müller nicht ernst genommen worden sei. Eine gewisse Autorität wäre jedoch für die Beeinflussung der ihm unterstellten Richter nötig gewesen.[993]

Insgesamt könnten ihm daher keine Handlungen zur Last gelegt werden, die ursächlich für die Schädigung bestimmter Opfer seien. Eine Verantwortlichkeit Müllers als Täter scheide daher aus.[994]

Aber auch einen strafwürdigen Gehilfenbeitrag lehnte das Gericht ab. Zwar könne auch die Geltendmachung geistiger Einflüsse dem Tatbestand unterfallen, worunter jeder geistige Beitrag zu verstehen sei, der dem Gesamterfolg des Massenverbrechens diene, indem er ihn bewusst auf irgendeine Weise fördere oder erleichtere.[995] Der Angeklagte habe jedoch auf keine Weise zu dem Gesamterfolg beigetragen. Die in beschämender Form getätigten Äußerungen gegen Ausländer oder Juden seien lediglich schlagwortartige Übersteigerungen und keine geistige Einflussnahme gewesen. Ferner habe er die Rundverfügung vom 13. Oktober 1942 als unvereinbar mit der richterlichen Unabhängigkeit kritisiert und dadurch der Rechtslenkung nicht vollends zugestimmt. Wenn er eine scharfe Rechtsprechung gefordert habe, dann sei dies seine volle Überzeugung gewesen. Insgesamt habe der Angeklagte daher durch sein Verhalten nicht durch geistigen Einfluss oder auf sonstige Weise einen Beitrag zu den Massenverbrechen geleistet.[996]

992 Ebenda, S. 68.
993 Ebenda, S. 69 ff.
994 Ebenda, S. 71.
995 Ebenda, S. 71.
996 Ebenda, S. 72 ff.

4. Das Urteil des Bundesgerichtshofs vom 16. Dezember 1952

Auf die Revision des Angeklagten und der Staatsanwaltschaft hin hob der Bundesgerichtshof[997] den Schuldspruch hinsichtlich der Verurteilung Müllers am 16. Dezember 1952 wegen eines Formfehlers auf und bestätigte in den übrigen Fällen die Freisprüche Müllers wegen dessen fehlenden Vorsatzes.[998] Der Bundesgerichthof nahm dem Landgericht damit die Möglichkeit, sämtliche Fälle in einer Gesamtschau zu prüfen.[999] Mit dem Kontrollratsgesetz Nr. 10 musste sich der Bundesgerichtshof dagegen nicht mehr auseinandersetzen. Die Militärregierungen hoben am 31. August 1951 nach zahlreichen Gesprächen und massivem Drängen der Bundesregierung ihre an die deutschen Gerichte erteilten Ermächtigungen zur Durchführung von Verfahren nach dem KRG 10 auf. Verfahren konnten in der Folge nur noch nach deutschem Recht geführt werden.[1000] Verbrechen gegen die Menschlichkeit nach dem Kontrollratsgesetz konnten vor deutschen Gerichten somit nicht mehr verfolgt werden.[1001]

Nach erneuter Verhandlung der beiden Fälle (Hertz und Geiger) durch das Landgericht Bonn wurde Müller am 17. Juni 1953 endgültig freigesprochen.[1002] Es fehle schlichtweg an Beweisen zur Bejahung des Vorsatzes. Das Gericht hielt den Zeugen, einen Beisitzer des damaligen Verfahrens, der die Äußerung „die Rübe muss runter“ bestätigte, wegen des Verstreichens eines langen Zeitraums für unglaubwürdig, obwohl dieser die Aussage mehrfach und identisch vor den verschiedenen Instanzen wiederholt hatte. Auch der in dem Verfahren gegen Geiger gefallene Satz „Landgraf werde hart“ lasse nach Auffassung des Gerichts nicht den Schluss zu, dass Müller den Richter beeinflussen wollte. Müller habe den Richter nur „härten“ wollen, damit dieser von sich aus hart urteilen würde.[1003] Im Ergebnis gelte daher, dass auch wenn

---

997 Am 1. Oktober 1950 endete die Tätigkeit des Obersten Gerichtshofs für die Britische Zone. Seine Zuständigkeiten gingen auf den Bundesgerichtshof über; *Vormbaum*, „Die strafrechtliche Aufarbeitung“, S. 142 (150).

998 BGH, Urteil vom 16.12.1952, Az. 2 StR 27/52, abgedruckt bei *Rüter-Ehlermann*, Band XI, S. 90 ff.

999 *Kramer*, Richter vor Gericht, S. 121 (130).

1000 *Eichmüller*, S. 60 ff.; *Irmen*, S. 80 (108).

1001 *Pauli*, Der Konflikt zwischen dem Obersten Gerichtshof für die Britische Zone und seinen Untergerichten bei der Anwendung des Kontrollratsgesetzes Nr. 10, S. 64 (64).

1002 Landgericht Bonn, Urteil vom 17.6.1953, Az. 8 KLs 12/53, abgedruckt bei *Rüter-Ehlermann*, Band XI, S. 5 ff.

1003 Ebenda S. 11 f., 14 ff.; vgl. hierzu auch *Irmen*, S. 80 (102 f.).

„[...] nach alledem der Angeklagte in entscheidendem Masse wegen einer seinem Bildungsstand und erst recht seinem Amt als Richter widersprechenden völligen politischen Urteilslosigkeit und Verblendung für seine Aufgabe in der Zeit des Nationalsozialismus wenig geeignet war, und er ferner in schwerwiegender Weise – auch bewusst – in die richterliche Unabhängigkeit eingegriffen hat, so kann es nicht als erwiesen angesehen werden, dass der Angeklagte sich auch kriminell vergangen hat, indem er gewollt oder gebilligt oder auch nur in Kauf genommen hätte, dass ein Richter sich auf seine, des Angeklagten, Einflussnahme hin zu einer Entscheidung gegen die richterliche Überzeugung bestimmen lassen werde."[1004]

Der endgültige Freispruch Müllers war für die damalige Zeit wenig überraschend, reihte er sich doch nahtlos in die übrigen Nachkriegsverfahren gegen ehemalige NS-Richter ein.[1005] Das Verfahren verdient dennoch Erwähnung. Im Unterschied zu den Verfahren gegen urteilende NS-Richter, in denen sich viele der deutschen Gerichte auf den Standpunkt gestellt haben, dass die Verwirklichung des § 336 RStGB. direkten Vorsatz voraussetze,[1006] ist Müller vorliegend nicht richterlich tätig geworden. Vielmehr handelte es sich um eine reine Justizverwaltungstätigkeit, für die das sog. „Richterprivileg" gerade nicht galt.[1007] Zur Verwirklichung der §§ 357, 336 RStGB, dem Sonderfall einer erfolglos versuchten Anstiftung, war vielmehr Eventualvorsatz ausreichend, sodass sich der vorliegende Fall insoweit von diesen Konstellationen unterscheidet.[1008] So leicht wie in den anderen Fällen konnten die Richter im vorliegenden Fall daher nicht die Strafbarkeit Müllers verneinen. Der Begründungsaufwand zur Verneinung des subjektiven Tatbestandes im Fall Müller war daher höher. Während bei direktem Vorsatz die absichtliche oder wissentliche Tatbegehung notwendig ist, die aber bei Überzeugungstätern, die von ihrem Vorgehen überzeugt und ausschließlich nach ihrem Gewissen gehandelt hätten, zur Verneinung des subjektiven Tatbestandes führe, reiche diese Überzeugung nicht aus, um den Eventualvorsatz verneinen zu können.[1009] Die innere Tatseite wäre aber zu bejahen gewesen, wenn Müller „[...] überhaupt die Möglichkeit vorausgesehen hat, dass die angesprochenen Richter infolge seiner Ausführungen zu einer

---

1004 Landgericht Bonn, Urteil vom 17.6.1953, Az. 8 KLs 12/53, abgedruckt bei *Rüter-Ehlermann*, Band XI, S. 22.

1005 Vgl. hierzu insbesondere *Friedrich*, Freispruch für die Nazi-Justiz.

1006 Vgl. hierzu *Irmen*, S. 80 (104).

1007 So *Kramer*, Oberlandesgerichtspräsidenten und Generalstaatsanwälte als Gehilfen der NS-„Euthanasie", KJ 1984, S. 25 (25).

1008 Landgericht Bonn, Urteil vom 13.3.1950, Az. 4 Ks 3/48, abgedruckt bei *Rüter-Ehlermann*, Band XI, S. 80.

1009 Ebenda S. 80.

Entscheidung gegen ihr Gewissen veranlasst werden könnten und dass er diesen Erfolg gebilligt habe."[1010] Trotz dieser niedrigeren Vorsatzschwelle wurde Müller am Ende jedoch freigesprochen.

Die von Müller durchgeführten Lenkungsbesprechungen[1011] hat dagegen der Oberste Gerichtshof der Britischen Zone für strafwürdig erachtet und sie unter Art. II 1c des Kontrollratsgesetzes Nr. 10 subsumiert.[1012] Der Oberste Gerichtshof argumentierte, auch bedingt durch die mangelnde Nachweisbarkeit begangener Rechtsbeugungen durch die von Müller angewiesenen Richter, vor allem damit, dass Müller durch sein Verhalten einen Beitrag zum Massenverbrechen der damaligen Zeit und dem allgemeinen Zustand der Justiz, die mehr und mehr zum Mittel terroristischer Unterdrückung wurde, geleistet habe.[1013] Die Argumentation des OGH-BZ und die vorgenommene Gesamtschau erinnern an die Begründung der Richter im Nürnberger Juristenprozess den Angeklagten Rothenberger betreffend, der mit den Richtern u.a. die Vor- und Nachschauen durchführte und „[...] wesentlich zur Entwürdigung des Justizministeriums und der Gerichte und zu ihrer Unterwerfung unter die Willkür Hitlers, der Parteischergen und der Polizei [beigetragen hat]."[1014] In der Folge hat der OGH-BZ daher auch den grundlegenden Leitsatz aufgestellt, dass nazistische Justizlenkung justizförmige Unmenschlichkeitsverbrechen auslösen konnte.[1015]

Im Ergebnis ist festzuhalten, dass mit dem Kontrollratsgesetz letztlich ein Gesetz vorhanden war, dass die systematisch durchgeführte Justizlenkung durch Lenkungsbesprechungen nachträglich[1016] sanktionierte und auf dessen Grundlage eine erfolgreiche juristische Aufarbeitung im Fall Müller hätte erfolgen können. An einer juristischen Aufarbeitung hatte ein Großteil der

---

1010 Ebenda S. 81.

1011 Landgericht Bonn, Urteil vom 13.3.1950, Az. 4 Ks 3/48, abgedruckt bei *Rüter-Ehlermann*, Band XI, S. 55 ff.; vgl. hierzu *Herbers*, S. 181 f.

1012 OGH-BZ, Urteil vom 10.5.1949, Az. StS 39/49, abgedruckt bei *Rüter-Ehlermann*, Band XI, S. 34.

1013 Ebenda, S. 33.

1014 *Peschel-Gutzeit*, S. 173.

1015 So *Irmen*, S. 80 (103).

1016 Da das Kontrollratsgesetz im Dezember 1945 erlassen wurde, um zwischen 1933 und 1945 begangene Straftaten zu ahnden, entzündete sich ein heftiger Streit darüber, ob das Gesetz gegen das Rückwirkungsverbot verstoße. Hierauf soll an dieser Stelle nicht weiter eingegangen werden. Ein guter Überblick der wechselseitigen Positionen findet sich bei *Laage*, S. 58 ff.; bei *Quasten*, S. 97 ff. sowie bei *Güde*, DRZ 1947, S. 111 (116 f.).

damaligen Verantwortlichen jedoch kein Interesse.[1017] Zwar ist das Landgericht Bonn noch in eine juristische Auseinandersetzung mit dem OGH-BZ getreten und hat versucht, juristisch zu widerlegen, dass keine Verwirklichung von Art. II 1c des Kontrollratsgesetzes Nr. 10 gegeben sei, weil ein nicht strafbarer Versuch Müllers vorliege. Die rechtspolitischen Ereignisse haben jedoch dafür gesorgt, dass sich der Bundesgerichtshof, der über die von dem Angeklagten und der Staatsanwaltschaft eingelegte Revision zu entscheiden hatte, mit dem Kontrollratsgesetz nicht mehr zu befassen brauchte, weil ihm knapp vier Monate zuvor die Ermächtigung zur Durchführung von Verfahren nach dem Kontrollratsgesetz – auf massives Drängen der damaligen Bundesregierung – entzogen wurde. Dies war zu diesem Zeitpunkt jedoch keinesfalls zwingend. Erst durch das erste Gesetz zur Aufhebung des Besatzungsrechts vom 30. Mai 1956[1018] wurde das Kontrollratsgesetz Nr. 10 – wiederum auf Betreiben der damaligen Regierung – endgültig aufgehoben.[1019] Auch diese Tatsache spricht dafür, dass den urteilenden Richtern insgesamt wohl der Wille fehlte, die am Justizunrecht beteiligten Juristen und Kollegen strafrechtlich zur Verantwortung zu ziehen. Die endgültige und viel zu frühe Aufhebung des Kontrollratsgesetzes im Mai 1956 ist daher nicht nur im Fall Müller einer der Gründe für das Versagen der justiziellen Aufarbeitung gewesen,[1020] wenngleich betont werden muss, dass die Nachkriegsjustiz teilweise durchaus zu juristisch vertretbaren Ergebnisse kommt, dabei häufig aber den Gesamtzusammenhang und den zeitgeschichtlichen Hintergrund nur unzureichend berücksichtigt.[1021]

1017 *Pauli* weist in diesem Zusammenhang zutreffend auf die unterschiedliche Besetzung der Gerichte hin. Während der OGH-BZ mit unbelasteten Richtern besetzt war, wurden zahlreiche Richterstellen der anderen Gerichte mangels verfügbarem Personal mit ehemaligen NS-Richtern besetzt, *Pauli*, Der Konflikt zwischen dem Obersten Gerichtshof für die Britische Zone und seinen Untergerichten bei der Anwendung des Kontrollratsgesetzes Nr. 10, S. 64 (78 f.).

1018 Erstes Gesetz zur Aufhebung des Besatzungsrechts vom 30. Mai 1956, BGBl. I 1956, S. 437.

1019 *Raim*, S. 606 f.

1020 Diesen und weitere Gründe nennt *Irmen*, S. 80 (111).

1021 *Pauli*, Der Konflikt zwischen dem Obersten Gerichtshof für die Britische Zone und seinen Untergerichten bei der Anwendung des Kontrollratsgesetzes Nr. 10, S. 64 (75).

IV. Der Versuch der justiziellen Aufarbeitung der Euthanasietagung vom 23./24. April 1941 durch den hessischen Generalstaatsanwalt Fritz Bauer

Abschließend dargestellt sei noch ein Strafverfahren, das die in der Amtszeit Schlegelbergers auf der Behördenleitertagung am 23./24. April 1941[1022] von der systematischen Tötung geistig Beeinträchtigter in Kenntnis gesetzten und zur Nichtbeachtung des Legalitätsprinzips angewiesenen[1023] Justizjuristen sowie Schlegelberger, der die Behördenleiter nach Berlin einberief, zur Verantwortung ziehen sollte. Die Tagung und ihre Hintergründe waren spätestens seit dem Nürnberger Ärzteprozess von 1947 bekannt. Dennoch blieben die beteiligten Justizjuristen zunächst von einer Strafverfolgung verschont. Erst mit der Verhaftung von Dr. Werner Heyde am 12. November 1959, einem der bei der Euthanasieaktion beteiligten Mediziner, und mithin fast 15 Jahre nach Kriegsende erlangte die bereits in Vergessenheit geratene Euthanasietagung neue Aufmerksamkeit.[1024] Heyde berief sich bei seiner Verteidigung in dem von dem hessischen Generalstaatsanwalt Fritz Bauer geleiteten Verfahren u.a. darauf, dass während der Tagung keiner der anwesenden Juristen Zweifel an der Legalität der Maßnahmen äußerte. Daher hätte er die Tagung „[…] als eine Bestätigung der Legalität […]" aufgefasst.[1025]

Knapp sechs Jahre später, am 22. April 1965, wurden von Bauer die ersten Anträge auf Eröffnung der Voruntersuchung wegen des Vorwurfs der Beihilfe zum Mord gegen Schlegelberger und weitere Tagungsteilnehmer, zunächst 16, später insgesamt 20, gestellt.[1026] In der Anschuldigungsschrift führte Bauer aus, dass die Euthanasietagung dazu diente, die Euthanasie geheim zu halten, indem die Juristen dazu angewiesen worden seien keine diesbezüglichen Verfahren zu eröffnen.[1027] Den Angeschuldigten Schlegelberger betreffend heißt es wie folgt:

> *„Indem der Angeschuldigte Dr. Schlegelberger die Besprechung vom 23./24. April 1941 ansetzte, leitete und auch durch seine Einführungsrede und die nachfolgenden*

1022 Siehe zur Würdigung der Euthanasietagung im Nürnberger Juristenprozess D. I. 2.

1023 Siehe zu dieser Tagung C. III. 4. c) ee).

1024 Vgl. hierzu *Vormbaum*, „Euthanasie vor Gericht.", S. 310 ff.

1025 Vernehmungsprotokoll von Prof. Dr. Heyde, abgedruckt in *Bundesministerium der Justiz (Hrsg.)*, Im Namen des Deutschen Volkes, S. 417.

1026 *Kramer*, Oberlandesgerichtspräsidenten und Generalstaatsanwälte als Gehilfen der NS-„Euthanasie", KJ 1984, S. 25 (33).

1027 Anschuldigungsschrift Fritz Bauers vom 22. April 1965, abgedruckt bei *Loewy/Winter*, S. 145 (164); siehe dazu C. III. 4. c) ee).

> *Anweisungen zur Verwirklichung ihres Zwecks beitrug, förderte er die fortdauernde Tat der Haupttäter. Der Umstand, dass nicht sicher feststeht, ob diese Tat nicht auch ohne diesen Beitrag noch bis August 1941 fortgesetzt worden wäre, ist dabei ohne Bedeutung […]. Da der Angeschuldigte durch sein Verhalten selbst beging, wozu er die Teilnehmer in der Besprechung aufforderte, ist es nicht gesondert unter dem Gesichtspunkt des § 357 StGB zu werten […].*“[1028]

Die übrigen Angeschuldigten wurden auf der besagten Besprechung u.a. dazu angewiesen, dem Reichsjustizministerium Strafanzeigen wegen der Euthanasie unbearbeitet zuzusenden.[1029] Bauer warf ihnen „psychische Beihilfe“ vor, indem sie die Täter durch die widerspruchslose Hinnahme der Weisungen in ihrem Beschluss bestärkt hätten, die Tötungen weiter fortzusetzen.[1030] Kraft ihrer Stellung und ihres Amtes hätten die Behördenleiter die Rechtspflicht gehabt

> *„[…] auf die Bedenken gegen die Tötung von Menschen, zumal ohne gesetzliche Grundlage, hinzuweisen und gegebenenfalls zum Ausdruck zu bringen, dass sie sich persönlich nicht in der Lage sähen, die Weisung an die nachgeordneten Gerichte bzw. Behörden weiterzugeben, nichts gegen die <<Euthanasie>> zu unternehmen.*“[1031] *Denn „wenn die Angeschuldigten Bedenken erhoben und notfalls ihr Amt zur Verfügung gestellt hätten, wäre die >>Aktion T4<< mit grosser Wahrscheinlichkeit schon im Frühjahr 1941 beendet worden.*“[1032]

1. Die Nichteröffnung der Voruntersuchung

Bauer konnte mit seinen Anträgen auf Eröffnung der Voruntersuchung jedoch nicht durchdringen. Die Eröffnung der obligatorisch durchzuführenden Voruntersuchung wurde am 21. Dezember 1966 abgelehnt und im Fall des Angeschuldigten Schlegelberger mit dessen Verurteilung im Nürnberger Juristenprozess[1033] begründet.[1034] Gestützt wurde die Entscheidung auf Art. 3 Abs. 3b des Vertrages zur Regelung aus Krieg und Besatzung entstandener Fragen (sog. Überleitungsvertrag, kurz: ÜV) Die Vorschrift lautet:[1035]

1028 Ebenda, S. 145 (165).

1029 Siehe dazu C. III. 4. c) ee).

1030 *Fröhlich*, S. 361.

1031 Anschuldigungsschrift Fritz Bauers vom 22. April 1965, abgedruckt bei *Loewy/ Winter*, S. 145 (165).

1032 Ebenda, S. 166.

1033 Siehe dazu D. I. 2.

1034 *Fröhlich* S. 362 f.

1035 Art. III Abs. 3b des Vertrages zur Regelung aus Krieg und Besatzung entstandener Fragen v. 26. Mai 1952 i.d.F. der Bekanntmachung v. 30. März 1955, abgedruckt in *Auswärtiges Amt (Hrsg.)*,Verträge der Bundesrepublik, S. 229 ff.

> *„Vorbehaltlich der Bestimmungen des Absatzes (1) dieses Artikels und jeder anderen einschlägigen Bestimmung des Vertrags über die Beziehungen zwischen der Bundesrepublik Deutschland und den Drei Mächten oder der in seinem Artikel 8 aufgeführten Zusatzverträge dürfen deutsche Gerichte die ihnen nach deutschem Recht zustehende Gerichtsbarkeit ausüben: in Strafverfahren gegen natürliche Personen, es sei denn, daß die Untersuchung wegen der angeblichen Straftat von den Strafverfolgungsbehörden der betreffenden Macht oder Mächte endgültig abgeschlossen [Unterstr. d. Verf.] war oder diese Straftat in Erfüllung von Pflichten oder Leistung von Diensten für die Besatzungsbehörden begangen wurde."*

Die Ablehnung der Eröffnung der Voruntersuchung für die übrigen Beschuldigten wurde damit begründet, dass für sie die Tragweite der Euthanasie nicht zu erkennen gewesen sei. Auch das Bestehen einer konkreten Rechtspflicht sei zweifelhaft. Der Tagung vom 23./24. April 1941 wurde der Charakter beigemessen, dass eine kritische Aussprache zu den Vorgängen unmöglich gewesen und zudem nicht feststellbar sei, dass Widerspruch mit an Sicherheit grenzender Wahrscheinlichkeit die Haupttat erschwert hätte. Ähnlich hatten auch schon einige der Verteidiger argumentiert, die in dem Schweigen auf der Tagung keine Zustimmung erblickten. Auch von einer Scheinlegalisierung durch die Berliner Tagung sei nicht auszugehen. Sie hätte allenfalls informatorischen Charakter gehabt.[1036]

Nach der Beschwerde der Generalstaatsanwaltschaft wurde der Untersuchungsrichter bzw. sein Nachfolger durch den Beschluss des Landgerichts Limburg vom 26. Januar 1967 dazu angewiesen, die Voruntersuchung für die übrigen Beschuldigten zu eröffnen.[1037] Damit schien ein wichtiger Schritt zur justiziellen Aufarbeitung getan. Zu einer Anklagerhebung und Verurteilung kam es dennoch nicht. Nach dem Tod Bauers und sechs weiterer Beschuldigter sowie dem Ausscheiden von vier Beschuldigten wegen Verhandlungsunfähigkeit hat die Staatsanwaltschaft am 31. März 1970 beantragt, das Verfahren gegen die übrigen Angeschuldigten außer Verfolgung zu setzen. Das Landgericht folgte den Anträgen ohne nähere Begründung.[1038] Zu einer gerichtlichen Würdigung der Euthanasietagung vom 23./24. April 1941 kam es somit nicht.

1036 *Fröhlich*, S. 363 ff.; *Kramer*, „Gerichtstag halten über uns selbst.", S. 81 (95).
1037 *Kramer*, „Gerichtstag halten über uns selbst.", S. 81 (95).
1038 *Schaefer*, S. 133 (137).

2. Die Nichteröffnung der Voruntersuchung im Lichte der damaligen politischen Gegebenheiten

Eine gerichtliche Würdigung der Euthanasietagung durch die von Bauer angestoßenen Ermittlungen konnte wegen der Berufung auf den Überleitungsvertrag einerseits und die im weiteren Verlauf stattgegebene Außerverfolgungsetzung[1039] der übrigen Verfahren somit nicht erreicht werden. Für den bereits am 31. Januar 1951 aus der Haft entlassenen[1040] Schlegelberger erwies sich die Verurteilung im Nürnberger Juristenprozess somit im Nachhinein als vorteilhaft. Obwohl die Euthanasie lediglich in der Anklageschrift erwähnt und auf die Tagung vom 23./24. April 1941 überhaupt nicht eingegangen wurde, sah das Landgericht Limburg die Voraussetzungen von Art. III 3b ÜV als gegeben an. Die vorgenommene weite Auslegung stand im Einklang mit einem kurz zuvor ergangenen Beschluss des Bundesgerichtshofs vom 14. Februar 1966, den dieser in Kenntnis des gegen Schlegelberger laufenden Verfahrens[1041] erlassen hatte und in dem er unter Aufgabe seiner bisherigen Rechtsauffassung eine erweiterte Auslegung von Art. 3 3b ÜV vornahm.[1042] An den maßgeblichen Stellen des Beschlusses heißt es wie folgt:

> *„Den Kreis der für die deutschen Gerichte zugelassenen Verfahren allgemein auch auf Sachen zu erstrecken, die bereits dem erkennenden Gericht einer der drei Mächte zur Urteilsfindung unterbereitet, von diesem aber aus irgendwelchen Gründen nicht erledigt worden waren, wurde nie in Erwägung gezogen. Die schließlich in Art. 3 Abs. 3b ÜV getroffene Regelung hielt sich dementsprechend an eine Grenzziehung, welche nicht nur die Unantastbarkeit der ein Strafverfahren abschließenden Entscheidungen einer der drei Mächte sicherstellte, sondern auch eine Befassung deutscher Gerichte mit den ins Stadium des Hauptverfahrens vor einem Gericht der drei Mächte gelangten Sachen ausschloß.“*[1043]

Daher sei „die früher in Entscheidungen des *BGH* geäußerte Meinung, Art. 3 Abs. 3b ÜV betreffe nur endgültig abgeschlossene Ermittlungsverfahren, nicht dagegen rechtskräftige Verurteilungen durch Gerichte der ehemaligen Besatzungsmächte […] mit dem oben näher erörterten Sinn der Vertragsvorschrift unvereinbar.“[1044] Vielmehr könne es „[…] für den mit dem Übergang der Sache

1039 Vgl. hierzu im Einzelnen *Schaefer*, S. 133 (138 ff.).

1040 *Förster*, Jurist im Dienst des Unrechts, S. 168.

1041 So *Kramer*, „Gerichtstag halten über uns selbst.“, S. 81 (97).

1042 BGH NJW 1966, 1371 (1371 ff.).

1043 Ebenda, 1371 (1372).

1044 Ebenda, 1371 (1373).

an das erkennende Gericht eingetretenen Ausschluß der deutschen Gerichtsbarkeit keine Rolle spielen, ob und wie das Verfahren sich anschließend weiterentwickelt hat […].“[1045]

Ein solches Verständnis von Art. 3 Abs. 3b ÜV war nur möglich, weil die Vorschrift aufgrund ihrer Unbestimmtheit viel Raum für Interpretationen bot. Zudem war angesichts unterschiedlicher Rechtsvorstellungen der Vertragspartner nicht klar, was unter einer „Untersuchung“ zu verstehen war oder wann diese als „endgültig abgeschlossen“ galt. Zur Klärung dieser Fragen war der BGH berufen, der anfangs nur bei dem Abschluss des Ermittlungsverfahrens durch die Alliierten ein Verfolgungsverbot für deutsche Gerichte annahm und dadurch versucht hat, die durch den Überleitungsvertrag stark eingeschränkte Souveränität zumindest teilweise wiederherzustellen, indem er die Wiederaufnahme der von den Gerichten der Alliierten durch Urteil beendeten Verfahren zuließ.[1046] Im Laufe der Zeit änderte sich jedoch die Motivation in Deutschland bezüglich der Wiederaufnahme dieser Strafverfahren, die von den Alliierten mit großem Aufwand betrieben wurde und deren Wiederaufnahme viele Ressourcen der deutschen Justiz gebunden hätte. In dem „ne bis in idem“ Grundsatz, der eine doppelte Bestrafung der gleichen Tat verbietet, sah man damals die Lösung. Dabei ging es vor allem um Verurteilungen wegen Menschlichkeitsverbrechen nach dem Kontrollratsgesetz, die von der Bundesrepublik zusehends nicht anerkannt wurden. Dies führte allerdings dazu, dass der Strafklageverbrauch nicht mehr als Argument herangezogen werden konnte, die Strafverfahren nicht mehr aufzunehmen, weil die damaligen Urteile der Alliierten überhaupt nicht anerkannt wurden und sie einer nochmaligen Verurteilung somit auch nicht entgegenstehen konnten.[1047] Es bedurfte somit einer anderen Begründung, um die Wiederaufnahme von durch Urteil beendete Strafverfahren der Alliierten zu unterbinden.

Eine Möglichkeit präsentierte das Oberlandesgericht Schleswig in seinem Beschluss vom 5. September 1957. Das Gericht argumentierte mit Art. 7 Abs. 1 ÜV[1048] und begründete dadurch die „[…] Anerkennung der materiellen

---

1045 Ebenda, 1371 (1373).

1046 *Brunner*, S. 206 ff.

1047 Ebenda, S. 208 f.

1048 Art. 7 Abs. 1 lautet vollständig: „Alle Urteile und Entscheidungen in Strafsachen, die von einem Gericht oder einer gerichtlichen Behörde der Drei Mächte oder einer derselben bisher in Deutschland gefällt worden sind oder später gefällt werden, bleiben in jeder Hinsicht nach deutschem Recht rechtskräftig und rechtswirksam und sind von den deutschen Gerichten und Behörden demgemäß zu behandeln.“Abgedruckt in *Auswärtiges Amt (Hrsg.),*Verträge der Bundesrepublik, S. 239 f.

Rechtskraft der besatzungsrechtlichen Urteile […].“[1049] Denn Art. 7 Abs. 1 ÜV schaffe „[…] eine Ausnahme von dem Grundsatz, daß ausländische Urteile das Strafklagerecht nicht verbrauchen und deshalb einer weiteren Strafverfolgung wegen derselben Tat nicht entgegenstehen, indem er ausländische Urteile, nämlich Urteile der Besatzungsgerichte, als für den deutschen Staat in gewissem Umfange für verbindlich erklärt.“[1050] Diese Regelung erfasse nach dem Wortlaut „[…] alle Urteile in Strafsachen, die von einem Gericht oder einer gerichtlichen Behörde der Drei Mächte oder einer derselben bisher in Deutschland gefällt worden sind oder später gefällt werden.“[1051] Infolge der Anerkennung der materiellen Rechtskraft konnte die Wiederaufnahme über den Umweg des Art. 7 Abs. 1 ÜV wiederum auf den in Art. 103 Abs. 3 GG normierten Strafklageverbrauch gestützt werden.

Der BGH schloss sich dieser Rechtsauffassung zunächst nicht an. Vielmehr betonte er in seiner Entscheidung vom 9. September 1958, dass Abs. 3 Buchst. b ÜV nur endgültig abgeschlossene Ermittlungsverfahren erfasse und gerade keine rechtskräftigen Verurteilungen durch Besatzungsgerichte.[1052] Der Argumentation des OLG Schleswig bezüglich Art. 7 Abs. 1 ÜV folgte der BGH ebenfalls nicht. Die dort geregelte Anerkennung gelte „[…] nicht für die besatzungsrechtlichen Urt., durch die Strafen wegen Verbrechens gegen die Menschlichkeit oder Kriegsverbrechen verhängt worden sind.“[1053] Im weiteren Verlauf wird deutlich, dass die Begründung weniger juristisch als vielmehr politisch motiviert und von der generellen Abneigung des von den Alliierten erlassenen Kontrollratsgesetzes getragen war; denn

> *„die Urt. wegen Verbrechen gegen die Menschlichkeit und wegen Kriegsverbrechen bildeten jedoch eine besondere Gruppe. Gegen sie bestanden auf deutscher Seite Bedenken hauptsächlich wegen der Art, in der ein großer Teil von ihnen zustande gekommen war, und wegen des sachlichen Rechts auf dem sie beruhten. Da war das KRG 10, das von deutschen Gerichten schon seit der VO 234 v. 31.8.1951 (AHKABl. S. 1138), die auf deutsches Betreiben hin schließlich ergangen war, nicht mehr angewendet wurde. Die Bundesrepublik fand sich aus allen diesen Gründen nicht bereit, jene Urt. als nach deutschem Recht wirksam anzuerkennen.“*

„Einzelheiten […] auf die das SchwGer., der GenBAnw. und das OLG Schleswig (NJW 58, 112) Wert legen, treten an Bedeutung weit zurück (Unterstr.

1049 OLG Schleswig NJW 1958, S. 112 (113).
1050 OLG Schleswig NJW 1958, S. 112 (113).
1051 OLG Schleswig NJW 1958, S. 112 (113).
1052 BGH NJW 1958, S. 1690 (1691).
1053 BGH NJW 1958, S. 1690 (1691).

d. Verf.).“[1054] Bei einem solchen Normverständnis hätte der wegen eines Kriegs- und Menschlichkeitsverbrechens in Nürnberg verurteilte Schlegelberger strafrechtlich somit weiter verfolgt werden können.

Als dessen Verurteilung allerdings im Raum stand, erging der bereits erwähnte Beschluss vom 14. Februar 1966, mit dem der Bundesgerichtshof von seiner bisherigen Rechtsauffassung abrückte und sich im Ergebnis der Rechtsauffassung des Oberlandesgerichts Schleswig anschloss. Juristisch durchaus nachvollziehbar, weil das Verfahren mit einem Urteil tatsächlich einen Abschluss findet[1055], dürfte der in Kenntnis des gegen Schlegelberger laufenden Verfahrens erlassene Beschluss[1056] angesichts der vorgenannten Entwicklung jedoch auf politische Gründe zurückzuführen sein. Kramer verweist in diesem Zusammenhang darauf, dass sich das Landgericht Limburg mehrfach beim BGH, unter Betonung der Auswirkungen auf den Fall Schlegelberger, erkundigt habe. Auch die Mitwirkung des Richters Baldus, der im Reichsjustizministerium und der Reichskanzlei, die bei den Vorarbeiten zur Euthanasie beteiligt war,[1057] beschäftigt war, sei ein weiteres Indiz.[1058] Das größte Indiz hierfür ist allerdings die Nichtanwendung des zweiten Absatzes von Art. 3 Abs. 3b des ÜV[1059], der gerade eingeführt wurde, um vorbenannte Unsicherheiten bei der Wiederaufnahme zu beseitigen. Da die in der Vorschrift vorgesehen Anfrage

---

1054 BGH NJW 1958, S. 1690 (1691).

1055 So auch *Brunner*, S. 207.

1056 So *Kramer*, „Gerichtstag halten über uns selbst.“, S. 81 (97).

1057 Siehe dazu C. III. 4. c) ee).

1058 So *Kramer*, „Gerichtstag halten über uns selbst.“, S. 81 (97). Kramer wirft zudem die Frage auf, ob die nicht eindeutige Formulierung im Überleitungsvertrag von vornherein eingeplant war, um den Vertrag einer erweiterten Auslegung zugänglich zu machen, wie sie der BGH z.B. im Fall Schlegelberger vorgenommen hat; *Kramer*, „Gerichtstag halten über uns selbst.“, S. 81 (125). Eine im Nachhinein wohl nur schwer aufzuklärende Frage.

1059 Art. 3 Abs. 3 letzter Absatz lautet: „Entsteht in einem strafrechtlichen oder nichtstrafrechtlichen Verfahren, auf das in diesem Absatz Bezug genommen wird, die Frage, ob jemand in Erfüllung von Pflichten oder Leistung von Diensten für die Besatzungsbehörden gehandelt hat, oder ob die Strafverfolgungsbehörden der betreffenden Macht oder Mächte die Untersuchung wegen der angeblichen Straftat endgültig abgeschlossen haben, so wird das deutsche Gericht eine Bescheinigung des Botschafters oder in seiner Abwesenheit des Geschäftsträgers der betreffenden Macht als schlüssigen Beweis für diese Frage in dem in der Bescheinigung angegebenen Umfang anerkennen.“ Abgedruckt in *Auswärtiges Amt (Hrsg.)*, Verträge der Bundesrepublik, S. 231.

an die Alliierten, ob ein Strafverfahren endgültig abgeschlossen war oder nicht als Einschränkung der Justizhoheit verstanden wurde und die Norm daher faktisch außer Kraft gesetzt wurde, entschied die von Souveränitätsängsten gezeichnete deutsche Justiz letztlich selbst über die Wiederaufnahme.[1060]

Im Ergebnis erwiesen sich die in dem Nürnberger Verfahren lediglich in der Anklageschrift erwähnte Tötung geistig Beeinträchtigter und die für erweiternde Auslegungen offene Formulierung des Überleitungsvertrages für Schlegelberger jedenfalls zum entscheidenden Vorteil. Auch die noch übrig gebliebenen vier Angeschuldigten und Teilnehmer der Konferenz blieben vor strafrechtlichen Konsequenzen verschont, weil sie außer Verfolgung gesetzt wurden.[1061] Das Verfahren ist daher allenfalls als später und gescheiterter Versuch einer justiziellen Aufarbeitung anzusehen. Der dritte Amtsnachfolger Bauers, Generalstaatsanwalt Dr. Hans Christoph Schaefer[1062], sieht die Konferenz vom 23./24. April 1941 daher als strafrechtlich nicht überzeugend bewältigt an.[1063] Lediglich im Verwaltungsrechtstreit um Schlegelbergers Versorgungsbezüge sollten sich dessen Ausführungen auf der Tagung vom 23./24. April 1941 schließlich noch nachteilig für ihn auswirken, weil er sein Handeln nicht ausschließlich nach den Grundsätzen der Rechtstaatlichkeit ausgerichtet habe.[1064]

V. Zusammenfassung

Weil mit Gürtner und Thierack zwei der insgesamt drei NS-Reichsjustizminister nicht mehr am Leben waren, verblieb von den Organisatoren der Behördenleitertagungen einzig Schlegelberger, der das Reichsjustizministerium nach dem Tod Gürtners bis zur Amtsübernahme Thieracks kommissarisch leitete. In seiner Amtszeit fanden insgesamt sechs Arbeitstagungen statt, darunter die Euthanasietagung vom 23./24. April 1941. Nachdem mit Brandt und Heyde zwei der Hauptpakteure der Euthanasieaktion im Nürnberger Ärzteprozess am 19./20. August 1947 zum Tode verurteilt wurden[1065], dauerte es noch zwölf Jahre

1060 *Brunner*, S. 207, 215.

1061 Vgl. zur Kritik an der Außerverfolgungsetzung und der Strafwürdigkeit des Verhaltens der Behördenleiter insbesondere *Kramer*, „Gerichtstag halten über uns selbst.", S. 81 (98 ff.); *Schaefer*, S. 133 (138 ff.).

1062 *Wojak*, S. 399.

1063 *Schaefer*, S. 133 (144).

1064 Siehe hierzu OVG Lüneburg, Urteil vom 3.12.1962, Az. V OVG A 144/60, S. 82 f.

1065 Vgl. hierzu *Kramer*, Oberlandesgerichtspräsidenten und Generalstaatsanwälte als Gehilfen der NS-„Euthanasie", KJ 1984, S. 25 (29).

bis die an der Aktion mehr oder weniger beteiligten Juristen in den Fokus der Staatsanwaltschaft gerieten. Anlass war die Verhaftung von Heyde im November 1959 und der Ehrgeiz des hessischen Generalstaatsanwalts Bauer, der die Teilnehmer der Euthanasietagung und Schlegelberger, der die Besprechung ansetzte, strafrechtlich zur Verantwortung ziehen wollte. Der auf Beihilfe zum Mord lautende Vorwurf Bauers führte am 22. April 1965 zu den ersten Anträgen auf Eröffnung der Voruntersuchung. Damit war Bauer ein erster wichtiger Schritt zur justiziellen Aufarbeitung gelungen. Seine Bemühungen scheiterten am Ende jedoch, weil die Eröffnung der Voruntersuchung aufgrund des bereits im Nürnberger Juristenprozess verurteilten Schlegelbergers abgelehnt wurde, obwohl die Euthanasietagung überhaupt nicht Gegenstand dieses Verfahrens war. Der Tod Bauers und einiger Angeklagter führte schließlich dazu, dass es nicht zu einer Anklageerhebung kam, weil die Angeschuldigten außer Verfolgung gesetzt wurden. Die strafrechtliche Aufarbeitung der Euthanasietagung wurde somit versäumt. Immerhin fand sie sowie die weitere Besprechung vom 31. März 1942 in Schlegelbergers Verwaltungsrechtsstreit gegen das Land Schleswig-Holstein Erwähnung. Das infolge der Revision Schlegelbergers zum Bundesverwaltungsgericht gelangte Verfahren endete allerdings mit einem juristisch nicht haltbaren Vergleich, der den vom Oberverwaltungsgericht Lüneburg geleisteten Beitrag letztlich zunichte machte.[1066]

Während die vom Reichsjustizministerium zentral und auf Reichsebene durchgeführten Behördenleitertagungen nicht Gegenstand im Nürnberger Juristenprozess waren, so setzten sich die Nürnberger Richter dagegen mit den von Rothenberger im Oberlandesgerichtsbezirk Hamburg entwickelten Vor- und Nachschauen auseinander. Nicht zuletzt durch die von ihm entwickelten Besprechungen habe Rothenberger „[…] wesentlich zur Entwürdigung des Justizministeriums und der Gerichte und zu ihrer Unterwerfung unter die Willkür Hitlers, der Parteischergen und der Polizei beigetragen.“ Im Ergebnis wurde Rothenberger der Anklagepunkte zwei und drei für schuldig gesprochen und zu sieben Jahren Haft verurteilt. Das Urteil ist damit Rothenbergers Funktion während des Dritten Reiches insgesamt gerecht geworden.[1067] Im Gegensatz dazu reihte sich das Verfahren gegen den ehemaligen Kölner Landgerichtspräsidenten Müller in die Liste der Verfahren ein, die durch juristisch nicht haltbare Argumentationen und fragwürdige Begründungen in die Geschichte der Aufarbeitung des NS-Unrechts eingehen. Die mit überwiegend

---

1066 Siehe dazu *von Alten*, S. 117 ff.

1067 So auch *Schott*, S. 172.

ehemaligen NS-Richtern besetzten deutschen Strafgerichte haben auch im Fall Müller offenbart, dass sie kein Interesse daran hatten, einen ehemaligen Kollegen für sein Verhalten zu belangen. Der dagegen mit unvoreingenommenen Richtern besetzte Oberste Gerichtshof der britischen Zone, der auf Betreiben der damaligen Bundesregierung rückblickend viel zu früh aufgelöst wurde, hat mit seinem Urteilsspruch im Fall Müller jedenfalls gezeigt, wie eine juristische Aufarbeitung erfolgreich hätte durchgeführt werden können, wenngleich auch seine Ausführungen zur Fortgeltung der richterlichen Unabhängigkeit durch die gesetzliche Normierung in § 1 GVG und Art. 102 WRV nicht der damaligen Rechtswirklichkeit entsprachen.

E. Ergebnisse

Die nationalsozialistische Machtergreifung führte binnen kürzester Zeit zu einer kompletten Umstrukturierung und Neuausrichtung des Justizwesens. Der Nationalsozialistischen Deutschen Arbeiterpartei gelang es Ende des Jahres 1933 die berufsständischen Vereinigungen der Juristen im Bund Nationalsozialistischer Deutscher Juristen zusammenzufassen und sie dem direkten Einfluss der Partei zu unterstellen. Auch die parallel dazu von staatlicher Seite vorgenommenen gesetzgeberischen Akte ließen von Beginn an ein geändertes Verständnis der positiv-rechtlich in § 1 GVG und Art. 102 WRV normierten richterlichen Unabhängigkeit erkennen.

Das Reichsjustizministerium ging aus der ersten Phase der Etablierung des nationalsozialistischen Herrschaftssystems insgesamt gestärkt hervor. Zwar unterlag jeder gesetzgeberische Akt nunmehr dem Führerprinzip, sodass die Rechtsetzung vom Willen Hitlers abhing. Nach der Gleichschaltung unterstanden dem Reichsjustizministerium allerdings sämtliche Justizbehörden und Justizbediensteten des Reiches. Diese Aufgabenerweiterung führte zu einem Machtzuwachs. Sie ließ das Reichsjustizministerium erstmals in seiner Geschichte vom klassischen Gesetzgebungsministerium zum Verwaltungsministerium werden. Zudem wurde die Justizverwaltung mit der in die Kompetenz der Strafrechtspflegeabteilung III fallenden Justizsteuerung um einen zusätzlichen Bereich erweitert. In der Zentralisierung des Justizwesens ist die Grundlage für den in der Folge vorgenommenen Aufbau des Informationsapparates zu sehen. Berichtspflichten wurden nunmehr reicheinheitlich eingeführt und die Rechtsprechung sämtlicher Oberlandesgerichtsbezirke von zentraler Stelle verfolgt. Wohlwissend um diese Möglichkeit, dehnte das Reichsjustizministerium die Mitteilungspflichten in der Folge stetig aus. Mit dem Erlass neuer Gesetze ging häufig die Einführung von Berichtspflichten einher, die in der für die Justizsteuerung zuständigen Strafrechtspflegeabteilung III zusammenliefen und ausgewertet wurden. Unter anderem auf der Grundlage des umfassenden Informationsapparates nahm das Reichsjustizministerium die Steuerung der Strafjustiz, zum Beispiel durch die Behördenleitertagungen, vor.

Die Auswertung der Bestände im Bundesarchiv hat ergeben, dass im Zeitraum von 1935–1945 insgesamt 23 der vom Reichsjustizministerium ausgerichteten Besprechungen in unregelmäßigen Zeitabständen stattgefunden haben. Die Besprechungen fanden anfangs vor allem in den Räumen des Ministeriums in Berlin statt, ehe vermutlich vor dem Hintergrund des bereits stark vorangeschrittenen Krieges später auf Weimar und die Reichsburg Kochem ausgewichen wurde, die Reichsjustizminister Thierack 1943 erworben und zur NS-Schulungsstätte hat umbauen lassen.

Die Vorarbeiten für anstehende Besprechungen wurden von den verschiedenen Abteilungen des Reichsjustizministeriums geleistet. Sie konnten Themen anmelden, die in Abteilungsleiterbesprechungen erörtert wurden oder erhielten vom Reichsjustizminister die Anweisung zu bestimmten Themenbereichen Referate auszuarbeiten. Hinsichtlich der Lenkung der Strafrechtsprechung erwiesen sich insbesondere die den Behörden von Beginn an umfassend auferlegten Berichtspflichten für das Reichsjustizministerium als vorteilhaft. Die in Berlin eingegangen Urteile und Anklageschriften wurden in den zuständigen Abteilungen ausgewertet und machten sofort lokale Missstände transparent. Sie waren in den untersuchten Beispielen Anlass für das Ministerium, die Behördenleiter umgehend zu gemeinsamen Besprechungen einzuladen und sie zur Änderung der Strafrechtsprechung anzuweisen. In den Berichts- und Mitteilungspflichten ist daher die Grundlage für die Einflussnahme zu sehen. Sie waren für die Einwirkung auf die Strafjustiz essentiell.

Festgestellt werden konnten ebenfalls Korrespondenzen mit anderen obersten Reichsbehörden, die im Vorfeld anstehender Arbeitstagungen stattgefunden haben. Gestapo, Reichskanzlei und zunehmend auch die Partei-Kanzlei kritisierten in ihren Eingaben mehrfach die Strafrechtpraxis und diktiertem dem Reichsjustizministerium dadurch bis zu einem gewissen Grad den Inhalt anstehender Arbeitstagungen, was insbesondere für die auf der Kritik Hitlers beruhenden Eingaben gilt.

Damit die Übermittlung der Tagungsergebnisse sichergestellt war, wurden Niederschriften der Besprechungen angefertigt und den Teilnehmern zur Verfügung gestellt. Zudem erkundigten sich die Justizjuristen mitunter danach, welche Anregungen nach den Tagungen bereits umgesetzt wurden, noch umgesetzt werden sollten oder wo keine Umsetzung angedacht war. Nur durch eine umfassende Nachbereitung gelang es dem Reichsjustizministerium sich einen Überblick von der Umsetzung der Anweisungen zu verschaffen und darüber zu entscheiden, ob der Erlass weiterer Maßnahmen notwendig war.

In der Amtszeit Gürtners geschah die Einflussnahme auf den Tagungen überwiegend durch Anweisung der weisungsgebundenen Staatsanwälte. Sie wurden nach den ungesetzlichen Aktionen der nationalsozialistischen Führung im Fall Röhm, bei den Novemberpogromen und der Euthanasie zum Untätigbleiben verpflichtet. Das insoweit als hinderlich empfundene Legalitätsprinzip wurde partiell aufgehoben, um die Gewalttaten geheim zu halten und den Justizbetrieb aufrechtzuerhalten. Zu direkten Einwirkungen auf Richter kam es dagegen erst nach dem Ableben Gürtners, der sich zu Lebzeiten noch gegen diese Form der Justizsteuerung ausgesprochen hatte.

Nachdem Schlegelberger die kommissarische Leitung des Reichsjustizministeriums übernommen hatte, wurde die Durchführung der Vor- und Nachschauen, eine Form dezentral durchgeführter Lenkungsbesprechungen, in jedem Bezirk für selbstverständlich und üblich gehalten und der Erlass einer die Einzelheiten regelnden verbindlichen Rundverfügung auf der Tagung vom 29. September 1942 angekündigt. Mit dem vom früheren Hamburger Oberlandesgerichtspräsidenten und späterem Staatssekretär Rothenberger entwickeltem Besprechungssystem wurde erheblicher Druck auf den jeweils urteilenden Richter ausgeübt, indem die in den Besprechungen anwesenden Anklagevertreter akzentuieren sollten, dass ihre Strafanträge auf Weisungen des Reichsjustizministeriums beruhen könnten. Die Hoffnung des Reichsjustizministeriums durch die Durchführung der Besprechungen die Rechtsprechungspraxis der Gerichte zu vereinheitlichen und das Strafmaß im gesamten Reich zu erhöhen scheiterte im Ergebnis allerdings, weil die Vor- und Nachschauen in einzelnen Oberlandesgerichtsbezirken nicht mit letzter Konsequenz oder überhaupt nicht durchgeführt wurden.

Die justizielle Aufarbeitung der Arbeitstagungen und Vor- und Nachschauen lässt rückblickend ein konträres Bild entstehen. Während die Richter im Nürnberger Juristenprozess die Vor- und Nachschauen zutreffend gewürdigt und ihren Begründer Rothenberger zu einer seinem Gesamtverhalten entsprechenden Strafe verurteilt haben, stellt sich das Verfahren gegen den ehemaligen Landgerichtspräsidenten Müller, der im Oberlandesgerichtsbezirk Köln Lenkungsbesprechungen durchführte, als genaues Gegenteil dar. Müller, der in den Besprechungen vielfach in die richterliche Unabhängigkeit der urteilenden Richter eingegriffen hatte, wurde am Ende mit nicht nachvollziehbarer Begründung freigesprochen. Der Wille zur Nichtaufarbeitung ist in diesem Verfahren deutlich zu Tage getreten. Einzig der Oberste Gerichtshof der britischen Zone hat mit seinem Urteilsspruch im Fall Müller gezeigt, wie eine juristische Aufarbeitung erfolgreich hätte durchgeführt werden können, wenngleich auch seine Ausführungen zur Fortgeltung der richterlichen Unabhängigkeit durch die gesetzliche Normierung in § 1 GVG und Art. 102 WRV nicht der damaligen Rechtswirklichkeit entsprachen.

Im Gegensatz hierzu waren der Aufarbeitung der Arbeitstagungen dagegen von Anfang an Grenzen gesetzt, weil mit Schlegelberger lediglich noch einer der drei NS-Justizminister und Organisatoren am Leben war. Im Nürnberger Juristenprozess zu lebenslänglicher Haft verurteilt, stützten die Richter ihr Urteil nicht auf die unter seiner Leitung stattgefundenen Arbeitstagungen. Nicht mal die von ihm geleitete Euthanasietagung vom 23./24. April 1941 wurde erwähnt. Der hessische Generalstaatsanwalt Bauer unternahm schließlich den Versuch Schlegelberger für die Einberufung der Tagung und die dort getätigten Anweisungen strafrechtlich zur Verantwortung zu ziehen. Er scheiterte allerdings mit seinem Versuch, weil die Voruntersuchung durch Hinweis auf Schlegelbergers Verurteilung im Nürnberger Prozess nicht eröffnet wurde. Dies ist eine Argumentation, die nach dem Gesagten nur schwer nachvollziehbar ist. Sie stand allerdings im Einklang mit dem kurz zuvor erlassenem Beschluss des Bundesgerichtshofes, der durch Abkehr von seiner bisherigen Rechtsprechung eine weite Auslegung von Art. III Abs. 3b ÜV vornahm. Schlegelberger wurde für die Durchführung der Tagung somit letzten Endes strafrechtlich nicht belangt. Immerhin wurde die Euthanasietagung sowie die weitere Besprechung vom 31. März 1942 in dem von ihm gegen das Land Schleswig-Holstein geführten Verwaltungsrechtsstreit um seine Versorgungsbezüge juristisch zutreffend gewürdigt. Das infolge der Revision Schlegelbergers zum Bundesverwaltungsgericht gelangte Verfahren endete allerdings mit einem juristisch nicht haltbaren Vergleich, der die Vorarbeiten des Oberverwaltungsgerichts Lüneburg letztlich zu Nichte machte. Angesichts der aufgezeigten Mängel ist die justizielle Aufarbeitung in den ausgewählten Verfahren, die vor deutschen Gerichten stattgefunden haben, somit insgesamt unzureichend und im Sinne der öffentlichen Meinung daher als gescheitert zu bewerten.

Quellen- und Literaturverzeichnis

I. Archivalische Quellen

Bundesarchiv Berlin
Akten des Reichsjustizministeriums

R 3001/9803/53
R 3001/20012
R 3001/20028
R 3001/20050
R 3001/20198
R 3001/20218
R 3001/20243
R 3001/20245
R 3001/20246
R 3001/20247
R 3001/20288
R 3001/20298
R 3001/20706
R 3001/20848
R 3001/20931
R 3001/20953
R 3001/20954
R 3001/20963
R 3001/21143
R 3001/21144
R 3001/21155
R 3001/21187
R 3001/21263
R 3001/21469
R 3001/22732
R 3001/22744
R 3001/23357
R 3001/23366
R 3001/23380
R 3001/24003
R 3001/24069
R 3001/24089
R 3001/24158
R 3001/24162
R 3001/24163
R 3001/24165
R 3001/24172
R 3001/24199
R 3001/24200
R 3001/24203
R 3001/24205
R 3001/24208
R 3001/24209
R 3001/24233
R 3001/24277
R 3001/24278
R 3001/24279
R 3001/24280
R 3001/24445
R 3001/24492
R 3001/24513
R 3001/24514
R 3001/24688
R 3001/24692
R 3001/24720
R 3001/25004
R 3001/25021
R 3001/25029
R 3001/25030
R 3001/25117
R 3001/72948

R 3001/72946 (Beiakten zu den Personalakten des früheren Reichsjustizministeriums über Dr. Curt Rothenberger)

Akten der Reichskanzlei

Signaturen:

R 43-II/645a
R 43-II/1131
R 43-II/1560b
R 43/3617

Akten des Reichssicherheitshauptamtes

Signaturen:

R 58/473
R-58/990

Akten der Parteikanzlei

Signaturen:

NS 6/334

Akten des Reichsorganisationsleiters

Signaturen:

NS 22/684

Akten des Nationalsozialistischen Rechtswahrerbundes

Signaturen:

NS 16/32

Akten des Reichsfinanzministeriums

Signaturen:

R 2/23944

Akten des Volksgerichtshofs

Signaturen:

R 3016/80
R 3016/52
R 3016/82

Bundesarchiv Koblenz

Signaturen:

BArch Z 38/407, Urteil des Landgerichts Bonn vom 4.11.1948

Nds. Staatsarchiv Wolfenbüttel

NLA WO 3 Nds. Entnazifizierungsakten

Signaturen:

NLA WO 3 Nds. 92/1 Nr. 17332 Bl. 5
NLA WO 3 Nds. 92/1 Nr. 17332 Bl. 23–24
NLA WO 3 Nds. 92/1 Nr. 17332

NLA WO 42 B Neu Staatsanwaltschaft bei den Kreisgerichten und beim Landgericht Braunschweig

Signaturen:

NLA WO 42 B Neu Nr. 1554 Bl. 2

NLA WO 42 B Neu 7 Sondergerichtssachen und andere Verfahren mit politischem Einschlag 1933–1945

Signaturen:

NLA WO 42 B Neu Fb. 7 Nr. 473
NLA WO 42 B Neu Fb. 7 Nr. 1599 Bd. 1
NLA WO 57 Nds. Oberlandesgericht Braunschweig

Signaturen:

NLA WO 57 Nds, Zg. 56/1989
NLA WO 57 Nds, Zg. 6/1991 Nr. 11
NLA WO 57 Nds, Zg. 6/1991, Nr. 17
NLA WO 61 Nds. Staatsanwaltschaft beim Oberlandesgericht Braunschweig

Signaturen:

NLA WO 61 Nds Zg. 12/1987
NLA WO 61 Nds. Fb. 1 Nr. 25 Bl. 3.
NLA WO 61 Nds. Fb. 1 Nr. 25 Bl. 6.
NLA WO 62 Nds 2 Staatsanwaltschaft beim Landgericht Braunschweig

Signaturen:

NLA WO 62 Nds Fb. 2 Nr. 492

II. Gesetz -, Verordnungs- und Amtsblätter

Reichsgesetzblatt Teil I (RGBl.)

Bundesgesetzblatt (BGBl.)

Reichsministerialblatt, Zentralblatt für das Deutsche Reich, Herausgegeben vom Reichsministerium des Innern (RMinBl.)

Gemeinsame Geschäftsordnung der Reichsministerien Besonderer Teil in der Fassung vom 22. Oktober 1928, 2. neu bearbeitete Ausgabe, Herausgegeben vom Reichministerium des Innern, Berlin 1929

Gemeinsame Geschäftsordnung der Bundesministerien, zuletzt geändert durch Beschluss vom 1. September 2011

Geschäftsordnung der Reichsregierung in der Fassung vom 14. April 1926, Berlin 1927

III. Literatur

Die nachfolgend genannten internetbasierten Quellen wurden zuletzt am 30.08.2020 abgerufen.

Aden, Menno, Schlegelberger – Staatssekretär im Reichsjustizministerium, http://www.dresaden.de/B--Ungedruckte-Arbeiten/VIII_-Franz-Schlegelberger---S/viii_-franz-schlegelberger---staatssekretar-im-reichsjustizminis.html (Zit. *Aden*)

Alten, Henning von, Recht oder Unrecht: Der Verwaltungsrechtsstreit des Staatssekretärs a.D. Prof. Dr. Dr. h.c. Franz Schlegelberger um seine beamtenrechtlichen Versorgungsbezüge, Norderstedt 2009 (Zit. *von Alten*)

Altendorfer, Otto, Das Mediensystem der Bundesrepublik Deutschland, Band 2, Wiesbaden 2004 (Zit. *Altendorfer*)

Anders, Freia, Strafjustiz im Sudetengau 1938–1945, München 2008 (Zit. *Anders*)

Andrée, Jörg/ Helbig, Jörg, „... und brennend abgestürzt “: Schicksale britischer und deutscher Flieger im Zweiten Weltkrieg, Bayreuth 2011 (Zit. *Andrée/Helbig*)

Aly, Götz, Aktion T4 1939–1945. Die <<Euthanasie>> – Zentrale in der Tiergartenstraße 4, 2. erw. Auflage, Berlin 1989 (Zit. *Aly*)

Angermund, Ralph, Deutsche Richterschaft 1919–1945. Krisenerfahrung, Illusion, politische Rechtsprechung, Frankfurt/M. 1990 (Zit. *Angermund*, Deutsche Richterschaft)

Ders., Die geprellten Richterkönige, Zum Niedergang der Justiz im NS-Staat, in: Herrschaftsalltag im Dritten Reich, Mommsen, Hans/ Willems, Susanne (Hrsg.), Düsseldorf 1988, S. 304–373 (Zit. *Angermund*, Die geprellten Richterkönige)

Anonym, (Bericht über die) Arbeitstagung der Oberlandesgerichtspräsidenten und Generalstaatsanwälte, DJ 1944, S. 64 (Zit. Bericht über die Arbeitstagung der Oberlandesgerichtspräsidenten und Generalstaatsanwälte)

Anonym, (Bericht über die) Tagung der Oberlandesgerichtspräsidenten und Generalstaatsanwälte, DJ 1941, S. 533–534 (Zit. Bericht über die Tagung der Oberlandesgerichtspräsidenten und Generalstaatsanwälte)

Anonym, (Bericht über die) Zweite diesjährige Arbeitstagung der Chefpräsidenten und Generalstaatsanwälte, DJ 1943, S. 499–500 (Zit. Bericht über die Zweite diesjährige Arbeitstagung der Chefpräsidenten und Generalstaatsanwälte)

Arenhövel, Wolfgang, Die Unabhängigkeit der Staatsanwälte, in: Strafrecht und Justizgewährung – Festschrift für Kay Nehm zum 65. Geburtstag, Griesbaum, Rainer/ Hannich, Rolf/ Schnarr, Karl-Heinz (Hrsg.), Berlin 2006, S. 231–241 (Zit. *Arenhövel*, FS Nehm)

Arndt, Adolf, Strafrechtliche Verantwortlichkeit ehemaliger Richter an Sondergerichten, NJW 1960, S. 1140–1141 (Zit. *Arndt*)

Auswärtiges Amt (Hrsg.), Verträge der Bundesrepublik Deutschland, Serie A: Multilaterale Verträge Nr. 62–68, Band 7, Bonn [u.a.] 1957 (Zit. *Auswärtiges Amt (Hrsg.)*, Verträge der Bundesrepublik)

Axer, Peter, Normsetzung der Exekutive in der Sozialversicherung, Tübingen 2000 (Zit. *Axer*)

Bäcker, Carsten, Gerechtigkeit im Rechtsstaat. Das Bundesverfassungsgericht an der Grenze des Grundgesetzes, Tübingen 2015 (Zit. *Bäcker*)

Bästlein, Klaus, Justizterror im totalen Krieg: Der Fall Dobroszczyk und die verzögerte Aufklärung der NS-Justizverbrechen, in: Transformation des Rechts in West und Ost – Festschrift für Prof. Dr. Herwig Roggemann zum 70. Geburtstag, Fischer, Dirk (Hrsg.), Berlin 2006, S. 557–580 (Zit. *Bästlein*, FS-Roggemann)

Barisch, Susann, Die Privatisierung im deutschen Strafvollzug unter Einbeziehung des Jugendstrafvollzuges und unter Berücksichtigung entsprechender Entwicklungen in Großbritannien, Frankreich und den USA [u.a.] 2010 (Zit. *Barisch*)

Bath, Matthias, Der SD in Dänemark 1940–1945. Heydrichs Elite und der „Gegenterror“, Berlin 2015 (Zit. *Bath*)

Becker, Maximilian, Mitstreiter im Volkstumskampf, München 2014 (Zit. *Becker*, Mitstreiter im Volkstumskampf)

Becker, Lothar, „Schritte auf einer abschüssigen Bahn.“ Das Archiv des öffentlichen Rechts (AöR) und die deutsche Staatsrechtswissenschaft im Dritten Reich, Tübingen 1999 (Zit. *Becker*, „Schritte auf einer abschüssigen Bahn.“)

Bekanntmachung der Eingliederung des Bundes Nationalsozialistischer Deutscher Juristen in die Rechtsabteilung der Reichsleitung der Nationalsozialistischen Deutschen Arbeiterpartei, DR 1934, S. 162 (Zit. DR 1934, S. 162 (162))

Benzler, Susanne, Justiz und Anstaltsmord nach 1945, KJ 1988, S. 137–158 (Zit. *Benzler*)

Blau, Bruno, Das Ausnahmerecht für die Juden in den europäischen Ländern 1933–1945. I. Teil Deutschland, New York 1952 (Zit. *Blau*)

Boberach, Heinz (Hrsg.), Meldungen aus dem Reich. Die geheimen Lageberichte des Sicherheitsdienstes der SS 1938–1945. 17 Bände, Herrsching 1984 (Zit. *Boberach*)

Boßung, Hanno, Gesetz und Verordnung: Ihr Verhältnis und seine Wandlung vom Konstitutionalismus bis zum Nationalsozialismus, Berlin 1936 (Zit. *Boßung*)

Böske, Stefan Christian, Denunziationen in der Zeit des Nationalsozialismus und die zivilrechtliche Aufarbeitung in der Nachkriegszeit, Bielefeld 2008 (Zit. *Böske*)

Bracher, Karl Dietrich/ Sauer, Wolfgang/ Schulz, Gerhard, Die nationalsozialistische Machtergreifung, 2. durchges. Auflage, Köln 1962 (Zit. *Bracher/ Sauer/Schulz*)

Brand, N.N., Der Reichsrechtshof. Ein Vorschlag, DR 1941, S. 161–164 (Zit. *Brand*)

Brinkel, Teresa, Volkskundliche Wissensproduktion in der DDR. Zur Geschichte eines Faches und seiner Abwicklung, Wien [u.a.] 2012 (Zit. *Brinkel*)

Brinkmann, Werner, Die Ungleichheit der Strafzumessung, DJ 1936, S. 1653–1657 (Zit. *Brinkmann*)

Broichmann, Cornelius, Der außerordentliche Einspruch im Dritten Reich. Urteilsaufhebung durch den „Führer", Berlin 2014 (Zit. *Broichmann*, Der außerordentliche Einspruch im Dritten Reich)

Broszat, Martin, Zur Perversion der Strafjustiz im Dritten Reich, VfZ 1958, S. 390–443 (Zit.*Broszat*, Zur Perversion der Strafjustiz im Dritten Reich)

Ders., Siegerjustiz oder strafrechtliche „Selbstreinigung.", Aspekte der Vergangenheitsbewältigung der deutschen Justiz während der Besatzungszeit 1945–1949, VfZ 1981, S. 477–544 (Zit. *Broszat*, Siegerjustiz oder strafrechtliche „Selbstreinigung.")

Brüneck, Alexander von, Die Justiz im Deutschen Faschismus, KJ 1970, S. 21–35 (Zit. *von Brüneck*)

Brunner, Bernhard, Der Frankreich-Komplex. Die nationalsozialistischen Verbrechen in Frankreich und die Justiz der Bundesrepublik Deutschland, Göttingen 2004 (Zit. *Brunner*)

Bruppacher, Paul, Adolf Hitler und die Geschichte der NSDAP, Teil 2, 1938–1945, Norderstedt 2013 (Zit. *Bruppacher*)

Bundesministerium der Justiz (Hrsg.), Handbuch der Rechtsförmlichkeit. Empfehlungen zur Gestaltung von Gesetzen und Verordnungen, 3. neubearbeitete Auflage, Köln 2008 (Zit. *Bundesministerium der Justiz (Hrsg.)*, Handbuch der Rechtsförmlichkeit)

Bundesministerium der Justiz (Hrsg.), Im Namen des Deutschen Volkes, Justiz und Nationalsozialismus, 5. Auflage, Bielefeld 1998 (Zit. *Bundesministerium der Justiz (Hrsg.)*, Im Namen des Deutschen Volkes)

Bundesministerium für Ernährung, Landwirtschaft und Verbraucherschutz, Zur Geschichte der Wilhelmstraße 54, https://www.bmel.de/SharedDocs/Downloads/Ministerium/GeschichteWilhelmstraße54.pdf?__blob=publicationFile (Zit. *Bundesministerium für Ernährung, Landwirtschaft und Verbraucherschutz*)

Burkhardt, Anika, Das NS-Euthanasie-Unrecht vor den Schranken der Justiz: eine strafrechtliche Analyse, Tübingen 2015 (Zit. *Burkhardt*)

Carsten, Ernst/ Rautenberg, Erardo C., Die Geschichte der Staatsanwaltschaft in Deutschland bis zur Gegenwart, 3. Auflage, Baden-Baden 2015 (Zit. *Carsten/Rautenberg*)

Claussen, Karl Eduard, Justizverwaltung 1933–1945, in: Deutsche Verwaltungsgeschichte. Das Reich als Republik und in der Zeit des Nationalsozialismus, Jeserich, Kurt G.A./ Pohl, Hans/ von Unruh, Georg-Christoph (Hrsg.), Band 4, Stuttgart 1985, S. 1044–1054 (Zit. *Claussen*)

Dietze, Hans-Helmut, Der Gesetzesvorspruch im geltenden deutschen Reichsrecht, Berlin 1939 (Zit. *Dietze*)

Doerner, N.N., Wochenschau, DJ 1936, S. 321–322 (Zit. *Doerner*, Wochenschau)

Dörner, Bernward, >>Heimtücke<<: Das Gesetz als Waffe. Kontrolle, Abschreckung und Verfolgung in Deutschland 1933–1945, Paderborn 1998 (Zit. *Dörner*)

Dörner, Klaus/ Ebbinghaus, Angelika/ Linne, Karsten (Hrsg.), Der Nürnberger Ärzteprozeß 1946/47: Wortprotokolle, Anklage- und Verteidigungsmaterial, Quellen zum Umfeld, München 2000 (Zit. *Dörner/Ebbinghaus/Linne*)

Douma, Eva, Deutsche Anwälte zwischen Demokratie und Diktatur: 1930–1955, Frankfurt/M. 2015 (Zit. *Douma*)

Dreyer, Martin, Die zivilgerichtliche Rechtsprechung des Oberlandesgerichts Düsseldorf in der nationalsozialistischen Zeit, Göttingen 2004 (Zit. *Dreyer*)

Duden online, Zum Begriff „rügen“, http://www.duden.de/rechtschreibung/ruegen (Zit. Duden online)

Dussel, Konrad, Deutsche Tagespresse im 19. und 20. Jahrhundert, 2. erweiterte Auflage, Berlin 2011 (Zit. *Dussel*)

Eichmüller, Andreas, Keine Generalamnestie. Die strafrechtliche Verfolgung von NS-Verbrechen in der frühen Bundesrepublik, München 2012 (Zit. *Eichmüller*)

Fränkel, N.N., Die Nichtigkeitsbeschwerde in der Praxis, DR 1941, S. 2305–2312 (Zit. *Fränkel*)

Frank, Christoph, Abschaffung des externen Weisungsrechts – Die Zeit ist reif, ZRP 2010, S. 147–149 (Zit. *Frank*, Abschaffung des externen Weisungsrechts)

Frank, Hans, Mitteilungen des Bundes Nationalsozialistischer Deutscher Juristen. Deutsche Rechtsfront, DR 1933, S. 60–64 (Zit. *Frank*, Mitteilungen)

Ders., Mitteilungen des Bundes Nationalsozialistischer Deutscher Juristen. Deutsche Rechtsfront, DR 1933, S. 232–239 (Zit. *Frank,* Mitteilungen)

Ders., Nationalsozialistisches Handbuch für Recht und Gesetzgebung, München 1934 (Zit. *Frank*, Nationalsozialistisches Handbuch)

Frankenberg, Günter/ Müller, Franz J., Juristische Vergangenheitsbewältigung – Der Volksgerichtshof vorm BGH, KJ 1983, S. 145–163 (Zit. *Frankenberg/Müller*)

Frasch, Albert, Das Gesetzgebungsverfahren im Dritten Reich, Bottrop 1939 (Zit. *Frasch*)

Freisler, Roland Eine entscheidende Frage des Kriegsstrafrechts, DJ 1940, S. 885–891 (Zit. *Freisler*, Eine entscheidende Frage des Kriegsstrafrechts)

Ders., Eine entscheidende Frage des Kriegsstrafrechts II, DJ 1940, S. 917–923 (Zit. *Freisler*, Eine entscheidende Frage des Kriegsstrafrechts II)

Ders, Ein Jahr Blutschutzrechtsprechung in Deutschland. Erfahrungen und Lehren. Deutsches Strafrecht 3 1936, S. 385–397 (Zit. *Freisler*, Ein Jahr Blutschutzrechtsprechung in Deutschland)

Ders., Gedanken zur Verordnung gegen Volksschädlinge, DJ 1939, S. 1450–1452 (Zit. *Freisler*, Volksschädlinge)

Ders., Volksverrat, in Volkmar, Erich/Küchenhoff, Günter/Elster, Alexander (Hrsg.), Die Rechtsentwicklung der Jahre 1933 bis 1935/36, Berlin und Leipzig 1937, S. 813–820 (Zit. *Freisler*, Volksverrat)

Friedländer, Saul, Das Dritte Reich und die Juden, Jubiläumsedition, München 2013 (Zit. *Friedländer*)

Friedrich, Jörg, Freispruch für die Nazi-Justiz. Die Urteile gegen NS-Richter seit 1948. Eine Dokumentation. Überarbeitete und ergänzte Auslage, Berlin 1998 (Zit. *Friedrich*)

Friedrichsen, Gisela, Ausschwitz-Prozess: „Mord verjährt nicht“, 20.05.2016, http://www.spiegel.de/panorama/justiz/auschwitz-prozess-freiheitsstrafe-fuer-reinhold-hanning-gefordert-a-1093366.html (Zit. *Friedrichsen*)

Frisching, Carl von, Die deutschen Richtervereinigungen, Schramberg 1936 (Zit. *von Frisching*)

Fröhlich, Claudia, >>Wider die Tabuisierung des Ungehorsams<< Fritz Bauers Widerstandsbegriff und die Aufarbeitung von NS-Verbrechen, Frankfurt/M. 2006 (Zit. *Fröhlich*)

Förster, Michael, Jurist im Dienst des Unrechts. Leben und Werk des ehemaligen Staatssekretärs im Reichsjustizministerium, Franz Schlegelberger (1876–1970), Baden-Baden 1995 (Zit. *Förster*, Jurist im Dienst des Unrechts)

Ders., Rechtsschutz für Behinderte im Dritten Reich? Wie die führenden Köpfe in der Justiz den Massenmord an den Behinderten deckten, in: „NS-Euthanasie vor Gericht": Fritz Bauer und die Grenzen juristischer Bewältigung, Loewy, Hanno/ Winter, Bettina (Hrsg.), Frankfurt/M. [u.a.] 1996, S. 59–79 (Zit. *Förster*, Rechtsschutz für Behinderte im Dritten Reich?)

Gallas, Wilhelm, Tatstrafe und Täterstrafe, insbesondere im Kriegsstrafrecht, ZStW 1941, S. 374–417 (Zit. *Gallas)*

Garbe, Detlef, Zwischen Widerstand und Martyrium. Die Zeugen Jehovas im „Dritten Reich", 4. Auflage, München 1999 (Zit. *Garbe*)

Göppinger, Horst, Juristen jüdischer Abstammung im „Dritten Reich". Entrechtung und Verfolgung, 2. völlig neubearb. Auflage, München 1990 (Zit. *Göppinger*, Juristen jüdischer Abstammung im „Dritten Reich". Entrechtung und Verfolgung)

Götte, Petra, Jugendstrafvollzug im „Dritten Reich": diskutiert und realisiert – erlebt und erinnert, Bad Heilbrunn 2003 (Zit. *Götte*)

Grabitz, Helge, In vorauseilendem Gehorsam... Die Hamburger Justiz im „Führerstaat", in: „Für Führer, Volk und Vaterland", Justizbehörde Hamburg (Hrsg.), Hamburg 1992, S. 21–73 (Zit. *Grabitz*)

Grau, Günter, Lexikon zur Homosexuellenverfolgung 1933–1945. Institutionen – Kompetenzen – Betätigungsfelder, Berlin 2011 (Zit. *Grau*)

Gribbohm, Günter, Die Führerinformationen des Reichsjustizministeriums, DRiZ 1971, S. 152–155 (Zit. *Gribbohm*)

Gross, Raphael, November 1938. Die Katastrophe vor der Katastrophe, 1. Auflage, München 2013 (Zit. *Gross*)

Gruchmann, Lothar, Blutschutzgesetz und Justiz, VfZ 1983, S. 418–442 (Zit. *Gruchmann*, Blutschutzgesetz)

Ders., Euthanasie und Justiz im Dritten Reich, VfZ 1972, S. 235–279 (Zit. *Gruchmann*, Euthanasie und Justiz im Dritten Reich)

Ders., „Generalangriff gegen die Justiz?", Der Reichstagsbeschluss vom 26. April 1942 und seine Bedeutung für die Maßregelung der deutschen Richter durch Hitler, VfZ 2003, S. 509–520 (Zit. *Gruchmann*, „Generalangriff gegen die Justiz?")

Ders., Hitler über die Justiz. Das Tischgespräch vom 20. August 1942, VfZ 1964, S. 86–101 (Zit. *Gruchmann*, Hitler über die Justiz)

Ders., Justiz im Dritten Reich 1933–1940: Anpassung und Unterwerfung in der Ära Gürtner, 3. verb. Auflage, München 2001 (Zit. *Gruchmann*, Justiz im Dritten Reich)

Ders., „Nacht- und Nebel"-Justiz. Die Mitwirkung deutscher Strafgerichte an der Bekämpfung des Widerstandes in den besetzten westeuropäischen Ländern 1942–1944, VfZ 1981, S. 342–396 (Zit. *Gruchmann*, „Nacht- und Nebel"-Justiz)

Ders., „Reichskristallnacht" und „Justiz" im Dritten Reich, NJW 1988, S. 2856–2861 (Zit. *Gruchmann*, „Reichskristallnacht" und „Justiz")

Grunewaldt, Arthur von, Die Richterschaft des Oberlandesgerichts Frankfurt in der Zeit des Nationalsozialismus, Tübingen 2015 (Zit. *von Grunewaldt*)

Gsänger, **Johannes**, Das Berufsrecht der Reichsnotarordnung vom 13. Februar 1937 und die Auswirkungen auf die Selbstständigkeit der notariellen Standesvertretung, Baden-Baden 2010 (Zit. *Gsänger*)

Güde, Max, Die Anwendung des Kontrollratsgesetzes Nr. 10 durch deutsche Gerichte, DRZ 1947, S. 111–118 (Zit. *Güde*)

Gürtner, Franz, Abschied von den Landesjustizverwaltungen, DJ 1934, S. 1523–1524 (Zit. *Gürtner*, Abschied von den Justizverwaltungen)

Haacke, Moritz Werner von, Drei Jahre Zentralstaatsanwaltschaft, DJ 1936, S. 1257–1258 (Zit. *von Haacke*, Drei Jahre Zentralstaatsanwaltschaft)

Haag, **N.N.**, Der Staatsanwalt, DJ 1944, S. 209–213 (Zit. *Haag*)

Hartung, F., Verteidiger und Sitzungspolizei, DJ 1934, S. 1121–1122 (Zit. *Hartung*)

Hattenhauer, Hans, Vom Reichsjustizamt zum Bundesministerium der Justiz, in: Vom Reichsjustizamt zum Bundesministerium der Justiz – Festschrift zum 100jährigen Gründungstag des Reichsjustizamtes am 1. Januar 1877, Bundesministerium der Justiz (Hrsg.), Köln 1977, S. 9–118 (Zit. *Hattenhauer*, FS-Reichsjustizamt)

Heimann, Siegfried, Der Preußische Landtag 1899–1947. Eine politische Geschichte, Berlin 2011 (Zit. *Heimann*)

Heine, Götz-Thomas, Juristische Zeitschriften zur NS-Zeit, in: Salje, Peter (Hrsg.), Recht und Unrecht im Nationalsozialismus, Münster 1985, S. 272–293 (Zit. *Heine*)

Henschel, Ulrike, Vermittler des Rechts. Juristische Verlage von der Spätaufklärung bis in die frühe Nachkriegszeit, Berlin [u.a.] 2015 (Zit. *Henschel*)

Hensle, Michael P., Die Verrechtlichung des Terrors. Der legalistische Rahmen der nationalsozialistischen Verfolgung, in: Der Ort des Terrors. Geschichte der nationalsozialistischen Konzentrationslager, Benz, Wolfgang/Distel, Barbara (Hrsg.), Band 1, München 2005, S. 76–90 (Zit. *Hensle*, Die Verrechtlichung des Terrors)

Ders., „Rundfunkverbrechen" vor nationalsozialistischen Sondergerichten. Eine vergleichende Untersuchung der Urteilspraxis in der Reichshauptstadt Berlin und der südbadischen Provinz, Berlin 2001 (Zit. *Hensle*, „Rundfunkverbrechen")

Herbers, Matthias, Organisationen im Krieg, Die Justizverwaltung im Oberlandesgerichtsbezirk Köln 1939–1945, Tübingen 2012 (Zit. *Herbers*)

Hetzel, Marius, Die Anfechtung der Rassenmischehe in den Jahren 1933–1939, Tübingen 1997 (Zit. *Hetzel*)

Heuer, Hans-Joachim, Geheime Staatspolizei: Über das Töten und die Tendenzen der Entzivilisierung, Berlin 1995 (Zit. *Heuer*)

Hildebrand, Klaus, Geschichte des Dritten Reiches, München 2012 (Zit. *Hildebrand*)

Hinz-Wessels, Annette, Tiergartenstrasse 4. Schaltzentrale der nationalsozialistischen >>Euthanasie<<-Morde, Berlin 2015 (Zit. *Hinz-Wessels*)

Hoche, Werner, Das Zustandekommen der Reichsgesetze, in: Reich und Länder 1936, S. 65–68 (Zit. *Hoche*)

Hoyer, N.N., Anmerkung zum Urteil des Reichsgerichts vom 9. Juli 1940 - 6 D 261/40, DJ 1940, S. 1437 (Zit. *Hoyer*)

Huber, Ernst Rudolf, Verfassungsrecht des Großdeutschen Reiches, 2. stark erweiterte Auflage, Hamburg 1939 (Zit. *Huber*)

Humphrey, Michael, Die Weimarer Reformdiskussion über das Ehescheidungsrecht und das Zerrüttungsprinzip. Eine Untersuchung über die Entwicklung des Ehescheidungsrechts in Deutschland von der Reformation bis zur Gegenwart unter Berücksichtigung rechtsvergleichender Aspekte, Göttingen 2006 (Zit. *Humphrey*)

Irmen, Helmut, Der Oberste Gerichtshof für die Britische Zone und der Umgang mit NS-Juristen, in: Verbrechen gegen die Menschlichkeit, Justizministerium des Landes NRW/ Internationales Forschungs- und Dokumentationszentrum Kriegsverbrecherprozesse der Philipps-Universität Marburg (Hrsg.), Düsseldorf 2011, S. 80–113 (Zit. *Irmen*)

Johe, Werner, Die gleichgeschaltete Justiz. Organisation des Rechtswesens und Politisierung der Rechtsprechung 1933–1945 dargestellt am Beispiel des Oberlandesgerichts Hamburg, Frankfurt/M. 1967 (Zit. *Johe*)

Jung, Susanne, Die Rechtsprobleme der Nürnberger Prozesse dargestellt am Verfahren gegen Friedrich Flick, Tübingen 1992 (Zit. *Jung*)

Kästle-Lamparter, David, Welt der Kommentare. Struktur, Funktion und Stellenwert juristischer Kommentare in Geschichte und Gegenwart, Tübingen 2016 (Zit. *Kästle-Lamparter*)

Kasseckert, Christian, Straftheorie im Dritten Reich, Berlin 2009 (Zit. *Kasseckert*)

Kawamura, Hiroki, Die Geschichte der Rechtsberatungshilfe in Deutschland. Von der Wilhelminischen Zeit bis zur Entstehung des Beratungshilfegesetzes von 1980, Berlin 2014 (Zit. Kawamura)

Keldungs, Karl-Heinz, „Das Oberlandesgericht in der Zeit des Dritten Reiches“, in: Festschrift 100 Jahre Oberlandesgericht Düsseldorf, Paulsen, Anne-José (Hrsg.), Berlin 2006, S. 3–26 (Zit. *Keldungs*, FS-OLG Düsseldorf)

Kempner, Robert M. W., Der Republikanische Richterbund - Eine Kampforganisation für die Weimarer Republik, RuP 1967, S. 129–139 (Zit. *Kempner,* Recht und Politik 1967)

Kaminsky, Uwe, „Gnadentod“ und Ökonomismus. Zu ethischen Rechtsfertigungsmustern der NS- „Euthanasie“, in: Ideologie und Moral im Nationalsozialismus, Bialas, Wolfgang/ Fritze, Lothar (Hrsg.), Göttingen 2014, S. 235–265 (Zit. *Kaminsky*)

Karmrodt, Katharina, Sicherungsverwahrung bei Verurteilungen nach Jugendstrafrecht, Berlin 2012 (Zit. *Karmrodt*)

Klaas, Reiner, Die gewerkschaftliche Betätigungsfreiheit des Berufsrichters der Arbeitsgerichtsbarkeit, Berlin 1997 (Zit. *Klaas*)

Klarmann, Johann, Die erneute Demütigung. Hamburgs Umgang mit dem ehemaligen Konzentrationslager Neuengamme 1945–1985, Berlin 2013 (Zit. *Klarmann*)

Klee, Ernst, <<Euthanasie>> im Dritten Reich. Die <<Vernichtung lebensunwerten Lebens>>, vollständig überarbeitete Neuausgabe, Frankfurt/M. 2010 (Zit. *Klee*)

Klein, Thomas, Die Lageberichte der Justiz aus Hessen 1940–1945, Darmstadt und Marburg 1999 (Zit. *Klein*)

Köckritz, Moritz von, Die deutschen Oberlandesgerichtspräsidenten im Nationalsozialismus (1933–1945), Frankfurt/M. [u.a.] 2011 (Zit. *von Köckritz*)

König, Stefan, Vom Dienst am Recht. Rechtsanwälte als Strafverteidiger im Nationalsozialismus, Berlin 1987 (Zit. *König*)

Kogon, Eugen/ Langbein, Hermann/ Rückerl, Adalbert (Hrsg.), Nationalsozialistische Massentötungen durch Giftgas. Eine Dokumentation, Frankfurt/M. 1995 (Zit. *Kogon/Langbein/Rückerl)*

Koop, Volker, Kai-Uwe von Hassel. Eine politische Biographie, Köln 2007 (Zit. *Koop*)

Knauer, Wilfried, Die „Lageberichte" des Braunschweiger Oberlandesgerichtspräsidenten im Zweiten Weltkrieg, in: Justiz und Anwaltschaft in Braunschweig 1879–2004 – Festschrift zum 125jährigen Jubiläum des Braunschweigischen Oberlandesgerichts und der Rechtsanwaltskammer, Isermann, Edgar/ Schlüter, Michael (Hrsg.), Braunschweig 2004, S. 110–117 (Zit. *Knauer*, FS-125 Jahre OLG Braunschweig)

Köttgen, Arnold, Vom Deutschen Staatsleben (vom 1. Januar 1934 bis zum 30. September 1937), in: Jahrbuch des öffentlichen Rechts der Gegenwart 24 (1937), Tübingen 1938, S. 1–165 (Zit. *Köttgen*)

Kramer, Helmut, „Gerichtstag halten über uns selbst." Das Verfahren Fritz Bauers zur Beteiligung der Justiz am Anstaltsmord, in: „NS-Euthanasie vor Gericht": Fritz Bauer und die Grenzen juristischer Bewältigung, Loewy, Hanno/ Winter, Bettina (Hrsg.), Frankfurt/M., New York 1996, S. 81–131 (Zit. *Kramer*, „Gerichtstag halten über uns selbst.")

Ders., Oberlandesgerichtspräsidenten und Generalstaatsanwälte als Gehilfen der NS-„Euthanasie", KJ 1984, S. 25–43 (Zit. *Kramer*, Oberlandesgerichtspräsidenten und Generalstaatsanwälte als Gehilfen der NS-„Euthanasie")

Ders., Richter vor Gericht: Die juristische Aufarbeitung der Sondergerichtsbarkeit, in: „... eifrigster Diener und Schützer des Rechts, des nationalsozialistischen Rechts ...". Nationalsozialistische Sondergerichtsbarkeit. Ein Tagungsband, Düsseldorf 2007, S. 121–172 (Zit. *Kramer*, Richter vor Gericht)

Kröner, Hans-Peter, „Euthanasie": von der Sterbebegleitung zum Krankenmord, in: Tod und Sterben. Medizinische Perspektiven, Naturwissenschaft, Philosophie, Geschichte, Hucklenbroich, Peter/ Gelhaus, Petra (Hrsg.), Band 10, Münster 2001, S. 87–103 (Zit. *Kröner*)

Krug, Karl/ Schäfer, Karl/ Stolzenburg, Friedrich Wilhelm, Strafrechtliche Verwaltungsvorschriften. Eine Sammlung der vom Reichsminister der Justiz erlassenen Verwaltungsvorschriften und wichtigen Einzelerlasse auf dem Gebiet des Strafrechts und des Strafverfahrens, 3. völlig neubearbeitete Auflage nach dem Stand vom 1.1.1943, Berlin 1943 (Zit. *Krug/Schäfer/Stolzenburg*)

Krug, Karl, Wochenschau, DJ 1935, S. 1757–1759 (Zit. *Krug*, Wochenschau)

Krug, N.N., Zur Frage der Aberkennung der bürgerlichen Ehrenrechte, DJ 1935, S. 909 (Zit. *Krug*, Zur Frage der Aberkennung der bürgerlichen Ehrenrechte)

Kuhn, Robert, Deutsche Justizminister 1877–1977. Eine Dokumentation von Robert Kuhn. Mit einem einleitenden Aufsatz von Prof. Dr. Hans Hattenhauer, Köln 1977 (Zit. *Kuhn*, Deutsche Justizminister 1877–1977)

Ders., Die Vertrauenskrise der Justiz (1926–1928). Der Kampf um die „Republikanisierung" der Rechtspflege in der Weimarer Republik, Köln 1983 (Zit. *Kuhn*, Vertrauenskrise)

Kuhn, N.N., Das Blutschutzgesetz in der strafrechtlichen Praxis, DJ 1936, S. 1005–1008 (Zit. *Kuhn*, Das Blutschutzgesetz)

Kulka, Otto Dov, Die Nürnberger Rassengesetze und die deutsche Bevölkerung im Lichte geheimer NS - Lage- und Stimmungsberichte, VfZ 1984, S. 582–624 (Zit. *Kulka*)

Kyser, N.N., Zum Jahrestag der Schöpfung des Reichsjustizkommissariats, DRiZ 1934, S. 129 (Zit. *Kyser)*

Laage, Clea, Gesetzliches Unrecht: Die Bedeutung des Begriffs für die Aufarbeitung von NS-Verbrechen. Die Rezeption der Radbruchschen Formel in Rechtsprechung und Rechtslehre nach 1945, Frankfurt/M. 2014 (Zit. *Laage*)

Lauf, Edmund, Der Volksgerichtshof und sein Beobachter. Bedingungen und Funktionen der Gerichtsberichterstattung im Nationalsozialismus, Wiesbaden 1994 (Zit. *Lauf*)

Letz, Rudolf, Von der Landesjustizverwaltung zum Präsidenten des Hanseatischen Oberlandesgerichts, in: Das Hanseatische Oberlandesgericht. Gedenkschrift zu seinem 60jährigen Bestehen, Rothenberger, Curt (Hrsg.), Hamburg 1939, S. 183–199 (Zit. *Letz*)

Linz, Karl, Dem Deutschen Richterbunde zum Gedächtnis, DRiZ 1933, S. 322–325 (Zit. *Linz*, Dem Deutschen Richterbunde)

Ders., Zeitspiegel, DRiZ 1933, S. 121–124 (Zit. *Linz*, Zeitspiegel)

Ders., Zeitspiegel, DRiZ 1933, S. 155–157 (Zit. *Linz*, Zeitspiegel)

Ders., Zeitspiegel, DRiZ 1933, S. 186–189 (Zit. *Linz*, Zeitspiegel)

Ders., Zeitspiegel, DRiZ 1933, S. 315–318 (Zit. *Linz*, Zeitspiegel)

Loewy, Hanno/ Winter, Bettina (Hrsg.), „NS-Euthanasie vor Gericht": Fritz Bauer und die Grenzen juristischer Bewältigung, Frankfurt/M. [u.a.] 1996 (Zit. *Loewy/Winter*)

Longerich, Peter (Hrsg.), Akten der Partei-Kanzlei der NSDAP. Rekonstruktion eines verlorengegangenen Bestandes, Regesten, Bd. 3, München [u.a.] 1992 (Zit. *Longerich*)

Lorenzen, N.N., Das Eindringen der Juden in die Justiz vor 1933, DJ 1939, S. 956–966 (Zit. *Lorenzen*)

Löffelsender, Michael, Kölner Rechtsanwälte im Nationalsozialismus. Eine Berufsgruppe zwischen „Gleichschaltung" und Kriegseinsatz, Tübingen 2015 (Zit. *Löffelsender*, Kölner Rechtsanwälte im Nationalsozialismus)

Ders., Strafjustiz an der Heimatfront. Die strafrechtliche Verfolgung von Frauen und Jugendlichen im Oberlandesgerichtsbezirk Köln 1939–1945, Tübingen 2012 (Zit. *Löffelsender*, Strafjustiz an der Heimatfront)

Ludewig, Hans-Ulrich, Das Sondergericht Braunschweig 1933–1945, in: Der schwierige Weg in die Nachkriegszeit. Die Evangelisch-lutherische Landeskirche in Braunschweig 1945–1950, Pollmann, Klaus Erich (Hrsg.), Göttingen 1995, S. 264–290 (Zit. *Ludewig*)

Ludewig, Hans-Ulrich/ Kuessner, Dietrich, „Es sei also jeder gewarnt." Das Sondergericht Braunschweig 1933–1945, Langenhagen 2000 (Zit. *Ludewig/ Kuessner*)

Lücke, Horst, Die Entwicklung des Amtsrechts der Staatsanwälte in den letzten 75 Jahren, DRiZ 1984, S. 147–152 (Zit. *Lücke*)

Mallmann, Walter, Die Sanktion im Gesetzgebungsverfahren, Emsdetten 1938 (Zit. *Mallmann*)

Majer, Diemut, „Fremdvölkische" im Dritten Reich: Ein Beitrag zur nationalsozialistischen Rechtssetzung und Rechtspraxis in Verwaltung und Justiz unter besonderer Berücksichtigung der eingegliederten Ostgebiete und des Generalgouvernements, fast unveränderte Neuauflage, Boppard am Rhein 1993 (Zit. *Majer*)

Manthe, Barbara, Richter in der nationalsozialistischen Kriegsgesellschaft. Beruflicher und privater Alltag von Richtern des Oberlandesgerichtsbezirks Köln, 1939–1945, Tübingen 2013 (Zit. *Manthe*)

Merkel, Christian, „Tod den Idioten" – Eugenik und Euthanasie in juristischer Rezeption vom Kaiserreich zur Hitlerzeit, Berlin 2006 (Zit. *Merkel*)

Mertens, Bernd, Rechtsetzung im Nationalsozialismus, Tübingen 2009 (Zit. *Mertens*)

Meyer, Otto, Lebendige Justizverwaltung. Dienstliche Besprechungen mit den Beamten der Geschäftsstellen, DJ 1934, S. 683 (Zit. *Meyer*)

Michelberger, Hans, Berichte aus der Dritten Reiches. Die Lageberichte der Oberlandesgerichtspräsidenten von 1940–1945 unter vergleichender Heranziehung der Lageberichte der Generalstaatsanwälte, Pfaffenweiler 1989 (Zit. *Michelberger*)

Müller, Hans, Analogie im Strafrecht schon de lege lata zulässig, DJ 1934, S. 771–772 (Zit. *Müller*, Analogie im Strafrecht)

Müller, Ingo, Furchtbare Juristen: die unbewältigte Vergangenheit unserer Justiz, München 1987 (Zit. *Müller*, Furchtbare Juristen)

Müllner, Christian, „Schwarzhörer und Denunzianten. Vergehen nach §§ 1 und 2 der Verordnung über außerordentliche Rundfunkmaßnahmen vor dem Sondergericht Wien.", Wien 2011 (Zit. *Müllner*)

N.N., Aus der Deutschen Rechtsfront und dem Bund Nationalsozialistischer Deutscher Juristen e.V., DR 1934, S. 162 (Zit. *N.N.*, Aus der Deutschen Rechtsfront)

Nadler, Max, Der Stand der Vereinheitlichung von Recht- und Justizverwaltung. Einheit der Justizverwaltung, DJ 1935, S. 85–86 (Zit. *Nadler*)

Nagler, N.N., Volksverrat (Hochverrat, Landesverrat). Angriffe auf die Ehre des deutschen Volkes, in Gürtner, Franz (Hrsg.), Das kommende deutsche Strafrecht, Besonderer Teil, 2. Auflage, Berlin 1936, S. 78–111 (Zit. *Nagler*)

Neubert, Reinhard, Des Anwalts Stellung im Rechtsleben, DJ 1933, S. 558 (Zit. *Neubert*)

Ohlendorf, N.N., Der Sicherheitsdienst, http://www.spiegel.de/spiegel/print/d-46275330.html (Zit. *Ohlendorf*)

Ostendorf, Heribert, Der Nürnberger Juristenprozess" und seine Auswirkungen auf eine internationale Strafgerichtsbarkeit, in: Die NS-Strafjustiz und ihre Nachwirkungen, Ostendorf, Heribert/ Danker, Uwe (Hrsg.), Baden-Baden 2003, S. 125–135 (Zit. *Ostendorf*)

Otoo, Nora, Die normative Wirkung von Präambeln im europäischen Primärrecht, Berlin 2013 (Zit. *Otoo*)

Parey, Conrad, Über polizeiliche Maßnahmen gegen Berufsverbrecher, KM 10 1936, S. 55–59 (Zit. *Parey*)

Pauleikhoff, Bernhard, Ideologie und Mord. Euthanasie bei <lebensunwerten> Menschen, Hürtgenwald 1986 (Zit. *Pauleikhoff*)

Pauli, Gerhard, Der Konflikt zwischen dem Obersten Gerichtshof für die Britische Zone und seinen Untergerichten bei der Anwendung des Kontrollratsgesetzes Nr. 10, in: Verbrechen gegen die Menschlichkeit, Justizministerium des Landes NRW/ Internationales Forschungs- und Dokumentationszentrum Kriegsverbrecherprozesse der Philipps-Universität Marburg (Hrsg.), Düsseldorf 2011, S. 64–79 (Zit. *Pauli*, Der Konflikt zwischen dem Obersten Gerichtshof für die Britische Zone und seinen Untergerichten bei der Anwendung des Kontrollratsgesetzes Nr. 10)

Pauli, Gerhard, Die Rechtsprechung des Reichsgerichts in Strafsachen zwischen 1933–1945 und ihre Fortwirkung in der Rechtsprechung des Bundesgerichtshofes, Berlin 1992 (Zit. *Pauli*, Die Rechtsprechung des Reichsgerichts in Strafsachen)

Pätzold, Erwin, Wochenschau, DJ 1935, S. 494–497 (Zit. *Pätzold*, DJ 1935)

Ders., Wochenschau, DJ 1936, S. 1755–1757 (Zit. *Pätzold*, DJ 1936)

Perels, Joachim, Der Mythos von der Vergangenheitsbewältigung, http://www.zeit.de/2006/05/NS_Rechtsstaat (Zit. *Perels*, Der Mythos von der Vergangenheitsbewältigung)

Peschel-Gutzeit, Lore Maria (Hrsg.), Das Nürnberger-Juristenurteil von 1947, 1. Auflage, Baden-Baden 1996 (Zit. *Peschel-Gutzeit*)

Poetzsch-Heffter, Fritz, Das vorläufige Gesetz zur Gleichschaltung der Länder mit dem Reich, DJZ 1933, S. 535–537 (Zit. *Poetzsch-Heffter*)

Pohl, Heinrich, Die Zuständigkeiten des Reichspräsidenten, in: Handbuch des Deutschen Staatsrechts. Anschütz, Gerhard/ Thoma, Richard (Hrsg.), Bd. 1, Tübingen 1930, S. 482–502 (Zit.*Pohl*)

Przyrembel, Alexandra, „Rassenschande". Reinheitsmythos und Vernichtungslegitimation im Nationalsozialismus, Göttingen 2003 (Zit. *Przyrembel*)

Quasten, Dirk, Die Judikatur des Bundesgerichtshofs zur Rechtsbeugung im NS-Staat und in der DDR, Berlin 2003 (Zit. *Quasten*)

Radbruch, Gustav, Politische Schriften aus der Weimarer Zeit II, Gesamtausgabe Band 13, Heidelberg 1993 (Zit. *Radbruch*, Politische Schriften)

Ders., Gesetzliches Unrecht und übergesetzliches Recht, in: Rechtsphilosophie III, Kaufmann, Arthur (Hrsg.), Heidelberg 1990, S. 83–93 (Zit. *Radbruch*, Rechtsphilosophie III)

Ders., Reichstagsreden, Gesamtausgabe Band 19, Heidelberg 1998 (Zit. *Radbruch*, Reichstagsreden)

Raim, Edith, Justiz zwischen Diktatur und Demokratie. Wideraufbau und Ahndung von NS-Verbrechen in Westdeutschland zwischen 1945–1949, München 2013 (Zit. *Raim*)

Rautenberg, Erardo C., Die deutsche Staatsanwaltschaft: „Objektivste Behörde" mit viel Macht, aber geringem Ansehen – Was ist zu tun?, DRiZ 2014, S. 214–219 (Zit. *Rautenberg*)

Reifner, Udo, Juristen im Nationalsozialismus. Kritische Anmerkungen zum Stand der Vergangenheitsbewältigung, Zeitschrift für Rechtspolitik 1983, S. 13–19 (Zit. *Reifner*)

Rebentisch, Dieter, Führerstaat und Verwaltung im Zweiten Weltkrieg. Verfassungsentwicklung und Verwaltungspolitik 1939–1945, Stuttgart 1989 (Zit. *Rebentisch*)

Rietzsch, Otto, Die Abwehr des Gewohnheitsverbrechertums, DJ 1938, S. 178–192 (Zit. *Rietzsch*)

Robinsohn, Hans, Justiz als politische Verfolgung. Die Rechtsprechung in „Rassenschandefällen" beim Landgericht Hamburg 1936–1943, Stuttgart 1977 (Zit. *Robinsohn*)

Rohling, Walter, Stellung und Aufgabe des Staatsanwalts im künftigen Strafverfahren, DJZ 1935, S. 1346–1350 (Zit. *Rohling*)

Rothenberger, Curt, Die ersten Gedanken über den Aufbau einer nationalsozialistischen Rechtspflege, DJ 1942, S. 565–568 (Zit. *Rothenberger*)

Rottleuthner Hubert, Zur Steuerung der Justiz im Nationalsozialismus und in der DDR, in: „Von Gewohnheitsverbrechern, Volksschädlingen und Asozialen…" Hamburger Strafurteile im Nationalsozialismus, Justizbehörde Hamburg (Hrsg.), Hamburg 1995, S. 471–478 (Zit. *Rottleuthner*)

Rücker, Simone, Rechtsberatung. Das Rechtsberatungswesen von 1919–1945 und die Entstehung des Rechtsberatungsmissbrauchgesetzes von 1935, Tübingen 2007 (Zit. *Rücker*)

Rüping, Hinrich, Sondergerichte im Dritten Reich, in: Recht, Idee, Geschichte – Beiträge zur Rechts- und Ideengeschichte für Rolf Lieberwirth anläßlich seines 80. Geburtstages, Lück, Heiner/ Schildt, Bernd (Hrsg.), S. 115–132 (Zit. *Rüping*, Sondergerichte im Dritten Reich)

Ders., Staatsanwaltschaft und Provinzialjustizverwaltung im Dritten Reich: Aus den Akten der Staatsanwaltschaft bei dem Oberlandesgericht Celle als höherer Reichsjustizbehörde, Baden-Baden 1990 (Zit. *Rüping*, Staatsanwaltschaft und Provinzialjustizverwaltung)

Rüter-Ehlermann, Adelheid L./ Rüter, Christiaan F./ Fuchs, H. H. (Hrsg.), Justiz und NS-Verbrechen. Sammlung deutscher Strafurteile wegen nationalsozialistischer Tötungsverbrechen, Band XI, Amsterdam 1974 (Zit. *Rüter-Ehlermann*)

Rüthers, Bernd, Verräter, Zufallshelden oder Gewissen der Nation? Facetten des Widerstandes in Deutschland, Tübingen 2008 (Zit. *Rüthers*)

Rüthers, Bernd/ Schmitt, Martin, Die juristische Fachpresse nach der Machtergreifung der Nationalsozialisten, JZ 1988, S. 369–377 (Zit. *Rüthers/Schmitt*)

Sarrach, Stefan, „Schulungsbedarf" bei Brandenburger Richtern? Kleine Anfrage Nr. 917 des Abgeordneten Stefan Sarrach, Fraktion der Linkspartei.PDS vom 13.12.2015, http://www.mdj.brandenburg.de/cms/detail.php/lbm1.c.390783.de (Zit. *Sarrach*)

Sauer, Franz, Das Reichsjustizministerium, Berlin 1939 (Zit. *Sauer*)

Schädler, Sarah, „Justizkrise" und „Justizreform" im Nationalsozialismus: Das Reichsjustizministerium unter Reichsjustizminister Thierack (1942–1945), Tübingen 2009 (Zit. *Schädler*)

Schaefer, Hans Christoph, Unbewältigte Justizvergangenheit. Zur Einstellung des Ermittlungsverfahrens gegen die Oberlandesgerichtspräsidenten und Generalstaatsanwälte, in: „NS-Euthanasie vor Gericht“: Fritz Bauer und die Grenzen juristischer Bewältigung, Loewy, Hanno/ Winter, Bettina (Hrsg.), Frankfurt/M. [u.a.] 1996, S. 133–144 (Zit. *Schaefer*)

Scheib, Karl-Ulrich, Strafjustiz im Nationalsozialismus bei der Staatsanwaltschaft Ulm und den Gerichten im Landgerichtsbezirk Ulm, Diss. iur. Marburg 2012 (Zit. *Scheib*)

Schiller, Christof, Das Oberlandesgericht Karlsruhe im Dritten Reich, Berlin 1997 (Zit. *Schiller*)

Schleswig, H.W., Pension für Hitlers Minister. Der „Fall Schlegelberger“ – „Mein Führer, wenn Sie nicht zufrieden sind“, 25.11.1960, http://www.zeit.de/1960/48/pension-fuer-hitlers-minister (Zit. *Schleswig*)

Schmerbach, Folker, Das „Gemeinschaftslager Hanns Kerrl“ für Referendare in Jüterbog 1933–1939, Tübingen 2008 (Zit. *Schmerbach*)

Schmidt, Christoph, Nationalsozialistische Kulturpolitik im Gau Westfalen-Nord. Regionale Strukturen und lokale Milieus (1933–1945), Paderborn [u.a.] 2006 (Zit. *Schmidt,* Nationalsozialistische Kulturpolitik)

Schmidt, Herbert, „Rassenschande“ vor Düsseldorfer Gerichten 1933–1945. Eine Dokumentation, Essen 2003 (Zit. *Schmidt*, Rassenschande)

Schmitz, Gunther, Die Vor- und Nachschaubesprechungen in Hamburg 1942–1945. Zur Justizlenkung im totalen Krieg, in: „Von Gewohnheitsverbrechern, Volksschädlingen und Assozialen…“ Hamburger Strafurteile im Nationalsozialismus, Justizbehörde Hamburg (Hrsg.), Hamburg 1995, S. 447–470 (Zit. *Schmitz*)

Schmitz-Berning, Cornelia, Vokabular des Nationalsozialismus, Berlin 2007 (Zit. *Schmitz-Berning*)

Schmuhl, Hans-Walter, Rassenhygiene, Nationalsozialismus, Euthanasie. Von der Verhütung zur Vernichtung >lebensunwerten Lebens>, 1890–1945, 2. Auflage, Göttingen 1992 (Zit. *Schmuhl*)

Schneider, Hans, Das Ermächtigungsgesetz vom 24. März 1933, VfZ 1953, S. 197–221 (Zit. *Schneider*)

Schorn, Hubert, Die Gesetzgebung des Nationalsozialismus als Mittel der Machtpolitik, Frankfurt/M. 1963 (Zit. *Schorn*)

Schott, Susanne, „Curt Rothenberger – eine politische Biographie“, Halle-Wittenberg 2001 (Zit. *Schott*)

Schubert, Werner, Das Familien- und Erbrecht unter dem Nationalsozialismus: ausgewählte Quellen zu den wichtigsten Gesetzen und Projekten aus den Ministerialakten, Paderborn 1993 (Zit. *Schubert*, Das Familien- und Erbrecht unter dem Nationalsozialismus)

Ders., Das Reichsjustizministerium und die höheren Justizbehörden in der NS-Zeit (1933–1945). Protokolle und Mitschriften der Arbeitstagungen der Reichsjustizminister mit den Präsidenten der Oberlandesgerichte, des Volksgerichtshofs, des Reichsgerichts sowie mit den Generalstaatsanwälten, Frankfurt/M. 2015 (Zit. *Schubert*, Das Reichsjustizministerium und die höheren Justizbehörden in der NS-Zeit (1933–1945))

Ders., „Die Weisungsfreiheit bei der Richterarbeit" (1941). Ein Referat von Wilhelm Schwister (Präsident des OLG Düsseldorf von 1933–1943) für das Reichsjustizministerium, in: Festschrift für Jan Schröder zum 70. Geburtstag, Kiehnle, Arndt/ Mertens, Bernd/ Schiemann, Gottfried (Hrsg.), Tübingen 2013, S. 771–786 (Zit. *Schubert*, FS-Schröder)

Ders., Materialien zur Vereinheitlichung des Notarrechts (1872–1937), Köln 2004 (Zit. *Schubert*, Materialien zur Vereinheitlichung des Notarrechts)

Schulte, Martin, Die Gesetzgebung im NS-Staat, JA 1985, S. 331–335 (Zit. *Schulte*)

Schulz, Birger, Der Republikanische Richterbund (1921–1933), Frankfurt/M. 1982 (Zit. *Schulz*)

Schumacher, Ulrich, Staatsanwaltschaft und Gericht im Dritten Reich: Zur Veränderung der Kompetenzverteilung im Strafverfahren unter Berücksichtigung der Entwicklung in der Weimarer Republik und in der Bundesrepublik, Köln 1985 (Zit. *Schumacher*)

Schumann, Eva, Fortwirken von NS-Juristen in der Bundesrepublik, in: Die Rosenburg. Die Verantwortung von Juristen im Aufarbeitungsprozess, Bundesministerium der Justiz (Hrsg.), Berlin 2013, S. 71 –124 (Zit. *Schumann*)

Schwarz, N.N., Das neue Strafrecht, DJZ 1934, Sp. 43–50 (Zit. *Schwarz*)

Simon, Dieter, Waren die NS-Richter „unabhängige Richter" im Sinne des § 1 GVG?, RJ 1985, S. 102–116 (Zit. *Simon*)

Sowada, Christoph, Der gesetzliche Richter im Strafverfahren, Berlin [u.a.] 2002 (Zit. *Sowada*)

Spohr, Werner, Das Recht der Schutzhaft, DJ 1934, S. 58–61 (Zit. *Spohr*)

Staff, Ilse, Justiz im Dritten Reich. Eine Dokumentation, 2. Auflage, Frankfurt/M. 1978 (Zit. *Staff*)

Stampf, Sabine, Das Delikt des Hochverrats im NS-Staat, in der DDR und in der Bundesrepublik Deutschland, Münster 2016 (Zit. *Stampf*)

Statistisches Jahrbuch für das Deutsche Reich, Zeitschriftenband 1935, hrsg. vom Statistischen Reichsamt, Berlin (Zit. *Statistisches Jahrbuch 1935*)

Statistisches Jahrbuch für das Deutsche Reich, Zeitschriftenband 1936, hrsg. vom Statistischen Reichsamt, Berlin (Zit. *Statistisches Jahrbuch 1936*)

Steinaecker, Walter Freiherr von, Der Richter im nationalsozialistischen Staat, DJ 1936, S. 151–152 (Zit. *von Steinaecker*)

Steinert, Marlis, Hitlers Krieg und die Deutschen. Stimmung und Haltung der deutschen Bevölkerung im Zweiten Weltkrieg, Düsseldorf [u.a.] 1970 (Zit. *Steinert*)

Steiniger, Peter Alfons/ Leszczynski, Kazimierz, Fall 3. Das Urteil im Juristenprozeß, Berlin 1969 (Zit. *Steiniger/Leszczynski*)

Steinlechner, Wolfgang, Der Richter im Dritten Reich: Status, Unabhängigkeit, Persönlichkeit, Mainz 1974 (Zit. *Steinlechner*)

Stirken, Hermann-Josef, Der Kölner Justizalltag im zweiten Weltkrieg dargestellt anhand der Lageberichte des Oberlandesgerichtspräsidenten und des Generalstaatsanwalts, Köln 2008 (Zit. *Stirken*)

Stolzenburg, Friedrich Wilhelm, Die Richtlinien für das Strafverfahren, DJ 1935, S. 738–739 (Zit. *Stolzenburg*)

Stüdemann, Andreas, Die Entwicklung der zwischenstaatlichen Rechtshilfe. Kontinuität und Diskontinuität im Auslieferungsrecht am Beispiel der Rechtsentwicklung im NS-Staat, Frankfurt/M. 2009 (Zit. *Stüdemann*)

Sunnus, Michael, Der NS-Rechtswahrerbund (1928–1945), Frankfurt/M. 1990 (Zit. *Sunnus*)

Thiesen, Stefan, Strafvollzug in Köln 1933–1945. Eine Studie zur Normdurchsetzung während des Nationalsozialismus in der Straf- und Untersuchungshaftanstalt Köln-Klingelpütz, Berlin 2011 (Zit. *Thiesen*)

Tiwisina, Erich, Rechtsprechung nach Weisung oder gelenkte Rechtsprechung?, DR 1942, S. 1108–1111 (Zit. *Tiwisina*)

Triebel, Florian, Die „Meldungen aus dem Reich" als buchhandelsgeschichtliche Quellen in der NS-Zeit, Archiv für Geschichte des Buchwesens Bd. 58 (2004), S. 197–209 (Zit. *Triebel*)

Veit, Sylvia, Bessere Gesetze durch Folgenabschätzung? Deutschland und Schweden im Vergleich, Wiesbaden 2010 (Zit. *Veit*)

Vogel, N.N. von, Schulung im Strafmaß, DR 1942, S. 422–423 (Zit. *von Vogel*)

Volkert, Wilhelm, Handbuch der bayerischen Ämter, Gemeinden und Gerichte 1799–1980, München 1983 (Zit. *Volkert*)

Vollmer, N.N., Arbeit und Aufgabe der Strafrechtspflegeabteilung, DJ 1943, S. 78–80 (Zit. *Vollmer*)

Vormbaum, Thomas, „Die strafrechtliche Aufarbeitung" der nationalsozialistischen Justizverbrechen in der Nachkriegszeit, in: Die Rosenburg. Das

Bundesministerium der Justiz und die NS-Vergangenheit – eine Bestandsaufnahme, Görtemaker, Manfred/ Safferling, Christoph (Hrsg.), Göttingen 2013, S. 142–168 (Zit. *Vormbaum*, „Die strafrechtliche Aufarbeitung“)

Ders., Die Strafrechtsangleichungsverordnung vom 29. Mai 1943: Materialien zur Verordnung und zu den Durchführungsverordnungen, Münster 2011 (Zit. *Vormbaum*, Die Strafrechtsangleichungsverordnung vom 29. Mai 1943)

Ders., „Euthanasie vor Gericht.“ Die Anklageschrift des Generalstaatsanwalts beim OLG Frankfurt/M. gegen Dr. Werner Heyde u.a. vom 22. Mai 1962, Berlin 2005 (Zit. *Vormbaum*, „Euthanasie vor Gericht“)

Wachsmann, Nikolaus, Gefangen unter Hitler. Justizterror und Strafvollzug im NS-Staat, München 2006 (Zit. *Wachsmann*)

Waechter, N.N., § 4 der Volksschädlingsverordnung und Antragsdelikte, DJ 1940, S. 473–475 (Zit. *Waechter*)

Wagner, Albrecht, Die Umgestaltung der Gerichtsverfassung und des Verfahrens- und Richterrechts im nationalsozialistischen Staat, in: Die deutsche Justiz und der Nationalsozialismus. Ein Überblick. Weinkauff, Hermann (Hrsg.), Teil I, Stuttgart 1968, S. 191–366 (Zit. *Wagner*, Die Umgestaltung der Gerichtsverfassung

Wagner, Walter, Der Volksgerichtshof im nationalsozialistischen Staat. Mit einem Forschungsbericht für die Jahre 1974 bis 2010 von Jürgen Zarusky, erweiterte Neuausgabe, München 2011 (Zit. *Wagner*, Der Volksgerichtshof)

Wassermann, Rudolf, Zur Geschichte des Oberlandesgerichts Braunschweig, in: Justiz im Wandel der Zeit – Festschrift des Oberlandesgerichts Braunschweig, Wassermann, Rudolf (Hrsg.), Braunschweig 1989, S. 11–110 (Zit. *Wassermann*, FS-OLG Braunschweig)

Weichbrodt, Stephan, Die Geschichte des Kammergerichts von 1919–1945, Berlin 2009 (Zit. *Weichbrodt*)

Wehler, Hans-Ulrich, Deutsche Gesellschaftsgeschichte 1914–1945. Vom Beginn des Ersten Weltkriegs bis zur Gründung der beiden deutschen Staaten, 3. Auflage, München 2008 (Zit. *Wehler*)

Werle, Gerhard, Justiz-Strafrecht und polizeiliche Verbrechensbekämpfung im Dritten Reich, Berlin [u.a.] 1989 (Zit. *Werle*)

Wieland, Claus-Dietrich, Personelle Kontinuitäten in der Staatsrechtslehre, in: Restauration im Recht, Jahrbuch für Sozialökonomie und Gesellschaftstheorie, Veröffentlichung der Hochschule für Wirtschaft und Politik Hamburg, Opladen 1988, S. 129–154 (Zit. *Wieland*)

Willing, Matthias, Das Bewahrungsgesetz (1918–1967). Eine rechtshistorische Studie zur Geschichte der deutschen Fürsorge, Tübingen 2003 (Zit. *Willing*)

Wilms, Heinrich, Die Staatsrechtslehre im Nationalsozialismus, DVBl. 2000, S. 1237–1249 (Zit. *Wilms*)

Wittland, N.N., Der Aufbau der Justizverwaltung, BArch R 3001/24445, fol. 22–27 (Zit. *Wittland*)

Wittreck, Fabian, Die Verwaltung der Dritten Gewalt, Tübingen 2006 (Zit. *Wittreck*)

Wojak, Irmtrud, Fritz Bauer 1903–1968. Eine Biographie, 2. durchgesehene Auflage, München 2009 (Zit. *Wojak*)

Wolff, Jörg, Hitlerjugend und Jugendgerichtsbarkeit, VfZ 1985, S. 640–667 (Zit. *Wolff*)

Wrobel, Hans, Der Deutsche Richterbund im Jahre 1933, DRiZ 1983, S. 157–170 (Zit. *Wrobel*, DRiZ 1983)

Zarusky, Jürgen, „Widerstand als ‚Hochverrat' 1933–1945". Eine Mircofiche-Edition des Instituts für Zeitgeschichte, VfZ 1994, S. 671–678 (Zit. *Zarusky*, Widerstand als Hochverrat)

Zarusky, Jürgen/ Mehringer, Hartmut (Bearb.), Widerstand als „Hochverrat" 1933–1945. Die Verfahren gegen deutsche Reichsangehörige vor dem Reichsgericht, dem Volksgerichtshof und dem Reichskriegsgericht. Erschließungsband zur Microfiche-Edition. Institut für Zeitgeschichte München (Hrsg.), München 1998 (Zit. *Zarusky/Mehringer*)

Zeit Online, Oskar Gröning zu vier Jahren Haft verurteilt, 15. Juli 2015, http://www.zeit.de/gesellschaft/zeitgeschehen/2015-07/auschwitz-prozess-groening-zu-vier-jahren-haft-verurteilt (Zit. *Zeit Online*)

Sachregister

Personenregister

www.ingramcontent.com/pod-product-compliance
Ingram Content Group UK Ltd.
Pitfield, Milton Keynes, MK11 3LW, UK
UKHW021844290926
8980IPUK00005B/647

9 783631 833056